글·로·벌·시·대·의

경영조직의 이해

변상우 · 허갑수 · 권혁기

피앤씨미디어

머리말

우리 인간은 혼자서 살아갈 수 없다. 태어나서 죽을 때까지 어떠한 형태로든 조직생활을 하면서 살아갈 수밖에 없는 사회성을 가지고 있다. 조직은 혼자가 아닌 여러 사람들이 함께 생활하면서 조직목표 달성을 위해 각자 노력하면서 서로 협력을 통한 시너지효과를 극대화하려고 한다.

본 교재는 삶의 대부분을 보내는 조직생활과 관련된 제반 이론에 대해 설명하고 효과적인 조직 관리를 위한 지침서로 사용될 수 있도록 구성하였다.

조직은 현대사회에서 개인과 인간사회에 많은 영향을 미치고 있다. 그렇기 때문에 조직의 관리자는 조직의 효율적 설계와 관리에 대해서 관심을 많이 가져야 하며, 이에 대한 지식도 풍부해야 한다. 특히 조직 운영에 있어 조직 구성원의 인간성 유지와 자아실현의 욕구충족 등은 조직의 경쟁력을 제고시키는 데 매우 중요하다.

조직을 효율적으로 설계하고 관리하기 위해서는 조직의 동태적 과정의 이해를 통한 조직이론의 정립과 이를 실천하는 노력이 중요하다.

조직 관리에 대한 이해를 돕기 위해 본 교재는 총 5개 부문으로 나누었다. I. 조직이론의 기초, II. 조직설계에 대한 이해, III. 조직계층에 대한 이해, IV. 조직진단과 혁신, V. 조직개발과 전략에 대해 설명하였다. 이를 다시 15개 장으로 나누어 상세히 이론을 소개했다.

제1장에서는 조직에 대한 기본적인 이해를 위해 조직의 중요성을 인식하고 다양한 유형의 조직 개선 방안을 제시하고 있다. 그 예로 조직의 중요성, 조직의 정의, 조직의 구성요소, 조직과제, 조직목적, 조직의 생성·발전, 인간과 조직의 관계에 대해서 살펴보았다.

제2장에서는 조직목표와 균형에 관한 내용을 설명하고 있다. 그 예로 조직의 목표, 개인목표, 조직과 개인의 목표관계, 조직의 존속, 조직의 균형과정, 조직균형의 조건, 조직의 대내·외적 균형에 대해 살펴보았다.

제3장에서는 조직설계의 기초에 대한 내용을 설명하고 있다. 그 예로 조직의 기본구조, 조직의 분할 방법과 기준, 일의 배정, 부문화의 폐해에 대한 대응책, 프로젝트 팀에 대해서 살펴보았다.

제4장에서는 조직구조에 관한 내용을 설명하고 있다. 그 예로 수직적 분화, 수평적 분화, 조직구조의 유형, 제너럴 스태프의 중요성, 직무에 따른 책임과 권한, 집권적 관리조직과 분권적 관리조직, 세로에서 가로로 변화하는 조직 등에 대해서 살펴보았다.

제5장에서는 책임·권한과 위임에 관한 내용을 설명하고 있다. 그 예로 직위·책임·권한·의무에 대한 제 관계, 효과적인 경영관리에 관한 내용 등에 대해 살펴보았다.

제6장은 라인과 스태프에 관한 내용을 설명하고 있다. 그 예로 라인과 스태프의 개념, 라인과 스태프의 관계, 조직에서 스태프의 위치, 스태프의 효과적인 활용법에 관한 내용 등에 대해 살펴보았다.

제7장은 미들 매니지먼트에 관한 내용을 설명하고 있다. 그 예로 미들 매니지먼트에 대한 이해, 관리능력, 변화하는 사회에 필요한 기획력, 연공서열에서 능력주의 전환, 바람직한 관리자상, 보람 있는 직장 만들기 등의 내용 등에 대해 살펴보았다.

제8장은 톱 매니지먼트에 관한 내용을 설명하고 있다. 그 예로 경영층의 구성, 톱 매니지먼트의 기능, 톱 매니지먼트의 중심 직무, 전문 경영인과 집단 지도체제에 관한 내용 등에 대해 살펴보았다.

제9장에서는 분권조직에 관한 내용을 설명하고 있다. 그 예로 조직분권화에 대한 이해, 분권화의 결정 요인, 분권의 형태, 사업부제의 사례 등에 관한 내용으로 구성되어 있다.

제10장은 조직환경에 관한 내용을 설명하고 있다. 그 예로 조직환경에 대한 이해, 조직환경의 유형, 조직환경의 불확실성의 원천, 조직환경관련 제 이론 등의 내용 등에 대해 살펴보았다.

제11장은 조직문화에 관한 내용을 설명하고 있다. 그 예로 조직문화의 이해, 조직문화의 구성요소, 기능, 유형과 조직문화와 성과에 관한 내용 등에 대해 살펴보았다.

제12장은 조직혁신에 관한 내용을 설명하고 있다. 그 예로 조직혁신의 개념, 조직혁신 변수와 접근방법, 조직혁신 과정과 방법 및 주역, 조직혁신의 촉진방법, 조직혁신에 대한 저항과 극복방안에 관한 내용 등에 대해 살펴보았다.

제13장은 조직변화에 대한 내용을 설명하고 있다. 그 예로 조직변화의 본질, 계획적 조직변화의 모델, 조직변화에 대한 힘, 조직변화에 대한 저항과 극복방안에 관한 내용 등에 대해 살펴보았다.

제14장은 조직개발에 관한 내용으로 조직개발의 정의와 특징, 조직개발컨설팅 방법, 조직개발 수준, 조직개발 과제, 조직개발 절차, 조직개발 개입, 수준별 개입 방법에 대해 살펴보았다.

제15장은 조직전략에 관한 내용을 설명하고 있다. 그 예로 조직전략에 대한 이해, 조직전략을 수립을 위한 분석, 조직전략 수준에 관한 내용 등에 대해 살펴보았다.

본서는 조직이론 분야에 대한 다양한 내용을 담고 있지만 막상 탈고를 하고 보니 부족한 점이 많아 아쉬움이 있지만 차후 많은 연구와 노력으로 끊임없이 내용을 보충하고 보완하고자 한다.

끝으로 출판을 기꺼이 맡아주신 피앤씨미디어의 박노일 사장님 그리고 편집부 관계자 여러분에게 깊이 감사드린다.

2016년 9월

저 자 씀

차 례

PART 1 조직이론의 기초

Chapter 1 조직에 대한 이해

Chapter 2 조직목표와 균형

PART 2

조직설계에 대한 이해

Chapter 3 조직설계의 기초

Chapter 4 조직구조

Chapter 5 직위 · 책임 · 권한과 위임

PART 3

조직계층에 대한 이해

Chapter 8 미들 매니지먼트

PART 4

조직진단과 혁신

PART 5

조직개발과 전략

Chapter 13 조직변화

Chapter 14 조직개발

1

PART 1

조직이론의 기초

01

Chapter 01

조직에 대한 이해

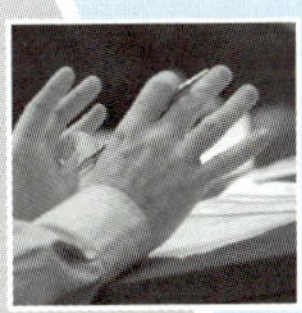

제 1 절

조직의 성격

조직(organization)의 유래는 라틴어의 '오르가니자시오(organisatio)'에서 파생된 말로 이란 '유기체'를 의미한다. 즉 조직을 살아있는 유기체로서 이해해야 한다는 것이다.

조직은 항상 일정하게 머물러 있는 것이 아니라 살아 움직이는 생명체로 보아야 한다. 사람·건물·위계질서·재료 등의 단순한 결합으로 이해해서는 안 된다. 조직 구성원들이 조직의 목적을 달성하기 위해 서로 상호작용하고, 협력하며, 근로생활의 질(QWL)을 높이는 방향으로 이해해야 한다.

조직은 사회생활 어느 곳이든, 수준에서든 보편적으로 존재한다. 그러므로 조직에 대한 다양한 이해와 관점을 가지고 있어야 한다.

조직에 대한 정의는 학자들마다 다양하게 정의하고 있다. 바나드(C. I. Barnard)는 '협동시스템'으로 보았다. 산업심리학자인 메이요(E. Mayo)는 조직을 '개인이 사회적 욕구 충족의 장'으로 보았다. 경제학자인 사이먼(H. A. Simon)은 조직을 '의사결정시스템'으로 사회심리학자인 리커트(R. Likert)는 조직을 '결합된 소집단'으로 정의했다.

이와 같이 조직에 대한 이해와 관점이 다양하기 때문에 조직현상에 대한 개념의 선택과 접근방법도 각각 다르게 접근해야 한다.

1. 조직의 정의

조직(organization)이라는 용어는 접근하는 시각에 따라 다양한 의미로 이해되고 있다. 원래는 생물체의 구성에 관한 용어라는 사실을 앞에서 언급했다.

조직을 사회과학적 입장에서 보면 공식적 집단의 협동체, 혹은 공식조직뿐만 아니라 집단 활동에 있어서 인간과 인간의 관계를 의미한다.

공식조직이란 기업뿐만 아니라 학교, 병원, 군대, 노동조합 등 여러 목적을 갖는 집단으로 존재를 인식할 수 있다.

이러한 관점에서 인간은 집단을 형성하게 되고, 그 집단은 자체 목적을 갖는다는 점이 조직연구의 출발점이 된다.

먼저 조직의 본질에 대한 다양한 학자들의 견해를 살펴보고자 한다.

에치오니(A. Etzioni)는 조직이란 일정한 환경하에서 특정한 목표를 추구하며, 이를 위해서 일정한 조직구조를 형성하는 사회적 단위이다.

힉스와 갈리트(Hicks & Gullet)는 조직이란 일정한 목적을 달성하기 위해서 인간들이 상호작용을 하는 하나의 구조적 과정(structured process)이다.

테리(Terry)는 조직이란 일정한 목적의 달성을 위해 필요한 제반 활동을 결정, 집합·배열하며, 그 같은 활동에 사람들을 배정하고, 적절한 물질적 요소를 준비하며, 각 개인에게 권한을 위양하는 일이라고 하였다.

샤인(Schein)은 조직이란 공통의 목표달성을 위하여 노동과 직능을 분화하고, 이에 권한과 책임을 부여한 일정의 계층을 통해서 여러 사람들의 활동을 합리적으로 조정하는 것이라고 정의하였다.

알렌(L. A. Allen)은 조직이란 사람들이 목적을 달성하기 위해 가장 효과적으로 협력할 수 있도록 가능한 직무의 성격을 명확히 편성하고, 책임과 권한을 명백히 하여, 이것을 하위자에게 위양하고, 또한 상호관계를 설정하는 과정이라고 정의하였다.

실제 기업조직에서의 투입은 단순히 인간 활동과 노력에 그치는 것이 아니고, 자본·기계·설비·건물·원자재 등의 각종 경영요소와 기술·신용 등의 광의의 자원이 모두 포함된다.

이상에서 살펴보면 조직의 개념을 정리하면 다음과 같다.

① 조직은 성취하고자 하는 일정한 공통목표를 가지고 있다.
② 조직의 공통목표의 달성을 위하여 인적·물적 자원의 제반 요소를 포괄하는데, 이들 제 요소들은 상호작용을 통해서 하나의 구조적 과정을 형성한다.
③ 구조적 과정의 형성을 위해서 조직은 경영의 제 직능을 분화하고 이에 권한을 배분한다.
④ 분화된 경영 직능과 권한을 조직 구성원 개개인에게 할당함으로써 목적달성에 기여토록 한다.
⑤ 경영목적 달성을 위해 구성원들이 보다 잘 공헌할 수 있도록 활동을 조정함으로써, 조직 내에서 유효한 직무관계·사회관계가 유지되도록 하여야 한다.

2. 조직의 중요성

경영학의 연구대상은 생산경제단위의 주체인 바로 기업이다. 글로벌 경쟁시대에서 기업의 규모는 점차 확대되어 가는 추세이다. 그에 따라서 경영기능도 더욱

더 복잡해지고 있다.

기업이 복잡한 경영기능을 효과적으로 수행하기 위해서는 이들 기능들을 조직적으로 수행하여야 한다. 즉, 구성원들에게 직무를 할당하고 그 직무를 제대로 수행하기 위해 권한을 부여하고, 권한을 행사했으면 그에 따라 책임을 지는 개인별 책임경영을 실시해야 한다. 또한 조직 구성원들은 자신의 업무 책임의 한계가 어디까지인지를 명확히 알고 있어야 한다. 그리고 조직의 성과를 극대화시키기 위해서는 개개 업무를 조직 전체의 차원에서 적절히 조정해 주어야 한다.

특히 글로벌 시대에 기업이 직면하게 되는 조직환경은 다이나믹하게 변화되고 있다. 이러한 환경변화에 적응하고 적극적으로 환경을 개발하기 위해서 경영환경에 대한 진단능력과 적응노력이 필요하다.

오늘날 기업은 시장규모의 확대와 복잡성, 자본투자 규모의 확대, 기술혁신 사이클의 단축 등에 따라서 경영활동이 매우 복잡하기 때문에 조직화의 필요성이 더욱더 요구되고 있다.

따라서 적절한 조직화와 그에 따른 건전한 조직운영은 경영활동을 보다 용이하게 하며, 기업의 성장과 다각화도 가능하며, 기술의 발달에 따른 효과를 활용하여 창의적인 경영활동의 전개도 가능하다.

이처럼 경영활동에 있어 조직(organization)은 경영활동의 효율적 수행을 위한 기본 기능이 되기 때문에 조직에 대한 차원 높은 이해는 매우 중요하다.

3. 조직의 구성요소

일반적으로 조직이 성립되기 위해서는 기본적으로 갖추어야 할 것이 있다. 이에 대해 바나드(C. I. Barnard)는 3가지 구성 요소를 제시했다.

바나드가 제시한 조직의 구성요소 3가지는 다음과 같다.

① 커뮤니케이션이 잘 이루어져야 한다.
② 자신의 노력이 조직에 공헌되도록 하는 의욕을 가지고 있어야 한다.
③ 공통목적을 설정해야 한다.

따라서 조직의 구성요소에는 커뮤니케이션, 공헌의욕, 공통목적 등이 반드시 있어야 한다. 이들의 구성요소는 조직이 성립되기 위한 필요충분조건이며, 이러한 요소들은 상호 의존적인 관계에 있다.

(1) 커뮤니케이션

커뮤니케이션은 공통목적과 인간의 협동적 노력체계를 드러나게 하는 과정이다. 조직의 공통목적을 구성원들이 알기 위해서는 어떤 방법으로든 공통목적이 구성원들에게 전달되어야 한다.

커뮤니케이션의 부호화에는 주로 말(구두)에 의해 메시지가 전달된다. 그 외에도 문자, 표정, 몸짓 등이 있다. 커뮤니케이션을 통해 사람들을 조직을 위해 헌신하게 유인하게 된다.

(2) 공헌의욕

사람이 없는 조직은 있을 수 없다. 중요한 것은 사람 자체를 조직의 구성요소로 다루어서는 안 된다. 즉, 조직을 구성하는 것은 인간들의 노력, 행동, 영향력인 것이다. 따라서 협동체계에 순응해서 자신의 노력을 협동체계에 공헌하려고 하는 의욕이 있어야 한다.

(3) 공통목적

공헌의욕은 협동해야 하는 목적이 없으면 나타날 수 없다. 만일 공통목적이 없다면 개인에게 어떤 노력이 필요하고, 어떤 만족을 기대할 수 있는가 등을 이해할 수 없다. 그러므로 공통목적을 알고 있다는 것은 협동의욕과 동시적인 것이다.

4. 조직의 과제

경영조직이 해결해야 할 과제에는 크게 2가지가 있다.

① 조직의 유효성(organizational effectiveness)을 확보하는 일이다.

② 조직의 능률(organizational efficiency)을 제고시키는 것이다.

(1) 조직의 유효성

조직의 유효성(effectiveness)을 일반적으로 효과성이라고 한다. 유효성은 경영자가 그의 직위(position)에서 요구되는 생산량(output)을 실현해 내는 정도라고 정의하고 있다.

에치오니는 유효성에 대해 조직이 목적을 달성하는 정도라고 정의하였다. 이는 목표 성취 측면에서 본 성공 정도와 일치한다.

유효성의 개념을 조직 목적의 달성 정도라고 이해하든, 조직단위가 실현해내는 산출량으로 이해하든, 경영자가 조직에서 무엇을 하는가가 아니고, 무엇을 성취하는가에 본질적 특성이 있다.

따라서 유효성의 개념은 질(quality)보다는 양(quantity)이 중요하다. 경영자가 주변 상황을 잘 관리해서 목표한 바를 보다 많이 성취해 내느냐에 따라 그 수준이 실현될 수 있기 때문에 투입이 아닌 산출로써 나타나게 된다. 따라서 성취(performance)가 중요한 개념이 된다.

(2) 조직의 능률

조직의 능률을 효율성(efficiency)이라고 한다. 능률은 투입에 대한 산출의 개념으로 나타낼 수 있다.

따라서 능률의 개념은 적은 노동력과 물자를 투입하여 더 많은 산출을 얻어 내는 것을 말하기 때문에 이런 경우를 효율성이 높다라고 한다. 즉, 일을 하는 방법에 관한 것으로 특정 업무가 수행해야 할 가치가 있는지 없는지는 큰 문제가 되지 않는다.

조직에서는 유효성이 중요하지만, 유효성만을 강조하다 보면 효율성이 떨어질 수도 있다. 그 결과 인적·물적 자원의 낭비를 초래하게 된다.

반대의 경우는 효율성이 매우 높은데 비유효적일 수도 있다. 관리자는 주어진 일을 효율적으로 수행하는 것도 중요하지만 일을 할 가치가 있는 것을 찾아내고 모든 자원을 동원하여 노력을 집결하도록 하는 것이 중요하다.

조직이 인간의 감정이나 욕구를 무시한 채 합리성이나 경제성의 원리로 관리될 때 구성원들로부터 협동을 통한 조직목표를 달성할 수 없다.

이와 같은 사회적 유효성 변수에 의하여 구성원의 만족을 보장할 수 있다. 구성원의 유효한 성취를 통해서 조직은 추구하는 조직성과의 실현을 더 잘할 수 있고, 개인도 성취를 통한 직무 만족과 보상을 받음으로써 직업인으로서 근로생활의 보람(QWL)을 느낄 수 있다.

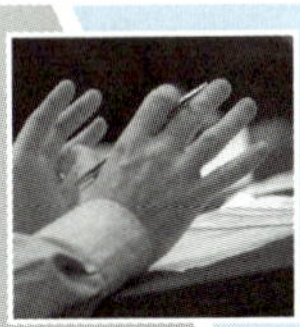

제 2 절 조직은 목적을 위한 수단

1. 조직의 목적

조직의 목적(objectives)과 관계없는 "훌륭한 조직"이란 있을 수 없다. 매우 뛰어나다고 알려져 있는 다른 회사의 조직을 우리 조직에서 채택하더라도, 또한 조직의 각 부분이 조직의 원리·원칙에 가장 적합하더라도 그것만으로 뛰어나다고 말할 수 없다.

우수한 조직은 조직이 갖는 목적을 충분이 이룰 수 있어야 한다. 조직의 목적은 조직 목적을 효과적으로 달성하는 것이다. 조직 자체는 목적일 수가 없으며, 조직 목적을 달성하려고 하는 구성원의 노력을 효과적으로 협력시키기 위한 수단이라고 할 수 있다.

조직이 소규모인 경우에는 기업 목적에 따라 조직체계나 운영을 효과적으로 할 수 있지만, 조직이 확대됨에 따라 조직의 각 부분은 기업 목적이나 전체와는 전혀 관련성이 없이 발달·발전하는 경향이 있다. 이런 조직은 겉으로는 뛰어나게 보일 수 있지만 실제로는 뛰어난 것이라고 말할 수 없다.

그림 1-1 목적에 따라 변하는 조직

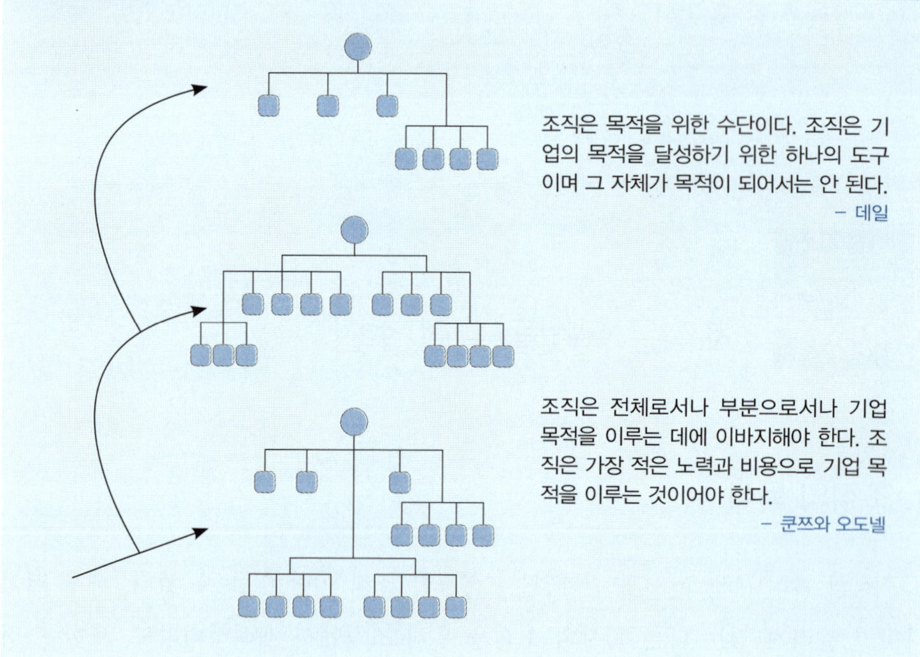

데일(E. Dale), 쿤쯔와 오도넬(H. Koontz and C. O'Donnell)은 조직은 기업 목적을 위한 수단이라고 했다. 그래서 조직은 여러 변수에 따라 동태적으로 바뀌어야 하는 것으로 보았다.

(1) 조직목적의 명확화

조직이 기업의 목적을 달성하기 위한 수단이라면 먼저 훌륭한 조직을 만들기 위해 기업이 지향하는 방향을 명확하게 할 필요가 있다. 왜냐하면 조직의 목적을 달성하기 위해 적합한 조직을 구축함으로써 조직의 목적을 달성할 수 있기 때문이다. 이를 위해서 우선 기업의 목적을 명확히 할 필요가 있다.

[그림 1-2]에서 조직의 목적은 조직이 실현하고자 하는 바람직한 상태를 말한다. 따라서 조직이 실현하고자 하는 바를 명확하게 나타냄으로써 목적 달성을 위한 효과적인 조직을 설계할 수 있다. 조직의 목적은 기업 구성원이 노력해서 달성해야 할 목표이기 때문에 그것은 누구든지 알 수 있는 형태로 정리되어야 한다.

일반적으로 조직의 목적을 경영하는 사업을 나타내는 데서 그치는 경우가 많지만 수행하는 사업뿐만 아니라 무엇을 달성하려고 하는지를 밝혀서 기업 구성원 모

그림 1-2 조직의 목적(알렌)

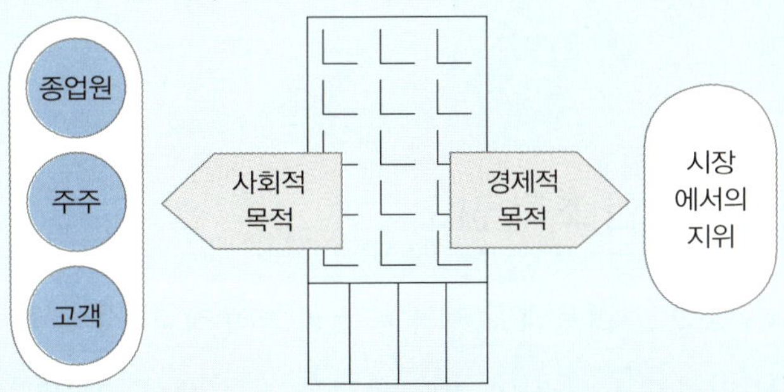

두에게 이해시켜야 한다.

따라서 조직의 목적은 조직 구성원이 수행해야 할 활동의 방향을 제시하고, 조직구성원이 수행한 활동을 평가하는 기준으로 단기간 내 획득할 수 있는 측정 가능하고 구체적인 지향점을 의미한다. 이는 조직의 목표를 지원하고 효과적으로 그 목표에 도달하게끔 하는 실제적인 수단이다.

A사의 기업목적에 대한 사례를 살펴보면 다음과 같다.

A사는 석유 사업에 참여하는 종합상사로서 회사를 위하여 적정 이익을 추구하고 또한 이익을 균형 있게 하도록 노력하는 것이 기본목적이다. 구체적인 내용은 다음과 같다.

- 경제 및 건전한 자원 보호가 유지되는 범위 안에서 석유·천연가스·기타 석유제품을 채광하고 개발하여 최대의 양을 생산하는 것
- 적은 비용으로 좋은 석유 제품 및 그 부산물을 제조하는 것
- 제품을 가장 경제적인 배급 방법으로 판매하고, 서비스를 제공하는 것
- 운반하는 데에 적합하도록 필요한 모든 설비를 운영·확보하여 효과적으로 이용하는 것
- 회사의 헌장 및 법률을 어기지 않고, 투자가의 자금보호, 주주에게 적정한 배당을 할 수 있을 정도의 충분한 이익, 고객의 신뢰, 종업원에 대한 공정한 보수와 작업 조건, 정부 및 시민에의 업무 이행을 확보할 수 있도록 윤리적으로 운영하는 것

2. 목적과 균형이 잡힌 조직 필요

조직의 원리·원칙을 올바르게 적용하고 그것을 동태적으로 파악하려면 조직의 목적을 올바르게 인식하고, 조직이 어떤 과정을 거쳐 생성·발전해 왔는지도 이해

할 필요가 있다. 그러므로 조직을 기업 목적에 따른 동태적인 것으로 파악하는 것이 바람직하다.

브라운(A. Brown)은 목적과 조직과 관련하여 [그림 1-3]과 같이 설명했다. 그는 먼저 조직은 목적이 있어야 하고, 목적을 달성하기 위한 경영 활동이 전개되면서 최종적인 조직이 편성된다는 것이다.

기업은 달성하려고 하는 목적이 있고, 그 목적을 달성하기 위하여 경영 활동을 전개한다. 목적이 다르면 경영 활동의 종류, 성질, 범위 등도 달라지며 또한 조직도 당연히 달라져야 한다.

조직원칙 중에 "목적과의 균형"이 있는데, 이것은 "조직은 목적에 따라서 지나치게 커서도 작아서도 안 된다"는 것을 의미한다.

그러나 오늘날 많은 기업이 기업목적과 조직의 관계를 올바르게 이해하지 못하고 조직의 목적에 맞지 않게 지나치게 규모를 확대해서 방만한 경영을 하는 곳이 많다.

그림 1-3 조직 목적으로부터 조직 생성으로 가는 과정

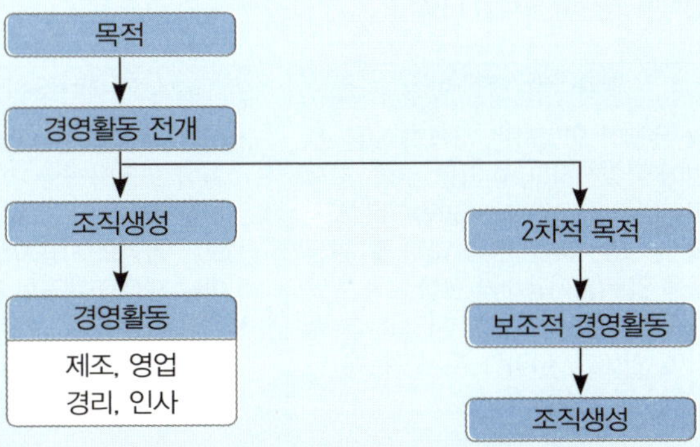

3. 방침은 의사결정의 지침

조직의 목적이 기업이 달성해야 할 궁극적인 목표라면 방침은 목적 달성을 위한 방향을 제시해 주는 안내자라고 할 수 있다. 즉, 방침은 의사결정 과정의 지침으로써 조직이 나아가야 할 방향을 가리켜 주는 것이다.

일본 기업의 경우에 방침은 사시(社是), 표어, 강령이라는 형태로 표현되고 있다. 기업의 방침은 다시 경영 활동의 지침과 종업원의 행동 지침으로 나눌 수가 있다. 미국 기업의 경우에는 방침은 경영 활동의 지침으로서 상당히 구체적이고 명확하다. 반면 일본 기업은 종업원의 행동 지침으로 구성원들의 정신·태도·마음가짐과 같이 매우 추상적인 것이 많다.

미국과 일본 기업의 방침을 비교해 보면 [그림 1-4]와 같다.

그림 1-4 미국과 일본 기업의 방침 비교

일본	**스미토모 은행** • 발전의 기초는 신용에 있고, 신용의 기초는 견실한 경영에 있으므로, 발전의 요체는 견실 경영에 있다는 것을 명심하고 언제나 경영 내용의 건전화에 최선의 노력을 다할 것	**시세이도** • 품질 본위주의 • 공존 공영주의 • 소비자주의 • 견실주의 • 도덕 존중주의
미국	**뱅크 오브 아메리카** • 당 은행이 영업하는 지역의 모든 주민에게 건전하고, 이익을 주며, 도덕적이며 또한 허용되는 방법으로 제공할 수 있는 모든 은행 업무 및 관련 금융 업무를 이용하게 한다. • 주주에 대한 안전성을 지키고 그 증가에 힘쓰며, 나아가 투자자본에 타당한 보수를 얻도록 한다.	**에본 프러덕트** • 다른 사람들에게 행복, 지위개선, 복지에 도움이 되는 이득의 기회를 부여할 것 • 모든 가정과 사용자를 만족시키는 뛰어난 제품을 제공할 것 • 정당한 발전과 사업 성공의 축복을 다른 사람들과 함께 나누어 가질 것

4. 조직의 생성·발전

기업은 발전 단계에 따라서 발생하는 문제를 그 필요성에 비추어 해결하면서 조직을 변혁·발전시켜가고 있다. 따라서 조직의 문제를 동태적 관점에서 조직의 발전 단계를 살펴보면 다음과 같다.

개인이 혼자서 일을 할 경우 조직은 있을 필요가 없다. 두 사람 이상이 공통된 목적을 달성하기 위해 협력할 때 비로소 조직이 생겨난다. 이 경우 협력의 효과를 높이기 위해 개개인의 특성에 따라 일을 나누어 맡고, 맡은 일은 책임을 지고 실행한다.

조직이 확대되면 일의 종류·성격에 따라 사람들을 그룹으로 나누고 그룹들 사이를 조정하기 위해 그룹마다 책임자를 둔다.

그림 1-5 조직의 생성·발전 과정

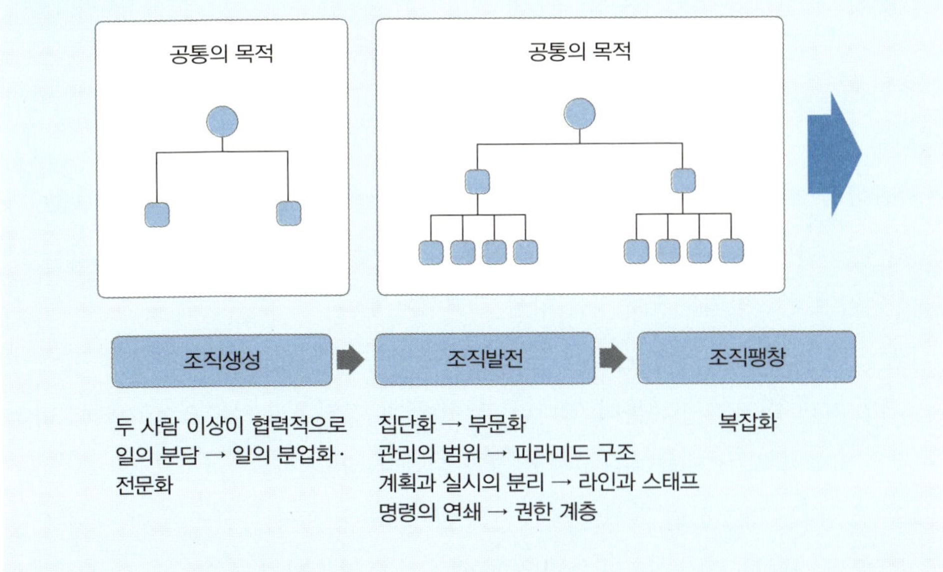

그룹 내에서도 일이 분담되고 그것을 원활하게 하기 위한 질서가 필요하다. 질서에 따라서 맡는 일(직책)의 질이 다르며, 개인마다 갖는 권력(권한)도 달라진다. 그 결과 조직은 점점 커지게 되고 복잡해진다.

[그림 1-5]에서 보는 부분화나 계층화(피라미드 구조), 책임과 권한의 명확화는 조직이 복잡해질수록 더욱 철저하게 이루어지지 않으며 혼란이 생길 수 있다.

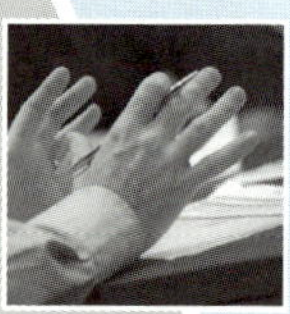

제 3 절

조직과 인간의 관계

1. 조직과 인간은 불가분의 관계

조직은 인간이 집단을 형성할 때마다 생성되고, 집단의 규모가 발전함에 따라 성장해 왔다. 그러므로 조직과 인간을 따로 떼어서 생각할 수가 없다.

사람이냐 조직이냐 하는 문제는 결론적으로 말하면 똑같이 중요한 존재라고 할 수 있다. 그 비중을 어디에 두느냐는 기업의 사정에 따라 다르다. 기업이 갖는 사회적 책임에서 요청되는 영속성을 항상 고려해야 한다.

1인 기업의 경우 경영의 단점은 기업의 영속성을 고려하고 있지 않다는 점에 있다. 기업은 한 개인의 전유물이 아니다. 뛰어난 한 경영자의 사망으로 기업이 망하는 것은 기업이 갖는 사회성을 무시한 결과로 볼 수 있다.

1인 경영자는 자칫하면 독선에 빠지기 쉽다. 개인은 흔히 자신의 능력 한계를 넘어섰는데도 불구하고 스스로의 능력을 과신하는 경우가 많다.

뛰어난 조직은 조직 내의 개개인의 노력이 결집되고 종합되어 기업의 목적 달성에 효과적으로 기능하는 조직이라고 할 수 있다. 특정한 개인의 능력에 의존하는 조직은 바람직하지 않다.

조직이 구성되고 훌륭한 조직 체계가 구축되었다고 해서 조직이 잘 운영되는 것은 아니다. 조직은 단지 수단이며, 하나의 도구에 불과하다. 조직이라는 도구를 사용하는 것은 사람이며, 인재를 얻어야 비로소 조직도 그 진가를 발휘할 수 있다.

따라서 조직이 가진 사명에 따라 조직을 설계할 때에는 기능을 생각하고, 운용을 할 때에는 인간적인 측면을 고려하는 것이 가장 바람직하다고 할 것이다.

2. 조직의 양대 측면

조직을 구조적인 측면과 인간적인 측면에서의 양대 측면으로 이해할 수 있다. 조직은 사람으로 이루어지는 것인 만큼 조직의 인간적인 측면을 무시할 수는 없다.

바나드(C. I. Barnard)는 조직을 협동시스템으로 파악했다. 조직을 서로 협력하는 인간의 시스템으로 볼 경우 조직 내에서 일어나는 인간의 상호 작용이 조직의 유효성이나 능률에 큰 영향을 미치게 된다는 것을 알 수 있다.

힉스(H. G. Hicks)는 조직구조와 조직 내부의 상호 작용의 관계를 다루었는데, 이처럼 조직에는 구조적인 측면과 인간적인 측면이 있다. 이들 양대 측면이 조직에서의 의사결정, 문제 해결, 갈등, 리더십 스타일, 커뮤니케이션 스타일 등 조직 과정에서의 조직 행동을 결정하게 되며 최종적으로 조직의 유효성과 능률에 영향을 미쳐 조직의 성과를 결정하게 된다.

조직의 구조적인 측면은 조직 행동의 바탕이며, 개인의 행동 태도, 조직 분위기의 틀이 되게 된다.

조직에서 인간적 측면은 조직 분위기와 개인의 행동·태도로 이루어진다. 조직 분위기는 상호 작용의 상태 또는 유형으로서 개인의 행동·태도와 규범이기도 하다. 개인의 행동·태도는 조직의 분위기에 의해 영향을 받지만 경영자, 관리자의 행동·태도의 상태가 조직의 분위기에 영향을 주고 상호 관계를 가진다.

따라서 경영자, 감독자의 관리 행동이 미치는 영향은 매우 강력하며, 이러한 행동·태도에 내재되어 있는 가치관은 매우 중요한 의미를 갖는다.

조직의 구조적인 측면과 인간적인 측면은 서로 관련을 맺고 영향을 미치면서 조직행동을 결정하고, 조직의 목표 달성과 구성원의 욕구 충족이라는 조직의 성과를 좌우하게 된다.

이러한 조직의 양면성에 대해 과거에는 구조적 측면만을 중요하게 다루었고 인간적 측면을 다루는 일은 드물었다. 그러나 조직의 기구나 관리 제도가 조직의 분위기, 조직 내에서 구성원들 행동의 틀을 마련해 주고, 인간적 측면에 영향을 주기는 하지만 조직의 구조적인 측면을 합리적으로 하는 것만으로는 조직의 목적을 효과적으로 달성할 수 없다.

조직 기구나 제도가 혁신적이더라도 조직 구성원들의 행동이 혁신적이지 못하다면 오히려 조직은 경직되고 만다. 조직기구의 개선이나 관리제도의 개선이 사람들의 의식 개혁이나 행동·태도의 변화를 촉진할 목적으로 이루어지지는 않는다.

따라서 조직을 효과적이고 능률적인 것으로 만들어서 그 성과를 높이려면 구조

그림 1-6 조직의 구조적인 측면과 인간적인 측면과의 관계

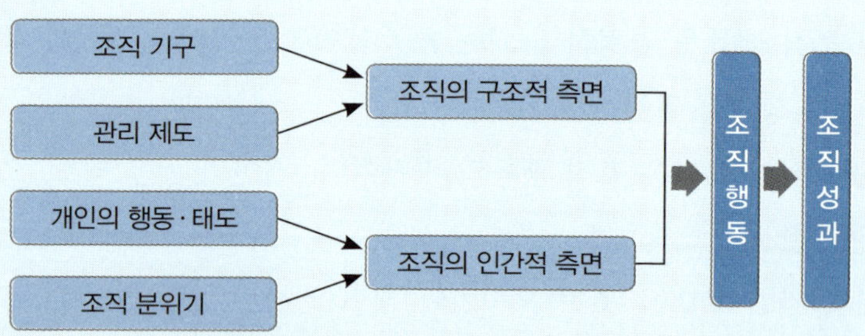

적 측면의 개선과 함께 인간적 측면의 변화가 매우 중요한 과제가 된다. 특히 오늘날은 구조적 측면보다 인간적 측면에서의 개선 노력이 더 중시되고 있다.

3. 조직과 경영·관리 관계

조직은 경영·관리를 위한 도구이자 수단이다. 기업의 목적, 목표, 정책에 대한 의사결정 과정을 경영이라고 한다면, 이러한 결정된 의사결정을 실현하는 일련의 활동(계획·실행·통제)을 관리라고 할 수 있다.

조직은 관리하기 쉽게 설계되어야 한다. 즉, 연계하기 쉽고, 긴밀한 협력 관계를 구축하고 유지할 있고, 의사결정을 신속하게 할 수 있도록 조직이 설계되어야 한다.

조직은 경영·관리와 밀접한 관계가 있다. 즉, 조직의 문제는 언제나 경영·관리와 관련시켜 생각하지 않으면 안 된다.

조직과 경영 및 관리의 관계는 [그림 1-7]과 같이 나타낼 수 있다.

그림 1-7 경영·관리와 조직의 관계

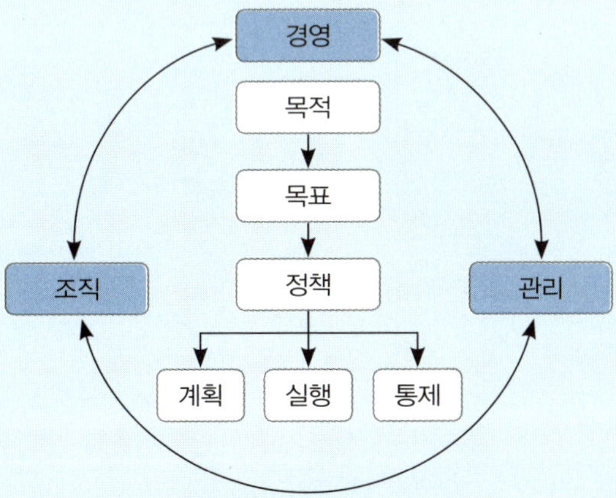

사례

세계 역사 속에서 배우는 조직관리

이순신 장군(1592년 임진왜란: 조선 vs 일본)과 1차 포에니 전쟁(기원전 264년: 로마 vs 카르타고)에서 로마 해군이 보여준 기적적인 승리는 강한 조직이 갖추어야 할 두 번째 원칙이 무엇인지를 잘 보여주고 있다. 이들은 전쟁 초기 절대적인 전력의 열세라는 동일한 문제에 봉착해 있었다. 또한 해전이 전쟁의 향방을 결정했다는 공통점도 가지고 있다.

조선 수군과 로마 해군은 적군대비 보잘것없는 전력으로 전쟁을 시작하였다. 하지만 승리를 쟁취한 쪽은 오히려 이들이었다. 그들의 비결은 무엇이었을까?

이순신 장군은 조선 수군이 가진 유일한 강점인 판옥선에 주목했고 판옥선을 전술핵으로 활용한 함포전 전술과 거북선을 발명해냈다. 이를 통해 왜군의 백병전을 무력화시키고 23전 23전승이라는 세계 해전사의 전무후무한 기적을 만들어냈다.

로마 해군은 강점인 중무장 보병을 십분 활용하기 위해 까마귀라는 목재 가교를 발명해냄으로써 바다의 왕자 카르카고를 맞아 해전을 승리로 장식할 수 있었다.

출처 : 세계역사에서 배우는 조직관리의 키워드 | 작성자 가우디

Chapter 02

조직목표와 균형

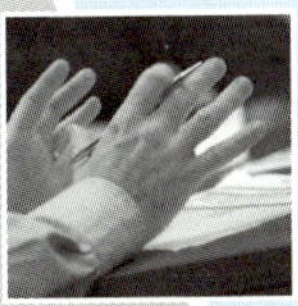

제 1 절

조직목표에 대한 이해

1. 조직목표의 개념

조직의 목표는 조직의 필수불가결한 요소이다. 조직환경을 이해하고, 이를 설명하기 위해서는 조직목표에 대한 이해가 중요하다. 구체적으로 무엇을 조직의 목표라고 하는가에 대한 실질적인 문제에 관해서는 학자들마다 견해가 다양하다.

사전적 의미로 보면 일정한 지위와 역할을 부여 받은 사람이 질서 있는 하나의 집단을 이루어 조직 활동을 통하여 이루거나 도달하려는 실제적 대상으로 삼은 것을 조직목표라고 한다. 여러 학자들이 정의하는 조직목표에 대해서 살펴보면 다음과 같다.

파슨즈(T. Parsons)는 "조직이 수행하는 사회적 기능들과 밀접하게 연관되어 있으며, 조직은 사회체계의 존속을 위해 필요한 기능적 역할들을 수행함으로써 그 목적을 달성한다"고 하였다.

조직목표를 보다 상위체계(사회)의 유지를 위한 기능의 분화나 특성화라는 관점에서 다루어 조직을 특성화하려는 기능이 조직의 기본이 되는 목표를 결정한다고 했다.

페로우(C. Ferrow)는 "조직의 헌장·정관 등에 표명된 공식목표, 조직 내의 구성원에 의해 실제로 추구되는 운영 목표, 상위의 사회시스템의 기능수행에 대한 공헌으로서 사회시스템 목표" 등이 있다고 주장했다.

잘트(M. N. Zald)는 "조직은 사회적 기능으로서의 목표, 외부수익자의 기대를 충족시키려는 데 필요한 산출(output)의 목표, 공식적인 정관으로서의 목표, 중추적인 지도자의 가치지향으로서의 목표, 일반 스태프의 집단가치 실현 또는 그들의 인지된 목표 등 5가지의 목표"로 구분하여 설명하고 있다.

톰프슨(J. D. Thompson)과 멕이웬(W. J. McEwen)은 조직과 환경이 상호작용하는 과정을 통해 설정되며, 따라서 조직목표를 환경을 통제한다는 측면을 보다 중시하고 있다. 그들이 조직이 생존하기 위해서는 환경으로부터의 지지와 환경과의 관계를 고려한 합리적인 목표설정이 불가결하므로 환경으로부터의 지지를 받기 위한 전략으로서 경쟁과 협조를 중시하고 있다. 그들의 연구는 조직목표가 다양한 조직의 내적 과정에서 발생하지만, 합리적인 목표는 궁극적으로 환경과의 관계에서 결정된다는 뜻이다.

2. 조직목표의 기능

조직목표는 조직이 활동을 어떻게 해야 하는가에 대한 지침을 제공하고, 조직 및 그 활동에 대한 합법성을 제공해 주며, 조직성공에 대한 판단의 척도가 된다.

데프트(R. L. Daft)와 스티어스(R. M. Steers)는 조직목표의 기능을 보다 상세히 설명하고 있다.

(1) 미래 활동에 대한 지침

조직목표는 미래의 조직 활동에 대한 지침을 제공해 준다. 즉 조직이 원하는 방향으로 나아가도록 한다. 목표에 반영된 기간이 장기간일수록 추상적이고 이상적인 목표가 될 가능성이 많다.

조직목표의 기간이 짧을수록 구체적이고 현실적인 목표가 될 가능성이 많다. 조직 가운데 일정기간만 존립하기로 되어 있거나 현상유지만으로 만족하는 조직이 아닌 한 대부분의 조직은 미래를 바라보면서 목표를 설정하고 그 목표는 미래 활동에 대한 지침이 되어 조직의 사고와 행동에 영향을 준다.

(2) 동기부여의 원칙

조직목표는 구성원에게 조직의 임무를 기술하고 조직의 목적과 성격을 나타내 구성원들이 조직목적에 부합되는 행동을 하도록 한다.

조직목표는 구성원들에게 성취해야 할 바를 명확히 제시함으로써 불확실성을 감소시켜 준다. 그 결과 바람직한 목표에 도달했을 때 보상 등의 인센티브를 제공함으로써 동기를 부여하게 된다.

(3) 조직 활동의 정당성 근거 제시

조직목표는 조직의 활동 내지 그 존재 자체를 정당화하는 정당성의 근거를 제공한다. 따라서 조직은 탄생할 때부터 정당성을 인정받을 수 있는 목표를 제시해야 한다. 그리고 시간의 흐름과 환경변화에 따라 목표를 적절히 수정하여 정당성을 유지하게 된다.

(4) 유효성 평가의 기준

조직목표는 구성원이나 외부인이 조직의 성공 여부, 조직의 유효성을 평가하는 척도를 제공한다. 조직의 목표가 정해지면 조직은 여러 조직 활동을 통하여 설정된 목표를 달성하게 된다. 즉 조직목표의 달성 정도를 유효성(effectiveness=효과성)이라고 하는데, 조직의 업적이 높을수록 목표달성도가 높고 유효성도 높게 나타난다.

(5) 조직구조 및 의사결정과정의 존재근거

조직목표는 합당한 조직구조를 갖추는 데 도움을 준다. 급변하는 외부환경에 처한 경우 경영자는 완만하고 유연성을 가져다주는 조직목표를 채택하게 된다.

조직목표는 의사결정과정과 가이드라인에도 영향을 준다. 모든 조직행위는 조직목표에 의해 영향을 받는다.

3. 조직목표의 양면성

조직은 조직의 목적을 달성하기 위해서 관리자들에 의해 목표를 기준으로 하여 통제를 받기 때문에 조직의 기능을 조직목표의 달성에 두는 것은 당연하다.

조직목표의 달성은 조직이 당연히 달성될 것으로 기대되는 유일한 기능이 아니라 적어도 조직 관리자는 기대 이상의 노력을 기울여야 하는 또 하나의 기능인 조직 구성원의 개인적 요인, 즉 동기유발 요인에 관한 것이 있다. 그러므로 조직이 통합될 수 있도록 적절한 통제를 해야 하는 과제가 존재하고 있다는 사실이 중요하다.

조직의 기능문제는 조직목적과 동기유발의 양 측면에서 생각해야 하는 양면성이 있다. 즉 조직에는 조직 자체가 지니는 강한 목표지향성 때문에 조직 자체의 목표와 조직을 구성하고 있는 개개인의 목표가 존재한다. 이를 조직목표의 양면성이라 한다. 문제는 조직목표와 개인목표 사이에 커다란 갭(gap)이 존재하고 있다는 점이다.

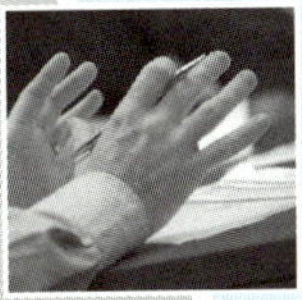

제 2 절

조직목표와 개인목표의 통합

조직구조론에서는 조직목표가 가장 유효하게 달성할 수 있도록 조직의 틀을 보다 합리적으로 설계해야 한다. 따라서 조직구조를 설계할 때 조직목표에 대한 배려를 해야 한다.

조직목표를 구조화하는 과정을 통해서 조직목표를 보다 잘 실현시키고자 한다면 조직구조 속에서 일정 기능과 역할을 담당할 구성원 개인의 목표를 도외시해서는 안 된다.

따라서 조직목표와 개인목표에 대한 분석이 필요하다. 이 같은 분석시 중요시되어야 할 기본적 전제는 이들 목표의 통합을 확보하는 일이다.

1. 조직목표와 개인목표의 조화

현대 경영이 보다 효율적인 조직의 운영을 통해서 기업이 가진 성과 목표를 실현하려고 할 경우 조직이 갖는 다양한 목표와 개인이 갖는 목표를 이해하고 그것을 잘 통합시켜 나가야 한다.

조직목표가 효율적으로 통합될 수 있을 때, 개인과 조직이 함께 발전과 성장이 가능하다. 개인목표와 조직목표에 대한 분석은 조직과 개인 간의 상호작용에 대한 질적인 수준을 높이기 위한 대전제로서의 조직균형을 확보하는 것이 중요하다.

따라서 이들 내용에 대한 구체적인 이해가 필요하며, 직무, 기능, 역할과 책임, 권한 등에 초점을 맞추어서 이들의 상호관계를 구조의 틀로써 확정시키는 것이 요구된다.

(1) 개인목표

조직은 인간의 필요에 의하여 형성된다. 인간의 필요 및 욕구와 목표는 조직을 이루게 한다. 따라서 조직의 운영을 맡은 사람은 그들 조직구성원의 개인적 목표와 역할을 이해해야 한다.

개인목표는 언제나 조직목표와 같을 수도 없고 경영자가 개인목표를 이해하면 할수록 조직의 경영은 더욱 효과적으로 될 것이다. 어떤 조직 구성원에게는 적당한 급여와 직장의 안정을 제공해주거나 다른 구성원에게는 승진과 도전의 기회를, 그리고 또 다른 구성원에게는 바람직한 조직분위기와 자아실현의 기회를 제공할 수 있을 때 조직은 최대의 성과를 얻을 수 있다. 특히 개개인의 욕구는 언제든지 변화함으로써 상이한 행동을 유발하기 때문에 변화하는 욕구와 행동의 패턴을 수시로 분석·파악하면서 리더십을 발휘하는 것이 경영자에게 필요하다.

개인은 조직을 위하여 여러 형태의 공헌을 하게 되는데, 그것은 조직이 개인을 위하여 무언가의 도움을 주고 또 개인이 가진 기대나 욕구를 충족시켜 주기 때문이다.

따라서 개인의 욕구는 조직목표와 일치하거나 유사할 수도 있고, 전혀 상이할 수도 있다. 어떤 것이든 조직은 개인의 욕구를 만족시키거나 해소시킬 방안을 강구해야 한다.

(2) 조직목표

조직의 존립을 위해 미리 정한 행동규범으로서의 목표를 가진다. 이 같은 조직목표는 조직행동의 당위성을 보장해 주는 준거의 틀, 조직구성원의 행동을 이끄는 지침, 모든 의사결정의 가이드라인, 그리고 조직성과를 평가하는 기준이 된다.

이상과 같은 특성을 나타내는 조직목표에는 상위목표로서의 공식목표와 하위목표로서의 운영목표 그리고 장기목표와 단기목표 등이 있다.

조직의 목표가 어떤 형태의 것이든 기업 고유의 목표를 달성하기 위하여 경영자는 우선 조직을 합리적으로 설계하고, 그것을 운영하는 능력과 기술을 가져야 한다.

현대 경영이 가지는 조직목표가 조직 구성원에게 철저하게 주지되고, 조직상 각 개인은 조직목표를 기꺼이 수용함으로써 비로소 협동적 노력을 통한 조직성과의 실현은 가능하게 되는 것이다.

바나드(Barnard)는 '조직론'에서 조직목표와 개인적 동기를 엄격히 구별할 필요가 있다고 강조하였다. 개인적 동기는 내적·개인적 그리고 주관적인 것인 데 반하여 조직목표는 외적·비개인적 그리고 객관적인 것이다. 조직목표와 개인목표는 결코 무관하지 않다. 예를 들면 종업원은 개인적 동기(임금의 획득)에 따라서 경영에 참가하여 경제적 급부의 생산 활동을 수행한다. 이것에 따라서 조직목표가 실현되어 총수익을 얻게 되며 총수익은 이윤·임금으로 각 구성원에게 배분되어 각 참가자의 개인적 동기를 충족시켜 주게 된다.

2. 목표통합모델

일반적으로 조직목표와 개인목표와의 통합 정도는 [그림 2-1]의 색이 진한 부분

그림 2-1 통합의 일반모델

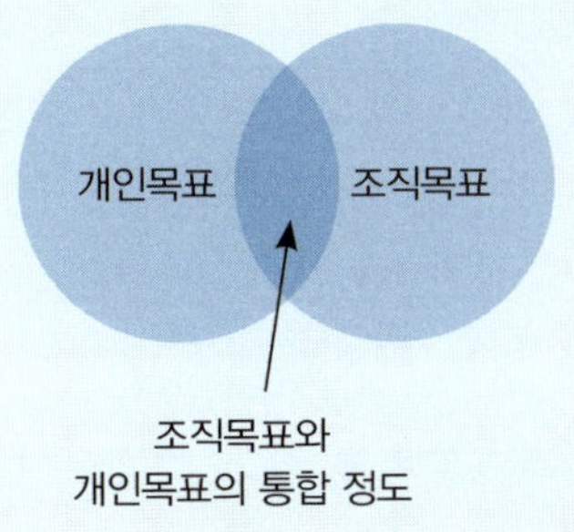

의 크기로 나타낼 수 있다. 이것을 통합모델이라 하는데, 조직은 통합의 정도를 더욱 높이려고 노력한다.

이러한 조직목표와 개인목표의 통합방법에 대해 바레트(J. H. Barret)는 3가지 모델을 들고 있다. 즉, ① 교환모델, ② 사회화모델, ③ 조절모델이다.

(1) 교환모델

교환모델은 조직목표와 개인목표와의 통합이라기보다 양 목표의 관련을 지어주는 것이라고 표현하는 것이 타당하다. [그림 2-2]에서 보는 바와 같이 교환모델은 앞의 통합모델과는 달리 조직 중의 일부와 개인 중의 일부가 상호 대응하여 합하는 상태로 조직목표와 개인목표와의 공유영역을 넓혀 나가는 것은 아니고, 교환영역을 보다 확대시켜 나가려고 하는 모델이다.

그림 2-2 교환모델

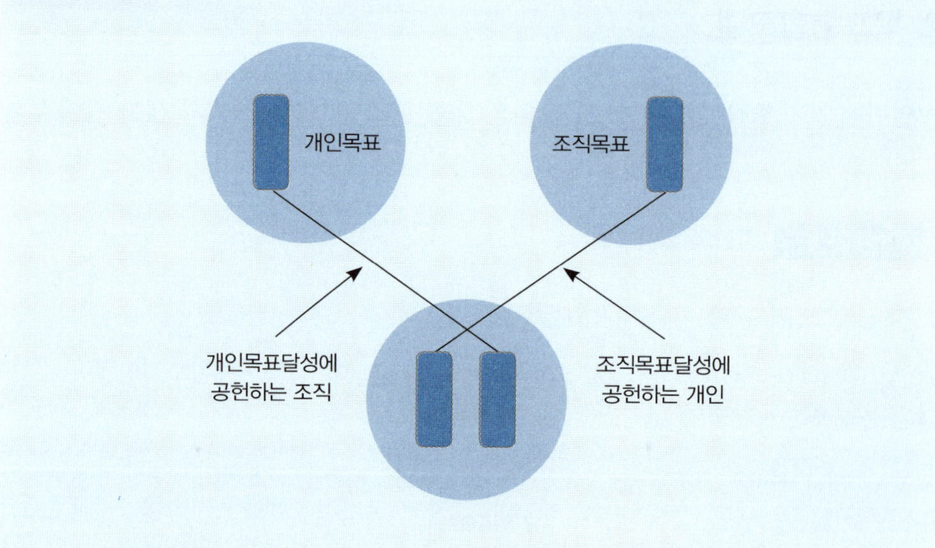

(2) 사회화모델

사회화모델은 조직목표를 달성하려는 데 가치를 두고 목표달성에 관계없는 것은 가치가 없는 것으로 간주한다. [그림 2-3]에서 이러한 가치관에 따라 개인목표를 조직목표로 이행시켜 나간다. 이것은 소극적인 사회모델이다.

그림 2-3 사회화모델

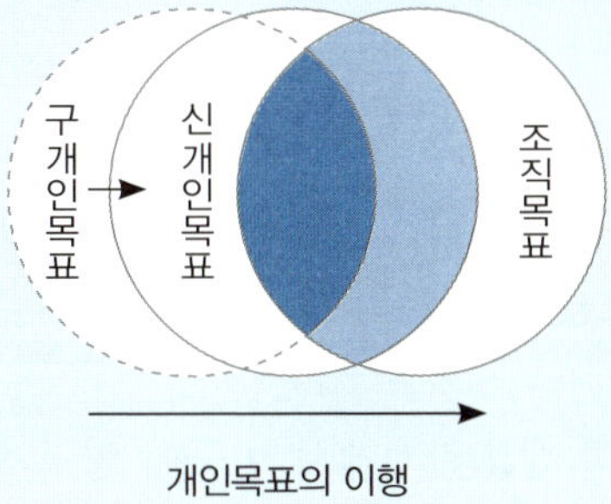

(3) 조절모델

조절모델은 사회화모델과는 반대로 개인목표가 개인의 요구 및 욕구에 의해 설정된다. [그림 2-4]와 같이 조직목표를 이행시켜 재구성하도록 조작화시켜 나가는 것이다. 따라서 개인목표 달성이 조직목표의 달성이 되고, 그로 인해 보수가 지급된다.

이 3가지 모델에서 개인에게 가장 유리하면서 더욱이 조직의 기대효과가 가장 높은 것은 바로 조절모델이다.

그림 2-4 조절모델

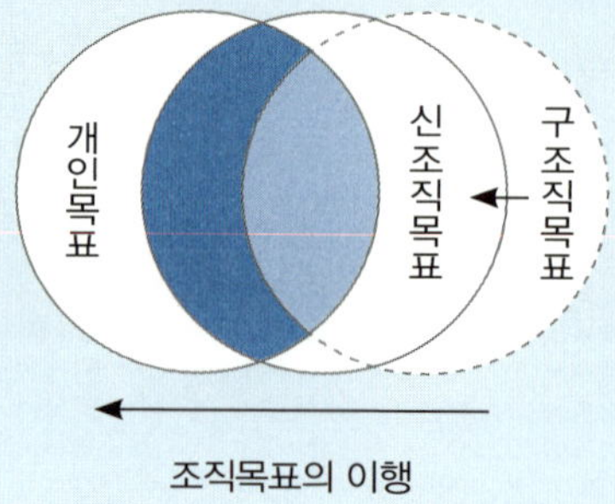

3. 조직과 개인의 목표관계

조직목표와 개인목표와의 상호관계에서 이들이 양 목표가 일치되지 못할 때 또는 일치할 때, 그리고 이들 목표가 양립하거나 부분적으로 일치할 때를 예상할 수 있다.

(1) 전적으로 대립되는 목표

영화 '빠삐용'이나 '쇼생크탈출'에서 느낄 수 있는 공통점은 무엇일까? 감옥소에 갇혀있는 죄수는 수용시설에서 탈출하려는 것이다. 탈출은 인간의 본능적인 마음이다. 이것은 개인목표가 조직목표와 전혀 일치하지 않은 경우로서 [그림 2-5]로 설명된다. 감옥소에 갇힌 죄수와 교도소가 상호 일치하지 못하는 목표를 갖는 경우가 전적으로 대립되는 상황이다. 죄수는 교도소에 갇혀 있길 싫어할 것이며, 교도소는 이들을 수용하는 시설로서 역할을 해야 하기 때문에 죄수를 감옥 속에서 통제하려고 한다.

그림 2-5 전적으로 대립되는 개인과 조직의 목표

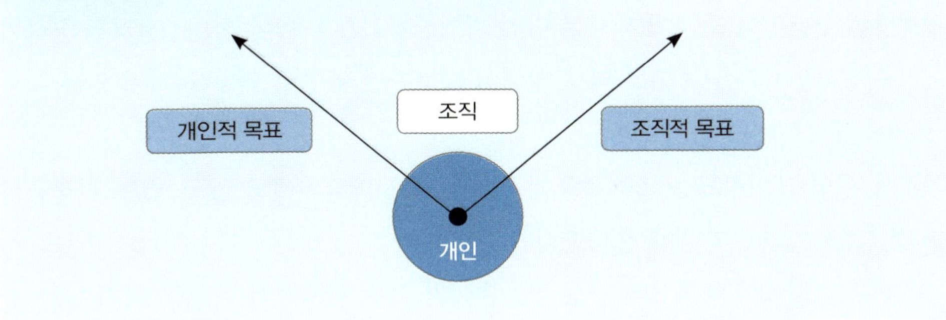

(2) 부분적으로 대립되는 목표

조직목표가 개인목표와 한편으로는 일치하지만 또 다른 한편으로는 일치하지 않은 경우가 있다. [그림 2-6]의 경우가 여기에 해당된다. 개인은 자신의 목표를 위해 노력하지만 조직목표는 의도적으로 방해하지 않는다.

병사가 군대에 복무하면서 전쟁 자체에는 혐오감을 가지는 경우, 최단 시일 내에 전쟁을 이겨야 한다는 목표에는 동의하지 않지만, 인간의 고통을 덜어 주겠다는 바람직한 목표에는 최선을 다함으로써 부상병을 성심껏 치료하는 경우이다. 이처럼 행동에 의해서 조직의 목표를 전적으로 방해하지는 않는다.

그림 2-6 부분적으로 대립되는 개인과 조직의 목표

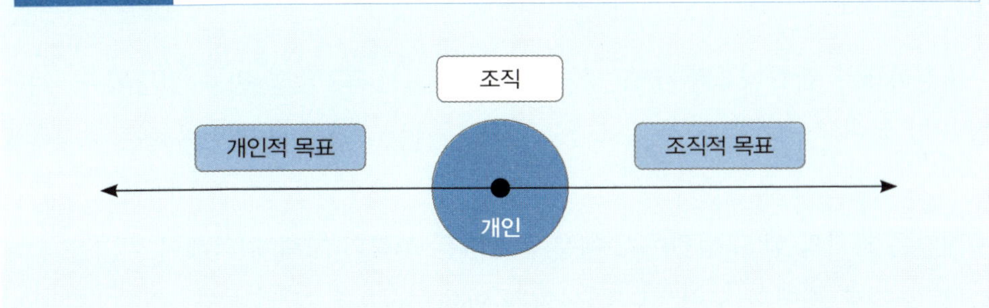

(3) 중립적인 목표

정당은 정당인이 되기 위해서는 당원 가입신청서를 내어야 한다. 선거철이 다가오면 당원가입서가 남발되고 막상 당원이 되었지만 아무런 역할을 하지 않는 경우가 이에 해당한다.

조직 내의 개인목표는 조직목표에 일치되지도 대립되지도 않고 별도로 작용하는 것으로서, [그림 2-7]로 설명된다.

개인은 조직에서 명목상의 구성원일 뿐이지 어떤 적극적인 역할을 하지 않는 경우가 여기에 해당한다. 이런 상황에서는 조직목표와 개인목표 간의 상호 갈등이 일어나지 않는다.

그림 2-7 중립적인 개인과 조직의 목표

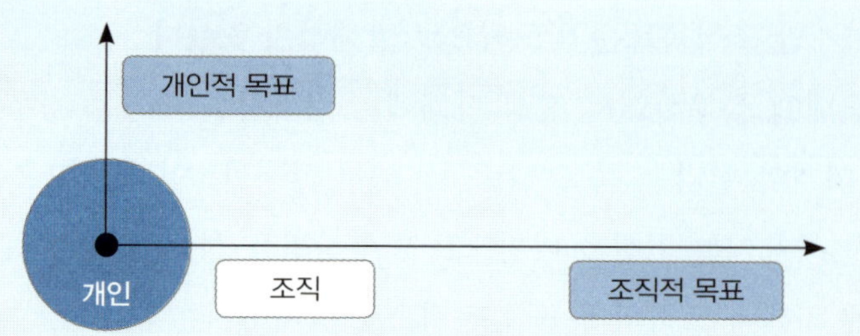

(4) 양립 목표

조직목표와 개인목표가 상호 양립하는 경우로서 [그림 2-8]로 설명된다. 이는 별 마찰 없이 스스로가 가진 목표를 실현해 나가는 것으로서 개인목표는 조직목표와 같은 방향으로 움직인다.

개인은 조직의 한 구성원이기 때문에 개인은 조직의 노력에 의해서 이익을 얻게 되며, 조직도 개인의 노력으로서 이익을 얻을 수 있는 공생(共生) 시스템을 갖는

그림 2-8 양립할 수 있는 개인과 조직의 목표

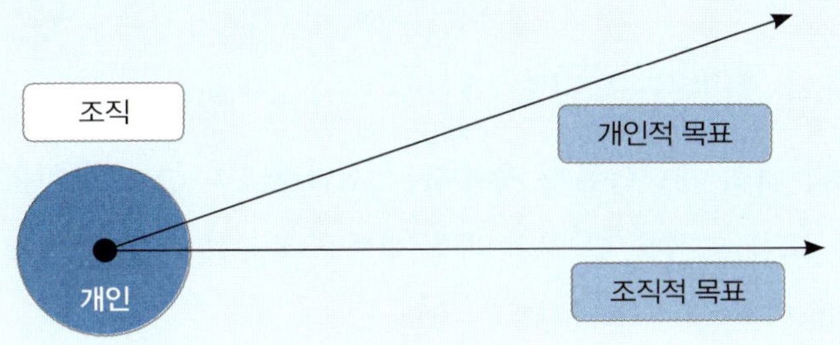

다. 즉 노력에 대한 보상을 공정하게 해주는 보상시스템을 구축하고 실행하는 것이다. 오늘날 기업조직에 있어서 가장 바람직한 형태가 양립 목표이다. 대부분의 성공적인 유효한 조직에서는 조직과 개인목표가 이같이 상호 양립하여 서로 상생하고 있다.

(5) 동일성을 갖는 목표

개인목표와 조직목표가 분리될 수 없는 경우로서 [그림 2-9]로 설명된다. 개인은 조직목표에 의해서 통제되거나 아예 맹목적으로 빠지고 개인욕구는 조직목표에 전적으로 종속된다.

그림 2-9 동일성을 가진 개인과 조직의 목표

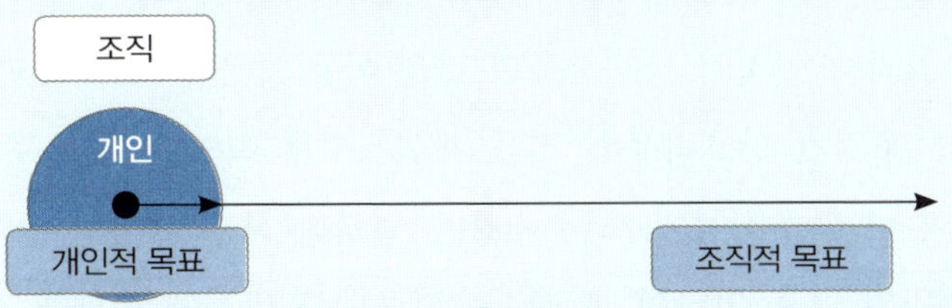

이 같은 경우는 군대, 종교단체, 카리스마적 1인 경영체제에서 흔히 찾아 볼 수 있다. 조직에 대한 충성의 태도를 지닌 개인이 맹목적으로 추종하게 된다.

(6) 조직목표와 개인목표의 양립

조직은 조직 내의 개인목표를 충족하는 수단으로써 그 구성원들에 의해 창조되고 유지된다. 또한 조직은 그 자체의 독자적인 목표를 가지며 이것은 각 구성원의 목표와는 전혀 다른 경우가 많다.

조직 구성원 개인목표는 너무나 다양하기 때문에 조직이 구성원들 모두를 만족시킬 수는 없다. 그러나 조직이 만약 이들 구성원들의 개인적 목표를 성취시킬 수 없다면 조직 그 자체의 효과적인 업무 수행은 불가능하게 된다.

바로 여기에서 조직목표와 개인목표를 통합할 필요성을 느끼게 된다. 조직목표란 조직의 노력을 합일점으로 이끄는 경영의 지침이 된다. 조직목표가 잘 정리되고 통합되면 효율적인 목표는 다음과 같은 이점이 있다.

① 구성원에게 조직목표를 위하여 일할 수 있는 용기를 준다.
② 측정·비교·평가가 유효하게 실행될 수 있는 좌표가 된다.
③ 조직의 각 구성원은 개인목표를 보다 쉽게 달성시킬 수 있다.

이 같은 조직의 여러 목표는 조직상의 여러 계층에서 존재하게 되어 계층을 따라 수단과 목표의 체인을 이룬다. 조직상의 여러 목표는 계층을 이루어서 각 단위의 목표가 전체의 목표를 달성하는 수단의 구실을 한다. 그러므로 조직을 계속 유지하고 성장·발전시키기 위해서는 개인과 조직의 목표는 상호보완적이어야 한다. 이를 위해 조직과 개인적인 상호작용의 질은 이들 양측에 서로 유익하게 개선되어야 하며 개인·조직간 상호작용의 질을 개선시키는 책임은 개개 종업원과 조직이 함께 부담해야 하며 조직상의 모든 기능은 일정한 사회적 상황 속에서 그것도 이들 조직과 개인의 상호 이익이 보장되는 가운데 원만하게 수행될 수 있다는 것을 조직과 구성원이 인식해야 한다.

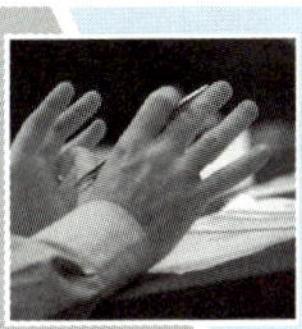

제 3 절

조직목표와 조직유효성

조직은 조직이 성과에 느끼는 만족도와 개인(조직구성원)이 각자의 성과에 의해 느끼는 만족도가 동시에 높을 때, 그 조직의 유효성은 높아지게 된다.

그러나 양자 모두 높은 만족도를 얻게 되더라도 만족을 얻으려고 하는 조직의 방향과 개인의 방향 사이에 간격이 심할 경우 조직의 유효성은 낮다.

양자가 동일한 방향으로 높은 만족도를 얻을수록 양호한 성과를 얻게 되지만 양자의 방향 간의 간격이 크면 클수록 투입되는 에너지에도 불구하고 조직의 성과는 낮아진다.

이런 상태를 도시하면 [그림 2-10]과 같다. 양자의 만족도가 동일하더라도 양자가 지향하는 방향의 차가 큰 경우 ①과 작은 경우 ②이다.

양자의 방향 간의 차이로 볼 때 다음 3가지 요소가 문제시된다. 즉, ① 조직이

그림 2-10 조직의 만족도와 개인의 만족도의 차

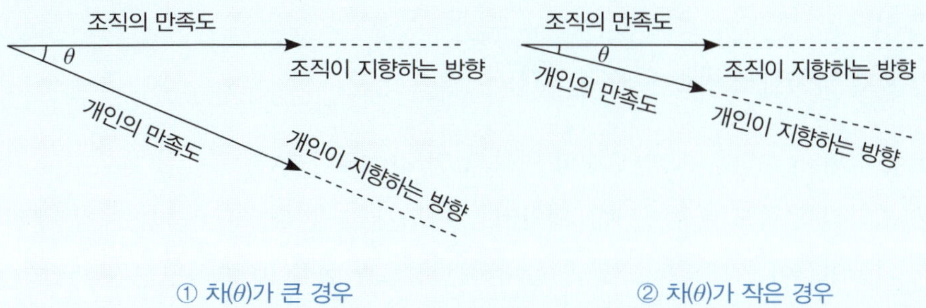

그림 2-11 조직유효성의 측정모델

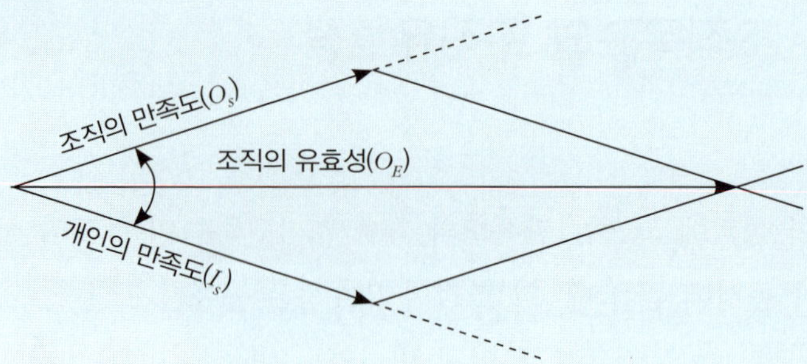

만족하는 축(기준)과 그 만족의 정도, ② 개인이 만족하는 축(기준)과 그 만족의 정도, ③ 양축의 차가 문제가 된다.

이 3가지 요소에 의한 조직유효성의 측정모델을 [그림 2-11]과 같이 나타낼 수 있으며, 이것을 수식화하면 다음과 같다.

$$O_E(\text{조직의 유효성}) = \sqrt{O_s^2 + I_s^2 + 2O_s \cdot \cos\theta}$$

각 항(O_s, I_s, θ)의 수치화에 의하여 조직의 유효성을 수치로 이해할 수 있다. 여기서 각 항의 수치는 질문지법에 의해 구할 수 있다. 조직의 유효성은 각 개인의 O_E 합이다.

이 모델이 뜻하는 바는 다음과 같다.

① 조직의 유효성은 성과에 대한 만족의 정도에 의존한다.

② 조직의 만족도가 높을 때, 개인의 만족도가 높을 때, 조직구성원 각 개인의 역할인식이 기대되는 역할과 합치하는 정도가 높을 때 조직구성원 개인의 유효성은 높아진다.

③ 만족도가 동일하다면 개인과 조직 간에 나타나는 θ의 차이에 따라 효과가 다르다.

④ 개인과 조직 간에 나타나는 θ가 동일할 때, 개인의 만족도를 높이거나, 조직의 만족도를 높여도 유효성에 미치는 영향은 동일하다.

⑤ 구성원 개인 유효성의 합계가 조직의 유효성이 된다.

이처럼 개인목표와 조직목표의 통합은 조직의 유효성의 중요한 요소 중에 하나로 통합 상태와 시스템화의 정도가 가미된 곳에 더욱 유효성이 높아진다.

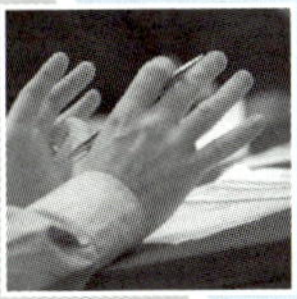

제 4 절

조직의 균형 확보

1. 조직의 존속

조직의 존속에 관한 이론이 조직균형론이다. 기업이란 주주, 경영자, 종업원, 소비자, 협력업체, 판매업자 등 다양한 참가자들이 있는데 이들 이해관계자와 협동체계가 이루어져야 한다.

조직균형론은 이해관계자 간의 균형을 유지함으로써 조직의 존속과 성장이 가능하다는 것이다. 여기서 균형은 유인(inducement)과 공헌(contribution)의 균형을 말한다.

공헌이란 조직의 목적달성에 기여하는 개인의 활동이며, 유인은 조직이 각 개인의 동기를 만족시키기 위해 제공하는 효용으로 공헌에 대한 대가를 말한다. 이러한 등식은 기업이나 조직의 유인이 개인 또는 집단의 공헌보다 더 클 때 조직의 존속과 성장을 가져올 수 있다.

조직이 제공하는 유인은 개인의 공헌보다 클 때 개인의 동기나 목표가 조직에 대한 참가의 결과로 만족을 느끼게 됨으로써 조직참가가 지속되고, 결국 조직은 존속하고 성장할 수 있다. 이 같은 조직균형론은 바나드가 제창하고 사이먼이 계승하여 오늘날 경영전략론 등에 많은 영향을 미쳤고 조직이론의 전개에 많은 모티브를 제공하고 있다.

만약 조직이 개인에게 제공하는 유인이 공헌보다 항상 크다면 어떻게 될까? 이는 크게 심리적인 것과 물질적인 것으로 나누어 살펴보아야 한다.

심리적 측면에서 예로는 조직이 기본적으로 구성원들에게 일할 수 있는 조직분위기를 만들어주는 것이 중요하다. 일할 수 있는 조직분위기, 만족감, 친화감, 동료관계, 취미생활의 후원 등 그것은 동기부여의 최우선이다. 이 같은 유인은 당연히 기업에서 제공해야 한다. 이는 아무리 강조해도 지나치지 않다. 구성원의 공헌이 이 같은 유인보다 작더라도 조직은 직접적인 손실이 없기 때문이다.

조직은 조직이 처해 있는 환경에 따라서 조직의 구조, 행동 및 과정의 3요소를 적절하게 결합시켜야 조직성과를 높일 수 있다. 이때 어느 특정의 조직이 다른 조직과 구별될 수 있는 고유한 특성을 가리켜 조직분위기(organizational climate) 또는 조직풍토라고 한다.

물질적인 균형론에서 유인책은 임금 등의 보상, 인센티브, 복지시설 등 구성원에게 직접 기업이 지불하거나 간접적으로 지불하는 형태를 말한다. 이 같은 유인은 구성원의 공헌에 따른 정당한 보상이라 할 수 있다. 이때의 보상은 적정한 수준을 유지해야 한다. 공헌보다 너무 많은 유인을 제공하게 되면 기업이 손실을 볼 수 있기 때문이다.

조직은 기업의 목적달성에 공헌하는 구성원의 의사결정과 행동의 시스템이다.

그러므로 존속하기 위해서는 구성원이 경영에 계속적으로 공헌하려고 하는 협동적 의사를 확보해야 한다. 구성원의 공헌을 지속적으로 얻기 위해서 조직에서는 충분한 유인을 제공하지 않으면 안 된다.

만약 구성원이 자신이 조직에 제공하는 공헌가치보다 작은 유인가치를 받게 된다면 조직에의 참가를 중단하거나 노력을 줄이려고 하는 여러 행동이 발생하게 된다.

[그림 2-12]에서 보면 조직이 개인에게 제공하는 유인의 대표적인 예로는 다음과 같다. 타 회사에서 주는 정도의 급여, 쾌적한 작업환경 조건, 훌륭한 감독(리더십)과 동료관계 및 도전적이고 의미 있는 작업 등이 포함된다.

유인과 공헌의 균형이 곧 조직적 균형을 의미한다. 이러한 조직적 균형에 따라서 기업의 존속과 성장은 가능하게 된다.

마치와 사이먼은 조직균형 이론을 구성하는 중심적 명제로서 다음의 5가지를 들고 있다.

① 조직은 다수 참가자인 개인의 상호관계적인 사회적 행동의 체계이다.

② 각 참가자인 개인 또는 집단은 조직에 공헌하고 그로 인하여 받는 보수로서 조직으로부터 유인을 받는다.

그림 2-12 조직균형의 전제

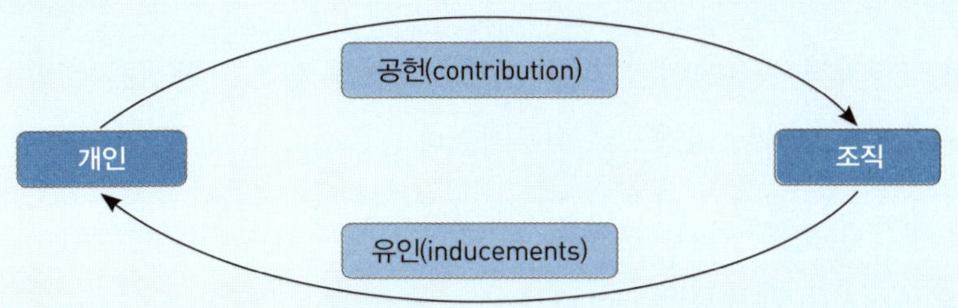

③ 각 참가자는 조직에서 제공된 유인이 조직에서 요구하는 공헌과 같거나 또는 그것보다 클 때 조직에 참가한다.

④ 각 참가자의 집단이 조직에 제공하는 공헌은 조직이 참가자에게 제공하는 유인을 생산하는 원자이다.

⑤ 참가자의 공헌을 끌어내는 데에 필요한 유인이 충분할 때 조직은 비로소 존속이 가능하다.

조직 존속·성장 : 유인≥공헌

그리고 조직에 관여하는 참가자도 여러 형태의 사람들이 있다. 그들은 각기 다른 형태의 조직에서 다른 공헌으로 기여하고 그 대가로서 유인을 받는다. 그러므로 기업의 존속과 성장을 위해서는 각 구성원에 대한 유인이 그 공헌과 같거나 그보다 크지 않으면 안 된다.

조직의 기초는 인간의 협동에서 비롯되기 때문에 조직의 생명력은 협동에 공헌하려는 개인, 즉, 조직구성원의 공헌의욕에 달려 있다. 공헌의욕은 조직목적을 수행하고 있다는 개인의 신념이 필요하다. 조직구성원은 조직에 대한 매력을 느껴서 자발적 노력을 할 때 조직성과를 내기도 하고, 자부심 등을 심어줄 때 공헌하게 된다.

2. 조직의 균형과정

조직의 균형과정은 유인의 인자인 공헌의 조직적 성과를 생산하는 과정과 이들을 구성원에게 배분하는 과정으로 이루어진다.

바나드는 조직의 균형을 다음의 2가지 과정으로 나누고 있다.

① 환경의 변화에 대해서 전체로써 조직을 계속적으로 적응시켜 나가는 과정이다.

② 그것에 의해서 얻어진 유인의 인자인 성과를 각 구성원에게 배분하는 과정으로 보았다.

환경의 변화에 적응해 나감으로써 조직적 효과를 생산하는 과정에 있어서 의사결정의 기준이 되는 원리는 조직유효성의 원리이다. 의사결정의 연속과정을 통해서 조직이 전체로써 환경변화에 적응해 감으로써 환경에 대한 조직의 대외적 균형을 유지하는 것이 조직유효성의 원리라고 할 수 있다.

구성원의 공헌의욕의 지속은 어디에서 나타날까? 그것은 조직목적을 수행하는 과정에서 구성원이 조직에서 얻은 만족에 의존한다. 이러한 만족은 협동의 동기가 조직에서 충족되는지의 여부에 달려 있다.

조직의 이와 같은 유인의 제공 여부는 시장 환경, 생산기술 환경, 사회 환경, 경제적 여건 등 외적 요소의 변화에 의존하게 되는데, 이를 조직의 대외적 균형이라 한다.

생산된 조직적 효용을 각 구성원에게 유인으로서 배분해 가는 과정에서 의사결정의 기준이 되는 것은 능률의 원리이다. 이것은 조직과 여기에 참가하는 개인 간의 대내적 균형을 유지하는 원리이다. 조직이란 만들고, 성장하고, 쇠퇴하고, 해산하고, 다시 만드는 반복과정 속에서 변화하는 것이다.

조직의 존속은 공통목적 달성을 향한 협동의욕에 달려 있다. 그러면 협동의욕을 보장하는 것은 무엇인가? 영속적인 공헌의욕에 대한 충분한 유인의 제공이 가능한지가 관건이다. 이것이 조직의 대내적 균형이다.

조직의 유효성이 조직과 환경과의 균형의 원리로 설명되고 조직의 능률은 개인의 조직과의 균형의 원리이며 후자에 따라서 참가자의 협동의지는 확보되는 것이다.

조직균형은 이와 같이 조직의 대외적 균형과 대내적 균형으로 이루어지는 것이다. 그리고 바나드(Barnard)는 “조직의 생존은 그 목적을 달성하는 조직의 능력에 의존한다. 그것은 조직행동의 적응과 조직의 환경조건에 의존한다"고 하면서 대외적 균형과 대내적 균형은 서로 별개의 것이 아니라고 하였다.

조직의 성과가 높아짐에 따라서 개인에게 유인으로써 분배될 원자도 커지게 되어 조직의 대외적 균형을 돕게 한다. 조직의 대외적 균형이 유지되어 조직의 능률이 높아지면, 각 성원의 협동의지도 높아지게 되어 조직 목적의 효과적 달성을 돕는다. 이것은 결국 조직의 대외적 균형의 유지를 유리하게 한다.

3. 조직균형의 조건

조직이 대외적으로나 대내적으로 동태적인 균형을 유지함으로써 조직을 존속시키기 위해서는 다음과 같은 여러 조건을 갖추어야 한다.

① 조직이 존속하기 위해서는 각 개인에게 배분되는 유인과 공헌이 같거나, 또는 공헌보다 유인이 커야 한다.

② 유인의 가치와 공헌의 가치의 비교는 각 개인의 주관적인 가치기준에 따라서 이루어진다.

③ 조직은 경제적 호응을 창조할 뿐만 아니라 사회적 효과를 창조한다.

④ 각 개인에게 배분되는 유인에는 경제적 유인 이외에 비경제적인 유인이 있으며 비경제적 유인은 협동의 확보에 매우 중요하다.

⑤ 유인의 주관적 가치의 크기는 그것을 받는 개인의 동기와 욕구의 수준에 의해서 영향을 받는다. 조직의 균형을 유지하기 위해서는 개인의 공헌행위의 바탕이 되는 욕구 수준을 낮추어야 한다. 이때 유인가치와 공헌가치는 일치하게 되어 조직균형이 가능하다.

⑥ 배분될 유인의 인자에는 한도가 있으므로 배분의 경제성을 높이기 위해서는 차별적 유인의 원칙을 적용하지 않으면 안 된다. 차별적 유인의 원칙이란 각

참가자의 공헌과 효율에 비례한 유인의 배분을 해나가는 신상필벌(信賞必罰) 주의의 원칙이다.

조직의 운영에 있어서 조직균형의 확보가 필요한데 기본적 전제는 다음과 같다.

① 개인과 조직 간에 존재하는 상호작용의 질은 이들 모두에 이익을 줄 수 있도록 개선되어야 한다.
② 개인-조직 상호작용의 질을 개선시켜 나가는 데에 대한 책임을 개개의 구성원과 조직이 공동으로 부담해야 한다.
③ 조직에 대한 전망을 할 때 시스템적 사고에 늘 익숙해야 한다. 조직생활의 여러 현상은 고립된 하나의 부분이 아니기 때문이다.
④ 조직과 개인은 조직에 있어서의 작업이 전형적으로는 사회적 상황 속에서 수행되기 때문에 모두에게 상호이익을 줄 수 있어야 한다.
⑤ 모든 형태의 조직과 모든 형태의 문화적 환경에 있어서는 조직현상에 있어서 공통성이 존재하게 된다.
⑥ 개인과 조직을 모두 개발해 나가는 것은 꼭 필요한 일이며, 이 같은 일은 지속적으로 이루어져야 한다.
⑦ 행동과학적 연구에서는 개인에 있어서의 작업경험의 질과 작업 조직의 생산성을 둘 다 개선시키는 데 커다란 공헌을 하고 있다.

4. 조직의 대내적 균형

조직의 대내적 균형은 조직내부에서 조직과 구성원 간의 균형의 문제이다. 여기서 중요한 것은 구성원의 만족도이다. 개인적 동기를 조직이 만족시켜줄 수 없다면 조직에게 공헌하고자 하는 노력을 기울이지 않을 것이다.

예를 들면, 종업원의 입장에서 승급이나 승진 등을 함에 있어 능력주의 내지 업적주의를 채택할 때 유인배분의 경제성이 달성되고 만족도를 높일 수 있다. 그러나 여기에도 능력이 떨어지는 사람들은 '자기도 노력한다'라는 입장 때문에 실적은 떨어져도 주관적인 공헌의 크기는 크다고 할 수 있다. 이들에 대한 유인배분이 적절하지 못하기 때문에 적절한 유인방법을 찾아내야 한다.

바나드는 "조직에 대해 공헌을 유인하는 순만족은 그것에 의해서 영향 받는 불이익을 초과하는 플러스(+)의 이익이 있을 때 생긴다"라고 주장하고 있다. 각 구성원의 협동의지를 이끌어내기 위해서는 순유인을 증대시켜야 하며, 순유인을 증대시키기 위해서는 임금을 인상하고 근로시간 단축 등 다양한 정책을 통해 구성원들을 만족시켜 주어야 한다.

여기서 유인의 객관적 측면과 주관적 측면은 구별할 필요가 있다. 임금, 노동조건 등과 같은 자극을 주는 유인의 객관적인 측면과 유인의 가치는 개인의 입장에 따라서 자신의 욕구와 비교해 평가하는 주관적 측면이 있다.

자극은 객관적인 유인을 효과적으로 제공하는 것이고, 설득은 개인의 주관적인 태도(불만족의 느낌 등)를 바꾸는 것이다.

임금과 작업환경 등은 유인의 객관적 측면을 이루고 있다. 그러나 이것은 객관적인 절대적 가치를 개인에게 느끼게 하는 것은 아니다. 유인의 가치는 개인의 동기수준과 욕구수준에 비추어서 개인의 입장에서 평가되는 주관적인 가치인 것이다.

유인의 객관적 측면 – 자극의 방법
유인의 주관적 측면 – 설득의 방법

(1) 자극의 방법

바나드는 조직이 제공하는 유인에는 2가지 종류로 구분하고 있다. 조직환경 요소와 관련된 특수한 유인과 조직문화나 조직사회화와 관련된 일반적 유인이다.

1) 특수한 유인

① 물질적 유인 : 공헌에 대한 임금, 급료, 상여 등 물질적 보수로서 참가자에게 제공되는 화폐·물건 및 물적 조건을 가리킨다.

② 비물질적 유인 : 개인의 협동적 노력을 확보하는 데 중요한 명예, 위신, 개인적 권력을 행사하는 기회 등이 있다.

③ 바람직한 작업조건 : 훌륭한 작업조건도 종업원이 기대하는 공헌에 대한 하나의 중요한 대가가 된다.

④ 이상적인 만족 : 조직이 개인의 이상을 만족시키는 조직의 능력이다.

2) 일반적 유인

① 집단의 매력 : 조직적 협동을 강조하는 사회적 적합성을 말한다.

② 작업조건과 작업방법 : 전혀 다른 작업조건이나 작업방법이 도입되면 종업원의 협동에 대한 의지는 크게 떨어진다.

③ 참가의 감정 : 업무활동에 적극적으로 참가하고 있다고 하는 감정은 간접적인 유인이 된다.

④ 단결의 상태 : 이것은 비공식 조직의 기초를 이루는 유인으로서 상호 부조의 기회를 말한다.

(2) 설득의 방법

조직의 경우 유인의 근원이 되는 인자에는 일정한 한계가 있지만 공헌의 바탕에 숨어 있는 개인의 기대욕구에는 한계가 없다고 볼 수 있다. 따라서 공헌을 중심으로 이루어지는 기대와 조직이 유인으로서 제공하는 인자 간에는 격차가 생겨 유인과 공헌의 불일치를 가져올 가능성이 크다. 그러므로 조직을 유지·존속시키기 위해서는 설득의 방법에 따라 구성원별로 욕구수준과 동기수준을 변경할 수 있어야 한다.

바나드는 "조직이 필요로 하는 개인적 공헌을 끌어내는 데 충분한 유인을 제공할 수 없다면 조직이 제공할 수 있는 유인이 충분한 것이 될 수 있도록 사람의 동기수준을 설득의 방법에 의해서 변경하지 않는다면 조직은 유지·존속할 수 없다"고 설명하고 있다.

바나드는 설득의 방법으로는 다음과 같은 3가지가 있다고 설명하고 있다.

① 강제적 방법 : 종업원에 대한 일반적인 설득의 방법이 효과가 없을 정도로 욕구수준이 높을 때 부득이 해고나 강등에 의해서 공헌과 유인의 균형을 도모할 수밖에 없다.

② 유인의 합리화 : 개인적으로 하나의 조직에 참가하는 것이 그리고 하나의 직무를 수용하는 것이 그 사람에게 이익이 된다는 것을 설득해 가는 것이다.

③ 동기 주입 : 교육과 광고 선전에 따라 종업원과 소비자에게 만족욕구를 일으키도록 한다.

5. 조직의 대외적 균형

조직의 외부환경은 수없이 많은데 시장 환경, 기술 환경, 사회 환경 등 이들 사이의 균형을 조직의 대외적 균형이라 한다.

조직은 효율성을 강조하게 된다. 효율성(efficiency)이란 조직목적을 달성하기 위한 전제로서의 수단의 적합성을 의미한다. 조직효율성에는 단순히 외부환경과의 관계만이 아니라 내부적인 효율성도 포함된다.

기업은 외부환경이 변화하는 한 외부환경의 변화에 대하여 기업을 적응시키기 위한 전략적 결정의 합리성과 적시성이 기업의 수익성과 성장성을 결정한다.

따라서 기업이 외부환경에 적응하기 위해 기업의 경영목표나 경영전략을 결정하는 전략적 결정이 중요하다.

조직의 외부균형은 조직이 외부환경의 변화에 신축성 있게 적응해 갈 뿐만 아니라 구조적 변혁에 의해서 혁신적으로 외부환경을 형성하는 것을 의미한다.

바나드는 "조직의 균형은 기본적으로는 조직과 그것에 접하는 외부적인 전체 상황과의 균형이다"라고 말했다. 조직이 효율적이냐 아니냐는 결국은 유인의 인자를 더 많이 생산하느냐 못하느냐의 달려 있다. 그러므로 조직의 유효성이 한계에 부딪쳐서 유인의 인자를 더 이상 키울 수 없을 경우, 조직의 능률을 꾀하기 위해서는 유인의 배분을 경제성 원칙에 따라서 해야 한다.

조직이 존속하고 성장하기 위해서는 유인-배분 과정에서의 유인과 공헌의 균형은 유지되어야 한다. 그렇게 될 때 각 참가자의 경제적·인간적 욕구와 기대는 충족되어지는 것이며 조직의 사회적 균형도 유지된다. 그리고 조직의 사회적 균형이 유지될 때 비로소 각 참가자로부터의 진정한 협동의지도 얻을 수 있는 것이다. 구성원으로부터의 협동심을 얻을 때 조직의 대외적·대내적인 균형이 가능하며 조직의 존속과 성장도 가능하게 된다.

조직이 처한 제반 환경은 끊임없이 변화하고 있다. 조직은 환경의 변화에 적응하기 위해서 환경 속에서 전략적 유인을 찾아내고 통제해 나가야 한다.

이 같은 조직의 환경적응은 조직의 동태적 균형을 의미하며 다음과 같은 4가지 관점에서 이루어져야만 한다.

① 조직내부의 불균형을 발견하고 거기에서 전략적 요인을 선정하고 이것은 통제하여 조직의 내부균형을 되찾는다.

② 기업의 생산시스템, 인적자원시스템 사이에 나타나는 불균형을 발견하고 그것을 균형 상태로 유지하여 조직의 외적 균형을 확보해야 한다.

③ 기업의 외부환경과 조직 간의 불균형을 회복하고, 기업의 외부환경과 조직 간의 외부 균형을 확보해야 한다.

④ 조직의 목적과 개인의 목적을 조화시켜 조직의 사회적 균형을 확보해야 한다.

사례

태조 이성계를 통해서 본 조직관리의 핵심

창의성은 조직의 힘을 배가시키는 핵심역량이다. 유연한 사고로 무장한 조직은 어떤 위기 앞에서도 쉽게 무너지지 않는다. 태조 이성계 역시 조직관리의 핵심이 무엇인지 보여주는 좋은 역사적 사례이다.

이성계 장군은 고려 정계에서 주목받지 못하던 변방출신의 시골무사였다. 그런 그가 고려 최고의 실력자로 등극할 수 있었던 것은 그가 평생을 바쳐 일구어온 이성계의 막강한 조직력에 기반을 두고 있다.

이성계는 이두란·처명으로 대표되는 무인집단 가별초와 정도전·정몽주·권근 등으로 대표되는 문인집단, 씽크 탱크를 운영하고 있었다. 이 두 조직의 힘을 한 방향으로 집중시켜 얻어낸 성공이 바로 이성계의 성공이다.

가별초의 대표적 무장 이두란은 이성계의 목숨을 구했을 뿐만 아니라 황산전투의 승리를 일구어낸 일등 공신이었다. 그는 애초 여진족으로 이성계와 의형제를 맺고 그의 팀에서 진가를 발휘한 인물이다.

처명 역시 원래 원나라 장수로 이성계의 적장이었으나 이성계의 인품에 감복해 그의 팀에 합류한 인물이다. 그 역시 황산전투를 승리로 이끈 용장 중 한 명이다.

이성계는 유능한 인물을 알아보는 안목과 그런 인물들을 자신의 팀에 끌어들이기 위해 자존심을 버리는 것을 주저하지 않았다. 결과적으로 그의 팀은 그를 조선 태조로 만들어준 King maker로서 진가를 발휘했다.

이성계의 성공은 팀 플레이의 산물이었다. 혼자서도 성공을 일구어낼 수는 있다. 하지만 큰 성공을 원한다면 조직 전체의 역량을 활용해야 한다.

자료 : 길벗 출판사

2

PART 2

조직설계에 대한 이해

02

Chapter 03

조직설계의 기초

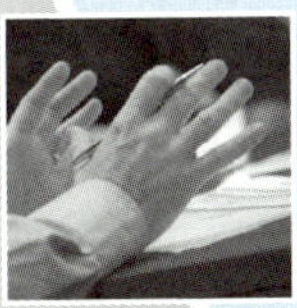

제 1 절

조직설계의 의의

1. 조직설계의 의미

우리는 무엇인가를 디자인한다거나 설계를 한다고 말할 때 존재하지 않는 것을 새로 만들거나, 현재 있는 것을 다른 것으로 바꾸기 위한 설계자의 의지적 행위를 말한다.

조직을 설계하는 것은 새로 설립되는 조직을 바람직한 모습으로 체계화하거나 또는 효과적이지 못한 기존의 조직을 효과적으로 새롭게 조직을 바꾸는 것이다.

조직설계를 위해 설계자는 기본도구가 되는 요소(조직구성원 간의 분업, 의사결정 권한의 배분, 통합을 위한 조정 메커니즘)를 주어진 상황(환경, 기술, 규모 등)에 가장 적절하게 맞도록 전문적인 지식을 가지고 설계해야 된다.

2. 조직설계의 도구

조직설계에 사용될 수 있는 도구로는 대표적으로 3가지가 있다.

① 구성원의 과업에 대한 설계방법이다.

개별 구성원의 과업을 설계하는 데에는 과업의 분업화와 행동의 표준화의 2가지 구조변수의 방법을 사용할 수 있다.

② 분업화한 과업과 배분된 권한을 어떻게 통합할 것인가 하는 것이다.

조직 활동의 통합에는 계획/통제시스템과 교호적 통합방법을 사용할 수 있다.

③ 의사결정 권한을 어느 정도 하위계층에 배분하느냐 하는 것이다.

의사결정 권한의 배분에는 수직적 분권화와 수평적 분권화의 원칙이 있다.

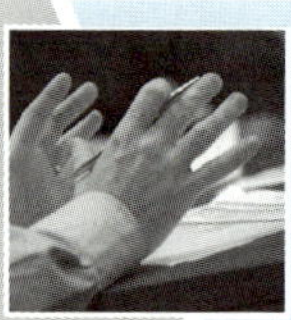

제 2 절

조직설계의 기본요소

복잡한 조직이 여러 가지 기능을 효과적으로 수행하기 위해서는 조직이 합리적으로 설계가 되어야 한다. 조직설계의 기본요소에 대해 살펴보면 다음과 같다.

1. 분화와 부문화

조직이 최적의 효율성을 달성하기 위해 조직설계에 필수적으로 기업의 구조화 과정을 거치게 된다. 기업이 성장·발전하게 되면 한 사람의 노력으로 해결하기 어려운 복잡한 문제에 직면하게 되고 그 경우 기업은 다음과 같은 2가지 문제에 직면하게 된다.

첫째, 작업을 세분화하는 문제가 발생한다(분화).

둘째, 세분화된 하위단위들의 제반 노력을 기업 전체의 관점에서 효율적으로 결합하는 문제가 발생한다(부문화).

조직은 이와 같은 분화와 부문화를 통하여 형성된다.

(1) 분화

분화란 '전체 과업을 더 작은 과업단위로 세분화하는 것'을 말한다. 이는 일반적으로 '수평적 분화(horizontal differentiation)' 혹은 '작업의 분화(division of labor)'라고 한다.

이러한 원리가 합리적인 이유는 어떤 복잡한 과업을 완성하는데 한 사람이 모든 작업을 수행한다는 것은 어렵기 때문이다. 따라서 모든 작업을 세분화하여 비교적 간단한 작업으로 하여 과업을 수행하는 것이 훨씬 업무능률도 향상되고 분업의 이점이 나타나게 된다.

(2) 부문화

조직은 작업의 분화를 통해서 여러 가지 이득이 발생하지만 유의해야 할 점은 고도로 작업의 분화가 이루어졌을 경우 그와 관련된 역기능의 문제가 발생할 수 있다.

오늘날 직무의 전문화로 직무 만족도의 감소, 종업원의 낮은 공헌도, 소외감 증가, 낮은 참여의식 등 단점이 여러 부문에서 나타나고 있다.

그러므로 일단 조직의 전체 과업이 분화되면 능률을 도모하기 위하여 관련된 과업을 하나로 모아 그룹을 형성할 필요가 있다. 이와 같은 그룹들의 형성 과정을 '부문화(departmentation)'라고 한다.

이때 과업과 관련해서 형성된 사람들의 집단을 '부(部)' 또는 '과(課)'라 한다. 즉, 분업은 전문가를 만들어내는데, 그 전문가 중에서 유사한 직무를 수행하는 전문가들을 집단화하는 것을 부문화라고 한다. 따라서 부문화란 전문가 집단을 만드는 것을 말하며 수평적으로는 분화된 활동을 통합하는 것이다.

결국 조직의 형성은 작업을 세분화하는 분화, 분화된 하위단위들을 조직 전체의 효율성을 높이기 위해서 결합하는 부문화를 통해서 이루어진다.

2. 조직도

조직도(organization charts)란 '조직표(table of organization)'라고 한다. 조직에 있어서의 직위 및 직위 상호간의 공식적 관계를 단순히 도표로 나타낸 것을 말한다.

조직도는 한 기업의 조직구조를 표시하는 가장 일반적인 방법이다. 기업은 이 공식적인 조직도를 이용하여 조직을 운영한다.

조직도는 대부분의 복잡한 조직에서 볼 수 있게 계층구조를 표시하고 있다. 이러한 수직적 구조는 조직 내의 권한 계층 및 계층 간의 상호관계를 나타낼 뿐만 아니라 커뮤니케이션의 경로를 나타낸다.

조직도에서 톱(top)으로부터의 거리는 직위의 수준 정도를 의미한다. 그리고 직위 간을 연결하는 수평선은 직위의 상호 동등함을 의미하며, 수직선은 상사와 부하의 관계를 의미한다. 그런데 조직도는 조직 활동의 동태적인 과정에 대한 정태적 표시에 지나지 않는다는 한계가 있다.

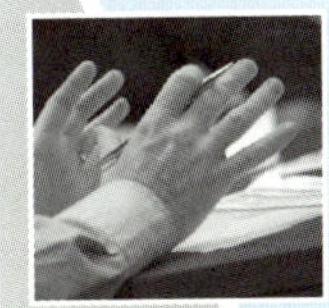

제 3 절

조직설계의 기본 변수

조직설계의 기본 변수로는 수직적·수평적·지역적 분화를 뜻하는 복잡성, 권력의 분산 정도를 지칭하는 집권화 또는 분권화, 규칙의 수로 측정하는 공식화의 3가지가 있다.

조직을 설계 또는 재설계할 때 이 변수들의 수준을 상황변수에 따라 조절함으로써 조직구조를 결정하게 된다.

조직을 설계하는 기본 변수인 복잡성과 집권화는 조직형성의 일반적 프로그램 차원에서 필요한 변수이고, 공식화 변수는 행동 프로그램 차원에서 요청되는 변수라 할 수 있다. 그리고 이들 변수들의 관계는 [그림 3-1]과 같다.

그림 3-1 조직설계의 원리와 기본 변수

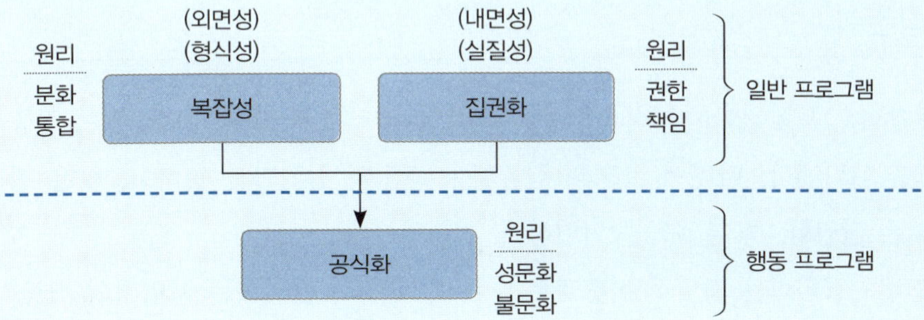

1. 복잡성

복잡성(complexity)이란 조직 내 분화의 정도를 의미한다. 이러한 분화의 형태로 수평적 분화, 수직적 분화가 있다.

이 복잡성의 정도는 경영자에게 중요한 의미를 부여한다. 왜냐하면 목표달성을 효율적으로 하기 위해 조직은 의사소통과 조정 및 통제 메커니즘을 가져야 하는데 복잡성에 따라 이들의 메커니즘이 달라지기 때문이다.

예를 들면, 조직의 복잡성 정도가 증대될수록 조직은 의사소통과 조정 및 통제 메커니즘에 대한 요구는 더욱 커지게 된다. 왜냐하면 복잡성 정도가 증대함에 따라 분화되어 있는 활동들이 조직목표라는 하나의 공동 목표를 위해 유연하게 결합되도록 하는 관리의 필요성이 대두되기 때문이다.

한편 복잡성이 낮은 조직은 의사소통, 조정, 통제의 필요성이 적기 때문에 위원회나 자동화된 정보시스템이나 공식적 정책 지침서 등이 필요 없다.

이에 비해서 종업원, 공장, 관리계층이 많이 분산되어 있는 복잡성이 높은 조직은 의사소통 기구나 조정기구는 필수적이다.

2. 집권화

일반적으로 집권화(centralization)는 조직의 어느 한 곳에 의사결정권이 집중되는 정도를 나타낸다. 따라서 고도의 집중화는 고도의 집권화를 뜻하고, 낮은 집중도는 낮은 집권화, 즉 분권화를 의미한다.

그러나 집권화는 지역적 집중과는 다른 개념이다. 집권화는 지역적인 집중이 아닌 조직 내에서의 의사결정 권한의 집중을 의미하는 것이다. 따라서 집권화는 '자율적인 선택을 위한 공식적인 권한이 어떤 개인, 단위, 혹은 계층에 집중되는 정도'로 '종업원이 작업에 최소한 개입을 하도록 하는 것'이라고 할 수 있다. 이러한 개념에는 다음과 같은 의미가 포함되어 있다.

① 집권화란 비공식 조직이 아닌 공식적 조직에만 관심을 갖는다.
② 집권화는 의사결정의 자율성에 초점을 둔다. 의사결정이 하위에 위임되었으나 하위계층의 자율적인 선택을 억누르는 정책이 존재하면 집중화가 증대된다. 따라서 정책은 분권화를 무효화할 수 있는 것이다.
③ 집권화란 한 개인·단위·계층, 즉 상위계층으로의 집중을 의미한다.
④ 정보처리는 최고경영층의 통제를 증대시킬 수 있으나 의사결정의 선택은 여전히 하위계층의 구성원에 있다. 따라서 분권화된 의사결정을 엄격하게 관리하는 정보처리시스템은 집권화된 통제를 의미하지는 않는다.
⑤ 모든 정보의 이동은 해석을 필요로 한다. 정보가 수직적 계층을 통해서 이동하면 반드시 정보의 여과현상이 일어난다.

최고경영자들은 자신이 받은 정보를 입증하게 할 수 있고, 부하들에게 그들이 여과하여 선택한 것에 대해서 책임을 지게 해야 한다. 하위자에 의한 정보투입의 통제는 사실상 분권화의 한 형태이다.

의사결정 권한이 최고경영층에 집중되어 있다면 집권화되어 있다고 할 수 있다. 그러나 그러한 의사결정에 투입이 다른 사람들에 의해 여과되면 될수록 의사결정의 집중과 통제는 약화된다.

3. 공식화

공식화(formalization)란 비공식화에 대칭되는 의미이다. 공식화란 '조직이 어떤 일을 누가, 언제, 수행해야 한다는 것을 어느 정도 공식적으로 규정하느냐에 관한 것'이라 할 수 있다. 공식화와 비공식화는 같은 연속선상에 함께 표시될 수 있는 상대적 수준의 문제이다.

따라서 공식화와 비공식화를 양극화하는 논리나 그중 어느 한쪽을 선 또는 악이라고 획일적으로 규정하는 것은 잘못된 것이다.

어느 정도의 공식화 수준이 적정한 것인가 하는 문제는 상황 적응적으로 해결해야 한다. 즉 규모, 기술, 환경, 전략 및 권력 작용 등 여러 가지 상황요인과 공식화 수준이 최적의 배합을 이룰 때 조직의 유효성은 제고될 수 있는 것이다.

조직에 따라서는 그러한 공식적 규정이 매우 세밀하고 엄격하게 되어 있는 경우도 있고 느슨하게 되어 있는 경우도 있다. 그러므로 공식화 수준은 조직에 따라 달라진다. 그리고 공식화는 구성원의 행동에 대한 공식적 규정의 수준을 의미하므로 구성원들의 실제적인 형태가 그러한 공식적 규범에 반드시 부합되느냐하는 문제와는 구별되어야 한다. 조직에 따라서 구성원의 형태가 공식적 규범으로부터 크게 벗어나는 경우도 있고 적게 벗어나는 경우도 있다.

4. 통합

통합(Integration)은 조직이 과업을 수행하면서 여러 다른 하위체계 사이의 상호작용을 통일시키는 과정으로써 전략적인 조직목표와 일치시키는 과정이다.

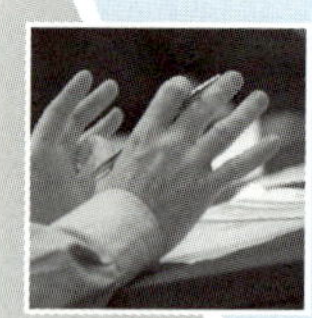

제 4 절

조직구조의 상황변수

조직설계의 기초자료로 활용할 수 있는 기본 변수를 사용하여 조직을 설계하는 데 영향을 미치는 상황요인들은 외생(객관적)적 상황변수와 내생(주관적)적 상황변수로 나누어 볼 수 있다. 외생적 변수로는 조직의 규모, 기술, 환경 등이 있고 내생적 변수에는 전략, 권력 작용 등이 있다.

1. 조직규모

조직의 규모를 파악하는 데는 조직구성원 수, 매출액, 총 투하 자본금, 조직의 소유자산 총액 등이 있다.

조직구성원의 수를 조직규모의 지표로 삼는 경우 조직구성원 수 증가에 따른 조직규모의 확대라 할지라도 특정지역에만 집중적으로 고용을 증가시켜 규모를 확대하거나 아니면 여러 지역에 분산시켜 규모를 확대하느냐에 따라 조직구조가 다르게 된다. 따라서 지역분산도와 이에 따른 모조직과 자조직 사이의 종속관계 등을 함께 검토해야 한다.

조직규모에 관한 연구는 영국의 애스턴대학교 산업경영연구소의 애스턴연구(Aston Studies)는 퓨(D. S. Pugh), 힉스(D. J. Hickson), 페이시(D. C. Pheysey) 등에 의해 1961년 이후 10년간에 걸쳐 연구되었다.

애스턴그룹은 56개 조직을 대상으로 한 연구에서 조직의 규모가 커지면 재현되는 사건의 빈도가 증가하게 되고 의사결정의 반복현상이 나타나 표준화와 공식화를 선호하게 된다.

애스턴의 연구는 조직구조에 영향을 미치는 기원과 역사, 소유와 통제, 규모, 약관, 기술, 위치, 자원, 상호의존 변수들을 고려하여 이 가운데 조직구조에 영향을 미치는 가장 큰 변수를 선정했다는 점에서 설득력이 높고 그 후 연구에도 많은 영향을 미치고 있다.

조직이론은 대부분 대규모 조직이나 중간 규모의 조직을 대상으로 하는 연구결과이므로 조직이론을 소규모 조직에 적용할 때에는 이를 감안하여 적용하여야 한다.

조직의 규모가 증가하면 분업이 증가하고 복잡해지면서 공식성이 증대되어 결국 기계적 구조화가 이루어지게 된다.

2. 기술

조직 내에서 투입물(Inputs)을 산출물(Outputs)로 변환시키는 과정 또는 방법을 기술이라고 한다.

기술 결정론(Technological Imperative)은 기술이 조직구조를 결정한다고 주장하는 이론이다. 대표적인 학자로서 우드워드(J. Woodward)와 페로우(C. Ferrow) 등을 들 수 있다.

기술 영향론(Technological Influence)은 기술이 조직구조를 결정하는 데 영향을 미친다는 이론이다. 이를 주장하는 대표적인 학자는 탐슨(J. D. Thompson)과 애스턴그룹(Aston group)이 있다.

우드워드(J. Woodward)는 생산형태에 따라 생산기술을 단위 생산(Unit Production), 대량 생산(Mass Production), 장치 생산(Process Production)으로 분류하였다.

표 3-1 조직기술과 조직구조

		다양성	
		낮음	높음
분석 가능성 (표준화)	낮음	• 장인기술 : 대체로 유기적 구조 • 중간의 공식화와 집권화, 통솔범위 • 작업경험 • 평적, 구두 의사소통	• 비일상기술 : 유기적 구조 • 낮은 공식화와 집권화, 적은 통솔범위 • 훈련 및 경험 • 수평적 의사소통, 회의
	높음	• 일상기술 : 기계적 구조 • 높은 공식화와 집권화, 넓은 통솔범위 • 적은 훈련 및 경험 • 수직적, 문서 의사소통	• 공학기술 : 대체로 기계적 구조 • 중간의 공식화, 중간 통솔범위 • 공식 훈련 • 문서 및 구두 의사소통

페로우는 기술이 조직의 구조를 결정한다고 보았고 우드워드나 애스턴그룹처럼 기술을 단지 제조업의 생산 기술이나 작업과 관련된 운용기술에 한정시켜 연구할 경우 폭이 좁고 모든 종류의 조직에 적용하기에는 한계가 있다고 보고 그는 기술을 보다 넓게 해석하여 도구나 기계의 도움을 받든 안 받든 이에 관계없이 어떠한 대상을 변화시키기 위하여 그 대상에 대하여 수행하는 활동이라고 정의하였다.

그는 구조가 기술에 적합하게 형성되었다는 가정하에서 기술구조의 관계에 대해서 기술유형 변수, 구조적 변수, 관리계층 변수로 모형을 만들었다.

이 모형은 기술이 일상적인 것일수록 조직은 고도로 구조화되어야 하며, 기술이 비일상적일수록 조직은 구조적으로 유연해야 한다고 주장하고 있다. 그러므로 조직의 유효성을 높이기 위해서는 기술과 구조가 적합하게 결합하여야 한다.

3. 환경

환경은 개방시스템의 관점하에서 조직이란 그들의 환경을 확인하고 환경의 변화를 감지하여 필요할 때 적절히 적응하기 위하여 통제와 피드백으로 발전하는 것이라 할 수 있다.

환경은 조직의 외부변수로 고려되며, 조직의 과업수행에 영향을 주지만 조직에 의해서 통제되지 않는 단체나 세력들이다.

조직과 환경을 서로 구별시켜 주는 것을 경계(Boundary)라는 개념으로 파악할 수 있다. 조직 자체의 폐쇄시스템과 환경과의 상호작용을 고려한 개방시스템 사이를 구분해 주는 것이다.

조직은 모든 환경에 관심을 기울이고 있지만 일반 환경보다는 특수 환경, 실제 환경보다는 지각환경, 정태적 환경보다는 동태적 환경에 더 많은 관심을 가지고 조직을 구조화하는 데 활용하고 있다.

환경을 조직의 상황변수로 파악한 번즈(T. Burns)와 스토커(G. M. Stalker)는 영

표 3-2 조직환경과 조직구조

		환경의 복잡성(환경 구성요소의 수)	
		단순	복잡
환경의 역동성 (변화의 정도)	안정	• 낮은 불확실성 : 기계적 구조 (공식+집권) • 통합역할 : 낮음 • 현재 운영 지향	• 중·저 불확실성 : 기계적 구조 (공식+집권) • 통합역할 : 있음 • 약간 모방, 약간 계획
	불안정	• 중·저 불확실성 : 유기적 구조 (참여+분권) • 적은 부서 : 많은 경계관리 • 빠른 모방 • 계획 지향성	• 높은 불확실성 : 유기적 구조 (참여+분권) • 많은 통합 역할 • 광범위한 모방 • 광범위한 계획과 예측

국과 스코틀랜드의 20개 산업조직을 대상으로 조직구조와 관리행동이 상이한 환경조건에 따라 어떻게 달라지는가를 조사하였다.

번즈(T. Burns)와 스토커(G. M. Stalker)는 신속하게 변하고 동태적인 환경에 존재하는 조직구조의 형태와 안정적인 환경에 존재하는 조직구조의 형태가 다르다는 것을 발견하였고 이 2가지 형태를 각기 기계적 조직구조와 유기적 조직구조라 하였다.

4. 전략

전략은 사업전략과 기업전략으로 구분할 수 있다. 사업전략은 개개의 제품시장 분야 혹은 사업 분야에 있어서 생산, 마케팅, 재무, R&D 등의 기능적 전략을 말한다. 기업전략은 복수의 제품시장을 목표로 한 기업 전체의 전략을 말한다.

민츠버그(H. Mintzberg)의 경영전략 유형론은 기업의 환경변화에 대한 대응전략 행위로서 기업가형(Entrepreneurial Model), 적응형(Adaptive Model), 계획형(Planning

Model)을 들고 있다.

전략과 조직구조의 관계는 분석적 접근방법(Analytic Approach)과 과정적 접근방법(Process Approach)으로 나눈다.

분석적 방법은 조직은 전략에 따르며, 조직과 전략을 분리시키고 전략을 보다 강조하는 것이다. 반면 과정적 접근은 전략과 조직은 서로 의존관계에 있다고 보고 조직과정 속에서 서로 용해되는 것으로 간주한다.

5. 권력 작용

권력(Power)이란 특정 개인 또는 집단이 다른 개인 또는 집단의 행태에 영향을 미칠 수 있는 능력으로서 행동주체(개인·조직단위)사이의 관계를 설정해 주는 요인이다.

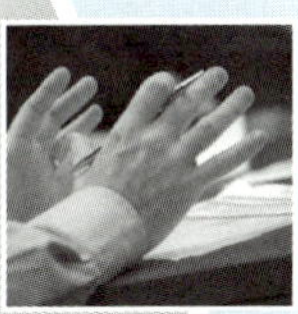

제 5 절

조직의 기본구조

1. 조직은 가로와 세로의 양면성

(1) 관리의 한계로 생기는 계층화

조직의 계층은 조직이 이루려고 하는 목적이 크고, 그 때문에 일이 사람의 부담 능력을 넘어서는 데서 비롯된다. 그 결과 조직의 발전·성장에 따라 조직도 생

그림 3-2 계층화

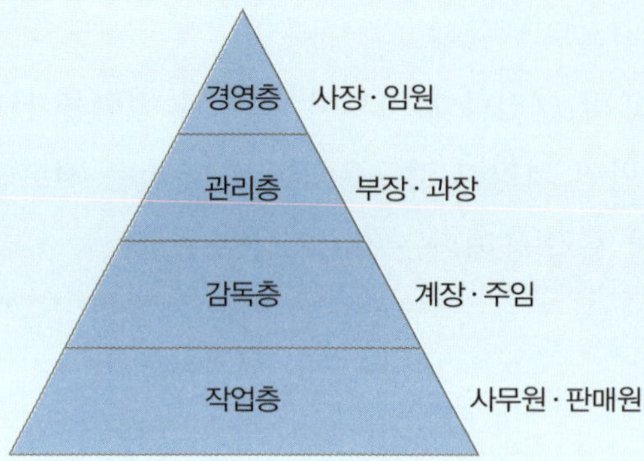

성·발전되어 간다. 그 과정에서 직책·권한의 위임이 이루어지게 된다. 즉, 처음 위임을 받은 사람이 자신의 부담능력을 넘어서게 되면 그 일부를 다시 다른 사람에게 위임하고, 그 위임을 받은 사람도 다시 또 다른 사람에게 위임을 하게 된다. 이처럼 부담능력의 한계는 조직에서 계층을 발생시키게 한다.

조직을 관리의 단계에 따라 나누면 일반적으로 [그림 3-2]와 같이 경영층·관리층·감독층·작업층의 4가지가 된다. 이 계층화는 [그림 3-2]에서 알 수 있듯이 조직을 가로로 나눈 형태가 된다. 따라서 계층화가 조직구조에서 지니는 기본적인 성격은 조직의 가로 분할에 있다고 볼 수 있다.

(2) 부문화

부문화는 일의 종류·성격·범위의 명확화이다. 즉, 부문화는 기업에서 해야 할 일을 어떻게 나눌 것인지, 나눈 일을 맡기려면 어떤 단위로 정리해 가야 하는지 하는 문제이다. 즉, 부문화는 각 조직 단위에 배정할 일의 종류·성격·범위 등을 명백히 하는 것이라 할 수 있다.

그림 3-3 부문화

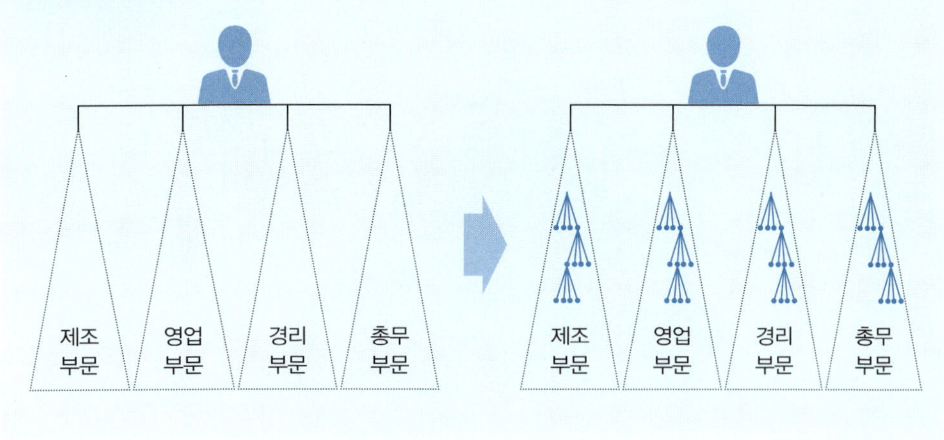

조직 단위마다 맡아서 할 일의 범위를 한정시켜 가면 일을 나누는 기준을 어디에 두든지 결과적으로 조직은 세로로 분할된 형태가 된다.

예컨대 기능에 따라 기본 분할을 한다고 하면 총무·경리·영업·제조 부문 등과 같이 조직을 세로로 나눈 것이 된다. 이것을 어떤 분할 기준에 따라 제2차 분할, 제3차 분할 또는 제4차로 더 잘게 분할하더라도 그것은 세로 분할이 세밀해지는 것에 지나지 않는다. 부문화가 조직 구조에서 지니는 근본적인 성격은 조직의 세로분할에 있다.

(3) 조직구조는 가로분할과 세로분할의 결합

이상에서 살펴본 바와 같이 조직의 기본구조는 가로 분할인 계층화와 세로 분할인 부문화에 따라 성립되는 것이다.

조직의 규모가 커지고 일의 양이나 종업원의 수가 어느 정도에 이르면 그 일이나 사람을 관리하기가 어렵게 된다. 그러므로 일을 종류·성격·양에 따라 그룹으로 나누고, 나눈 일은 믿을 수 있는 부하에게 맡기게 된다.

그림 3-4 조직의 기본구조(계층화 및 부문화)

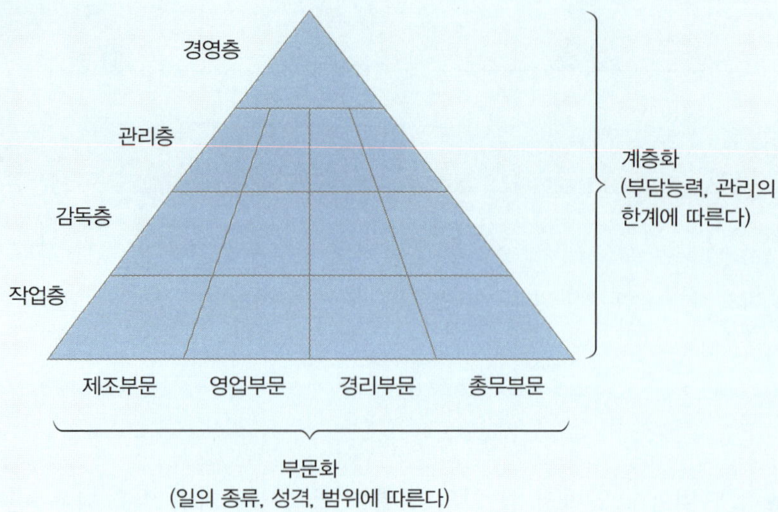

이런 과정을 통하여 조직은 가로·세로로 분할이 되풀이되면서 규모가 더욱 커지고 복잡해진다. 어떤 기업이든 발전 단계마다 반드시 이와 같은 세로 분할과 가로 분할을 거친다. [그림 3-4]는 조직의 기본구조인 부문화와 계층화를 알기 쉽게 정리한 것이다.

2. 분할의 방법과 기준

(1) 기능에 따른 분할

부문화는 일을 어떻게 나누고 어떻게 맡길 것인지에 관한 문제이다. 여기서 일의 분할에 대해 상세하게 살펴보도록 하자.

그림 3-5 일의 분할 기준과 특색

복잡성	내용 및 보기	특색
기능에 따른 분할	• 기업이 전개하는 경영 기능을 중심으로 한 일의 분할 • 경영 기능은 기업에 따라 다른데, 제조업의 경우 본질적으로는 생산·판매·재무 등의 기능으로 구분 • 많은 기업에서 볼 수 있고, 조직의 어느 계층만 본다면 거의 모든 기업에서 볼 수 있음 • 특히 조직의 상위계층에 많다.	• 기업의 중요 사항이 톱에 의해 장악되어 조정을 하는 데 편리하며, 통제가 용이 • 특정 기능에 대한 전문화로 능률이 높아진다. • 오래전부터 행해져 온 만큼 자연스럽고 안전성이 있다. • 반면 부문적인 시야에 사로잡혀 배타적이고 비협조적이다. • 기업을 전체로서 볼 수가 없게 되어 종합적인 시야를 가진 후계자를 양성하기 어렵다.
지역에 따른 분할	• 특정지역을 하나의 단위로 하여 일을 나눈 것 • 지역 단위마다 일이 하나로 정리 • 기업 활동이 지리적으로 넓은 범위에 걸쳐 있는 대규모 기업, 특히 세계 기업에서 두드러지게 볼 수가 있다.	• 지역마다 사업을 분산시키는 편이 경제적인 경우, 사업이 입지 조건에 크게 지배당하고 있는 경우, 지역적인 습관·기호의 차이가 큰 경우, 비용을 낮출 수 있는 경우 등에 적합 • 지역사회와의 유대가 생기고, 종합적인 시야를 가질 수 있는 후계자를 양성할 수 있는 장점이 있다.
제품에 따른 분할	• 특정한 상품·서비스를 하나의 단위로 하여 일을 나누는 것 • 판매회사·자동차 회사·화학 회사·병원 등에 많다.	• 상품·서비스의 다각화가 진전된 곳 • 특정한 제품이나 서비스를 제공하는 데에 고도의 전문지식과 기술이 필요한 경우 적합
고객에 따른 분할	• 고객별로 일을 나누는 것 • 제품별 분할과 일치하는 경우가 많다.	• 고객의 성격이 두드러지게 다른 경우에 좋다.
공정·설비에 따른 분할	• 제조업의 하위계층의 조직에서 흔히 볼 수 있음 • 공정 또는 설비에 따른 분할	• 경제적이다. • 편리한 점에서 채택된다.

기업의 목적, 즉 기업이 무엇을 하려고 하는지가 명백하게 제시되면, 기업이 전개해야 할 기능은 저절로 명확하게 된다. 문제는 이들 기능을 어떤 일로 나누고, 다시 기업 전체로서 나눈 기능을 어떻게 결합해 갈 것인지 하는 것이다.

일을 나누는 기준으로는 ① 기능, ② 지역, ③ 제품, ④ 고객, ⑤ 공정·설비 등이 있다. 그 가운데에서도 기능에 따른 분할 방법이 많이 이용되고 있다.

일이 조직 전체에 걸쳐 기능에 따라서만 나누는 경우는 드물지만, 조직의 어느 단계만을 본다면 거의 모든 기업에서 찾아볼 수 있다. 특히 조직의 상위계층에서는 이 기능에 따른 분할을 택하는 경우가 많다.

(2) 사용 가능한 분할 기준

기업에서 어떤 분할법을 적용할지는 상황에 따라 다르다. 분할방법마다 장점과 단점이 있어서 어떤 것이 최선의 분할방법이라고 말할 수 없다.

조직의 목적을 달성하려면 가장 효과적으로 일을 나누어야 한다. [그림 3-6]은 대부분의 기업에서 볼 수 있는 일반적인 분할방법이다.

최고경영층에서의 제1차 분할은 기능에 따라 이루어진다. 제2차 분할은 제조부문에서는 제품에 따라 행해지고, 영업부문에서는 지역에 따라 행해지고 있다. 제3차 분할은 공장에서는 공정에 따른 분할법을 채택하고, 지점에서는 제품에 따른 구분으로 되어 있다. 또한 각 판매계는 고객별 구분에 따라 분할되어 있다(제4차 분할).

이처럼 기업에서의 일의 분할은 모두가 동일한 것이 아니라 복합적이다. 각 계층에서의 분할을 어떻게 할 것인지는 기업의 목적을 가장 효과적으로 달성할 수 있는 것에 중점을 두어야 한다.

즉, 각 기업 활동을 그 목적에 비추어 가장 잘 조정할 수 있도록 해야 하는데 이 때문에 분할의 방법은 복합적으로 이루어지게 된다.

그림 3-6 제조·판매회사 조직의 분할 예

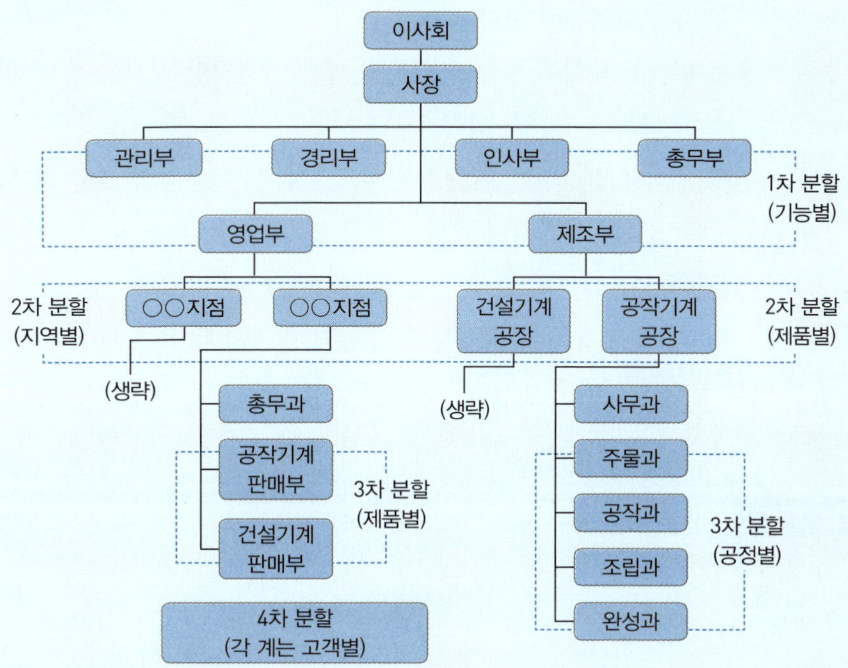

3. 직무배정

(1) 직무배정 방법

직무의 분할에 따라 조직의 기본적인 구성이 결정된다. 그러나 그것으로 부문화가 최종적으로 결정된 것은 아니다.

분할방법에 따라서 일을 나누어도, 실제로 소속이 결정되지 않은 경우가 있다. 그러한 예로 구매·창고·검사·운수·홍보 등을 들 수 있는데, 이것은 앞서 살펴본 큰 관점에서 일을 나누는 분할방법으로는 해결될 수 없는 문제이다. 오히려 이 문제는 하나 하나의 구체적인 일을 대상으로 그것을 어떠한 관점에서 각 부문에 배정하는 것이 좋을지를 고려해야 한다.

직무배정 방법에는 일의 목적에 따라 배정해 가는 연역적인 접근과 일의 실태에 비추어 쌓아 가는 귀납적인 접근이 있다.

조직은 기업의 목적을 달성하기 위한 수단이므로 목적 실현에 필요한 직무를 효과적으로 분배하여 업무가 원활하게 처리되는 구조로 만드는 것이 바람직하다.

이와 같은 측면에서는 분명히 연역적인 접근이 바람직하다고 할 수 있다. 그러나 기본적인 기능과 달리 소속이 정해지지 않은 일은 목적에 비추어 배정할 뿐만 아니라 그 일의 실태를 살펴서 배정하는 귀납적인 접근도 필요하다.

그림 3-7 직무배정의 예

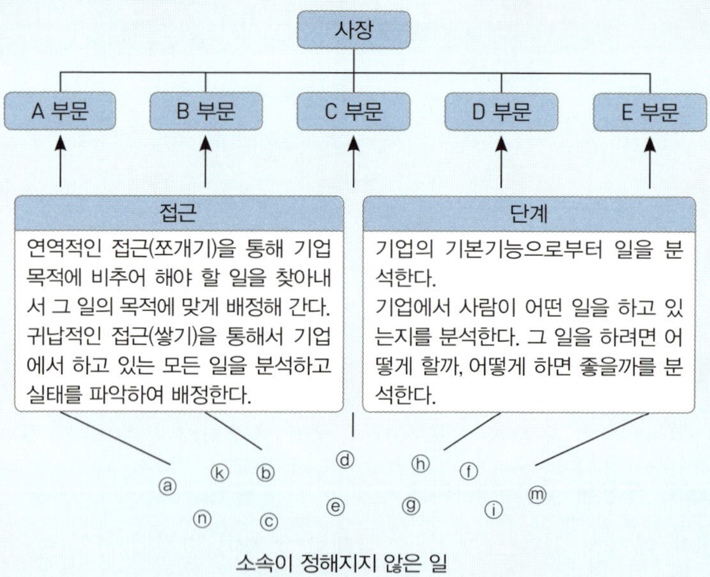

(2) 동일성·유사성에 따른 배정

일을 실제로 배정할 때에는 일의 동일성·유사성에 따른 배정과 일의 관련성에 따른 배정의 2가지 관점이 있다. 어느 것이든 일의 배정은 누구나 납득할 수 있도록 될 수 있는 대로 논리적으로 해야 한다.

일의 성격이 완전히 같거나 비슷할 때에는 하나의 그룹으로 동일한 부문에 배정하는 경우가 많다. 특히 일을 하는 데 동일 지식·기술을 필요로 할 경우 그룹으로 묶어서 하나의 부문에 배정하는 것이 보통이다. 이것은 조직계층이 낮은 단계에 많고, 기초 부문보다는 파생 부문에서 널리 행해진다.

(3) 관련성에 따른 배정

일의 관련성에 따른 배정은 일의 상호 관련성에 따라 각각의 소속을 정해 가는 것이다. 이 방법에는 특별히 명확한 기준은 없으나 실제로는 가장 문제가 일어나기 쉬운 것이라고 할 수 있다.

그러나 이를 보는 관점은 몇 가지 있다. 방침에서의 관점, 조정상의 관점, 내부견제의 관점, 시기에서의 관점 등이 있는데, 그 밖에도 어느 사람이 가진 기능·능력 때문에 또는 경영·관리자의 관심 때문에 본래는 다른 부문 소속으로 되어야 할 일이 특정 개인에게 맡겨지는 경우도 있다.

어느 부문에는 논리적으로는 배정할 수 없는 일도 나온다. 이러한 제약 조건을 없애려는 노력을 게을리하지 않고 항상 논리적으로 명확한 조직을 만들도록 유의하는 것이 중요한다.

그림 3-8 일의 관련성에 따른 배정 방식

방침의 관점

방침은 의사 결정의 지침으로 실제 의사 결정 과정에서 그 활동이 방침에 적합한지를 검토해야 한다. 방침은 적용 과정에서 올바르게 해석되어야 할 필요가 있다. 그러나 방침을 해석하는 데 흔히 의견 차이가 일어난다. 그래서 중요한 방침과 관계가 있는 일이 해석을 둘러싸고 의견의 차이가 생길 경우 방침을 잘 적용하여 배정하는 것이 중요하다.

조정상의 관점

일의 조정은 조직 기구를 살펴봄으로써 매우 원활하게 이루어지는 경우가 많다. 예컨대 판매회사에서 구매 부문과 판매 부문은 조정상의 문제를 잘 일으킨다. 구매 부문은 매출이 증가하지 않는 것은 판매 부문이 취약하기 때문이라고 주장하고, 반면 판매 부문에서는 구매 부문이 잘 팔리는 것을 구매하지 않기 때문이라고 비난한다. 이러한 문제를 피하려고 많은 판매 회사에서는 구매부서에서도 판매 부문의 일을 하게 되거나, 구매 부문을 두어도 판매책임을 판매 부문만이 아니라 구매 부문에도 지우는 등 조정을 꾀하고 있다.

이러한 문제가 다양한 분야에서 일어나는데, 이처럼 일을 배정할 때 같지 않은 것을 같은 부문에 배정하거나 또는 같은 직위에 책임을 지게 함으로써, 관계가 있는 일의 조정을 꾀하는 경우가 많다. 반대로 같은 성격의 일을 둘 이상으로 나누어 조정을 꾀하는 경우도 많다.

내부견제의 관점

이상적인 조직이 되기 위한 조건은 견제 장치가 잘 되어 있다는 점이다. 중요한 일이 처리되어 가는 과정에서 그것이 구조적으로 확인되도록 하는 것이다. 예를 들면 검사는 제조 부문과 독립된 것으로서 조직 안에 자리 잡고 있을 필요가 있다. 마찬가지로 계획·통제 부문은 실시 부문과 분리되어 있는 경우가 많다.

시기상의 관점

시간적으로 관련 있는 일들은 흔히 같은 부문 안에 놓여진다. 일이 동시에 처리되어야 할 경우나 어떤 일 다음에 다른 일이 생기는 경우, 즉시 일을 처리할 때에 시간적인 배려가 필요한 경우이다.

4. 부문화의 폐해에 대한 대응책

부문화에 따라 생기는 문제점은 분파주의, 파벌의식이 발생할 수 있다는 점이다. 일의 종류·성격에 따라 부문화에 꾀하면 전문화의 특징이 살려지고, 경제적으로도 이점이 크지만, 동시에 분파주의가 생겨나서 일의 흐름이 원활하게 되지 않는 것이 단점이다.

이러한 부문화의 단점을 보완하기 위해 최근 많은 기업에서 채택하기 시작한 것이 부·과제 폐지와 프로젝트팀이나 프로젝트 매니저 제도의 도입이다. 여기서는 부·과제 폐지 프로젝트 팀과 프로젝트 매니저 제도에 대해 살펴보기로 한다.

(1) 부·과제 폐지

부·과제 폐지는 우리나라의 전형적 조직구조인 부·과제 중 과를 폐지하고 수평적 조직에 이르도록 하는 것을 말한다.

① 과장층의 폐지에 따른 계층의 단축과 의사결정의 신속화
② 과의 업무분장에 따른 벽을 제거함으로써 파벌주의(sectionalism)의 타파
③ 개개인의 과업부하(課業負荷)의 평균화와 중복배제에 따른 소요인원의 축소
④ 인재의 기동적 활용
⑤ 능력주의 인사

부·과제 폐지와 같은 유기적 시스템이 필요로 하는 조직은 창조성이 높은 업무가 요구되는 곳이다. 따라서 전사적 수준에서 말하면 기획, 조사, 연구개발, 기술, 인사노무, 판매와 같은 여러 가지 부문에서는 과제 폐지를 할 수 있다. 그러나 일상성이 높은 업무를 수행하는 생산, 자재, 경리 등의 여러 부문에서는 과제가 유지된다. 결국 과제 폐지는 전 조직에 관해서 획일적으로 실시할 수 있는 성질의 개혁은 아니다.

(2) 프로젝트 팀

프로젝트 팀은 과제 해결을 위한 전문가 집단이다. 클리랜드(D. I. Cleland)와 킹(W. R. King)은 프로젝트 팀이란 '특정한 목표를 달성하기 위해여 일시적으로 조직 내의 인적·물적 자원을 결합하는 조직형태'라고 정의하였다.

기존의 세로 분할의 고정적인 부문 조직은 일상적인 업무 처리에는 적합하더라도, 문제해결이나 창조적인 일, 장기적인 전망이 필요한 일에는 적합하지 않다.

어떤 문제를 해결하거나 계획을 달성하기 위해서는 오히려 기기에 가장 적임자를 선발하여 전문적으로 직무를 맡도록 하는 편이 효과적인 경우가 많다.

이와 같은 경우에 사용되는 것이 프로젝트팀이다. 이것은 과제 해결을 위하여 전문 능력을 결집하여 만들어지는 일시적·단기적인 조직이다.

어떤 문제나 계획이 있으면 그 해결에 필요한 각 부문의 전문 능력을 가진 사람(각 부문 조직, 생산부, 영업부, 연구소 등)을 선발하여 팀을 구성해서 일에 전념시키고, 목적이 달성되면 팀은 해체되고 각 구성원은 다시 다른 일 맡거나 또는 이전의 조직으로 돌아가는 것이다.

그림 3-9 프로젝트 팀의 장·단점 비교

장점

- 사람을 효과적으로 활용할 수 있다.
- 전문능력을 살릴 수 있다.
- 과제중심이므로 업무를 효과적으로 해결할 수 있다.
- 특정한 부문에서 대응할 수 없는 큰 과제, 새로운 문제에도 효과적으로 대응할 수 있다.
- 능력을 살림으로써 사기가 높아진다.

단점

- 영속적인 조직이 아니므로 구성원에게 불안감이 생긴다.
- 팀 리더를 확보하기가 어렵다.
- 평가가 팀 리더와 조직의 부문장 사이에서 이루어질 경우 평가기준 차이로 구성원에게 불안감을 준다.
- 모르는 사이에 항구적인 조직으로 바뀔 수가 있다.

1) 프로젝트 팀의 특성

프로젝트 팀의 특성을 살펴보면 다음과 같다.

① 프로젝트별로 분화한 조직형태

프로젝트 팀은 경영조직을 프로젝트별로 분화하여 조직화를 꾀한 조직형태이다. 이는 특정 프로젝트를 중심으로 프로젝트에 필요한 업무를 종합화한 조직이다. 즉, 경영조직을 단위조직으로 분화한 형태이면서 동시에 업무를 종합한 조직이다.

② 동태적 조직

프로젝트 팀은 프로젝트가 완성되면 해산되므로 일시적이고, 잠정적인 조직이다. 그러나 통상적으로 직능제 조직은 계속 존속하게 도니다. 그러므로 직능제 조직 또는 사업부제 조직은 고정화도니 정태 조직이지만 프로젝트 팀은 일시적이고, 잠정적인 동태 조직이다.

③ 계층적 구조가 아닌 직무 체계

프로젝트 팀은 직능의 과정을 중심으로 해서 구조가 통합되는 시스템이기 때문에 권한의 계층적 구조라는 성격보다는 직무의 체계라는 성격이 강하다. 따라서 조직 활동이 권한의 계층과 관련해서 움직이는 것이 아니라, 직능상의 횡적인 상호관계에서 움직이고 있다. 더구나 프로젝트 팀은 일시적·잠정적인 조직이기 때문에 이것이 권한의 계층적 구조로서 고정화되는 것을 방지하고 있다. 따라서 이는 동적인 조직으로서 탄력적으로 운영하기 쉬운 것이다.

④ 스태프조직이 아닌 라인조직

프로젝트 팀은 스태프조직이 아니라 라인조직이므로 프로젝트 관리자는 라인의 장이며, 그는 프로젝트를 실현하는 책임과 권한을 갖고 있다. 이러한 프로젝트 관리자의 활동은 직능제 조직의 관리자와는 달리 다른 직능을 통합하는 활동을 하며, 특정한 프로젝트에 관해서 전문적 지식을 갖고 있어야 한다.

따라서 프로젝트 관리자는 프로젝트에 따라 달라지고 단순한 연공에 의해서가 아니라 능력을 중심으로 임명해야 한다.

⑤ 조직의 권한은 프로젝트의 합법성 내 존재

프로젝트 팀의 권한은 프로젝트의 합법성 범위 내에서 존재하고, 그 권한이 조직 내에서 수평적·수직적·대각적으로 영향을 미치며 조직 외부에도 영향을 미칠 수 있다. 즉 프로젝트 조직에서의 권한이란 조직 내에서 직무를 수행하는 힘뿐만 아니라 다른 직능제 조직과 조언·지원·상담을 주고받을 수 있도록 하는 법적·인적 영향력을 포함하고 있는 것이다.

프로젝트 관리자에게 부여되는 권한의 정도는 프로젝트의 규모, 관리이념, 직능관리자와의 잠재적 갈등에 대한 경영자의 판단 등의 상황에 따라 달라진다.

2) 프로젝트 팀을 성공시키는 요점

프로젝트 팀을 성공시키려면 조직편성에 있어서 [그림 3-10]에 살펴본 5가지 점을 명확하게 해둘 필요가 있다. 또한 팀 리더도 [그림 3-10]에서 제시한 4가지 조건을 만족시키는 것이 바람직하다. 슈타이너(G. A. Steiner)는 프로젝트 팀을 성공시키기 위해서는 다음과 같은 점을 지적하고 있다.

① 프로젝트 매니저는 프로젝트의 모든 면에서 상당한 권한을 가지고 있어야 한다.

② 프로젝트 문제를 처음부터 엄격하게 규정하지 말아야 한다.

③ 의사소통을 가능한 억제하기 위하여 관리의 범위(span of control)는 10명을 넘지 않는 것이 좋다.

④ 프로젝트의 효과적인 달성과 일의 만족감을 높이기 위해서 자유방임형 관리를 하도록 해야 한다.

그림 3-10 프로젝트 팀의 성공조건

팀리더의 조건

전문가	프로젝트 팀은 리더 스스로가 전문가로서 과제 해결에 전념함과 동시에 구성원을 통솔해야 한다. (플레잉 매니저)
전문지식	전문가 집단을 플레잉 매니저로서 통솔해 가려면 전문가로서 폭넓은 전문지식을 갖춰야 한다.
리더십	협력적 분위기를 만드려면 부하를 통솔해 가는 지도력·조정 능력이 필요하다.
교섭능력	새로운 문제가 발생했을 경우 다른 부문, 상위계층, 외부와의 조정·절충을 할 때 교섭·섭외 능력이 있어야 한다.

팀리더

프로젝트 팀

무엇을	어디까지	언제까지	어떻게	누구를
프로젝트 팀은 특별한 과제나 계획을 달성하려는 일시적인 조직이므로 해결해야 할 과제를 미리 명시해야 한다.	해결해야 할 과제뿐 아니라 그 달성도도 나타낼 필요가 있다. 일시적인 조직인 만큼 이것을 명확하게 하지 않으면 기간을 오래 끄는 등 프로젝트 팀의 성격이 모호하게 된다.	프로젝트 팀의 활동을 지나치게 오래 끌면 구성원의 긴장도가 떨어지고 서로 자극도 덜 받게 되어 프로젝트 팀 특유의 특성을 잃게 된다. 6개월에서 1년이 일반적이다.	팀구성원의 전문 능력과 적극성·창의성을 살리도록 하는 것이 중요하다. 그 결과 구성원이 그다지 제약을 받지 않고 자유롭게 과제 해결에 전념할 수 있도록 일의 절차나 방법을 정하지 않는다. 그러나 기본적인 방침만은 명백히 한다.	각 부문의 이익 대표자는 과제 해결에 필요한 전문 능력을 가진 사람을 선발한다. 그리고 팀워크가 좋고, 적극적이고 건설적으로 일에 전념할 수 있고 팀의 일만 전념할 수 있는 사람을 선발한다.
과제 명시	달성기준 명시	기간 명시	방침 명시	인재 선택

3) 프로젝트 팀의 형태

① 직능 부문형 프로젝트 팀

직능 부문형 프로젝트 팀은 부문 안에서 특정한 문제나 계획이 떠올랐을 때 문제 해결과 계획 달성을 위하여 부문 안의 전문 능력을 가진 사람들이 모여 만들어지는 일시적인 조직이다. 이것은 부문 안에서 만들어지는 조직이라는 점이 특징이다.

예를 들면 [그림 3-11]의 조직도에서 보듯이 연구 개발부 안에서 개발 주제마다 수시로 프로젝트 팀이 만들어진다. 이처럼 부문 안에서 유연한 대응은 효과적인 해결 방법을 찾아낼 수 있다. 다른 부문과 조정할 필요가 없으므로 그만큼 능률이 좋은 조직이 되지만, 이에 반해 부문을 뛰어넘는 대형주제에는 알맞지 않으며, 또한 부문 안에서는 얻을 수 없는 전문 능력을 활용할 수도 없다.

그림 3-11 직능 부문형 프로젝트 팀

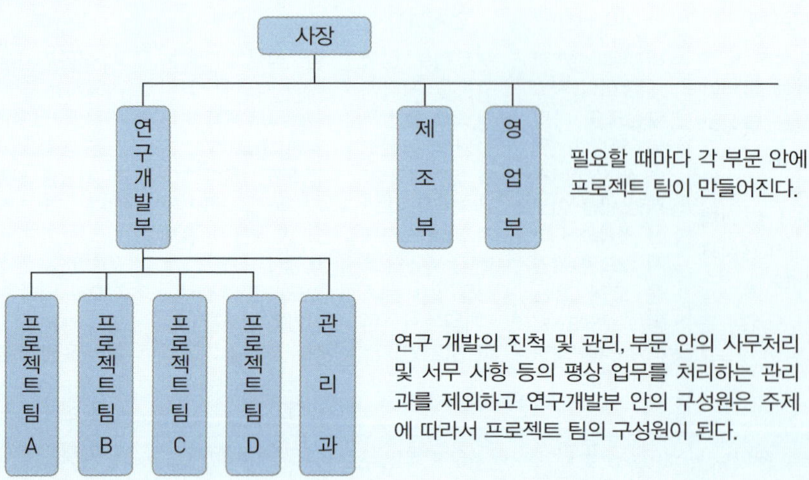

② 매트릭스형 프로젝트 팀

매트릭스형 프로젝트 팀은 각 부문 간에 걸친 과제에 대해야 각 부문에 전임담당자를 두고, 프로젝트에 종사시키는 가로 조직이다.

구성원은 각 직능부문에 소속되어 있으므로 각 부문과의 조정이 쉽게 된다는 특색을 갖지만, 각 부문의 이익을 먼저 생각하게 되고, 강력한 리더십이 필요하다는 결점이 있다. 그리고 지휘 계통이 부문장과 프로젝트 리더의 두 계통으로 됨으로써 구성원 사이에 혼란이 발생할 수 있다는 것이 단점이다.

그림 3-12 매트릭스형 프로젝트 팀

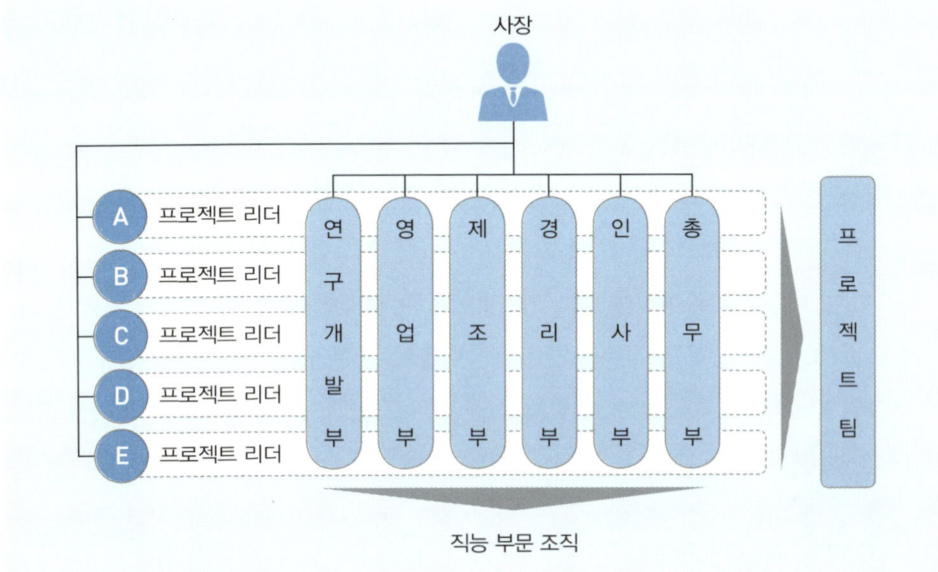

③ 독립형 프로젝트 팀

독립형 프로젝트 팀은 특정한 과제, 계획에 비추어 각 직능 부문에 걸맞는 전문능력을 가진 인재를 선발하여 독립된 일시적인 조직으로 편성한 것이다. 이른바

그림 3-13 독립형 프로젝트 팀

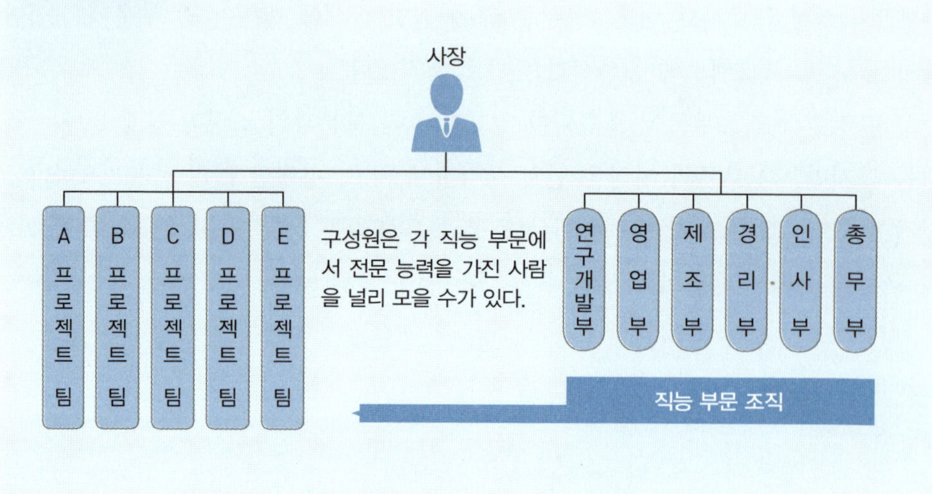

톱 직속형 프로젝트 팀이다.

각 직능 부문으로부터 인재를 선발할 수 있다는 점에서, 과제에 알맞은 높은 전문 능력을 가진 인재를 얻을 수 있고 부문 사이를 조정할 수도 있다.

더구나 톱이 직접 관여하는 경우가 많으므로 강력한 리더십이 발휘되기 쉽다. 그러나 반대로 출신 직능 부문과의 알력이 생기는 문제나 프로젝트 팀이 해산한 뒤 구성원의 소속 문제로 혼란이 일어나는 경우도 있다. 독립형 프로젝트 팀은 [그림 3-13]과 같다.

(3) 프로덕트 매니저 제도

오늘날처럼 기술 혁신이 진행되어 기업 경쟁이 치열해지면, 제품의 라이프 사이클도 단축되고, 기업은 끊임없이 신제품을 개발하여 신속하게 시장에 내놓지 않으면 안 된다.

기존의 세로 분할조직에서는 연구·생산·판매와 같은 횡적인 연계가 이루어져 있지 않아 시장에 대응하는 것이 늦어지는 경향이 있다. 이 문제를 해결하기 위해 생겨난 것이 프로덕트 매니저 제도이다.

이 제도는 제품마다 담당자를 두어 그 제품의 개발에서부터 소멸까지의 조사·연구·생산·판매에 걸쳐서 모든 조정을 하고 제품별 이익을 추구하는 일정의 마케팅 관리체제이다.

이것은 프로젝트 팀과는 달리 단기적·일시적인 것이 아니며, 연구·생산·판매 등과 같은 기능별 부문 조직의 테두리에서 벗어나 제품에 관한 업무의 흐름이라는 가로선을 따라 제품의 개발·시장 조사·판매 촉진·생산 조정·판매에 이르기까지 그 제품에 대하여 전문적으로 종사하는 상품별 전담 담당자 제도이다.

따라서 이 프로덕트 매니저 제도를 성공시키려면 톱의 깊은 이해와 강력한 지원 체제가 있어야 한다. 그러나 무엇보다도 이 제도의 성패는 프로덕트 매니저에 알맞은 사람을 구할 수 있느냐 없느냐에 달려 있다.

프로덕트 매니저 제도를 채용하는 것은 기업의 예를 살펴보면 다음과 같다.

① 제품의 라이프 사이클이 짧은 기업,
② 제품의 시장 영역이 다른 기업,
③ 브랜드 이미지가 강하게 작용하는 시장을 갖고 있어야 광고 활동으로 시장

그림 3-14 프로덕트 매니저 제도의 장·단점

장점	단점
• 시장의 욕구를 빨리 알아 제품의 개발이 촉진된다. • 시장 세분화에 대한 집중력이 강화되어 판매 강화를 꾀할 수 있다. • 각 기능이 조정되어, 일의 흐름이 원활히 작용한다. • 상급 간부로서의 훈련의 기회를 얻게 된다.	• 종합적인 조정을 할 수 있는 인재를 얻기가 힘들다. • 본래 스태프인데 라인에 가까운 일을 하므로 문제가 일어날 가능성이 있다. • 이익 책임은 있지만, 각 기능 부문에서 라인 권한을 갖고 있지 않으므로 책임을 다하기가 어렵다.

그림 3-15 프로덕트 매니저와 기능별 부문 간의 관계

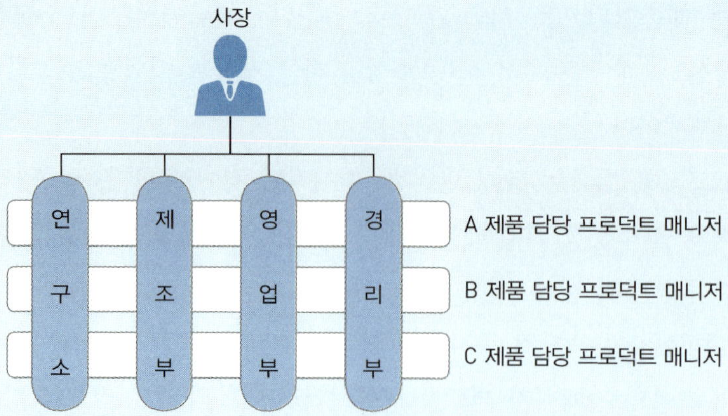

그림 3-16 조직도 예(프로덕트 매니저)

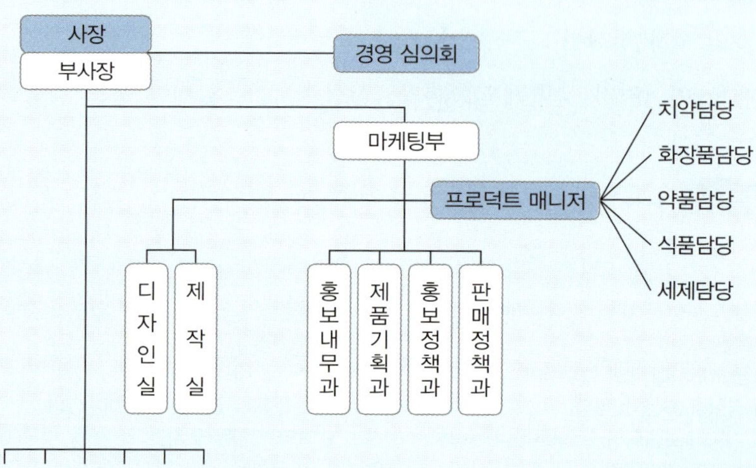

점유율이 자주 변동되는 기업이다. 이러한 종류의 기업에는 제과·제약·화장품·가전 업체 등을 들 수 있다.

프로덕트 매니저 제도는 미국의 P&G가 1928년에 채용한 것이 최초로 미국에서는 1950년대 후반부터 대대적으로 활용되었다. 일본에서는 1963년 라이온 치약(현 라이온)이 활용한 것이 처음이다. 이 회사의 프로덕트 매니저는 마케팅 부장 직속의 스태프로 배치되어 있다.

그림 3-17 프로덕트 매니저 제도의 조건, 업무, 책임

마케팅 경험이 있을 것	기획·제품화뿐만 아니라 광고·홍보·판매촉진·판매활동 등의 여러 부문과 조정올 통해 협력을 얻어 나가야 한다.
창조력·기획력이 뛰어날 것	시장환경에 신속히 대응하려면 시장의 욕구를 재빨리 파악하여, 뛰어난 아이디어로 기획하고 계획을 수립 실행에 옮겨 나가야 한다.
설득력·실행력이 있을 것	프로덕트 매니저는 이익책임을 지면서도 명령권 등의 라인 권한이 없는 경우가 많으므로 각 부문의 협력을 얻으려면 설득력과 그것을 뒷받침할 실행력이 있어야 한다.
인품이 좋고 건강할 것	각 부를 통하여 일을 하는 데 인품도 훌륭해야 하며 인간 관계의 조정에도 뛰어나야 한다. 또한 격무이고 책임도 큰 만큼 건강하지 않으면 열심히 일할 수 없다.

업무

- 제품 계획, 판매 계획, 광고 계획 등의 제품에 대한 종합 마케팅 계획의 작성
- 마케팅 계획의 촉진과 관리
- 각 관련 부문이나 관계 회사와의 연락, 조정

책임

담당하는 제품에 대하여

- 시장의 욕구를 파악하여 개발을 제안하거나 라이프 사이클을 보아 폐지 제안
- 마케팅의 활동을 간추린 계획 제안
- 마케팅활동의 상황을 신속·정확하게 파악

프로덕트 매니저 제도의 성공은 프로덕트 매니저로 우수한 인재를 얻을 수 있느냐 없느냐에 달려 있다. 그러나 그 조건은 [그림 3-16]에서처럼 까다롭다. 그런 만큼 인재 선정에는 매우 신중해야 한다. 미국에서는 부장, 임원급이 프로덕트 매니저가 되는 경우가 많고, 일본에서는 과장급인 경우가 많다.

프로덕트 매니저의 조건, 업무, 책임은 [그림 3-17]과 같다.

5. 계층화와 관리 범위

(1) 관리의 범위가 촉진하는 조직의 계층화

한 사람이 몇 백 명을 한꺼번에 관리할 수 있다면 조직 계층의 문제는 없을 것이다. 그러나 실제로는 사람의 능력에는 한계가 있어서 한 사람이 관리할 수 있는 부하의 수는 한정된다. 이것이 계층의 발생을 촉진하고 조직의 계층 구조를 만들게 된다. 이것이 "관리의 범위"라고 불리며 조직의 원치 가운데에서도 매우 중요하다. 관리의 범위는 한 사람의 상사가 직접 지휘·감독할 수 있는 부하의 수가 일정한 한계를 넘어서면 부하를 관리할 수가 없게 되고 부하도 욕구 불만을 갖게 된다.

따라서 부하의 수를 적게 해야 하는데 그 이유는 다음과 같다.

① 부하가 많아지면 직접적인 관계가 많아질 뿐만 아니라 부하 사이의 횡적인 관계도 많아진다.

② 사람의 주의력에는 한계가 있어서 일정 수준을 넘어서면 효과적으로 감독할 수 없다.

③ 부하의 수가 많아지면 장소 면에서도 부하의 분산을 낳는 것이 보통이어서 여러 가지 감독도 더욱 어렵게 된다.

(2) 부하 수에 따른 관계

프랑스의 경영 고문이었던 그레이큐너스(V. A. Graicunas)는 한 사람의 상사가 거느려야 할 직속 부하는 몇 사람이 알맞을까라는 문제에 관하여 흥미 있는 이론을 발표하였다. 그 가운데에서 그레이큐너스는 상사와 부하의 관계를 수학적으로 살펴서 부하의 수가 산술적으로 늘어나는 데에 비추어 상사와 부하의 관계는 기하급수적으로 늘어난다는 것을 밝혀냈다. 상사와 부하의 관계의 수를 수학공식으로 나타내면 아래와 같다.

$$n(2^{n-1}+n-1)$$

n : 감독 받은 부하수

이 공식에 따라 부하의 수와 상사와 부하의 관계를 보면 [그림 3-18]처럼 된다.

그림 3-18 부하의 수와 관계

부하의 수	관계의 수
1	1
2	6
3	18
4	44
5	100
6	222
7	460
8	1,080
9	2,376
10	5,210
11	11,374
12	24,708
18	2,359,602

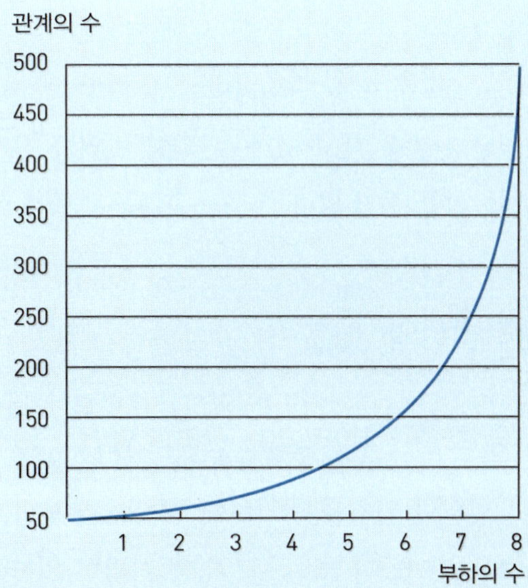

부하의 수가 4명이 되면 관계는 급증하고, 18명이 되면 천문학적인 수의 관계가 형성된다. 이들 관계가 한 번에 생기는 일은 있을 수 없지만, 부하의 증가가 관계를 얼마나 많게 하는지는 이해할 수 있다.

(3) 실제로는 중시되지 않은 관리의 범위

이처럼 부하의 수가 늘면 그것을 훨씬 웃도는 비율로 부하와의 관계가 생기고, 그에 따라 일을 수행하는 데 지장이 있을지도 모른다. 그렇다면 일반적으로 상사는 몇 사람의 부하를 거느리는 것이 적정할까?

관리범위의 원칙도 보편적으로 적용할 수 있을 만큼 명확한 것은 아니며 대체적인 기준을 보이는 데에 지나지 않는다. 실제로 특정한 상황에 따라서 여러 가지로 달라질 수 있다.

미국의 조사에 따르면 100개 대기업 가운데에서 사장이 6명 이하의 부하를 거느린 경우는 겨우 26개 기업에 지나지 않았으며 많은 곳은 24명이나 되는 부하를 거느린 기업도 있었다. 또 다른 조사에서도 93개 대기업의 절반 이상은 사장이 10명 이상의 부하를 거느리고 있었다. 이처럼 조직 원리 가운데에서 관리의 범위가 중요함에도 불구하고 실제의 기업에서는 이것이 적용되지 않고 있다. 이것은 계층의 수와 깊은 관련을 맺고 있다. 관리의 범위가 적절한지 어떤지는 계층과의 관련 없이는 이야기할 수가 없다.

6. 관리범위와 계층 수

(1) 경영 효율을 떨어뜨리는 관리의 범위

관리 범위의 원칙을 엄격하게 지키면 부하의 수가 한정되므로, 저절로 조직 계층의 수는 늘어난다. 모두 376명의 사람이 일하는 기업을 예를 들어보면, 관리 범위의 원칙을 적용한 경우와 하지 않은 경우를 비교해 보면 [그림 3-19]와 같다. 조직 계층이 늘어나면 일반적으로 감독비용이 늘어날 뿐만 아니라 관리에서의 효과를 떨어뜨리고 사기도 떨어진다고 한다. 조직 계층의 수가 한 단계 늘 때마다 의사소통은 보통 20~25%가 떨어진다고 할 만큼 관리에서는 바람직하지 않다.

드러커(P. F. Drucker)는 조직이 바람직하지 않다는 것을 말해 주는 첫째 징후가 경영 계층의 증가로 보았다.

사이먼(H. A. Simon)은 경영 효율은 조직 계층의 수를 최소로 유지함으로써 높일 수 있다고 주장하였다. 이처럼 관리의 범위를 엄격하게 적용하면 거꾸로 계층 수를 늘려 경영·관리의 효과를 떨어뜨릴 우려가 있다.

그림 3-19 관리의 범위와 계층 수와의 관계

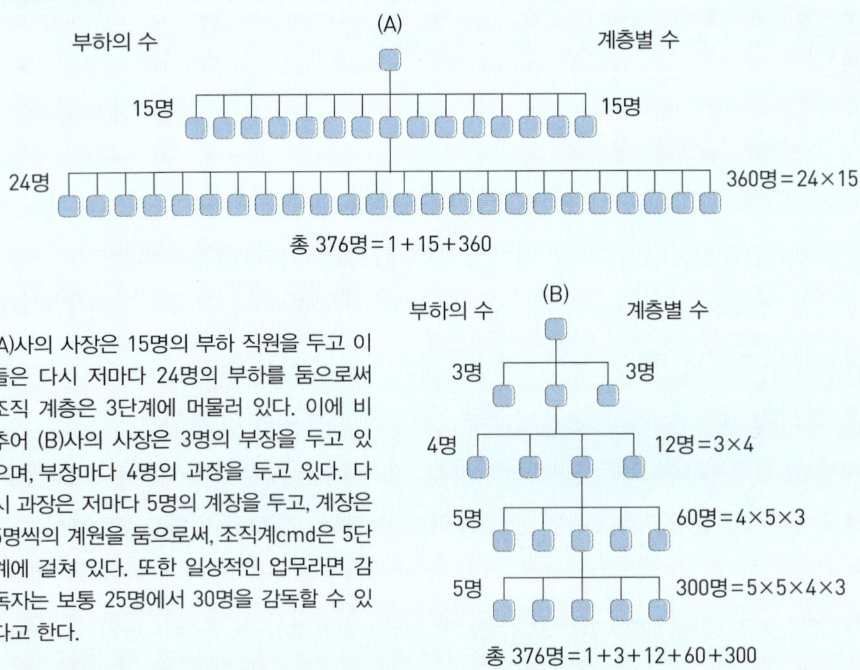

(A)사의 사장은 15명의 부하 직원을 두고 이들은 다시 저마다 24명의 부하를 둠으로써 조직 계층은 3단계에 머물러 있다. 이에 비추어 (B)사의 사장은 3명의 부장을 두고 있으며, 부장마다 4명의 과장을 두고 있다. 다시 과장은 저마다 5명의 계장을 두고, 계장은 5명씩의 계원을 둠으로써, 조직계cmd은 5단계에 걸쳐 있다. 또한 일상적인 업무라면 감독자는 보통 25명에서 30명을 감독할 수 있다고 한다.

이런 점에서 조직의 계층 수를 늘림으로써 관리의 범위의 엄격한 적용에 대한 반대 이견도 많다. 사실 로벅사의 실험에 따르면 관리 범위의 원칙을 엄격하게 적용할 결과 계층 수가 많은 점포보다 관리의 범위를 엄격하게 적용하지 않음으로써 계층 수를 적게 한 점포가 매출액·이익·사기·관리자의 능력 등에서 우수하다는 결론을 얻었다.

또한 IBM에서도 관리 계층을 한 단계 줄임으로써 협력과 사기를 높일 수가 있었다고 한다. 그렇다면 관리 범위의 원칙은 전혀 의미가 없는 것일까? 관리범위를 무시하고 차라리 계층 수를 될 수 있는 대로 줄이는 것이 조직의 유효성을 높이는 것일까?

사람의 능력에는 한계가 있는 만큼, 한 사람의 상사가 효과적으로 관리할 수 있는 부하의 수는 한계가 있게 마련이고, 관리의 폭이 어느 정도인지가 문제일 뿐이다.

관리의 폭이나 계층의 수는 모두 다 상대적인 것으로서, 조직의 유효성을 높이기 위하여 어디에서 그 균형을 맞출 것인지가 문제라고 할 수 있다.

(2) 대기업도 7계층이면 충분

관리 범위의 원칙과 맞서는 것으로서 계층의 수에 관한 재이크스 이론이 있다. 이것은 영국의 브루넬 대학의 재이크스(E. Jacques)가 글래시어 메탈 회사에 관한 연구에서 주창한 이론으로 어떤 대기업이라도 조직의 계층 수는 7계층만 있으면 충분하다는 것이다. 이 견해의 기초는 "자유재량의 시간 폭"이라는 개념으로서, 이것은 상사의 제약을 받지 않고 스스로 자유롭게 계획하고 실행할 수 있는 시간의 길이를 뜻한다. 그는 이 "시간 폭"으로써 조직 계층을 결정해야 하며, 대기업이라도 〈표 3-3〉과 같은 7계층이면 충분하다고 말한다. 그리하여 제7계층에서는 20년, 제6계층에서 10년, 제5계층에서 5년, 제4계층에서 2년, 제3계층에서 1년이라는 "시간 폭"으로 일을 해야 한다고 주장한다. 그의 견해로는 대개 5,000~6,000명 정도의 종업원으로 이루어지는 조직에서는 5계층만 있으면 되며, 그 이상의 대규모

표 3-3 계층의 시간 폭

계층	직위	자유재량의 시간 폭
제7계층	톱	20년 단위
제6계층	부사장	10년 단위
제5계층	사업부장, 자회사 사장	5년 단위
제4계층	공장장, 마케팅 부장	2년 단위
제3계층	제조과장, 판매과장	1년 단위
제2계층	직장, 판매계장	3개월 단위
제1계층	공원, 판매원	

조직에서야 비로소 7계층이 된다고 한다. 거대기업에서 7계층이 수용이 되지 않으면 차라리 5계층으로 구성되는 자회사로 나누어 그것을 톱이 관리하는 것이 좋으며, 그럼으로써 어떤 경우라도 7계층 이하로 계층이 이루어질 수 있다고 주장했다.

(3) "관리의 범위"보다 "계층의 수"를 중시하는 경향

미국에서는 어니스트 데일이 1967년에 기업의 계층 수에 대한 실태를 조사했는데, 그 결과는 [그림 3-20]과 같다. 반드시 재이크스 이론대로 되는 것은 아니지만, 비교적 계층 수가 적다는 것을 한눈에 알 수 있다.

그 가운데는 20만 명 이상의 종업원이 있는데 겨우 4계층밖에 없는 기업도 있었다고 한다. 그리고 일본의 관리 계층 수의 실태는 3~6계층이 많아서 그 수가 적은 것처럼 보이지만 일본에서는 차장이라든지 과장, 대리와 같은 중간 직위가 많으므로 그것을 더하면 실제로는 계층 수가 더 늘게 될 것이다. 어니스트 데일이 실시했던 미국의 실태 조사에서는 "관리의 범위"와 "계층의 수"의 균형 관계에 대해서 많은 기업이 "관리의 범위"를 엄격하게 지키려고 하기보다는 오히려 "계층의 수"를 줄이려고 한다는 점이 눈여겨볼 만하다.

그림 3-20 미·일 기업의 계층 수 비교

대기업의 계층 수(미국)

계층 수	4	5	6	7	8	9	10	11	13	계
회사 수	4	9	20	19	19	5	2	2	1	81

중소기업의 계층 수(미국)

계층 수	2	3	4	5	6	7	8	9	12	계
회사 수	1	3	6	12	18	11	6	1	1	59

(주) (1) 하위 작업 계층은 포함하지 않고, 감독층부터 톱층까지를 대상
(2) 대기업은 종업원 5,000명 이상, 중소기업은 500명 이상 5,000명까지

일본의 계층 수

계층 수	2	3	4	5	6	7	8	9	10	11	12	13	14	계
회사 수	12	61	94	99	66	38	26	13	5	3	1	1	12	431
비율	2.8	14.2	21.3	23	15.3	8.8	6.0	1.0	1.2	0.7	0.2	0.2	2.8	100(%)

(4) 관리의 범위와 계층 수의 딜레마

앞서 살펴본 바와 같이 관리의 범위와 조직 계층의 수의 관계는 여러 가지 어려운 문제를 담고 있어서, 한마디로 어느 쪽이 중요하다고 할 수는 없다.

조직 계층 수가 많으면 관리비용이 증가하게 되며, 의사전달효과가 나쁘고, 사기도 떨어진다. 그렇다고 해서 조직 계층의 수를 줄이면 한 사람의 관리자가 관리하는 부하의 수가 늘어나고 관계도 늘어난다. 사람의 능력의 한계를 무시할 수 없기 때문에 관리의 범위도 자연히 생기게 된다. 곧 계층 수와 부하의 관계들이 모두

그림 3-21 부하의 수, 계층의 수, 관리범위와의 관계

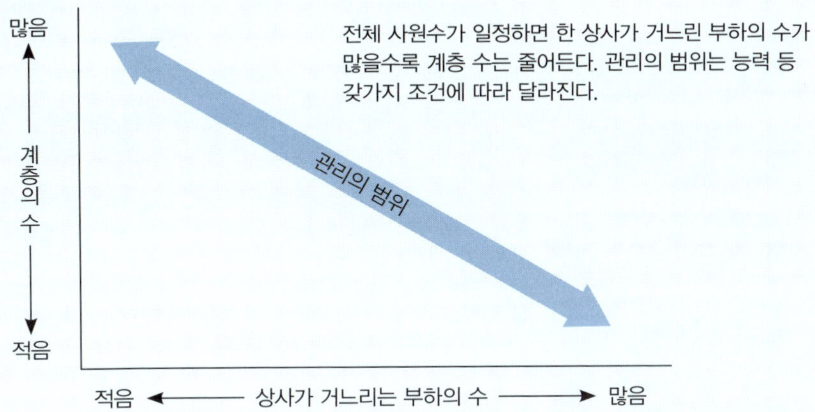

적다면 더 바랄 수가 없지만, 그것을 함께 충족시킬 수 없는 모순이 생기게 된다.

그렇다면 2가지가 균형을 이루는 것이 가장 좋다, 관리·효과 관점에서 보면 먼저 계층 수를 될 수 있으면 적게 하면서 효과적으로 감독할 수 있는 관리의 범위를 찾아내는 것이다. 데일은 관리의 범위와 계층의 문제를 "직속 부하의 수는 경영·관리자의 부담을 덜고 더욱 유리하게 일을 할 수 있는 시간적인 여유를 준다고 하는 위임의 이점, 인원 증가에 대한 경비 부담과중, 증대되는 감독업무, 의사 전달에서의 곤란 증대 등이 서로 같아질 때까지 늘려야 한다"고 결론 내리고 있다.

(5) 확대할 수 있는 관리의 범위

본래 사람의 능력에는 한계가 있어서, 직접적으로 감독할 수 있는 부하의 수에 한정이 있다는 전제하에 생각할 수 있다. 관리의 범위는 고정적인 것이 아니라 오히려 조건에 따라 변경될 수 있다.

효과적으로 관리할 수 있는 부하의 수는 부하 맡고 있는 일의 성격, 부하가 가지

그림 3-22 부하의 수를 늘리는 조건

뉴먼

	조건	내용
A	감독에 필요한 시간	계획과 그 밖에 필요한 시간이 많으면 감독의 한계는 좁아진다.
B	감독받는 일의 다양성과 중요성	감독하는 일이 다양하고 중요하면 감독에 시간이 걸리고 관리의 범위는 좁아진다.
C	일의 반복성	일에 익숙해지면 관리의 범위는 넓어지지만, 처음 하는 일은 관리하기가 어렵다.
D	부하의 능력	잘 훈련되고, 뛰어난 판단력을 지니며, 창조성이 풍부하고, 의무감이 있는 부하라면 감독하는 데에 힘이 들지 않는다.
E	분권화의 정도	분권화가 촉진되어 있으면 너무 세밀한 관리는 필요하지 않다.
F	스태프의 도움	스태프가 효과적으로 도와주면 관리의 범위는 넓어진다.

쿤쯔

	조건	내용
A	부하의 교육훈련	훈련이 잘 되어 있으면, 주의가 필요하거나 시간을 들이거나 하는 일은 많지 않아도 된다. 조직의 상위계층의 일보다 하위계층의 일은 전문화되고 복잡하지 않아서 교육·훈련하기가 쉽다.
B	권한위임 정도와 성격	수행해야 할 일이 명확하고 그것을 하는 데에서 권한이 분명하면 감독의 폭은 넓어진다.
C	계획의 정도와 성격	방침·계획이 명확하고 철저하면 관리의 범위는 커질 수 있다.
D	기업의 역동성	구기업과 신기업이라면 안정된 구기업쪽이 일 내용의 변화가 없는 까닭에 일반적으로 넓은 관리 범위를 잡을 수가 있다.
E	업적표준	업적이 표준화되어 기대하는 결과를 확실하게 해 두면 일의 관리는 쉽다.
F	의사 소통의 기술	특히 문서 형식에 의한 의사소통, 지시의 명확성, 스태프의 이용 등이 있다. 스태프를 효과적으로 이용하면 일상 업무에 방해받는 일 없이 그 시간만큼 고유의 일에 전념할 수가 있으므로 관리의 범위도 넓힐 수 있다.

고 있는 능력, 부하가 받은 교육·훈련, 계획 및 절차의 명확성, 권한 위임, 의사소통 기술, 업적 표준의 정도에 따라 당연히 달라지는 것이다.

쿤쯔와 뉴먼(W. Newman)은 관리 받는 부하의 수를 결정하는 요소로서, 각각 6개 항목을 제시했다. 이 밖에도 관리자의 능력이 뛰어나면 당연히 관리의 범위는 확대될 수 있으며 또한 일의 절차나 방법을 엄격하게 규정하기보다 일의 성과를 분명하게 함으로써 관리의 폭을 넓힐 수 있는 것이다. 바꾸어 말하면 목적은 방법이나 절차가 아니라 결과이므로 기대한 결과를 구체적인 형태로 미리 명확하게 해두면 그 과정을 문제 삼을 필요가 없기 때문에 감독을 줄일 수 있다.

관리의 범위이든 계층이든, 중요한 것은 균형의 문제로서 관리비용, 구성원의 사기 등을 고려하여 결정해야 한다. 관리 범위와 계층의 수를 결정하는 기본은 기업의 목적 달성을 위해 어떻게 균형을 잡아야 가장 효과적인지 하는 문제에 지나지 않는다.

(6) 경영관리 계층과 역할

이제까지 조직의 계층화 및 그것을 촉진하는 관리의 범위와는 관계를 보았다. 그렇다면 실제로 기업의 각 계층의 역할은 어떻게 되어 있어야 할까?

톱 매니지먼트, 곧 경영층은 사장 이하의 중역들로서 이루어진다. 그리고 그 주된 일은 최고 정책의 결정이다. 경영층의 정책 결정은 당연히 회사 전체 그리고 장기적인 입장에서 이루어져야 한다. 따라서 관리층의 입장과는 다르다. 경영자의 자세는 회사 전체의 종합적인 입장에서 경영 전반에 걸쳐 최고 정책의 결정에 종사하는 것이며 다른 업무는 관리층에 그 권한을 전면적으로 위임해야 한다.

제2단계의 관리층은 부장·과장으로 이루어지며 주된 일은 정책을 바탕으로 작업계획을 세워 이것을 관리하는 것이다. 다만 관리층은 경영층과 달라서 부문적인 입장에서 더구나 업무의 집행에 직접 관여하는 것이므로 조금은 단기적인 입장에서 계획을 세우고 관리하는 것이다. 또한, 관리층은 경영층에게 정책에 대한 조언을 하기도 한다.

제3단계의 감독층은 작업 계획을 바탕으로 부하에게 일은 나누어 맡기거나 그것을 수행하기 위한 지도·훈련을 직접 부하에게 실시하는 임무를 갖고 있으며 작업층에 대한 책임을 지고 있다. 또한 관리층에는 현장 쪽의 작업 계획 입안에 대해 조언을 하는 입장에 있다.

제4단계의 작업층은 감독층으로부터 지시받는 일을 책임지고 수행할 입장에 놓여 있다.

조직의 계층과 역할에 대해서 각 계층의 기본적인 역할과 기능을 설명해 놓은 것이 [그림 3-23]이다.

그림 3-23 조직의 계층과 역할

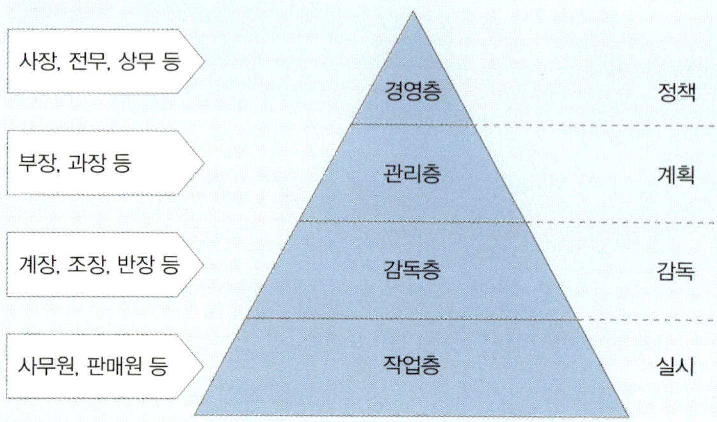

사례

유연한 사고가 강한 성 점령

크고 강한 조직이라고 늘 승리하는 것은 아니다. 반대로 작고 약한 조직이라고 늘 패배하는 것도 아니다. 자신의 조직이 지닌 강점을 찾아내고 발전시킨 쪽이 승리한다. 강한 조직으로 만드는 비결을 칭기즈칸의 몽골군에게서 찾을 수 있다.

몽골을 통일한 칭기즈칸은 국력을 집중해 서하 공략에 나섰다. 하지만 일찍이 경험해보지 못한 높은 성채는 공성 경험이 없던 몽골군에게 좌절감을 안겨주었다. 변변한 공성무기조차 없던 몽골군이 서하에게 철군 조건으로 요구한 것은 뜻밖에도 제비와 고양이였다.

제비와 고양이를 식량으로 오해한 서하군은 몽골군을 조롱했고 공물을 제공받은 몽골군은 제비와 고양이를 활용해 서하의 성을 삽시간에 불바다로 만들어버렸다.

서하의 높은 성채보다 강력한 힘을 발휘한 것은 몽골군이 보여준 유연한 유목민적 사고였다.

자료 : 길벗 출판사

Chapter 04

조직구조

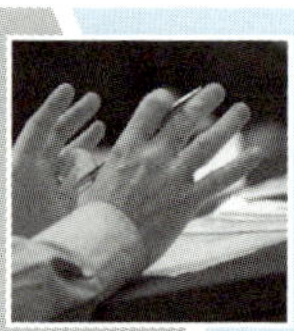

제 1 절

조직구조에 대한 이해

1. 수직적 분화

수직적 분화(vertical differentiation)란 과업의 분화가 상하관계를 가지고 이루어지는 것을 말한다. '계층' 또는 '위계'라고도 한다. 명령계통과 관련되는 개념으로 이러한 명령계통은 어느 조직에서도 나타나지만 그 길이에 있어서는 조직마다 다르다.

최고 경영조직, 관리조직, 작업조직으로 세로로 나누는 것이 수직적 분화이다. 기업의 규모가 확대되면 기업을 운영하는 관리 조직(넓은 의미의 관리 조직)은 [그림 4-1]과 같이 몇 개의 계층으로 나누어진다. 이때 조직은 낮은 계층일수록 사람의 수가 많기 때문에 피라미드형의 조직구조가 만들어지게 된다.

그림 4-1 피라미드형 조직

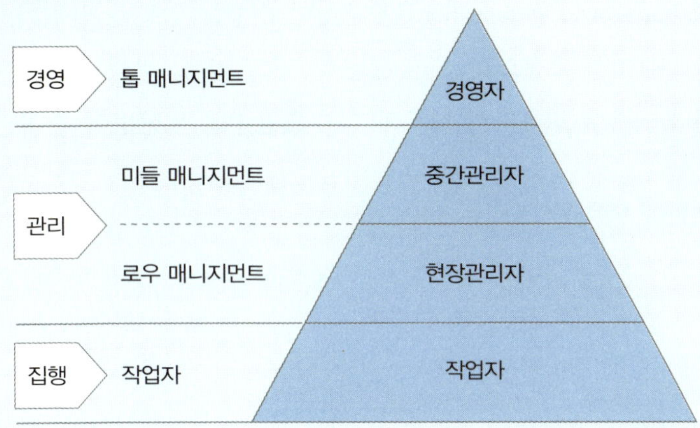

(1) 톱 매니지먼트

이 계층에 있는 사람들은 경영의 최고 지위에 있으면서 경영방침이나 경영계획을 설정하고, 경영활동을 종합적으로 총괄한다. 대표적으로 사장, 부사장, 전무이사 등 임원이 이에 해당한다.

(2) 미들 매니지먼트

이 계층에서는 톱 매니지먼트가 설정한 경영방침이나 경영계획에 따라 저마다 맡은 부문에서 구체적인 업무계획을 세우고, 그것을 실행에 옮기도록 지휘하는 계층이다. 대표적으로 부장, 과장이 이에 해당한다.

(3) 로우 매니지먼트

이 계층에서는 미들 매니지먼트의 지시에 따라 현장 작업을 직접 지휘, 감독하는 계층이다. 대표적으로 계장, 직장 등이 이에 해당된다.

2. 수평적 분화

수평적 분화(horizontal differentiation)란 조직이 수행할 업무를 단위화, 집단화하는 활동을 말한다. 이를 부문화(departmentation)라고 한다. 그러므로 조직 내의 전문적인 지식이나 기술이 필요하며 직무의 수가 많을수록 복잡성이 증대된다.

(1) 수평적 분화에 영향을 미치는 요인

수평적 분화에 영향을 미치는 요인으로는 다음과 같이 4가지를 들 수 있다.

1) 관리 폭(span of management)

이는 한 관리자가 효과적으로 관리할 수 있는 부하의 수를 말하며, 통제 폭 혹은 감독 폭이라고도 한다.

조직형태는 관리 폭과 조직의 계층수가 서로 관련되어서 결정된다. 만일 관리 폭을 넓게 하면 계층 수가 적어져서 조직형태가 옆으로 퍼진 모양을 하게 되는데 이를 평면구조(flat structure)라고 하며, 반대로 관리 폭을 좁게 하면 계층수가 많아져서 조직형태가 상하로 길게 늘어진 모양을 하게 되는데, 이를 고층구조(tall structure)라고 한다.

2) 규모의 경제(economics of scale)

① 기술적인 측면 : 규모가 확대됨으로써 비싼 기계의 설치가 가능해지고 기술적 전문화가 촉진된다.

② 관리적 측면 : 관리업무를 하나로 묶음으로써 관리비용의 절약과 관리상의 전문화의 가능성이 높아진다.

③ 마케팅 측면 : 대량구매의 이득을 얻을 수 있다.

④ 재무적 측면 : 자금관계는 하나의 큰 부서로 통합됨으로써 빈번한 외부 차입의 필요성을 줄일 수 있다.

⑤ 위험적 측면 : 위험의 분산이라는 효과를 얻을 수 있다. 예컨대 소수의 구성원으로 이루어진 소규모 부서는 적정 수의 스태프를 고용하기 어렵지만, 반대로 규모가 커지면 인원 부족에서 오는 위험을 감소시킬 수 있다.

3) 조정(coordination)

각 조직은 조직의 활동에 필요한 조정의 정도가 서로 다르므로 부문화를 이룩하면 조정상의 문제를 최소화시킬 수 있다.

4) 업무의 성격(nature of activity)

업무의 성격도 수평적 분화의 정도에 영향을 미친다. 예컨대 조직에서의 핵심적 업무는 고도의 주의를 필요하므로 최고경영자의 직속으로 두는 것이 좋다.

이상에서 설명한 여러 요인들은 상충될 수도 있다. 예컨대 조정을 최소화시키기 위한 부문화와 규모의 경제를 위한 부문화는 개념상 서로 상충되어 서로 갈등을 일으킬 수 있기 때문에 조직 전체 차원에서 종합적으로 고려해서 부문화를 추진해야 한다.

(2) 수평적 분화의 원리

조직설계에 있어서 경영기능의 수평적 분화는 업무활동을 수행할 부문을 설정하는 과정이다. 제조업을 예로 들어 설명하면 다음과 같다.

1) 과정적 분화

이는 1차적 분화라고 한다. 일반적으로 제조업은 구매, 제조, 판매라는 경영과정을 반복하게 된다. 그러므로 기본적인 조직설계도 이에 준하여 분화가 되어 구매부, 제조부, 판매부라는 기능부문을 형성하게 된다.

과정적 분화에 의해 이루어진 경영 기능을 '라인 기능'(lin function)이라고 하며

그림 4-2 수평적 분화의 예(제조업의 경우)

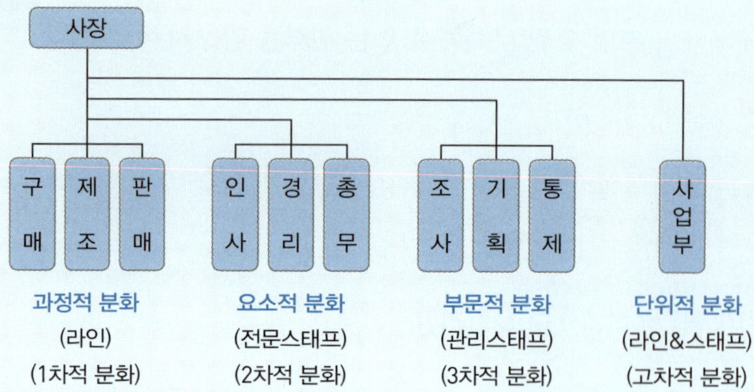

이 기능부분을 '라인 부문'이라고 한다.

2) 요소적 분화

이는 2차적 분화라고 한다. 제조업의 경영활동 요소에는 대표적으로 인적자원(사람), 기술, 자금 등의 요소로 구성되어 있다. 따라서 기본적인 조직설계도 이에 준하여 분화가 되어 인사부, 경리부, 총무부 등의 기능부문을 형성하게 된다. 요소적 분화에 의해 이루어진 경영기능을 '전문스태프 부문'이라고 한다.

3) 부문적 분화

이는 3차적 분화라고 한다. 위의 과정적 분화와 요소적 분화에 의해 형성된 각 기능부문에는 공통적으로 수행되는 경영기능인 관리기능이 있다.

이 관리기능을 구성하는 요소는 분할될 수 없지만 각 기능을 보완, 강화할 수는 있다. 즉, 계획, 조직화, 통제 등에 대한 관리기능의 수평적 분화가 일어나게 되어 조사부, 기획부, 통제부 등의 기능부문이 형성되게 된다.

부문적 분화에 의해 이루어진 경영기능을 '관리스태프 기능'(management staff function)이라고 하는데 이 기능부분을 '관리스태프 부문'이라고 한다.

4) 단위적 분화

위의 과정적 분화, 요소적 분화 및 부문적 분화는 그 분화방법이 단일 사업체에서의 분화이지만 단위적 분화는 차원을 달리하는 분화방법이다. 즉, 하나의 사업체를 여러 개의 독립된 '사업부'(divisional organization)로 분할하는 것을 말한다.

(3) 부문화의 방법

부문화는 기본적으로 기능, 제품, 지역 및 고객별로 이루어지지만 사업별, 공정별 또는 시설별, 시간별 및 혼합형 부문화도 있다. 이러한 부문화에는 각각의 장·단점을 갖고 있으므로 현실에 맞는 부문화 방식을 채택해야 한다.

1) 기능별 부문화

기능별 부문화는 각 기능 내지 각 공정별로 부문화하는 것이다. 생산, 마케팅, 재무, 인사 등으로 나뉘기도 하고, 계획(기획), 조직, 조정, 통제 등의 관리기능별로 부문화되기도 한다.

기능별 부문화는 조직 성장의 초기단계에서 일어나며, 그 후 다른 형태의 부문화가 일어나는 것이 보통이다. 이를 과정별 부문화(departmentation by process)라고 한다.

기능별 부문화는 전문적 지식이나 기능을 최대로 활용할 수 있는 장점이 있지만, 각 기능 간의 조정에 시간과 노력이 들어가게 되며, 환경변화에 대한 의사결정의 기민성을 잃어버릴 가능성이 있다는 단점이 있다.

2) 목적별 부문화(departmentation by purpose)

이는 조직의 객관적인 조직 목적별로 부문화하여, 그 목적달성에 필요한 각 기능을 통합하고, 각 부문에 자기완결성을 부여하는 부문화 방법으로 시장 등의 환경변화에 적응하기 쉬운 조직이다. 여기에는 제품별 부문화, 고객별 부문화, 지역별 부문화가 있다.

① 제품별 부문화 : 기업의 제조 또는 판매하는 제품의 종류별로 이루어지는 부문화를 말한다.
② 고객별 부문화 : 특정의 고객층이나 시장별로 부문화가 이루어지는 것을 말한다.
③ 지역별 부문화 : 조직이 활동하는 지역별로 나누어서 부문화하는 것을 말한다.

3) 기타 부문화

이상의 외에도 생산공정별, 시설별로 부문화하는 방법이 있으며, 병원 등에서 근무교대 시간별로 부문화시키는 시간별 부문화와 항공우주산업 등에서 일시적인 형태로 이루어지는 사업별 부문화가 있다.

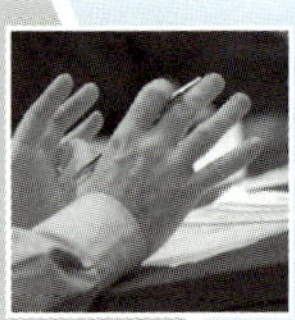

제 2 절 조직구조의 유형

경영조직의 분화에 대해 살펴보았다. 이제 조직구조의 유형을 살펴보고자 한다. 조직구조의 대표적인 유형에는 라인조직, 직능식 조직, 직계참모조직 등이 있다.

1. 라인조직

먼저 라인조직은 주로 명령 일원화의 원칙과 감독 범위 적정화의 원칙을 중심으로 만들어진다. 따라서 상위자의 지휘, 명령은 직속부하에게 포괄적이고 일방적으로 행해지게 되고, 하위자는 한 사람의 직속 상사 이외의 사람과는 어떠한 직접적인 관계도 갖지 않는 조직이다. 그래서 직계 조직 또는 군대식 조직이라고도 한다. 라인 조직의 특성을 [그림 4-3]과 같다.

그림 4-3 라인조직과 특징

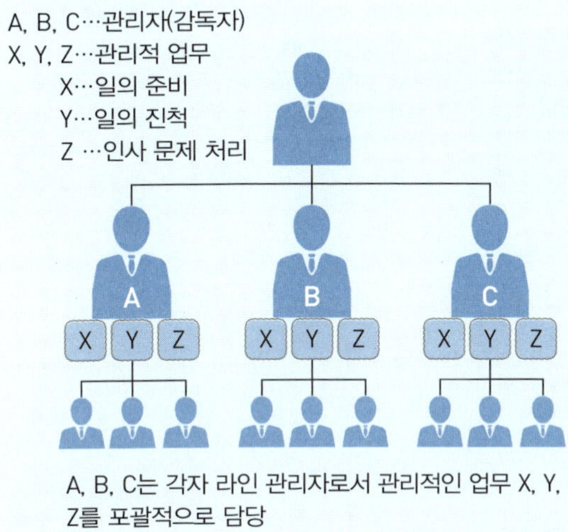

특징

① 명령계통이 매우 간단하고 일관되어 있기 때문에 책임과 권한의 소재도 확실히 정할 수 있다.
② 경영 전체의 규율이 잘 지켜지고 질서를 유지하기가 쉽다.
③ 반면, 한 사람의 상위자에게 권한이 집중되어 있으므로, 일의 내용이 복잡해지면 상위자는 과대한 책임을 지게 된다.
④ 권한을 넘겨주어 관리의 단계를 길게 하면 상하의 의사소통에 시간이 걸린다.
⑤ 횡적으로 연락을 하기가 힘들다.

2. 직능식 조직

직능식 조직은 하위자가 전문 분야를 담당하는 몇 사람의 상위자로부터 지휘, 명령을 받아서 일을 수행하는 방법이다. 이 형태의 조직은 테일러(F. W. Taylor)

그림 4-4 직능식 조직과 특징

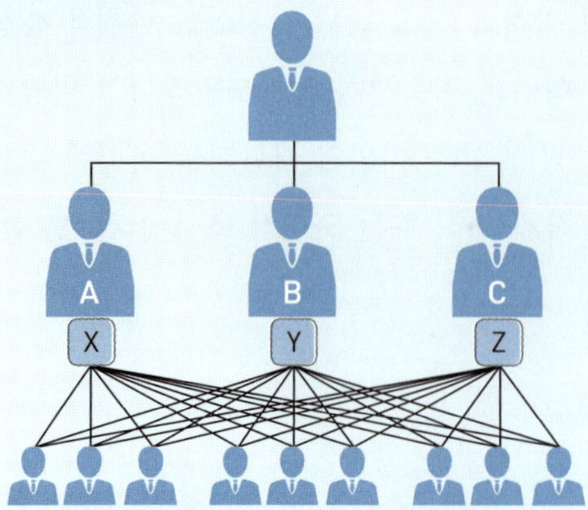

A, B, C의 관리자는 여러 관리 업무 가운데서 자신의 업무를 전문직으로 담당. 관리적인 업무는 전문화하여 라인 관리자는 직능적인 관리자가 된다.

특징

① 상위자가 맡은 일을 전문화시킴으로써 상위자의 부담을 줄일 수가 있다.
② 상위자의 전문적인 능력을 살릴 수 있으며, 관리자를 양성하기가 비교적 쉽다.
③ 반면 하위자는 몇 사람의 상위자로부터 명령을 받으므로 명령에 혼란이 생기기 쉽고, 명령의 일관성을 유지하기 힘들다.
④ 하위자의 일 가운데 자기에게 분담된 부분만 맡게 되므로 책임의 소재가 불명확해지기 쉽다.
⑤ 같은 계층의 관리자 사이에 의견의 대립이 생겼을 때, 전문가로서 자기의 의견을 강하게 주장하게 되면 그것을 조정하기가 어렵다.

의 직능식 직장제도를 제창한 데서 비롯된 것이다. 직능식 조직과 그 특징은 [그림 4-4]와 같다.

3. 직계참모조직

직계참모조직은 에머슨(H. Emerson)이 러시아의 군대조직에서 활용했던 참모부제도를 기업조직에 도입하여 창안한 것이다. 라인조직의 장점인 명령일원화의 원칙과 직능식 조직의 장점인 전문화의 원칙을 결합한 조직형태이다. 즉, 조직에 라인과 스태프를 동시적으로 확보하여 조직의 질서 확립과 업무의 능률적 수행을 위한 제도적인 장치를 해 둔 조직형태라고 할 수 있다.

경영규모가 확대되어 경영활동의 내용이 복잡해지면, 관리자가 혼자서 모든 문

그림 4-5 직계참모조직의 특징

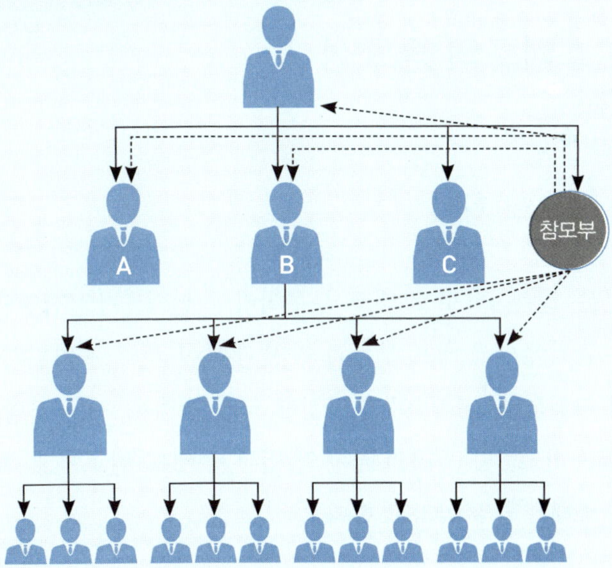

특징

① 명령의 통일성을 확보할 수 있다.
② 전문가를 활용하여 일의 질을 높이고 능률을 올릴 수 있다.
③ 반면, 스태프가 중용되면 조언적·보좌적인 위치를 벗어나서 라인 부문의 집행쪽에 개입하여 명령 계통에 혼란을 일으킬 수 있다.
④ 스태프가 경시되면 전문가적 입장으로서의 조언을 라인이 활용할 수 없게 된다.

제를 처리하기가 불가능하고, 라인조직에서는 그 결점이 뚜렷이 나타나게 된다. 그렇다고 해서 직능 조직을 채택하면 명령의 통일체계가 무너진다. 그래서 라인조직의 단점을 극복하고 장점을 살리려고 직계참모조직이 고안되었다. 직계참모조직과 특징은 [그림 4-5]와 같다.

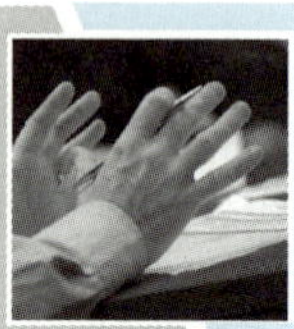

제 3 절

제너럴 스태프의 중요성

1. 스태프 부문과 라인 부문의 차이

경리 부문이나 인사 부문은 일반적으로 스태프 부문이라고 한다. 기업경영의 1차적 목적이 무엇이냐 하는 관점에서 스태프 부문과 라인 부문이 서로 구별된다.

기업 전체의 조직 가운데 기업의 1차적인 목적 달성에 직접 책임을 지는 경영 직능의 계열을 라인 부문이라고 하고, 이들 라인 부문의 업무 수행을 원조하고 촉진시키는 관계인 기타 부문을 스태프 부문이라고 한다.

표 4-1 목적에 따라 스태프와 라인 비교

생산 기업	구매, 제조, 판매 부문(1차적 경영 직능) : 라인 부문
	인사, 경리, 총무 부문(2차적 경영 직능) : 스태프 부문
상업 기업	구매, 판매 부문(1차적 경영 직능) : 라인 부문
금융 기업	예금, 대부 부문(1차적 경영 직능) : 라인 부문

2. 관리 스태프에서 제너럴 스태프로

스태프에는 사장이나 부장 등이 직무가 복잡하고, 중요한 경우에 그 업무를 돕는 개인 스태프, 또는 전문 영역에서 라인권한 담당자에게 조언과 서비스를 하는 전문 스태프, 그리고 관리 스태프가 있다. 오늘날 이들 스태프 가운데 관리 스태프의 역할이 부각되고 있다.

관리 스태프의 임무는 관리의 계획과 통제라는 부분에 대해서 조언을 하고 보좌하는 것이다. 따라서 관리 스태프는 톱 매니지먼트가 하는 총괄적인 경영에서 부분적인 관리에 대하여 조언활동을 한다. 이 관리 스태프는 오늘날 거의 모든 경우에 사장 또는 상무회, 최고경영 집행기관에 직속된 제너럴 스태프로 편성되어 있다. 제너럴 스태프의 필요성은 [그림 4-6]과 같다.

제너럴 스태프는 기업의 총합적, 전반적인 영역에서 전반적인 관리의 수행을 보좌하는 기관이다. 이 기관이 의의를 갖는 것은 구체적인 관리 집행의 총합 조정기능 면에서만 중점을 두는 것이 아니라 기업이 나아갈 방향 결정, 장기 계획의 수립, 톱 매니지먼트가 경영전략을 과학적, 합리적으로 결정할 수 있도록 보좌할 수 있기 때문이다.

또한 제너럴 스태프는 톱 매니지먼트의 경영 직능 및 회사의 전반적인 관리 직능을 보좌하는 것이다. 따라서 사회 경제의 움직임에 따라 기업이 당면하게 되는 시대적 변화의 과제를 해결하기 위한 활동이 요구되고 기대된다.

그림 4-6 제너럴 스태프의 필요성

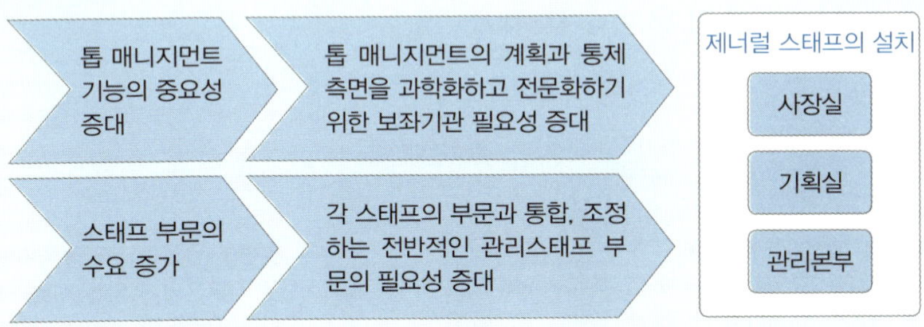

제 4 절

직무에 따른 책임과 권한

1. 직무체계에 따른 경영조직

지금까지 조직 분화에 대한 내용과 각 조직형태의 특징을 살펴보았다. 조직이 분화되었다고 해도 경영조직은 경영 직능의 체계를 근거로 하는 직무 체계로 정리된다.

따라서 경영조직의 체계는 [그림 4-7]에서 보는 바와 같이 직무체계로 이루어져 있다. 즉, 직무체계의 논리에 따르지 않고서는 조직을 만들 수 없다. 직무에는 일정한 책임과 권한이 주어지므로 직무체계는 곧 책임과 권한의 체계라 할 수 있다. 그러므로 경영조직은 책임과 권한의 원칙에 의해 편성되기 때문에 직무체계는 직위의 체계이다.

그림 4-7 조직을 지탱하는 3가지 체계

직무에는 일정한 책임과 권한이 주어지므로 직무체계는 책임과 권한의 체계라고 할 수 있다.

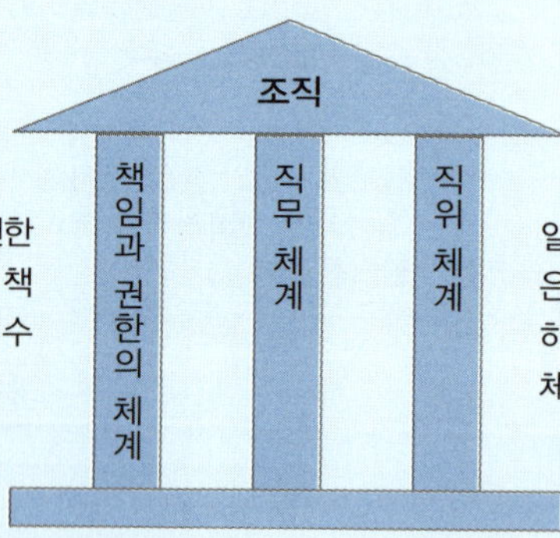

일정한 권한과 책임을 부여받은 직무상의 지위를 직위라고 하는데 직무의 체계는 직위의 체계라고도 한다.

2. 공식적으로 보장받은 직무 권한

경영조직을 지탱하는 직무체계가 직위체계로 되려면 "직무 권한의 체계"가 제대로 정비되지 않으면 안 된다.

[그림 4-8]에서 보는 바와 같이, 직무 권한은 직무를 공적으로 수행할 수 있는 힘으로 "자신의 결정에 남을 따르게 할 수 있는 힘"이 된다. 따라서 직무 권한의 속성으로 3가지를 들 수 있다.

① 자유재량으로 할 수 있을 것
② 경제적인 효력을 발생시킬 수 있을 것
③ 책임을 수반하는 것

그림 4-8 직무 권한의 체계

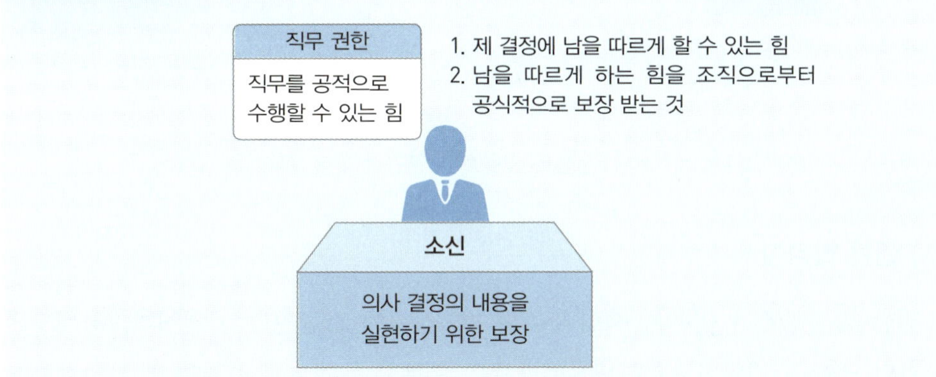

3. 권한의 원천에 대한 이해

권한은 어디에서 발생할까? 또한 부하는 왜 상사의 명령을 따라야 하는 것일까? 권한의 원천에는 「권한 법정설」, 「권한 수용설」, 「권한 능력설」, 「권한 상황설」, 「권

그림 4-9 권한의 원천에 관한 학설

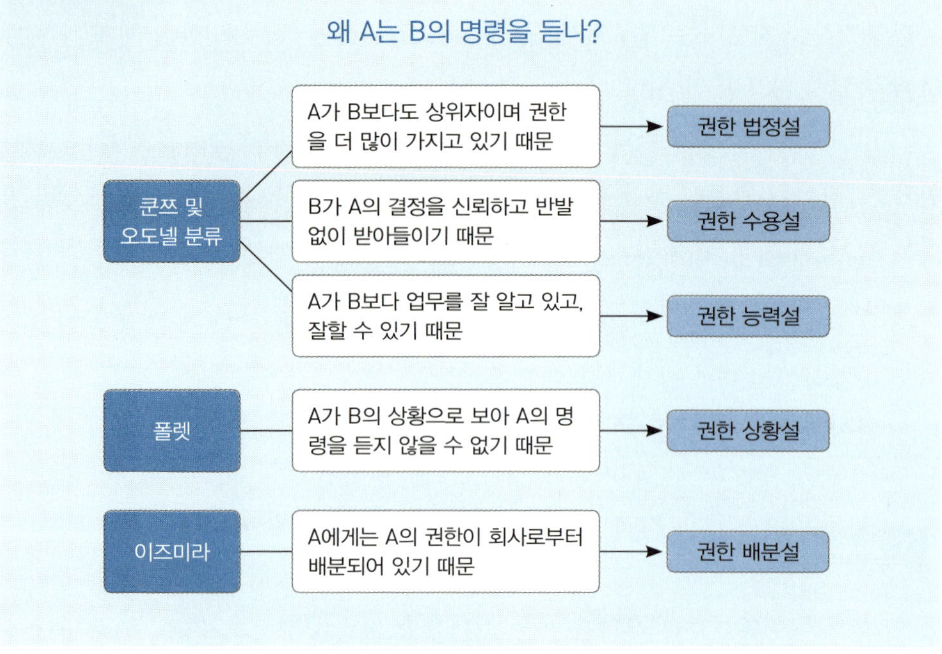

한 배분설」 등이 있다. 권한의 원천에 관한 학설은 [그림 4-9]와 같다.

(1) 권한 법정설

권한 법정설에서 권한은 자신의 바로 위 직위에 소급된다는 것이다. 최계장은 자기의 권한을 김과장으로부터, 김과장은 오부장으로부터, 오부장은 사장으로부터, 사장의 권한은 주주로부터, 주주의 권한은 회사법 등의 사유재산제도로부터 부여받고 있다. 따라서 기업에서의 궁극적인 권한의 원천은 원칙적으로 사유재산제도에 있다는 설이다.

(2) 권한 수용설

관리자가 행사하는 권한의 원천은 부하가 자기에게 행사되는 관리자의 힘을 수용하는 데 있다. 부하가 권한을 이해했을 때, 권한이 조직의 목적과 일치하고, 자신의 이익과 양립한다고 믿었을 때, 그리고 정신적·육체적으로 그 권한에 따를 수 있을 때 부하는 명령의 권한을 수용한다는 설이다.

(3) 권한 능력설

권한은 기술적인 능력이라는 개인적인 자질에 의해서 만들어진다는 사고방식이다. 적합한 회답이나 조언을 제공하는 기술자나 관리자는 부하들로부터 존경받고 그 말은 명령과 동일한 효력을 가지게 된다는 설이다.

(4) 권한 상황설

명령을 주고받음이 제대로 이루어지려면 상황에 따라 명령이 내려져야 한다는 사고방식이다. 예컨대 사람들은 시장(상황)을 연구하지만 마지막 결정은 시장이라는 상황이 요구하는 바에 따라서 행해진다는 것이다. 곧 한 사람이 다른 사람에게 명령을 내릴 것이 아니라 양자가 일치하여 상황으로부터 명령을 받아야 한다는 설이다.

(5) 권한 배분설

경영목적 달성에 필요한 직능 수행의 수단으로서 권한은 체계화된 각 경영 직능을 담당하는 각 지위에 배분되어야 한다는 사고방식이다. 즉, 직무체계로서 편성되어 있는 조직은 직무가 조직에 배분되어 있는 것이므로 그 직무의 권한도 배분되어야 한다는 설이다.

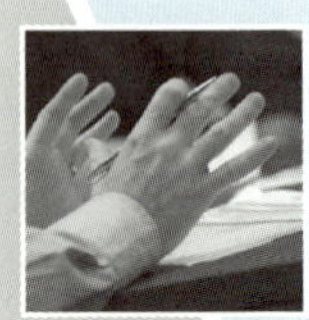

제 5 절

집권 조직과 분권 조직

1. 집권 조직

경영의 규모가 커지면 조직구성에 있어서 필연적으로 권한의 집중화가 나타나고, 그 결과 톱 매니지먼트의 형태가 독재적·관료적 관리로 되는 경향이 있다. 따라서 조직의 규모가 커지면 집권 조직에서는 많은 문제점이 발생하게 된다. 집권 조직의 관리 특징과 문제점을 살펴보면 [표 4-2]와 같다.

표 4-2 집권적 관리의 특징과 문제점

구분		내용
특 징		• 경영의 규모가 커지면 커질수록 권한 증대 • "감독의 폭(span of control)"의 원리에 따라 관리계층 증대
문제점	조직	• 최종적으로 톱 매니지먼트에게 집중 • 명령, 지시 내용이 차질을 빚기 쉬움
	톱	• 독재적인 지배에 빠지기 쉬움 • 여러 관리자의 일이 공통의 목적으로 향하게 하려고 톱 매니지먼트는 절차, 명령, 지시 등 관리적 수단 사용
	관리자 (미들)	• 하위계층이 관리자일수록 매우 한정된 범위에서만 평가를 받음 • 극도로 전문화, 직능화, 획일화되어 복종이 일상화 • 자신이 속한 부문과 직능 이외에는 관심을 갖지 않고, 파벌주의가 생겨남
결과		• 각 관리자의 창의력의 발휘가 억압받게 됨 • 전문적, 직능적으로 높은 수준에 도달해도 전체의 경영 조직은 그에 못 미칠 수 있음 • 기업가 의식, 혁신적 사고가 발휘되지 못함

2. 분권 조직

집권 조직에서는 여러 가지 모순과 단점이 나타나기 때문에 분권 조직의 필요성이 높아지게 된다. 분권 조직의 특징은 경영의 계획 및 결정권한이 분산되어 있다는 것이다.

경영 관리 기능은 Plan → Do → See의 순환과정으로 권한의 위양은 계획·집행·통제의 모든 면에서 발생한다. 그러나 특히 분권화의 경우에 주로 계획과 통제의 측면에 관한 것이다. 또한 계획에 대한 결정과 집행 권한을 가리킨다. 집권 조직에서 계획 권한은 궁극적으로 톱 매니지먼트에게 있고 분산되지 않는다.

분권 조직에서는 [그림 4-10]과 같이 실질적인 계획 권한이 톱 매니지먼트만이 아니고, 하위 관리자에게 큰 폭으로 주어진다. 그리고 조직이 궁극적으로 지향하는 목표는 "창의와 자발성이 풍부한 경영자를 육성하는 것"과 "기업의 경제 활동에 능동적인 성격을 부여하는 것"이다.

분권 조직의 대표적인 사례가 사업부제이다. 대기업을 중심으로 많은 기업에서 사업부제를 도입하고 있다. 사업부제를 채택하고 있는 기업은 규모가 대규모이거

그림 4-10 분권 조직이 지향하는 궁극적 목표

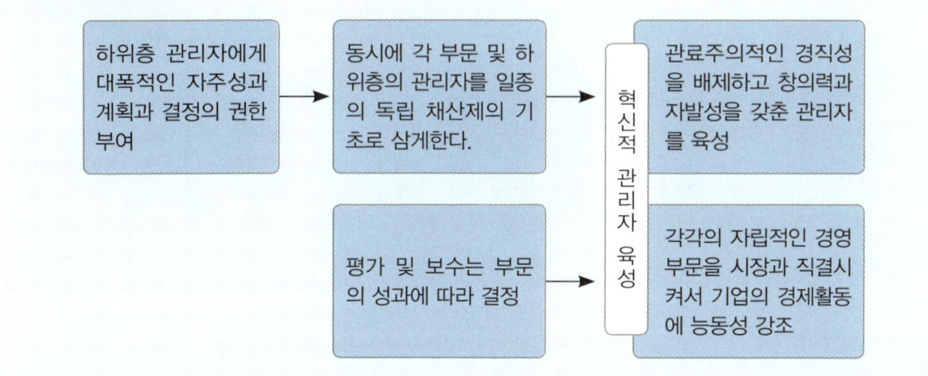

나 다양한 종류의 제품을 취급하거나 또는 제품의 판매 지역이 매우 광범위한 경우에 가능하다.

사업부제는 한 기업의 경영활동을 제품이나 지역에 따라 나누어 몇 개의 사업부를 만들고, 각 사업부가 마치 하나의 독립된 기업처럼 운영되는 조직이다.

이러한 사업부제의 단점으로는 조직은 분권 조직의 하나인데, 경영의사결정 권한을 사업부에 위양하는 것으로 집권적 관리의 폐해를 없애지만 각 사업부가 저마다 경영관리 직능을 갖게 됨으로서 각 사업부마다 경리, 인사, 기획 등의 스태프가 늘어나 결국 본사 관리 스태프와의 중복이 되어 관리비가 증가하게 된다는 점이다. 또한 각 사업부마다 자주성이 너무 강하다 보면 기업 전체의 통일적인 행동을 취하기가 곤란하게 하는 경우가 발생할 수 있다.

그림 4-11 사업부제 조직

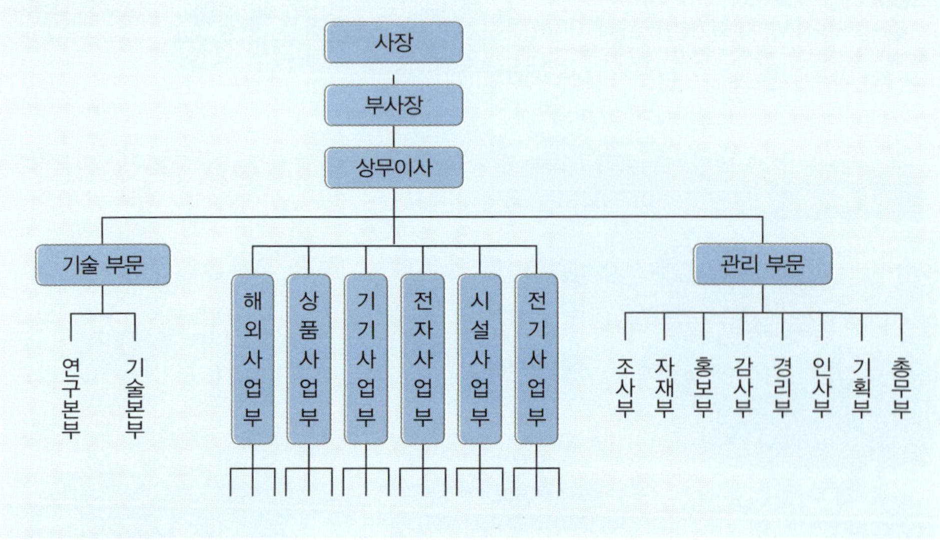

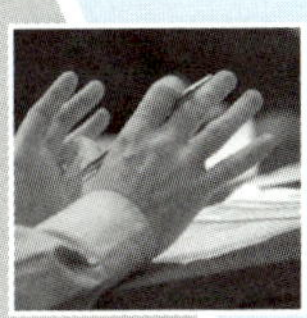

제 6 절

세로에서 가로 계열로 변하는 조직

1. 가로 계열 조직화

기존의 많은 기업들이 조직구조가 주로 세로 계열, 즉 수직적 계층으로 되어 있었다. 기업의 직제가 부-과-계라는 세로축으로 되어 있기 때문이다. 이 방식은 비교적 숙련도가 낮은 여러 작업원이 기계적인 반복 작업을 수행하는 직장에서는 효과가 있다.

그림 4-12 인재활용을 위한 가로 계열 조직화

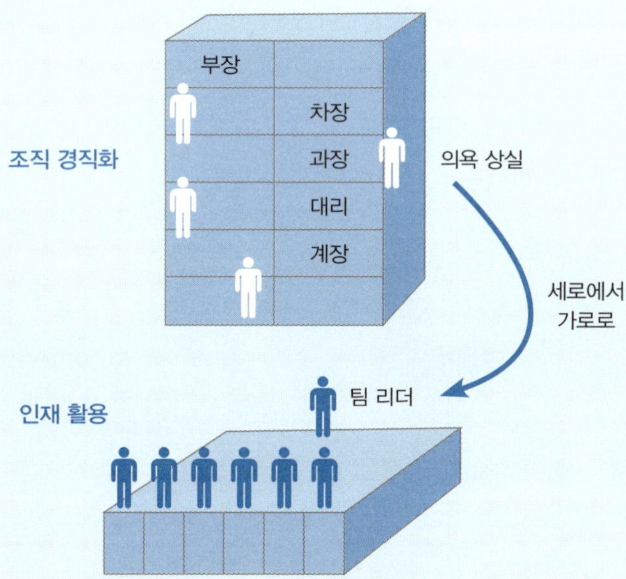

제너럴 스태프 기관이나 연구개발 부문, 기타 관리부문에서 개개인이 전문가로서 업무를 추진하는 기획, 판단업무, 고도의 기술을 요구하는 분야에서는 관리형 관리자는 적합하지 않다.

고정된 부·과·계 제도에서는 전문화되어 분담이 잘 이루어진 일은 능률을 올릴 수 있지만, 몇 개의 조직에 해당되는 즉 규모가 큰 과제, 또는 변화하는 일에서는 능동적이면서 효율적인 대처가 불가능하다.

[그림 4-12]에서 보는 바와 같이 필요한 때 적절한 인재를 활용하기 어렵고, 구성원도 일할 의욕이 상실되어 성과를 기대하기 어렵다.

2. 유동적 조직인 프로젝트 팀

가로 계열 조직구조의 대표적인 예가 프로젝트 팀이다. 프로젝트 팀은 과제에 대하여 조사·연구·탐구·입안을 위해 매우 적은 수의 사람들이 긴밀하게 서로 협조하여 공동 작업을 하는 조직이다.

이 조직은 같은 프로젝트라도 형성 초기와 후기에 조직형태가 바뀔 만큼 목적·시간·환경 등의 변화에 따라 매우 유동적인 것이 특징이다. 유동적 조직인 프로젝트 팀의 조직구조 형태는 [그림 4-13]과 같다.

그림 4-13 프로젝트 팀 조직

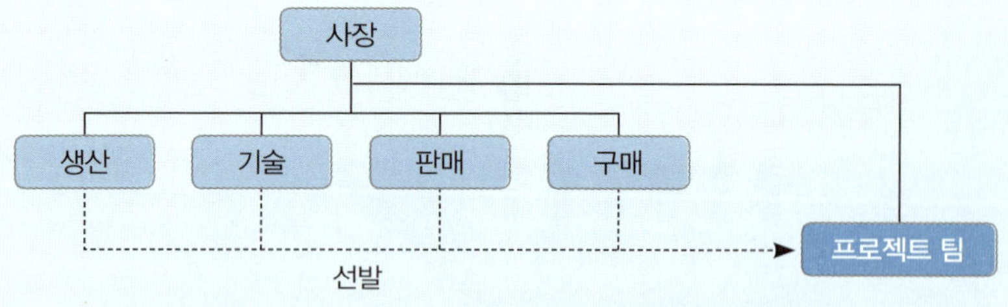

프로젝트 팀의 특징에 대해 살펴보면 [그림 4-14]와 같다.

그림 4-14 프로젝트 팀의 특징

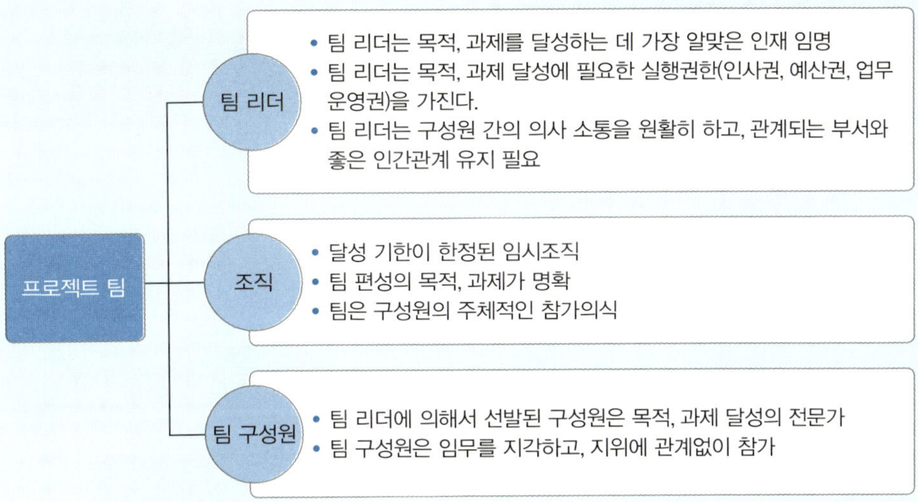

Task Force 란

프로젝트 팀과 같은 말로 쓰이는 태스크 포스는 2차대전 때 미국 육군이 작전 용어로 사용했다. "태스크 포스는 특정한 작전 또는 임무를 수행할 목적으로 한 사람의 지휘관 아래 조직된 임시로 편성된 조직"이다.

3. 매트릭스 조직

매트릭스 조직은 세로 계열 조직의 장점을 살리면서 가로 계열 조직의 장점도 충분히 살린 행렬조직이다.

이 조직은 1963년에 미국 항공 산업체인 TRW시스템 회사에서 채택한 이후 미국을 비롯한 여러 나라에서 정착되고 있는 조직이다. 계층적인 기능식 구조에 수평적인 사업부제 조직을 결합한 부문화의 형태이다. 이 구조는 기능식 구조이면서

그림 4-15 매트릭스 조직 구조의 예

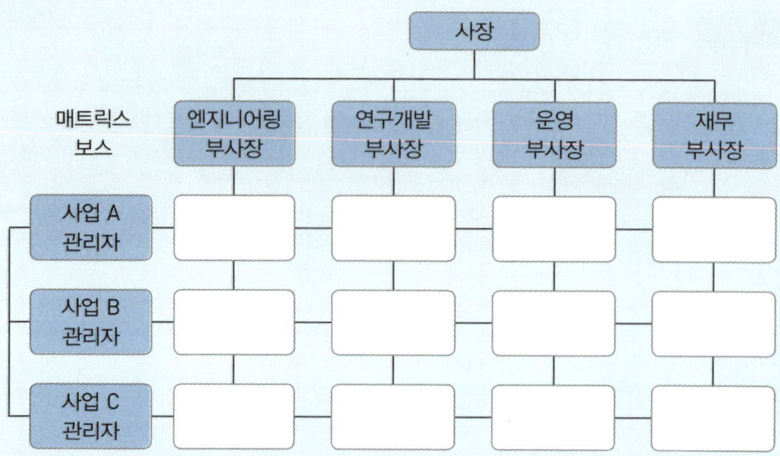

동시에 사업부제적인 구조를 가진 것이다.

매트릭스 조직에서는 2가지 형태의 명령계통을 가지게 되는데 기능식 구조에 비롯되는 수직적인 것과 사업부제 구조에서 비롯된 수평적 구조이다.

[그림 4-15]에서처럼 생산운영, 마케팅, 인적자원관리를 담당하는 기능별 부사장이 있으면서 동시에 각각의 사업 A, B, C를 담당하는 사업부별 담당 부사장이 있다. 이러한 기능별 부서의 장과 사업부의 장을 매트릭스 보스(matrix boss)라고 부른다.

매트릭스 조직은 기능식이나 사업부제 혹은 혼합형 조직보다도 한층 복잡한 조직이다. 따라서 이러한 형태의 조직구조는 특정한 조건이 갖추어졌을 때 고려의 대상이 될 수 있다.

(1) 매트릭스 조직에서 고려해야 할 조건

1) 환경으로부터의 요구

오늘날 기업은 치열한 글로벌 경쟁과 다양한 소비자의 욕구 그리고 각종 규제 등으로 인하여 조직이 다양하고 혁신적인 제품을 생산하지 않을 수 없으며 기술적으로도 고품질의 제품 생산이 요구되고 있다.

이와 같은 요구들을 동시에 충족시키기 위해서는 조직은 제품과 품질에 상당한 주의를 기울여야 하기 때문에 권력구조도 이중적인 구조를 편성하지 않을 수 없는 것이다.

2) 정보처리의 필요성

불확실하고 복잡한 환경이 될수록 조직이 처리하여야 할 정보는 보다 광범위하고 빠르게 변한다. 이럴 경우에는 제품과 기술적인 전문성을 분리하여 정보를 처리하게 하는 것이 보다 효과적인 방법이 된다. 즉 분리를 통하여 정보처리의 신속성을 더할 수 있다.

3) 자원의 능률적 사용

조직이 각 제품마다 인력과 장비를 제각기 배정할 수 없는 경우 이중적인 구조를 편성하여 여러 제품라인에 걸쳐 인력과 자원을 교대로 배치할 수 있다.

이와 같은 매트릭스 조직은 최초로 미국의 우주항공국에 의하여 최초로 고안되었다. 오늘날에는 대규모 조직에서 흔히 발견할 수 있는 구조로 보편화되었다. 그러나 이러한 구조는 모든 조직을 위한 보편적인 제도가 아니다. 왜냐하면 특정한 조건이 갖추어진 경우에만 사용할 수 있는 복잡한 구조이기 때문이다.

(2) 매트릭스 조직의 특징

매트릭스 조직은 직능식 조직과 자율적인 프로젝트 조직이 결합된 것이다. 이러한 점에서 매트릭스 조직의 특징은 다음과 같다.

1) 두 조직구조의 결합

매트릭스 조직은 전통적인 계층구조와 프로젝트 조직구조에 의한 관계를 결합하여 서로 보완해 주고 있다. 보완관계라는 것은 고차원적인 통제 메커니즘을 말하는 것이 아니라 조직구성원의 적응력과 자기규제를 증대하기 위한 전략에서 출발한다. 즉, 개인에게 하나의 공통과업이 주어졌을 경우, 각자는 과업에 대해 자신의 견해를 가지고 다른 사람의 견해도 고려하는 것이 보완관계이다.

2) 2명의 상관

매트릭스 조직이 과거의 전통적 조직과 다른 점은 전통적인 '명령일원화의 원칙'을 위배하고 있다는 사실이다. 매트릭스 조직 자체가 각 구성원의 직능구조와 매트릭스 구조에 동시에 속하도록 되어 있기 때문에 필연적으로 2명의 상관을 가지게 된다.

따라서 조직구성원들이 서로 상반되는 명령에서 발생하는 명령의 혼란 내지 일관성의 결여를 배제하기 위해서 매트릭스 관리자와 직능 관리자는 상호 협력하여 일관된 명령을 내려야 한다. 이를 위해서는 최고경영층에서 각 경영자의 책임·권한관계를 명확히 할 필요성이 있다.

이러한 2명의 상관시스템이 제대로 기능을 발휘하기 위해서는 상호신뢰의 분위기를 조성하는 것이 매우 중요하다. 이러한 노력은 최고경영층으로부터 시작되어야 한다. 또한 조직구성원들이 목표에 대한 명확한 인식과 성취동기를 갖게 해야 한다.

(3) 매트릭스 조직설계상의 유의점

효율적인 매트릭스 조직을 구축·운영하기 위해서는 다음과 같은 매트릭스 조직의 문제점을 고려하여 전략을 구사해야 한다.

1) 권한영역의 설정

매트릭스 조직구축의 유의점으로서 다원성의 실현과 관련된 다양한 권한 설정을 들 수 있다. 만일 조직의 각 구조적 차원에 알맞은 권한을 설정해 주지 않으면 매트릭스 조직은 다원성과 유연성을 실현할 수 없다. 오히려 조직이 경직되거나 무질서하게 된다. 적합한 권한설정에 있어서 다음의 2가지 사항을 유의해야 한다.

① 관리직능 권한과 전문 직능 권한을 구분해야 한다.

② 계획권한과 실행권한을 분리해야 한다.

즉, 권한을 수직적·수평적으로 구분하여 직책에 맞도록 설정해야 한다. 수평적으로는 부하를 지휘·통솔하는 관리직능 계통과 기능별로 전문적 능력을 발휘하는 전문직능 계통을 구분하여 각각 이에 적합한 권한을 주어야 한다.

수직적으로는 경영목표를 설정하는 계획직능 계통과 계획된 것을 실행에 옮기는 실행직능 계통을 구분하여 각각 이에 적합한 권한을 설정하여야 한다.

2) 관리비 증가의 최소화

매트릭스 조직은 다차원적인 연결이 필요하므로 다양한 조직운영 프로그램이 늘어나게 되며 이는 곧 관리비의 증대로 나타난다. 그러므로 관리비의 증가에 유의하여 이를 최소화할 수 있는 효율적인 매트릭스 조직을 형성·운용해야 한다.

3) 적정수준의 측면지원 관리시스템

매트릭스 조직은 가능한 계층을 감소시키고 연결기능을 확대시킴으로 인해 감독의 폭이 다른 조직보다 넓어지게 된다. 따라서 넓은 감독 폭을 지원하기 위해서 그때마다 측면지원의 관리시스템이 증가하게 된다. 이때 관리 시스템의 과다한 증가는 조직의 유효성을 저해하게 되므로 이의 증가를 적정화시킬 필요가 있다.

4) 구성원의 성취동기 유발

매트릭스 조직은 구성원의 강한 성취동기 유발이 필요하다. 구성원들이 보수나 승진보다는 문제해결 자체에 관심을 갖도록 적극적인 성취동기를 자극하고 책임감 함양에 유의해야 한다.

5) 민주적 참가 메커니즘의 확립

매트릭스 조직은 구성원들이 적극적으로 참여하고 결정할 수 있는 민주적 참가와 관리풍토를 실현시킬 수 있는 관리 메커니즘을 확립해 나가야 한다.

6) 인적자원의 중요성 인식

매트릭스 조직은 인적자원의 중요성을 인식해야 한다. 그리고 인적자원에 대한 철저한 관리와 유능한 인재육성을 위해 적극적인 대책이 필요하다.

7) 갈등 해결방안의 확립

매트릭스 조직은 상이한 독자적 조직직능의 차원에서 협력과 문제해결을 시도하므로 각 직능간의 상호이해의 상충 내지 대립으로 인해 발생하는 갈등을 해소하기가 어렵다. 그러므로 매트릭스 조직이 효율적으로 구축·운영되기 위해서는 이러한 이해갈등의 해소방안을 확립해야 한다.

(4) 매트릭스 조직의 장·단점

1) 매트릭스 조직의 장점

매트릭스 조직 설계하에서는 의사결정의 권한이 사업부나 기능부서의 관리자에게 위양된다. 따라서 최고경영층은 보다 장기적인 과제에 집중할 수 있게 된다. 더욱이 기능식 설계에서나 가능했던 제품이나 브랜드 간의 수평적 조정이 가능하며 성공 가능성도 높다.

이러한 매트릭스 조직은 프로젝트나 기능부서에 영향을 미치는 환경의 변화에 대한 인지력을 높이며, 환경의 변화에 대한 반응을 신속하게 이루어지도록 한다. 나아가서 기능 인력을 최대로 활용할 수 있어 필요한 프로젝트에 새로운 인력의 보강과 충원 그리고 재배치가 용이해진다. 또한 프로젝트 수행에 필요한 제 장비와 소프트웨어를 비롯한 자산들을 필요에 따라 배정할 수 있어 자원의 경제적 이용이 가능하다.

2) 매트릭스 조직의 단점

매트릭스 조직은 기능식 설계에 프로젝트 관리자계층과 그에 수반되는 스태프를 충원함에 따라 관리비용이 증가한다. 더욱이 2명의 관리자로부터 지휘를 받는 매트릭스 설계하의 종업원은 누가 의사결정에 대하여 권한과 책임이 있는지를 결정하는 데 어려움을 겪게 된다.

의사소통이 빈번히 발생하거나 이중적 권한구조가 기능부서의 관리자와 매트릭스 프로젝트 관리자 사이에서 갈등을 증폭시킬 수도 있다. 이런 경우 종종 고객과 프로젝트보다는 내부의 관계 관리에 중점을 두는 잘못을 하기도 한다.

매트릭스 조직은 집단 내에서 이루어지는 사소한 의견이라도 집단적 의사결정을 강조함으로써 오히려 생산성을 감소시킬 수 있다. 구성원들 간의 대인관계 능력이 부족하거나 상위의 경영층이 통제력을 장악하고자 한다면 원래의 장점이었던 신속한 대응은 불가능하게 되고 변화에 대한 대응은 극도로 지연되거나 오히려 후퇴하게 된다. 이러한 매트릭스 구조의 장·단점을 비교하면 〈표 4-3〉과 같다.

표 4-3 매트릭스 구조의 장·단점

장점	단점
분권화된 의사결정	높은 관리비용
제품과 프로젝트의 조정 용이	권한과 책임에 대한 혼선가능성
환경변화 파악 용이	대인적 갈등존재 가능성
변화에 대한 신속한 대응	내적관계에 대한 과도한 강조
인적자원의 유연한 사용	집단의사결정에 대한 과도한 가능성
지원시스템의 효율적 활용	변화에 대한 늦장 대응 가능성

자료 : Kathryn M. Bartol and David C. Martin, *Management*, 2nd ed., McGraw-Hill, 1994, p.322.

사례

조직의 성공은 목적이 분명해야 가능

스웨덴의 어느 시골에 장사 수완이 매우 탁월했던 캄프라드라는 젊은 청년이 있었다. 만년필, 시계, 액자, 보석 등을 통신 판매하던 청년은 어느 날 가구도 상품 품목 목록에 추가하게 되었다. 2차 세계대전 이후라 가구에 대한 수요가 가히 폭발적이었다.

1951년 당시 25살이던 그는 모든 아이템을 접고 가구에만 집중하게 되었다. 그러다 다른 통신판매 기업들과 가격경쟁이 치열해지면서 제품의 질도 함께 떨어지는 악순환이 반복되었다. 그래서 자신의 고객들이 제품을 직접 체험하고 살 수 있도록 전시장을 만들었고, 2층에 커피와 빵을 무료로 제공했다. 바로 이 회사가 지금의 이케아다.

이케아의 캄프라드는 서민들을 대상으로 예쁜 가구들을 제공하겠다는 뚜렷한 목적이 있었다. 이케아의 스웨덴 내 다른 가구업체들의 견제로 인해 결국 폴란드에 가구공장을 설립하였다.

세상에서 가장 저렴하지만 예쁜 가구를 만들겠다는 목적은 세계에서 원자재 등을 값싸게 구입할 수 있는 역량을 키우게 되는 원동력이 되었다. 침대 머리판은 문공장에서 사들이고, 철재 소파와 탁자는 쇼핑카트 제조업자에게서 사왔다. 이처럼 이케아가 오늘날 글로벌 기업으로 성장하게 된 주된 이유는 바로 조직의 명확한 목적이 있었기 때문에 가능하게 된 것이다.

Chapter 05

직위 · 책임 · 권한과 위임

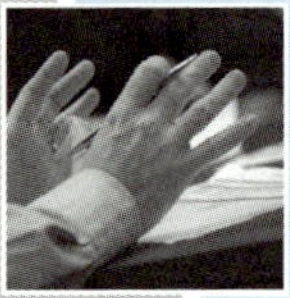

제 1 절

직위 · 책임 · 권한 · 의무의 제 관계

조직은 직무를 매개로 한 인간 행동의 체계이다. 따라서 직무라는 용어에 관계되는 주요 개념과 내용의 이해를 통해서 조직운영에 관한 기초 지식을 습득하는 것이 중요하다.

조직에서 개인은 업무상의 위치인 직위를 통해서 조직에 공헌을 하며, 직무수행을 통한 공헌과정에서 일정한 직능과 그의 수행에 필요한 권한을 행사하게 되며 그 결과로 책임을 지게 된다. 따라서 직위, 책임, 권한, 의무의 제 관계에 대한 이해는 매우 중요하다.

1. 직위

직위(position)는 기업의 목적을 달성하기 위해서 각 구성원을 조직과 관련시킬 때 생기는 개념이다. 이 경우 직위에 따라 각 개인에게 수행할 일정한 직무가 할당되고 그 직무를 수행하는 데 필요한 권한과 책임이 부여된 조직상의 위치(직무상의 위치)이기 때문에 신분적 지위 또는 사회적 지위와는 구분되어야 한다.

일(work)은 개개인에 의해서 수행되지만 직무(job)는 일이 사람과 결부될 때 비로소 생기는 개념이다. 직무는 각 개인이 담당하고 있는 일의 총체이다. 조직은 이러한 직무의 체계이다. 그리고 직위는 직무가 이러한 직무체계 중에서 차지하는 위치이다.

권한은 일정한 직무를 스스로 수행하고 또 타인에게 수행시키기 위해서 필요한 권리이기 때문에 권한은 직능 혹은 직무에서 그 행사의 근거를 찾을 수 있다. 따라서 직위를 단순히 권한상의 지위로 볼 것이 아니라 직무상의 지위로 보아야 한다.

직위는 각 개인이 조직에 기여하려고 할 때 접하게 되는 기업의 한 기관이며 책임수행과 권한행사의 기반이 된다.

2. 책임

책임(responsibility)이란 직위에 부과된 일로써 직무를 뜻함과 동시에 이를 수행할 의무를 포함한다. 책임은 어떤 특정 개인에게 할당된 경영활동의 역할로서 직무를 수행할 의무라고 할 수 있다.

조직의 구성원은 기업의 목적과 규율에 따라 충실하게 일해야 할 의무가 있으나, 개인은 이러한 일반적인 책임과 동시에 자기의 특정 직무를 수행할 의무를 지니고 있다. 이것이 직무상의 의무이다.

경영자는 경영자로서 사회에 대하여 기여해야 하는 의무가 있다. 이러한 업무는 경영자의 사회적 책임인 것이다. 그리고 특정한 직무를 수행할 의무를 주주와 사회에 대해 지고 있다. 이것이 경영자의 직무상의 의무, 즉 직책이다.

책임에는 직무 수행의 결과에 대한 책임을 타인에게 강력하게 묻는 의미가 있는

데, 이것을 "Accountability"라고 한다.

인간 활동의 기초는 의사결정에 있고 경영에 있어 권한의 중심도 의사결정권에 있다. 의사결정의 권한이 하위에 위양되면 당해 직위의 담당자는 자기의 판단에 의하여 결정을 하고 행동을 할 수 있다.

따라서 직무수행의 결과에 대한 책임을 진다. 즉 행위의 결과에 생기는 상벌의 귀속을 책임수행의 당사자가 직접 부담해야 한다는 것을 의미한다. 이것은 조직상의 책임이 상향적으로 흐른다는 것을 나타낸다.

책임은 구성원 개개인의 직무마다 개별적으로 존재한다. 따라서 책임은 오로지 개인에게 내재한다는 말처럼 기본적으로 개인성을 갖는다.

책임은 일시적인 것이 아니며, 불변적이고 영속적이다. 즉 맡은 바 역할은 경영목적에 따라 변화할지라도 책임은 기업과 함께 영구적으로 존재한다.

3. 권한

(1) 권한의 개념

권한(authority)이란 조직을 결속시켜 주는 아교와 같은 역할을 하는 것으로서 '어떤 일을 하게 하는 권리'와 같은 것이다. 즉 조직의 관점에서 볼 때 권한이란 '관리자가 부하들로 하여금 조직의 목적 달성을 위해 어떤 일을 하도록 요구할 수 있는 것'을 말한다.

그러므로 권한의 본질은 의사결정을 통해서 명령을 내리는 것이다. 조직 관리자의 권한을 구체적으로 살펴보면 다음과 같다.

① 자신에게 주어진 권한의 범위 내에서 의사결정을 할 수 있다.

② 의사결정을 바탕으로 부하들에게 과업을 할당한다.

③ 그 과업에 대해 만족할 만한 성과를 기대하는 권리를 포함하고 있다.

그런데 관리자가 이 같은 권리를 실행할 수 있는 수단을 갖고 있지 못할 때가 있다. 관리자가 권한을 행사할 수 있는가의 여부는 권력(power)에 달려 있다.

(2) 권한의 속성

권한에 대한 개개인의 생각은 주관적 판단에 따라 달라진다. 따라서 개개인이 얼마나 많은 권한을 가져야 하는가에 대한 문제는 도덕이나 윤리에 의해서 많은 영향을 받는다. 일반적으로 권한의 속성은 다음과 같다.

1) 복종을 요구할 수 있는 능력

권한은 그것이 행사되는 대상인 상대방의 복종을 요구할 수 있는 능력이다. 이 점에서 권한이 능력과 동일한 속성을 가지고 있다. 그러므로 권한은 보상이나 벌과 같은 수단에 의해서 뒷받침되어야 한다.

2) 합법성이 부여된 권력

권한은 합법성이 부여된 권력으로 조직이 지배적인 규정에 의해 합법성을 인정받았을 뿐만 아니라 그것이 행사자나 그 상대방이 다 같이 합법적으로 받아들이는 권력이다.

3) 공식적인 역할에 부여

권한은 공식적인 역할에 의해 주어진다. 그러므로 조직의 규범은 하나의 역할 담당자가 다른 역할 담당자에 대하여 일정한 권한을 가진다는 것을 규정하며, 이의 관계자들은 그러한 관계를 정당한 것으로 받아들인다. 따라서 권한의 행사에 대한 복종은 일반적으로 역할기대에 포함된다.

4) 역할 담당자 간의 관계를 설정하는 요소

권한은 역할 담당자 간의 관계를 설정하는 요소이다. 권한의 존재는 상대방에 대한 행사를 전제로 하는 것이다. 따라서 권한은 그것을 행사하는 사람과 그 상대방의 관계를 설정하는 데 의미가 있다.

권한의 행사는 대상이 있는 것이므로 상대방의 특성이나 그가 처한 상황은 권한의 효율성에 영향을 미친다. 따라서 권한의 행사가 언제나 완벽한 복종을 가져온다는 보장은 없다.

(3) 권한의 원천

권한은 본질적으로 강제력을 동반하여 복종을 요구하는 힘이다. 따라서 일반적으로 상위자와 하위자의 관계를 권한의 관계라고 할 수 있다.

이처럼 작업자에게 이르기까지 권한을 위임한 경영관리 권한의 원천은 무엇인가라는 문제가 대두된다. 권한의 원천에 대한 대표적인 견해 3가지에 대해 살펴보고자 한다.

1) 권한 위양설

권한 위양설은 권한 법정설이라고 한다. 이는 권한이 위에서 아래로 위양된다는 견해이다. 이 견해에 따르면 기업은 주주총회에서 이사회가 권한을 위양 받아 대표이사에게 권한을 위양하고 대표이사는 부장 또는 공장장에게 권한을 위양한다는 권한 위양의 연속에 따라 각 직위의 권한이 부여되는 것이다.

권한을 위양한 자는 위양한 일에 대하여 피위양자를 감독할 책임이 있고, 피위양자는 위양된 일을 위양자가 위양한 대로 수행하여야 할 의무가 있다.

그러나 권한을 이와 같이 위에서부터 주어진 권력으로 이해하더라도 그 권한이 실질적으로 효과를 발휘하지 못하면 의미가 없다. 그래서 나온 것이 권한 수용설이다.

2) 권한 수용설

권한 수용설이란 권한은 위양되는 것만으로는 불충분하며, 부하가 그것을 수용하여야만 비로소 권한이 발생된다는 견해이다.

지시적인 명령으로서의 권한이 아니라 상하간의 상호작용에 의한 권한만이 권한으로서의 역할을 할 수 있다는 것이다.

바나드(C. I. Barnard)는 "권한이란 조직의 공헌자, 즉 구성원들이 그들의 공헌행위를 지배하는 것으로서 수용되는 공식조직에 있어서의 전달명령의 성격을 갖는 것이다. 이것은 결국 어떤 명령이 권위를 갖는지의 여부는 수령자 측에 있으며, 발령자 측에 있는 것은 아니다"라고 했다. 이것은 권한수용설의 전형적인 견해이다.

따라서 부하의 동의를 확보하기 위해서는 수용자가 대표적인 4가지 조건을 동시에 만족시켜야 한다.

① 전달을 이해할 수 있어야 한다.
② 결정에 있어서 전달이 조직목적과 모순하지 않는다고 믿어야 한다.
③ 결정에 있어서 전달자가 자기의 개인적 이해관계와 양립할 수 있다고 믿어야 한다.
④ 정신적으로나 육체적으로나 전달에 복종할 수 있어야 한다.

3) 권한 직능설

이는 '직능이 있는 곳에는 권한이 있다'는 견해이다. 즉 직능에는 당연히 권한이 부여되고 경영계획에 의해 직능이 배분되면 그에 따라서 권한도 동시에 배분된다는 것이다. 그러므로 이는 직능(일)을 중심으로 권한이 존재한다는 견해이다.

기업에 있어서 개인은 각각 분담된 직능이 있고, 권한은 조직 내에서 이 직능을 공식적으로 수행할 수 있는 권리에서 생기는 힘에 불과하다는 것이다. 따라서 권한은 직무에 의해서 규정되고 권한의 기초는 직무가 되어야 한다는 것이다.

4. 의무

의무(accountability)란 '어떤 일을 해야 하는 책무'이다. 조직적 관점에서 의무란 '조직 내에서의 과업, 기능, 할당된 업무 등을 수행해야 할 임무'를 말한다. 의무는 권한 및 권력과 밀접한 관계를 갖고 있다.

조직 내의 모든 구성원들은 각자 수행해야 할 직무 및 기능이 있어서 모든 사람들은 의무를 가지고 있다고 할 수 있다. 상사의 의무는 부하에게 위양되어질 수 없다. 따라서 상사가 하위자에게 권한을 위양한다고 해서 조금도 의무는 줄어들지 않는다. 왜냐하면 상사는 할당된 과업이 달성되고 있는지를 점검해야 할 의무뿐만 아니라 부하에 대한 감독의무도 동시에 가지기 때문이다.

의무는 적절한 권한과 함께 과업의 할당을 받아들이는 사람에게서 발생한다. 권한과 과업을 위양하는 행위 그 자체는 의무를 발생시키지 않는다. 의무는 과업의 할당을 받아들이는 사람에게서 비롯되며 만약 개인이 과업 수행조건에 찬성하지 않는다면 과업에 대한 의무를 지려고 하지 않을 것이며 그 결과 과업은 거부되어

그림 5-1 직위 · 직무 · 책임 · 권한 · 의무 제 관계

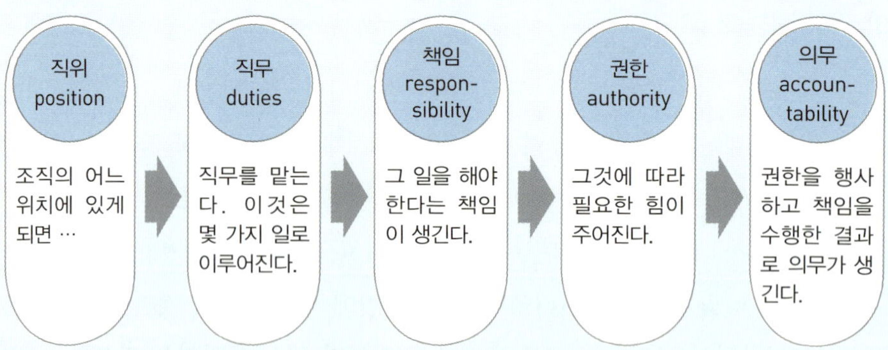

지는 것이다.

의무발생의 원천은 과업을 달성하겠다는 개인의 내적인 사명의식이 협력적으로 과업수행을 할 수 있을 정도로 충분한지 어떤지를 알 수 없기 때문에 권한의 흐름처럼 겉으로 표시될 수가 없다.

따라서 개인의 내적 사명의식이 협력적으로 과업수행을 할 수 있을 정도로 충분한지 어떤지를 알 수 없기 때문에 조직 내에는 의무라는 상향적 흐름이 나타나게 된다.

직위, 책임, 권한, 의무 제 관계에 대해 [그림 5-1]과 같이 나타낼 수 있다.

5. 책임 · 권한 · 의무는 "3면 등가"

책임 · 권한 · 의무에 대해 살펴본 바와 같이 이들의 관계는 서로 대등한 것이어야 한다. 즉, 책임이 중요하면 거기에 맞는 권한이 주어져야 하고, 그에 따라서 비로소 의무도 추궁할 수 있다는 견해이다. 이것을 [그림 5-2]와 같이 책임, 권한, 의무의 "3면 등가의 원칙"이라고 한다.

그림 5-2 책임 · 권한 · 의무의 관계

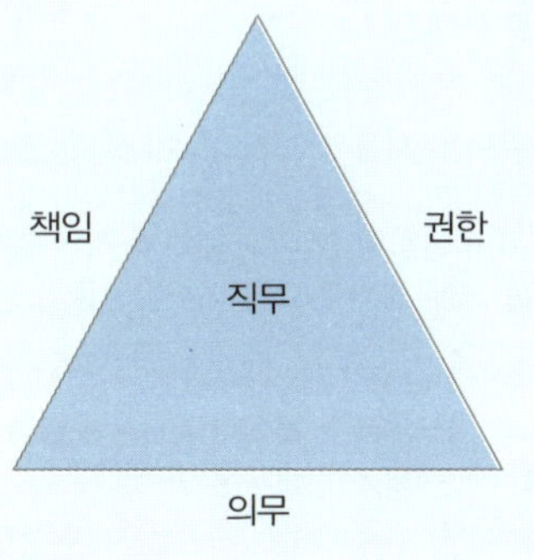

즉, 정삼각형의 내부를 어느 특정 직위에 주어지는 직무라고 한다면 같은 3면은 각각 책임, 권한, 의무가 동등하게 부가되어야 하며 이를 등가라고 하는 것이다.

6. 책임 · 권한을 바라보는 새로운 견해

여기서 책임, 권한에 대해서 구체적으로 살펴볼 필요가 있다. 경영, 관리의 새로운 움직임의 하나로서 피트 드러커는「목표에 의한 관리(MBO)」를 주장하고 있다.「목표에 의한 관리」에서 목표 체계가 무너지는 것은 조직에서 각 지위에 기대하는 책임을 직무 내용에서 찾기 때문이다. 곧 책임은 직무를 늘어놓는 것이고, 무엇을 할 것인지는 분명하면서도 어느 정도까지 할지, 어디에 중점을 두어야 할지가 명확하게 되어 있지 않기 때문이다. 그 결과로 최근에는 목표를 중시하고 있으며 그것을 달성하려고 각 기업의 목표에 맞추어 직위에 "무엇을 얼마만큼 해 달라"는 형태로 책임을 분명히 해가는 것이다. 이 경우에 책임, 권한, 의무에 대해서 아래와 같은 견해를 가지게 된다.

그림 5-3 목표에 의한 관리와 직책 · 권한 · 의무

직책: 특정한 사람에게 맡겨진 일정 기간에 기대되는 목표로 이 목표는 구체적이고 정량적이고 목표마다 비중을 정하는 것이 중요하다.
이것으로 기대되는 것이 무엇이며, 어느 정도인지가 분명해져서 직책은 구체적인 형태로 이해된다.

권한: 권한은 자유재량의 여지를 가리킨다. 기대되고 있는 목표를 달성하려면 때로는 위험도 무릅써야 하는데, 권한이 보장되어 있지 않으면 필요한 의사결정이 자유롭게 이루어지지 않는다. 따라서 작은 잘못은 인정해 줌으로써 자유재량의 여지를 크게 해서 필요한 의사결정을 보장하려는 것이다.

의무: 의무는 기대되고 있는 목표를 달성하려는 의무감을 가리킨다. 이것은 목표 수행에 대한 결과에 따른 책임감으로 이어진다.

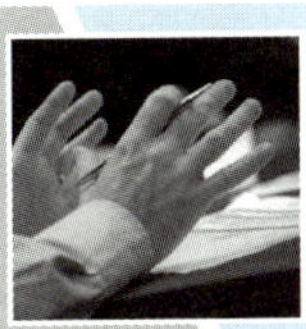

제 2 절

효과적인 경영관리 방법

1. 책임과 권한의 위임

(1) 위임과 일의 배정의 차이

앞 절에서는 책임·권한·의무에 대해 살펴보았는데 이들과 밀접한 관계를 갖는 것이 책임·권한의 위임의 문제이다.

권한 위임 시 자신에게 주어진 직무 중에서 가장 잘할 수 있는 부분은 맡아서 하고 나머지 부분을 부하에게 넘기는 것이다.

따라서 조직은 조직을 구성하는 기본적인 요소인 위임의 과정을 통해 이루어지게 된다. 그러나 실제 조직에서는 상사가 자기의 부담 능력을 넘는 부분을 부하에

그림 5-4 위임의 과정

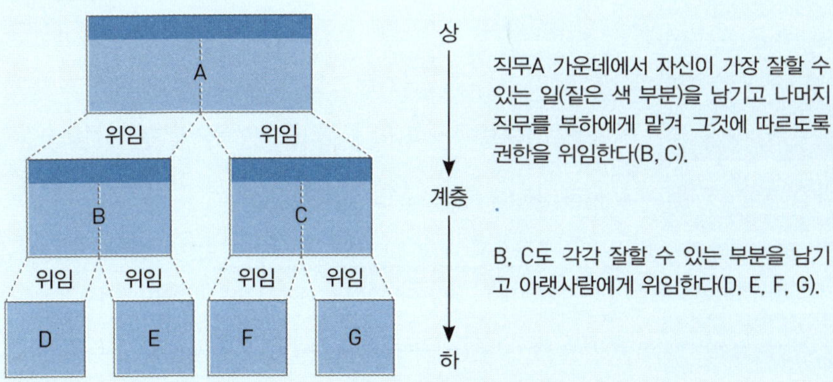

게 위임해 가는 과정을 거쳐 조직이 이루어지는 것이 아니라, 이미 직위마다 맡아 수행해야 할 직무가 배정되어 있다고 보아야 한다.

일의 배정과 위임은 전자가 보통 상사가 그 일을 해야 되는 경우에 직무를 맡기는 것이라면 후자는 상사 자신의 직무의 일부를 부하에게 맡기는 것이다. 즉, 위임은 상사 자신의 직무 중 일부를 부하에게 넘기고, 그 넘긴 직무를 부하가 수행할 수 있도록 권한을 주는 것이다.

부하는 평소에 해야 할 직무가 이미 분배되어 있는데 거기에 덧붙여 상사의 직무(책임)의 일부가 넘겨질 때에 위임되었다고 할 수 있다.

(2) 위임 : 관리의 효과적 수단

조직에서 직무를 얼마나 잘 위임하는지의 여부는 얼마나 잘 관리할 수 있는지에 따라서 결정된다. 위임은 조직 관리에서 매우 중요한 것 가운데 하나이다. 왜냐하면 위임은 관리의 효과적인 방법이며 중요한 조직 원리이기 때문이다. 위임의 이점은 [그림 5-5]와 같다.

그림 5-5 위임의 이점

중요사항에 전념	부하에게 직무를 위임함으로써 일상적인 일에 벗어나 중요사항에 전념할 수 있다.
인재양성	권한을 위임받은 부하는 업무수행을 통해 문제해결 능력이 향상된다.
부하의 능력 발견	부하에게 위임함으로써 상사가 몰랐던 부하의 잠재 능력올 발견할 수 있다.
업무의 성과 증대	부하에게 업무를 위임함으로써 성과가 증대된다.
신속한 업무처리	부하에게 위임함으로써 업무가 신속하게 처리된다.
사기향상	위임받은 부하는 더욱 고도의 일을 처리함으로써 만족감을 얻는다.

2. 위임을 가로막는 심리적인 요인

위임을 적절하게 하게 되면 여러 가지 이점이 있다. 따라서 조직관리 수단으로서는 매우 효과적이다. 그러나 실제로는 위임이 잘 이루어지지 않고 있다. 그리고 위임의 효과를 충분히 발휘하고 있는 경우도 드물다. 이것은 효과적인 위임 방법을 모르기 때문이다.

위임을 잘하려면 먼저 위임을 가로막는 것이 무엇인지를 알아야 한다. 위임이 훌륭한 관리 수단임에도 불구하고 본래의 효과를 발휘하지 못하는 데에는 여러 가지 이유가 있다. 그중에서 심리적인 측면이 가장 많다.

알렌(L. A. Allen)은 위임은 상사가 하고자 하는 의욕의 문제로서, 신뢰의 결여와 불안감이 위임을 가로막는 근본적인 이유라고 보았다. 결국 위임은 맡긴다는 것으로 곧 신뢰의 과정인 것이다. 위임은 이처럼 심리적인 원인에 의해서 방해받고 있는데, 일반적으로 위임하는 쪽이나 위임을 받는 쪽이나 모두 똑같이 심리적인 장애가 있다.

위임이 매우 효과적인 관리 수단임에도 불구하고 그것이 적극적으로 이루어지지 않고 있는데, 위임이 잘 이루어지려면 톱을 비롯하여 모두가 위임을 하려는 의

그림 5-6 위임을 가로막는 이유

위임하는 측의 심리적인 요인	위임받는 측의 심리적인 요인
• 자신이 가장 잘할 수 있다는 생각 • 부하에게 맡기는 것을 불안하게 생각 • 이것 저것 간섭하고 싶어함 • 자기 방법 고집 • 자신의 지위를 위협하는 것으로 여겨 겁을 먹게 됨 • 적절한 위임 방법을 모름	• 주체적인 행동을 피하고, 상사의 지시에 따르려고 하며, 스스로 노력하기를 싫어함 • 자신감이 없음 • 실패에 따르는 비판을 두려워함

욕이 있어야 한다. 또한 그러한 분위기가 조직 안에 만들어져야만 가능하다.

위임을 가로막는 이유를 살펴보면 [그림 5-6]과 같다.

3. 효과적인 위임방법

위임이 적극적이고 효과적으로 이루어지려면 우선 위임을 가로막고 있는 원인을 알아야 한다. 그리고 조직 내에서 위임이 자연스럽게 이루어지려면 위임을 하기 쉬운 분위기를 형성하는 것이 중요하다.

효과적인 위임이 이루어지기 위해서는 [그림 5-7]과 같이 4가지 순서에 따라 하나하나 검토해 나가는 것이 효과적인 위임방법이 될 것이다.

먼저 위임해야 할 일을 결정하고 위임해야 할 일이 결정되었다면 그 일에 가장 적합한 적임자를 선정해야 한다. 그리고 그 일을 담당할 담당자에게 위임과 관련된 제반 사항을 설명해주고 철저히 준비하도록 해야 한다. 그리고 위임한 상사는 위임한 일에 대해 어떻게 관리하고 감독할 것인지를 사전에 계획을 수립해두는 것이 필요하다.

위임 과정에서 중요한 점은 적극적으로 위임을 하고, 위임을 받으려고 하는 자세가 중요하다.

그림 5-7 효과적인 위임과정

위임해야 할 일 결정

먼저 어떤 일을 위임하는 것이 좋을지를 결정해야 한다. 일반적으로는 사소하고 일상적인 것을 위임하는 것이 좋다. 또 계획·실시·통제와 같은 관점을 분석해 보면 실시는 위임하는 것이 좋으며 경우에 따라서는 통제(전반적인 통제를 뺀)의 일부를 위임하는 것도 권장되지만, 계획은 대부분의 경우 위임을 하지 않는다. 그러나 이러한 견해는 위임의 취지, 기대하는 일의 성과에서 보아 절대적인 것은 아니다. 조직 전반에 영향을 미칠 염려가 없는 일 말고는 되도록 위임을 촉진시켜야 한다. 또한 일을 위임했으면 그 일의 계획도 함께 위임해야 하며, 계획이 보류되었다면 실질적으로 위임되었다고 볼 수 없고 일의 성과를 기대하기 어렵다. 곧, 전반적인 계획·통제 외의 일은 될 수 있으면 계획까지 하나의 정리된 형태로 위임되어야 한다. 또한 위임해야 할 일을 결정할 때에는 위임에 따르는 이점을 미리 구체적으로 파악해 두어야 한다. 예컨대 얼마만큼 시간의 절약이 되는지, 시간을 어떻게 효과적으로 사용할지를 알아야 한다. 또한 위임할 수 있다고 판단된 일이라도 곤란은 예상되지 않는지, 위임할 수 없다고 생각되는 일이라도 자신이 아니면 안 되겠는지를 항상 마음속으로 검토를 해야 한다. 위임해야 할 일을 결정할 때에 다음의 3가지를 고려하여야 한다.

- 가장 중요한 일에 전념할 수 있도록 위임한다.
- 자신만이 결정해야 할 전반적인 문제는 보류해 두고, 스스로 책임지고 처리해야 한다.
- 위임한 일이라도 그 감독의 책임은 위임자에게 남는다.

적임자 선정

위임해야 할 일이 결정되면 그 일에 필요한 기능·지식이나 경험, 또는 인격을 밝혀야 할 필요가 있다. 위임하려고 하는 일에 가장 걸맞은 사람을 고르려면 이것을 맡을 특정한 개인을 결정하기 전에 이와 같은 자격 요건을 먼저 분명히 해두고, 그 다음에 이 요건을 충족하는 사람을 선택해야 한다.

해당자에게 준비

1. 무엇이 위임되는지를 전한다.
   - 어떻게 그것을 할지가 아니라 어떠한 성과를 기대하는지, 위임할 일을 나타내는 것이 좋다.
2. 권한의 한계를 밝힌다.
   - 어디까지 할 수 있는지를 일의 위임과 함께 명시한다. 세목을 결정하는 것이 아니라 한계점을 명확하게 한다.
3. 관계자를 소개하고, 필요한 지식·정보를 준다.
   - 위임받은 사람이 위임을 받아들이려고 하지 않을 경우, 필요한 정보를 얻지 못하게 될까 염려하는 경우가 있다.
4. 예상되는 곤란에 대하여 서로 이야기한다.
   - 심리적인 준비·정신적인 압박을 제거해야 할 필요가 있을 때 도움을 준다고 약속하는 것도 좋다.
5. 감독의 방법을 설명한다.
   - 감독은 어떠한 형태로 이루어지는지를 미리 설명해 두는 것이 중요하다. 다만 일의 과정에서 사소한 것까지 감독하면 실질적으로 위임한 것이 되지 않으므로 주의해야 한다.

위임한 일의 감독법 계획

위임을 했더라도 감독에서의 책임은 위임자에게 남아 있기 때문에 효과적인 감독법을 갖지 못하면 위임은 곤란하게 된다. 감독 방법은 위임한 일의 종류, 위임받을 사람, 잘못으로 일어날 수 있는 영향의 정도에 따라 달라지지만, 자세하게 감독을 계획하지 않고 재량의 여지를 비교적 크게 하는 형태로 생각하는 것이 좋다.

위임으로 인해 위임받은 사람은 업무를 처리할 수 있는 권한이 주어져 있기 때문에 작은 차질은 위임받은 사람이 알아서 스스로 처리를 할 수 있도록 해 두어야 한다. 이 경우에 위임받은 사람이 처리할 수 없다고 생각될 때에는 위임한 사람이 재빨리 처리할 수 있는 방법(예외의 원칙)으로 장치를 확립해 두는 것이 중요하다.

사례

조직 관리와 링겔만 효과

20세기 초에 독일의 심리학자인 링겔만 박사는 우연히 농부의 고민을 듣게 된다. 100kg의 짐을 끌 수 있는 말 2마리에게 200kg의 짐을 끌게 했더니 낑낑대기만 하고 끌지를 못했다. 그래서 이상하게 생각한 링겔만 박사는 이 2마리 말에게 말이 끄는 힘을 측정 가능한 기계로 실험을 한 결과 한 마리가 끌 때는 100kg의 힘이 측정되는데 두 마리를 같이 끌게 하니 각자 93kg의 힘밖에 측정이 되지 않았다.

이에 호기심이 발동한 링겔만 박사는 말의 수를 늘려보기로 했다. 3마리를 함께 끌게 했더니 86kg, 점점 늘려서 8마리까지 끌게 했더니 49kg의 힘밖에 발휘하지 못하였다.

사람의 줄다리기에서도 말의 실험 결과와 비슷한 결과를 보여주고 있다. 이처럼 집단 속에 참여하는 개인의 수가 늘어갈수록 성과에 대한 개인당 공헌도가 오히려 떨어지는 현상을 링겔만 효과라고 한다.

현대의 조직 사회에서도 이런 경우가 허다하다. 팀을 이루어 업무를 진행할 때 대부분이 열심히 일을 하지만 한두 사람이 일을 하는 둥 마는 둥 얹혀서 갈 경우 열심히 일한 조직원은 상당한 불만이 쌓이게 된다.

이렇게 일에 무임승차하는 사람들을 일명 프리라이더라고 한다. 이런 프리라이더가 많으면 많을수록 조직의 힘은 분산되고 그만큼 효율성이 떨어지게 된다. 조직의 힘을 극대화 하려면 이런 프리라이더가 기승하지 못하게 소수정예화할 필요가 있다.

업무마다 차이가 있겠지만 10명이 하던 일을 5~6명이 힘을 합쳐 한다면 해낼 수 있다. 오히려 더 능률적인 경우도 많다.

그리고 업무를 지정할 필요가 있다. 전체 팀원 10명에게 프로젝트 전체를 맡기기보다는 프로젝트를 세분화하여 10개의 업무로 나누어서 각자에게 정확히 맡기는 게 낫고 평소에 프리라이더로 의심되는 부하가 있다면 그 부하에게는 꼭 자신의 업무를 지정해 줘야 한다. 책임과 업무를 정확히 지정해 준다면 조직의 힘이 극대화될 것이다.

10마리 말에게 1,000킬로그램을 맡기는 게 아니라 1마리 말에게 100킬로그램씩을 맡기는 것이 일의 효율성을 극대화할 수 있다는 것이다.

Chapter 06

라인과 스태프

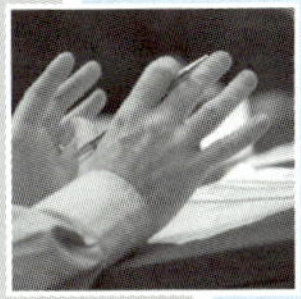

제 1 절

라인과 스태프의 개념

조직 관리에 있어서 라인(line)과 스태프(staff)의 본질을 이해하는 것은 매우 중요하다. 그리고 그들 상호간의 관계를 명확히 정립하는 것은 조직 관리에 있어서 필수적이다.

오늘날 대기업은 조직을 효율적으로 운영하기 위하여 스태프를 많이 활용하고 있다. 그런데 스태프를 잘못 활용하면 조직의 질서가 무너져 오히려 라인의 업무 수행에 장애요인으로 작용하게 된다.

따라서 능률적인 조직 관리를 위해서는 라인과 스태프의 상호관계를 주의 깊게 살피면서 조직운영에 보탬이 되도록 관리하는 것이 바람직하다.

라인과 스태프에 관한 여러 학자들의 견해는 다양하다. 대표적 견해로는 라인과 스태프의 차이가 직능의 분화에 있다는 견해와 권한 관계에 있다는 견해 등이 있다.

조직을 수평적으로 분화할 때 1차적 분화, 2차적 분화, 3차적 분화 현상을 보이고 있음을 알 수 있다.

예를 들어 제조업의 경우를 보면 1차적 분화에 의해서 구매부, 제조부, 판매부 등이 형성된다. 그리고 2차적 분화에 의해서 인사부, 경리부, 기술부 등의 부문이 형성되고, 3차적 분화에 의해서 조사부, 기획부, 관리부 등이 형성된다.

이상의 경우에 있어서 1차적 분화의 대상이 되는 기능을 라인이라고 하고 그 같은 분화에 의하여 형성되는 부문을 라인 부문(line department)이라고 한다.

라인 부문은 경영활동을 직접 집행하는 소위 집행활동의 부문으로써 경영활동의 기간적인 기능(primary function)이 된다.

따라서 라인 부문은 경영활동의 목적달성을 위한 중심기능이 되는 것이다. 즉 라인 기능은 조직의 존립을 위하여 기본이 되는 기능이다.

2차적, 3차적 분화의 대상이 되는 기능을 스태프(staff)라고 하고 이 부문을 스태프 부문이라고 한다.

스태프는 라인의 기간적 기능에 대하여 조언과 조력을 함으로써 라인활동을 촉진하는 보조적 역할을 담당하는 기능이다. 그러므로 스태프는 경영활동의 목적을 달성하는 데 간접적으로 기여하게 된다.

이상의 내용을 중심으로 라인과 스태프의 권한을 보면 라인은 장(長)과 부하 간의 명령, 지시의 관계를 갖는다. 장은 부하에게 명령, 지시를 하고, 부하는 상사의 명령에 따라 업무를 수행하며 그 결과를 상사에게 보고할 의무와 책임을 갖는다.

따라서 라인관계는 조직의 질서 유지와 조직을 결속하는 기능을 한다고 보아야 한다. 그리고 스태프는 라인과 다른 스태프 활동에 대한 조언, 조력하는 것이 주된 역할이기 때문에 경영목적 달성에 간접적으로 기여하게 된다.

라인이 주요한 업무에 대한 결정, 감독, 지휘, 조정, 통제의 권한과 책임을 갖는다면, 스태프는 기업의 경영상황 및 실태분석, 조사연구, 입안, 설명, 비교분석, 해석을 통해 라인의 업무를 촉진한다.

스태프 개념의 발달과정에 대해 살펴보면, 이미 6세기 가톨릭 교회에서 찾아볼 수 있지만, 라인과 스태프의 개념은 전적으로 군대 조직에서 발달해온 것으로 알려져 있다.

근대적인 개념에서의 제너럴 스태프는 17세기가 되어서 출현하였고, 다시 이것이 기업에 본격적으로 적용되기 시작한 것은 1929년~1932년의 대불황 이후였다고 알려져 오고 있다.

그러나 스태프의 문제를 기업 조직 안에서 생각한다면 테일러(F. W. Tayor)의 기능식 직장 조직을 먼저 검토해야 한다. 테일러는 조직에서 차지하는 직장의 역할에 착안하여, 그 일을 분석하고 그것을 완수하는 데에 필요한 조건을 생각했다. 그 결과 과거의 라인 조직에서, 직장을 찾아낸다는 것은 불가능하다는 사실을 밝혀냈다. 테일러는 이러한 사실에 의거하여 서로 다른 일은 그 일에 가장 알맞은 사람에게 맡겨야 한다고 생각한 것이다.

테일러의 공장 조직의 개혁안을 살펴보면 다음과 같다.

첫째, 사원, 조장, 직장에게는 계획하는 일을 맡기지 않는다. 그들은 실행을 하

그림 6-1 직장의 일과 조건

직장(職長)의 일	직장(職長)의 조건
1. 일을 배정한다.	1. 지력
2. 일이 알맞은 순서로 올바른 장소에 배치되도록 한다.	2. 교육
3. 무엇을 어떻게 해야 하는지를 가르친다.	3. 전문지식
4. 일을 올바르게, 빨리 하도록 감독한다.	4. 재능
5. 미래를 생각하여 직원을 늘릴 준비를 하거나 또는 일을 더 마련한다.	5. 정력
6. 직원의 규율을 잡는다.	6. 추진력
7. 임금을 조정한다.	7. 정직
8. 성과급의 단가를 결정한다.	8. 판단력
9. 시간 기록을 감독한다.	9. 건강

는 사람들이므로 계획수립은 기획실에 맡긴다.

둘째, 기능식 조직(functional organization)을 택한다. 관리상의 일은 그 종류나 성격에 따라 나누어 관리자에게 분담하게 하여 가능한 기능을 적게 한다.

그는 이와 같은 생각을 구체적으로 전개하여 [그림 6-2]와 같은 조직을 생각했다. 과거 라인 조직에 의한 공장 조직에서는 직장의 직능은 모두 기본적으로 같은 것이지만, 그 실제의 전개는 각 직장의 능력, 경험, 성격에 따라서 크게 다르다. 이에 대하여 테일러는 여러 관리 직능을 분류, 구분하고 하나하나에 그것을 담당하

그림 6-2 테일러의 기능식 조직

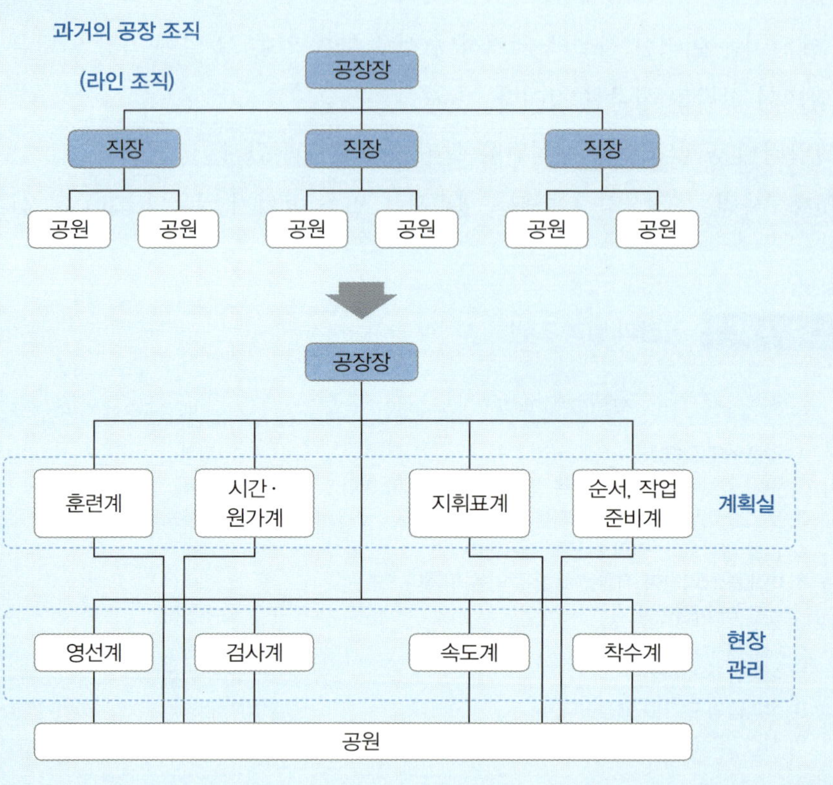

는 직장을 두어, 직장이 해당 직능에 관해서는 직접 직원들을 지휘, 명령할 수 있도록 하였다.

테일러가 생각한 기능식 조직의 결함은 사원은 8명의 기능별 직장으로부터 명령을 받는다는 점에 있다. 이른바 명령이 일원화되어 있지 않기 때문에 명령이 다원적으로 되어 조직이 혼란을 초래한다. 그러나 계획과 작업의 분리, 관리 직능의 세분화 등 직능화, 특수화의 원리는 조직에 영향을 미치고 있다.

테일러의 기능식 조직이 스태프 개념에 간접적인 영향을 주었다고 한다면 기업에 직접적인 형태의 도입을 처음 생각한 것은 페이욜(H.Fayol)이다.

페이욜은 「참모」라는 용어를 사용했다. 오늘날의 제너럴 스태프의 개념과 비슷하다. 그는 "참모는 보통의 경영자에게 없을지도 모르는 능력, 시간을 관리하는 사람의 모임이며, 종속적인 여러 직능의 집행에는 참가하지 않는다"라고 하면서 그 주된 일로서 다음과 같은 것을 제시했다.

- 통지, 리셉션, 회의, 여러 가지 일상적인 업무
- 명령과 통제
- 장래 계획의 준비와 현재 계획의 조정에 필요한 연구
- 개선이 필요한 업무에 대한 연구

테일러와 페이욜의 기본적인 견해는 어느 쪽이나 직장이나 경영자는 만능이 아니라고 한 점에서 같다고 볼 수 있다. 그러나 테일러가 다원적인 명령을 생각한 데에 비추어, 페이욜은 어디까지나 일원적인 명령 체계를 생각하고 있었던 점에서 큰 차이가 있다.

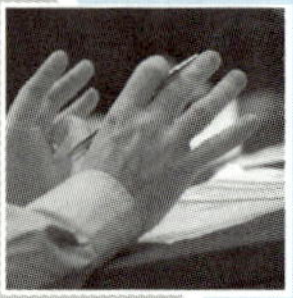

제 2 절

라인과 스태프의 관계

1. 라인과 스태프의 구별이유

라인과 스태프의 관계는 하나의 책임, 권한 관계를 조정하기 위한 약속이기도 하다. 이 같은 약속을 모든 경영자들이 잘 지켜 나갈 때 경영자의 상호관계는 잘 조정되고 기업의 목표도 달성할 수 있다.

알렌(L. A. Allen)은 라인과 스태프를 구별하는 이유를 다음과 같이 들고 있다.

첫째, 전문화된 원조와 서비스 제공

오늘날 조직운영은 전문화된 지식과 기술을 필요로 한다. 따라서 아무리 훌륭한 경영자라도 경영상의 모든 기능을 혼자서 제대로 처리해 나갈 수는 없다. 그러므로 경영자가 효과적인 경영을 위해서는 스태프의 전문적인 지식과 기술의 원조가 필요하다. 특히, 라인경영자의 업무가 과중될 때 그 부담을 덜어주기 위해 스태프가 필요하다.

톱도 주요 의사결정을 할 때 스태프의 광범위한 정보제공이 필요하고, 현장의 감독책임자도 감독문제의 해결에 있어 전문화된 지식과 기술원조가 필요하다. 결국 경영계층의 상하를 불문하고 스태프의 활용은 조직운영에 있어서 필수요건이 되고 있다.

둘째, 적절한 견제와 균형 유지

조직운영상의 효과적인 통제를 위해서는 각 개인 및 부문에 할당된 권한 간에 내부견제를 할 힘이 있어야 한다. 관리과정에서 계획기능, 집행기능 및 통제기능은 분화되어야 하고, 계획된 업무의 집행결과에 대한 통제는 계획과 반드시 분리되어야 한다. 집행자가 자기의 집행결과를 통제하는 것은 잘못되었다. 따라서 라인의 집행기능을 견제하여 권한의 균형을 유지하기 위해서는 라인과는 다른 부서 즉, 스태프 부서의 존재가 필요하다.

셋째, 책임성 유지

조직의 목표는 각 성원의 협동된 노력의 추구로서 가능하므로 협동체제의 유지를 위하여 경영자는 부단히 노력하게 된다. 그러나 때로는 이 같은 목표가 뜻대로 실현되지 않는 경우가 많다. 조직기능에 대하여 다수가 공동책임을 지거나 또는 그 누구도 책임을 지지 않는다면 업무수행은 곤란하게 된다.

따라서 어떤 결과에 대한 개인적 책임의 소재를 최종적으로 명확히 하기 위하여 라인과 스태프의 관계를 명확히 구별할 필요가 있는데 라인은 집행적 책임, 스태프는 조언이나 조력의 책임을 지게 되는 것이다.

2. 직능적 측면과 권한적 측면

테일러의 기능 조직이나 페이욜의 참모를 보면 알 수 있듯이 스태프는 처음부터 직능적 측면과 권한적 측면을 갖고 있다.

라인과 스태프의 문제를 다룰 때 흔히 직능적 측면만이 강조되기 쉽지만, 권한관계를 고려하지 않으면 라인과 스태프 사이에 혼란이 생기는 수가 많다.

제5장에서 직위, 책임, 권한, 의무에 대하여 살펴보았듯이, 권한은 일반적으로는 라인 권한, 스태프 권한, 전문적인 권한의 3가지로 나누어 생각할 수 있다. 이들 사이의 차이를 이해하지 못하면 라인과 스태프를 둘러싸고 종종 분쟁이 일어나게 된다.

라인은 상사와 부하의 관계라는 라인 권한을 갖는 것이며, 스태프는 조언적인 권한을 갖는 것으로서, 라인과 스태프의 차이는 이 권한의 차이에 있다고 할 수 있다. 권한은 언제나 직능을 수행하기 위한 직능과 대응하는 것으로서 파악해야 한다. 따라서 여기에는 직능과 권한의 양 측면에서 라인과 스태프의 관계를 살펴보기로 한다.

직능적인 관계에서 라인과 스태프를 보는 것은, 직능마다 성격이 다르다고 여기기 때문이다. 일반적인 정의로는 "라인 직능은 기업의 목적을 달성하는 데 직접적인 책임을 지는 것"이며, "스태프는 라인이 기업 목적을 달성하는 데 가장 효과적으로 일할 수 있도록 돕는 것"이다.

직접 직능(집행적인 직능)을 수행하는 것이 라인이며, 간접적인 직능을 수행하는

표 6-1 권한의 종류와 관계

권한	내용	관계	책임
라인 권한	상하 관계로 이루어지는 권한의 형태로 직속 상사와 부하 사이의 결정, 명령에 관한 권한이므로 직접 권한이라고도 한다. 업무를 집행할 때 전반적(포괄적)으로 결정하고 명령하는 점에서 다른 권한과는 다르다. 또한 상하간의 권한이므로 조직의 모든 부문 안에 반드시 존재한다는 뜻에서 보편적이며, 이 권한에 의한 결정, 명령을 거부할 수 없다는 점에서 절대적인 성격을 갖는다.	직접적	전반적
스태프 권한	라인 활동을 촉진시키려고 라인 활동이나 다른 스태프 활동에 대하여 조력, 조언하는 권한으로 조력 권한은 전문적인 사항에 관하여 다른 라인이나 스태프 활동에서 서비스를 제공하는 것을 뜻하며, 조언 권한은 조사, 검토, 설명, 해석, 권고, 제안 등을 하는 것을 말한다. 이 스태프 권한은 계획, 통제 직능에 주어지는 것으로서, 그 관계는 라인 부문, 스태프 부문에 영향을 미치는 교착적(交錯的)인 것이다.	대표적	조언적
전문적 권한	특정한 전문적인 사항에 관하여 다른 부문에 강제할 수 있는 권한으로 기능적인 권한이라고도 한다. 맡고 있는 전문화된 직능 영역에 한정되지만, 결정을 내리고 명령을 하는 지시권을 갖는다. 이 지시권은 라인 권한에 견주어 작지만, 일반적으로 받아들여지는 것을 전제로 한다. 그 집행은 해당 부문에 넘겨지며 사람을 매개로 행하여지므로 직접적인 것은 아니다. 또한 스태프 권한과 마찬가지로 다른 라인과 스태프 부문에 미치는 교착적인 것이다.	간접적	한정적

것이 스태프이다. 실제 기업에서는 직접적인 직능은 그 기업에서 없어서는 안 되는 것을 말하며, 이것을 라인으로서 파악할 경우가 많다. 곧, 제조, 판매 회사라면 생산과 판매는 라인, 그 밖의 것은 스태프라고 보는 것이다.

그러나 직접적이든 간접적이든 절대적이라고 할 수 있는 라인과 스태프를 구분하는 개념은 없다고 할 수 있다.

3. 스태프 부문에도 라인 관계는 있다

권한적 측면에서 라인과 스태프를 살펴보면 [표 6-1]에서 살펴본 바와 같이 상하관계로 형성되는 라인 권한과 조언·조력하는 권한인 스태프 권한으로 되어 있다.

알렌은 "라인과 스태프가 차이를 보이는 결정적인 요소는 의견이 일치하지 않을 경우에 라인 관리자가 최종적인 실시에 대한 결정 권한을 가지고 있다는 점이다. 여기서 예외는 라인의 책임자가 스태프에게 특별히 권한을 위임했을 때라든지 또는 회사의 방침이 우선할 때 뿐이다"라고 그 차이점을 명확히 하고 있다.

주의해야 할 점은 라인과 스태프를 구분할 때 단편적으로 파악해서는 안 된다는 점이다. 직능적인 관계에서 보면 어떤 경우에는 스태프로 보이는 인사나 경리부서 안에도 권한 관계적인 측면에서 보면 사실은 라인 권한이 존재한다.

라인 권한은 결정하고 명령한다는 상하 관계를 뜻하므로 스태프 부문 내의 상사와 부하 사이에도 이 라인 관계가 이루어지고 있다. 상하관계에 따라서 라인 관계와 라인 권한은 있을 수밖에 없기 때문에 조직 내에서는 보편적인 것이다.

[그림 6-3]에서 보는 바와 같이 본사의 부서들은 스태프면서 개별적으로는 보면 라인 관계에 있다. 반대로 영업소는 라인으로 보이지만 각각의 영업소, 지점, 공장 내부를 보면 공장 사무과, 영업소 총무과 등은 라인 부문에서의 스태프로 여길 수 있다.

이렇게 보면 라인과 스태프는 직능적인 관계와 권한적인 관계의 양면에서 검토해야 한다는 것을 이해할 수 있다. 따라서 라인과 스태프의 특질은 직능에 있지 않고 사실은 거기에 따르는 권한에 있다는 것이다. 다만 권한은 직능을 수행하는 데에 부여되는 것으로서, 직능 관계를 먼저 명백히 해야 한다.

예를 들면 인사부서나 경리부서는 그 직능으로 보아 거의 예외 없이 스태프라고 여겨진다. 그러나 부장들은 부하와는 라인 관계에 있고 다른 부문의 장이나 톱과는 스태프로서 조언, 조력하는 관계에 있다. 한편으로는 기존 방침이나 절차를 수행하는 데에서 전문적인 권한을 갖는 기능적인 관계를 맺기도 한다.

그림 6-3 라인과 스태프의 관계

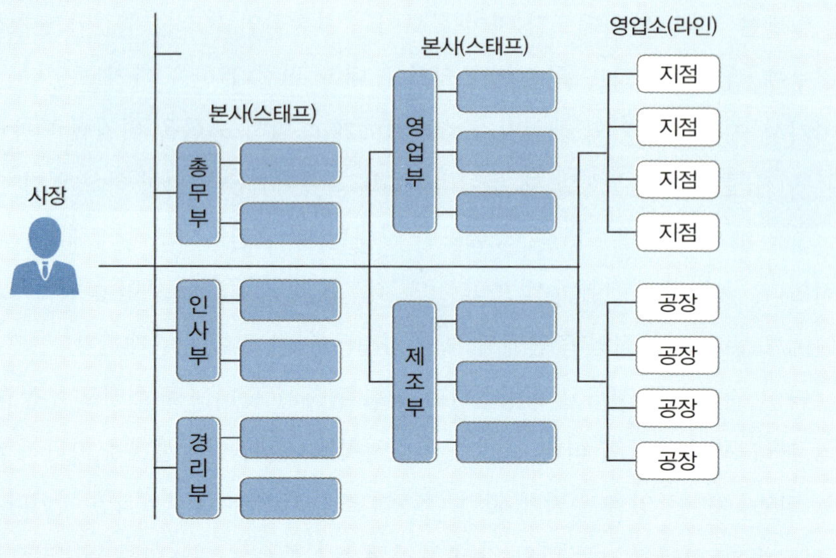

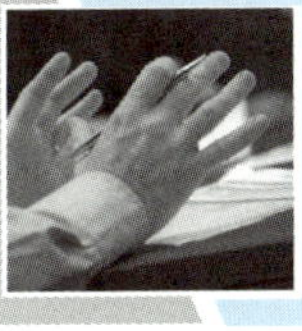

제 3 절

조직에서의 스태프의 위치

스태프는 파악 방법에 따라 여러 가지로 나뉜다. 일의 내용에 따라서 스태프를 관리형, 서비스형, 조정형, 조언형 같은 몇 가지 유형로 나누거나 또는 스태프가 하는 일의 성격에 따라서 개인 및 전문 스태프로 나눌 수 있다.

스태프가 조직에서의 위치에 따라 센트럴 스태프 또는 로우컬 스태프로 구분할 수도 있다. 어느 분류나 스태프의 일면을 파악하고 있다는 점에서 의의가 있지만 라인과 스태프 관계를 분명히 구분하는 데 가장 적합한 개인 스태프, 전문 스태프, 제너럴 스태프로 크게 나누어 살펴보고자 한다.

그림 6-4 조직의 발전과 스태프의 생성·발전

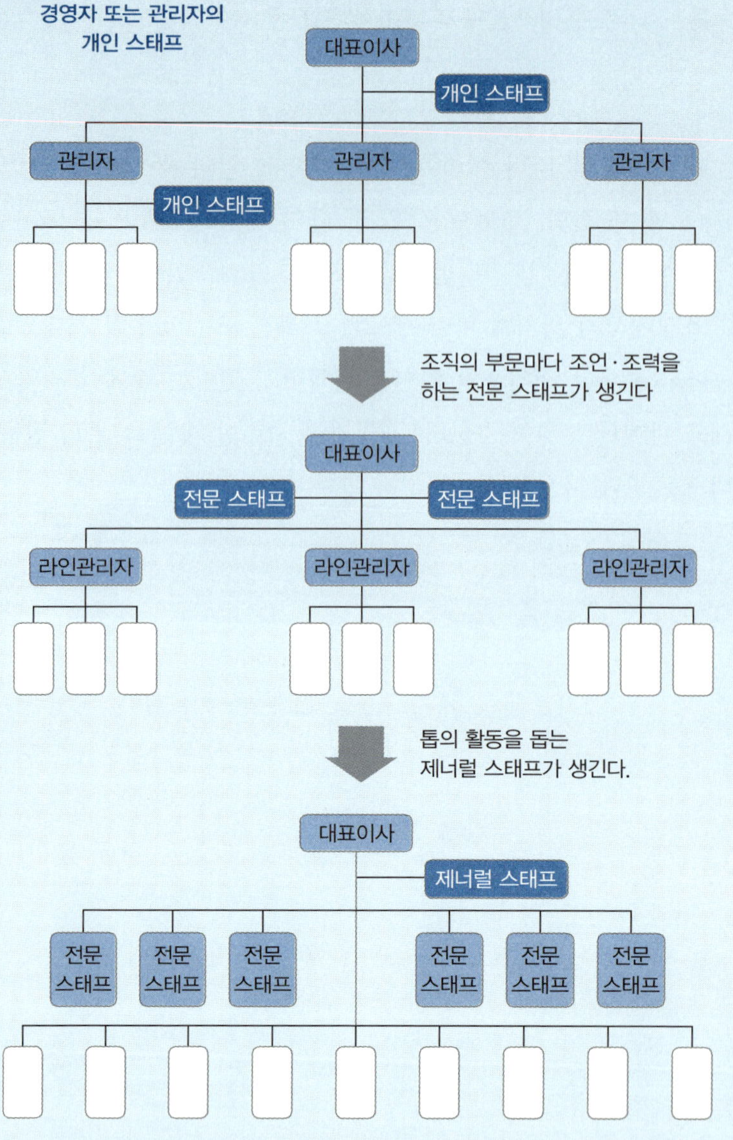

(1) 개인 스태프

일반적으로 개인 스태프(personal staff)는 조직 발전의 초기 단계에 만들어지는 경우가 많다. 어느 특정한 경영자 또는 관리자가 일이 많아지고 복잡해짐에 따라 개인 스태프를 두어 경영자, 관리자의 능력을 키우려고 한다. 그러나 조직이 더욱 발전하고 확대되면 개인 스태프만으로 충분하지 않고, 많은 라인 매니저가 부딪치는 여러 가지 문제를 해결하는 데 전문적인 지식이나 기술의 도움이 필요하게 되는데 이러한 이유로 전문 스태프(special staff)의 생성·발전이 촉진되게 되었다. 그리고 조직이 복잡해지면 톱의 여러 활동을 조정하려고 톱의 개인 스태프로서 제너럴 스태프가 생기게 된다.

개인 스태프는 특정한 경영, 관리자를 돕는 역할로서 생겼는데, 그 도움은 오직 한 사람의 상사에게 한정된다는 데서 이름이 붙었다. 개인 스태프는 특정한 관리 직위를 보좌하는 직위인 까닭으로 일반적으로 상사의 전반적 업무 수행에 대한 도움이 요구되는데, 그 일은 광범위하고 다양한 경우가 많다.

그러나 원칙적으로 상사가 위임할 수 없는 업무수행을 돕게 되며, 상사와 떨어져서는 책임과 권한을 갖지 못한다. 개인 스태프는 도움의 범위와 성격에 따라서 라인 어시스턴트, 스태프 어시스턴던트, 그리고 제너럴 스태프 어시스턴트의 셋으로 나눌 수 있다. 그 주된 특징은 [그림 6-5]와 같다.

그림 6-5 개인 스태프의 조직 내에서의 입장

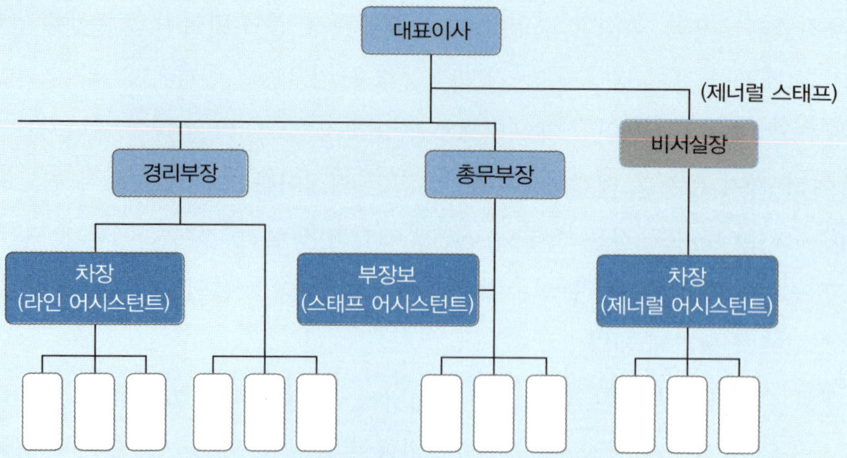

라인 어시스턴트

상사의 일 전반에 걸쳐 보좌하고 또 상사가 없을 때에 부재(不在) 대표권을 행사하는 것으로서, 상사를 대신하여 그 직책과 권한을 인수한다. 보통 부사장, 부장대리, 차장 등의 직함으로 불린다 라인 어시스턴트는 상사의 분신으로서, 또는 상사와 같은 팀으로서 라인 관리자로서의 3가지 형태로 활동하는 경우가 많다. 라인 관리자로서 일할 경우에는 상사 업무의 일부에 대해서 직책과 권한을 위임받아 상사를 대신하여 직접적인 일을 맡음으로 라인과 혼란이 생길 우려가 있다.

스태프 어시스턴트

보통 사장보, 부장보 같이 "보"라는 이름으로 불린다. 라인 어시스턴트와 달리 상사에게 한정된 부분만을 조언·조력함으로써 상사를 보좌하면서 이무런 명령 권한도 갖지 않는 것이 특징이다. 곧, 상사의 명령을 전할 뿐으로 자신이 명령을 내리는 경우는 없으며 또한 부재 대행권도 없는 것이 보통이다. 활동 방식은 다양해서 상사가 하는 일의 전반에 대해 상사의 지시에 따라 수행하는 경우도 있고, 어느 한정된 분야만을 전문적으로 조언·조력하는 경우도 있다.

제너럴 어시스턴트

보통 톱을 도와 전문 스태프의 활동을 조정하고, 톱의 경영관리 활동에서 어느 한정된 부 분만을 조언하고 조력한다. 톱의 관리 직능 가운데에서 계획·통제와 같은 부분을 돕고, 기업의 전반적인 입장에서 문제를 다루는 것이다. 최근 비서실, 기획실 등의 명칭으로 톱 직속의 관리 스태프로서 독립된 부문을 구성하는 경우가 많다.

(2) 전문 스태프(special staff)

관리부문은 일반적으로 전문 스태프에 속한다. 전문 스태프는 라인부문 및 타 스태프부문에 대하여 그 전문기능에 속하는 사항에 대하여 조언과 서비스를 제공하는 책임과 권한을 가지고 있는 스태프이다.

이 같은 전문 스태프는 [그림 6-6]과 같이 본사와 공장의 어느 곳에서도 각각 찾아볼 수 있다. 이들 전문 스태프가 갖는 특성은 다음과 같다.

① 특수한 전문기능에 대하여 조언과 서비스를 한다.
② 다른 모든 부문의 전문 스태프의 조언과 서비스를 이용할 수 있다.
③ 다른 부문에 대하여 명령, 지휘의 권한을 갖지 않고 대신 기능적 지시의 권한을 갖는다.

그림 6-6 전문 스태프

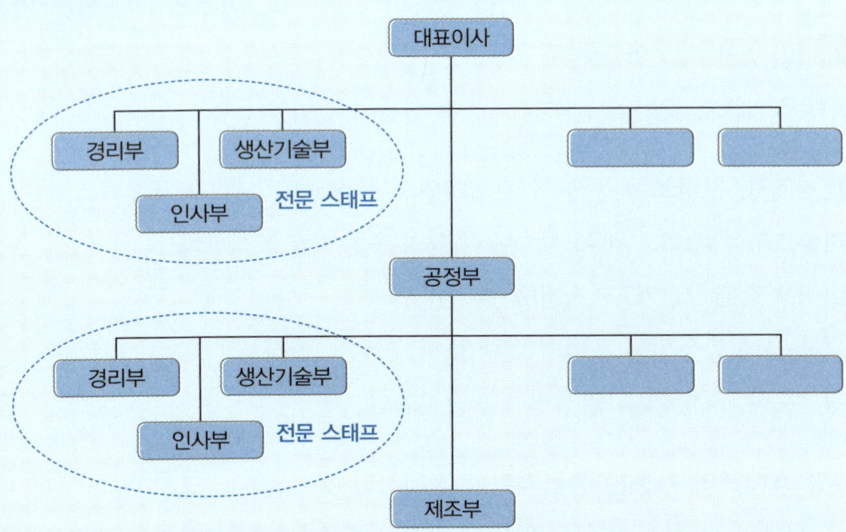

(3) 제너럴 스태프(general staff)

개인 스태프 가운데에서 제너럴 스태프는 조직이 발전되고, 복잡해지는 단계에서 설치되는 것이 보통으로서, 톱 매니지먼트에 직속되어 전사적인 입장에서 조언, 조력을 한다.

기업의 규모가 확대되고 스태프 부문의 수가 증가함에 따라 사장의 경영활동을 원조하는 스태프로써 제너럴 스태프(general staff)가 필요하다. 이들은 조직의 최고계층에서 톱을 도우며 전문 스태프의 활동을 조정하고, 톱이 수행하는 경영관리활동에 대한 조언과 조력을 한다. 그 명칭이 나타내는 바와 같이 제너럴 스태프는 회사의 전반적인 업무에 대해 원조를 한다.

따라서 제너럴 스태프는 전문적인 지식을 갖고 최고경영자에게 원조해 주는 경영자 집단으로 구성된다. 경영조직상 기획실, 조직부 등이 여기에 속한다.

기업의 장기목표나 장기계획을 설정할 때 필요한 정보를 수집하고 분석하기 위하여 경제조사, 시장조사를 하며, 여기에서 얻은 자료를 바탕으로 기업의 장기목표나 장기계획을 설정하는 경우 이를 활용하게 되는데, 이것을 원조하는 기능이 바로 제너럴 스태프의 업무이다.

제너럴 스태프가 갖는 일반적인 기능은 다음과 같다.

① 경제조사, 시장조사 등을 통하여 기업의 장기목표, 계획을 세운다.
② 기본조사를 기초로 하여 각 부문계획의 종합조정을 꾀한다.
③ 설비투자계획의 기획, 조정을 원조한다.
④ 각 부문에 공통되는 문제에 대한 조사, 기획을 한다.
⑤ 경영분석, 경영감사, 업적평가를 담당한다.

제너럴 스태프의 기능은 종합적이고 전체적인 것이 많다. 그 밖에 기업에 따라서 관계 회사의 관리나 해외 사업 또는 전산 관계 업무를 맡고 있는 경우도 있다.

최근 톱 매니지먼트의 전략 기능의 재평가와 관련지어 제너럴 스태프를 검토하는 경향이 있다.

제너럴 스태프의 대표적인 주요 기능으로는 다음과 같다.

① 일반 경영, 경제 관련 정보 수집, 분석
② 사업계획
③ 장기 종합 계획 입안
④ 예산 통제
⑤ 주요 제도 입안
⑥ 조직설계 계획 입안
⑦ 내부 감사
⑧ 상무회 사무국의 기능(품의서의 심사, 하달을 포함)
⑨ 톱의 특명 사항

1. 조직 전체에 미치는 전문 스태프의 조언·조력

개인 스태프에 비추어 전문 스태프(special staff)는 한정된 전문분야, 즉 인사, 회계, 법률, 구매 등에 대하여 전문적인 지식이나 기술로써 조직의 각 부문에 조언, 조력을 한다.

명령권은 갖지 않으며 한정된 범위 안에서 조언과 조력을 할 수 있을 뿐이다. 단지 전문적인 권한을 가지고 직능범위 내에서 지시권을 행사할 수가 있다.

이 전문 스태프는 스페셜 스태프와 서비스 스태프로 나누어 생각할 수가 있다. 스페셜 스태프는 법률, 재무, 인사 등의 특수한 전문적 지식, 기술이 필요한 스태프로서, 조력보다 조언을 제공하는 스태프를 말한다.

이에 반해 서비스 스태프는 구매, 서무 등과 같이 한정된 전문 분야에서 조력(서비스)을 제공하는 것을 말한다.

전문 스태프는 전문적인 도움을 주면서 객관적이고 유익한 의견을 제공하는 것으로서, 이 점이 전문 스태프로써 장점이다.

오늘날과 같이 복잡한 기업 조직에서 전문적인 지식과 기술이 필요한 직능은 이를 스태프로 하여 조직 전체가 활용할 수 있게 하는 것이 일의 효과나 경제성으로 보아 바람직하다. 또한 어떤 직능은 부문적인 시야에서 처리할 게 아니라 전문적인 입장에서 객관적으로 처리하는 게 바람직할 수도 있다. 그 좋은 예가 인사, 경리 부서에 해당된다.

2. Top층에게 더 많은 조언

전문 스태프의 조언·조력은 무엇일까? 「조언」은 상담하고, 교시하고, 자문에 응해 권고하는 일이라면 「조력」은 다른 조직 단위가 어떤 일을 하는 데에서 전문적인 능력을 제공하는 것이다.

조언과 조력의 균형은 조직 계층과 깊은 연관성을 갖는데, 즉 톱의 일은 그 성격에서 보아 관리적인 것이며, 실행적인 측면이 적기 때문에, 전문 스태프가 톱을 돕는 것은 전반적인 방침이나 절차에서의 조언이 많고 낮은 계층에서는 스태프의 원조가 조언이기보다, 구체적인 계획이라든지 방법 또는 기술의 지도, 그리고 서비스와 같은 조력인 경우가 많다.

조직의 각 계층에서의 스태프의 조언과 조력의 정도를 살펴보면 [그림 6-7]과 같다.

드러커는 그의 저서 '현대의 경영'에서 전문 스태프의 조건을 5가지로 들고 있다.

① 전문가는 어디까지나 "전문가"로서의 특질을 가지면서 기업에 이바지해야 한다. 특히 자신이 실제로 기업에 이바지하고 있는지, 또한 어떠한 이바지를 하

그림 6-7 조직계층별 스태프의 조언과 조력의 정도

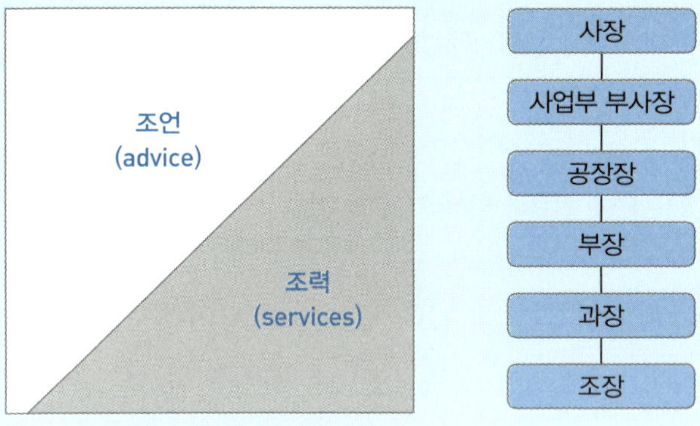

고 있는지 알고 있어야 한다.

② 전문가는 전문가로서의 평가를 바탕으로 승진의 기회가 주어져야 한다.

③ 전문가는 전문가로서의 능력을 높이고, 또한 전문가로서 기업에 크게 이바지 하도록 금전적으로 대우해 주어야 한다.

④ 전문가의 직무는 전문가의 특질에 걸맞는 직무이어야 한다.

⑤ 전문가의 업적은 기업 안에서뿐만 아니라 널리 알려져 있는 가치 있는 것으로 인정받아야 한다.

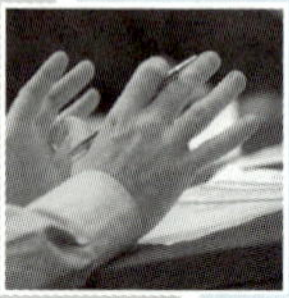

제 4 절

스태프의 효과적인 활용법

1. 스태프의 지나친 전문화는 역효과

스태프는 본래 기업의 필요에 따라 발생했고 발전해 왔다. 이것이 올바르게 적용되기만 하면 매우 유용하며 효과적이다. 그러나 오늘날 스태프가 많은 문제를 초래하는 것은 적용에 잘못이 있기 때문이다.

스태프를 올바르게 활용하려면 스태프를 올바르게 이해해야 할 뿐만 아니라 그 한계와 현실의 적용에서의 문제점도 알아야 한다.

스태프에 대한 여러 가지 비판이 있지만 주로 문제가 되는 점은 스태프가 급증하고 있다는 점이다. 또한 현실과 동떨어진 계획을 세우는 경향이 있고, 라인과 불화를 일으킬 소지가 많다는 것이다. 이러함 점들이 스태프를 이용하는 데 있어 한계점이다. 그러나 이러한 점들은 스태프를 이용함으로써 초래되는 보편적 현상이다. 근본적인 문제는 스태프가 지나치게 전문가가 되어 본래의 목적을 잊어버리는 경향이 많다는 것이다.

스태프는 전문가로서만 그 존재 가치가 있으며, 전문가가 아닌 스태프는 그것 자체가 가치 없는 존재이지만, 반대로 지나치게 전문화되어 본래의 목적을 망각한 스태프는 오히려 조직에 해로울 수 있다.

그러나 스태프에는 근본적으로 이러한 경향이 있으며, 그 점이 근본적인 문제가 되고 있다. 라인과 스태프 사이의 알력을 정리해 보면 [그림 6-8]과 같다.

그림 6-8 라인과 스태프 사이의 알력

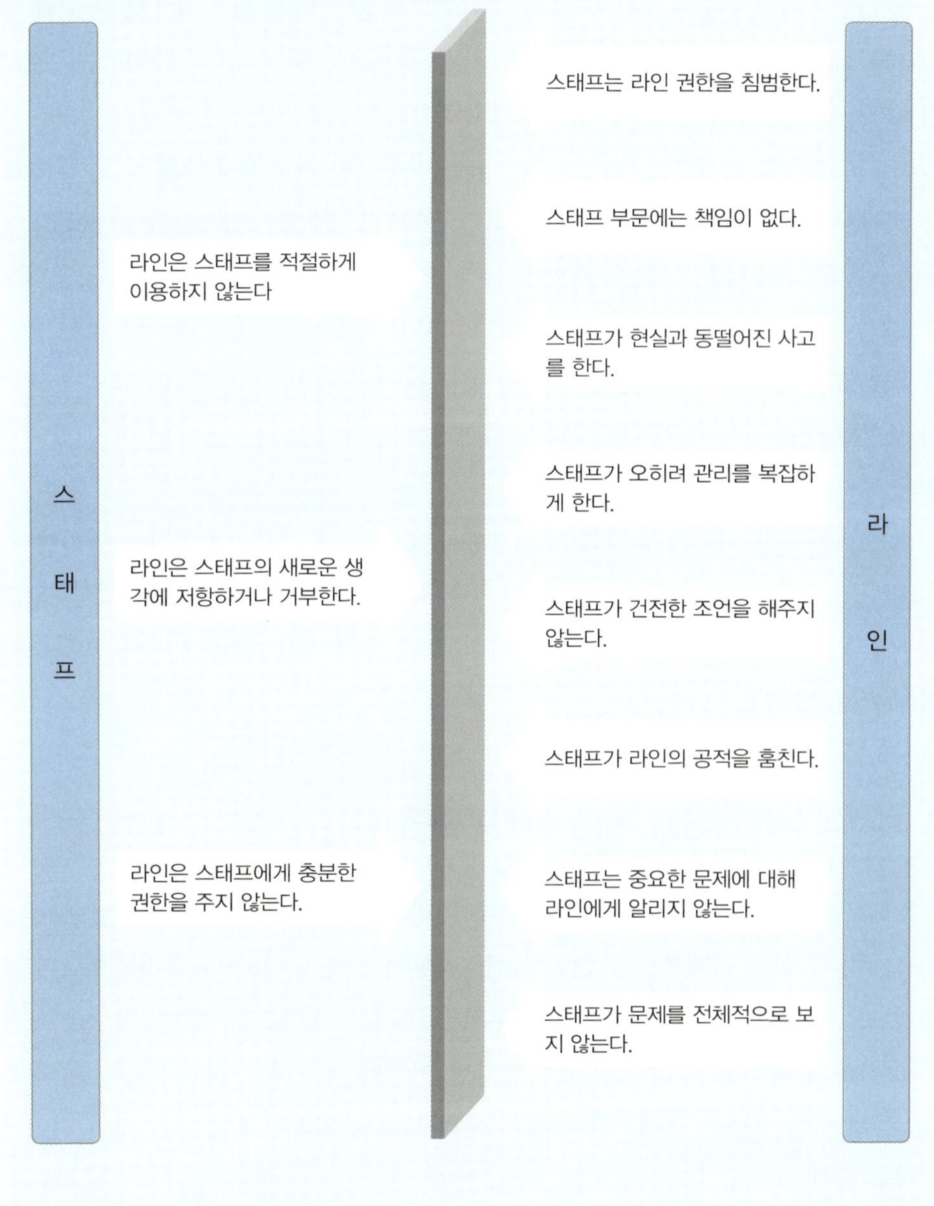

2. 일의 성과와 관계없이 팽창한 스태프

스태프는 조언과 조력으로써 상사 또는 각 부문이 더욱 효과적으로 활동할 수 있도록 돕는 것이 본래의 목적이다. 그런데 실제로는 돕는 것이 목적이라기보다 전문가로서 만족을 얻는 것이 목적이 될 수 있다.

스태프인 만큼 그 권한은 조언·조력 또는 전문적인 지시권에 한정된다. 상사 또는 다른 부문이 그것을 받아들이지 않으면, 아무리 뛰어난 도움도 열매를 맺지 못한다. 실행은 늘 다른 사람에게 기대야 하는 것이 스태프의 운명임에도 불구하고 스태프는 전문가로서 만족할 수밖에 없다. 그러나 전문적이기는 하지만 라인을 곤혹스럽게 할 정도의 실제적이지 못한 조언을 하는 경향이 있다. 자칫, 조언과 조력의 내용에만 관심을 두어, 그 결과로 얻어지는 성과에는 관심을 기울이지 않기가 쉽다.

최근 스태프가 지나치게 급증하는 경향이 있는 것은 스태프가 "일을 위하여 일을 한다"는 이른바 기질적인 전문가 의식을 갖고 있는 데에 그 원인이 있다. 일의 성과가 상관없이 일을 더욱 완벽하게 하려고, 또 일을 새로 만들어 내서 스스로 팽창해 가는 것이다.

3. 회사의 목적달성을 위한 스태프 활동

스태프의 문제점에 대해 살펴보았는데 이러한 문제점에 대한 해결방법으로 스태프 주변에 있는 문제점만을 해결하려는 경향이 강하다. 그러나 그것만으로는 본질적으로 문제를 해결할 수 없다. 근본적인 문제가 스태프가 지나치게 전문가가 되어 본래의 목적을 망각하는 데에 있다면 이점을 해결하는 것이 가장 바람직하다. 이에 대해 알렌은 스태프가 회사 전체의 목적을 위하여 활동하는 것이 되어야 한다고 했다.

스태프의 문제를 해결하는 과정에 대해 데일은 스태프와 라인의 화해를 위하여 스태프가 ① 라인의 활동 숙지, ② 명령보다 설득, ③ 비공식적인 처리방법의 이용, ④ 의견불일치의 해소(동의를 얻기 위해 노력) 등에 마음을 써야 한다.

뉴먼은 ① 스태프는 상사와 끊임없이 접촉하고 업무 담당 책임자나 직원과 긴밀하게 연락함으로써 필요한 정보를 언제라도 얻을 수 있는 자세를 갖추게 할 것, ② 스태프가 책임지고 있는 업무를 집행할 경우 반드시 해당 스태프와 상의할 것, ③ 스태프에게 집행에 필요한 권한을 줄 것, ④ 스태프에게 제안하는 것을 첫째로 하고, 상사에게 보고하는 것은 둘째로 해야 한다.

알렌은 ① 회사 전체의 목적을 위하여 활동할 것, ② 스태프를 효과적으로 이용하도록 라인 부문을 격려하고 교육시킬 것, ③ 변경에 대한 저항을 인정하고 그것을 극복할 것, ④ 기술적으로 뛰어나야 한다고 했다.

사례

최고의 참모 장량

장량의 할아버지인 장개지(張開地)는 전국시대 한(韓)의 소후(昭侯), 선혜왕(宣惠王), 양왕(襄王) 등 3대에 걸치는 군주 아래서 재상을 지냈고, 아버지 장평(張平)도 희왕(釐王), 환혜왕을 섬기며 재상을 맡았다. 아버지가 죽고 20년 뒤인 기원전 230년에 한이 진에 멸망하여 집안은 몰락했고, 그때 아직 관직을 얻지는 못한 채였다.

조국을 멸망시킨 복수를 위해 자신의 전 재산을 모두 팔아 자금을 마련하고, 동생이 죽었을 때조차 장례비용을 대주지 않았다고 한다. 동지를 찾아 동쪽으로 떠난 장량은 창해군(滄海君)이라는 자를 얻어 대화를 나눠보고, 창해군으로 하여금 기원전 218년경, 허난 성을 지나는 시황제의 행차를 노리고 무게가 120근(약 30kg)이나 되는 철퇴를 던져 시황제가 탄 수레를 부수어 시황제를 암살하려 했다. 그러나 철퇴는 시황제의 수레가 아닌 다른 빈 수레에 맞아 암살은 실패하고 장량 등은 도망쳤다. 이름까지 바꾸고 하비에 숨은 그는 황석공이라는 인물로부터 병법을 배웠다고 한다.

《사기》에 실린 관련 일화에 따르면, 어느 날 장량이 다리를 건너는데 남루한 차림의 노인이 자신의 신발을 다리 밑으로 던지고는 장량더러 가서 주워오라고 했다. 장량은 화를 참고 가서 주워다 공손하게 바쳤지만, 노인은 다시 자신의 발을 내밀며 신겨달라고 했다. 장량은 이 노인이 보통 사람이 아님을 눈치 채고 공손히 무릎을 꿇고 노인에게 신발을 신겼는데, 노인은 웃으며 그 자리를 떠났다. 잠시 후 노인은 다시 돌아와 장량에게 가르쳐줄 것이 있으니 닷새 뒤 아침에 이곳에서 만나자고 했다. 닷새 뒤 아침에 장량은 약속 장소로 갔지만, 이미 노인은 그곳에 와있었고 어른과 약속해놓고 그것을 어겼다며 장량에게 핀잔을 주고는 닷새 뒤에 다시 오라고 하고 가버렸다. 닷새가 지나서 장량은 다시 해가 뜨기 전에 약속 장소에서 기다리려 했지만, 이번에도 노인은 장량보다 먼저 와서 기다리면서 다시 닷새 뒤에 오라고 말하고는 가버렸다. 장량은 다시, 이번에는 아예 밤부터 약속 장소에 나가 노인을 기다렸고, 잠시 후에 나타난 노인은 장량을 칭찬하며 그에게 태공망(太公望)의 병법서를 전해주며 "13년 뒤에 산기슭에서 네가 마주치게 될 노란 돌이 바로 나다"라고 말하고 사라졌다.

훗날 장량은 이 예언대로 자신이 산에서 발견한 노란 돌을 가지고 돌아와 이를 가보로 전했으며, 사후 장량의 무덤에도 함께 부장되었다고 한다.

황석공 이야기는 물론 전설이지만, 장량이 누군가 스승을 두고 병법을 배웠음을 짐작할 수 있다. 또한 이때 황석공이 장량에게 주었다는, 소위 태공망의 병법서라는 것이 현존하는 《육도》라는 이야기도 있다.

그 후 유방이 군사를 일으키자 1백여 명의 종을 데리고 따랐다가, 항량(項梁)에게 옛 한나라 공자 횡양군 성을 한왕(韓王)에 옹립하도록 했으며 한의 사도에 임명되었다. 이후 한성이 항우(項羽)에게 죽자 다시 유방에게 귀순하고 이때부터 유방의 중요 참모가 되어 홍문연에서 유방을 구하고 한신을 천거하는 등 그는 전략적인 지혜를 잘 써서 유방이 한을 세우고 천하를 통일하도록 도와주었다.

Chapter 07

분권조직

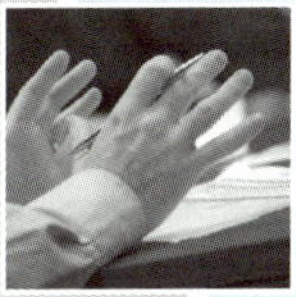

제 1 절

분권에 대한 이해

1. 분권화의 성격

분권은 권한의 조직적인 위임이다. 부문화와 계층화로 이루어진 조직이 대규모화되고 복잡해짐에 따라서 라인을 돕는 스태프가 생겨나고 규모도 더욱더 확대되어 가게 된다.

조직의 규모가 확대됨에 따라 커뮤니케이션이 잘 되지 않거나 관료주의적인 경향이 나타나고 결정이나 지시에 시간이 걸리는 등 조직의 효율성이 저하되는 문제가 발생할 수 있다. 이로 인해 조직은 더욱더 경직되고 이에 대한 대처 방법 중의 하나가 바로 분권화이다.

조직에서 상사가 권한을 하위자에게 위양하게 되면 조직의 하위자는 권한을 갖게 되어 자신의 맡은 직무를 자신의 재량으로 결정해서 실행할 수 있다. 이러한 권한 위양이 전사적으로 광범위하게 이루어져서 부하가 의사결정권을 행사하는 것을 분권화(decentralization)라고 한다. 이때의 조직을 분권 조직이라고 한다.

분권은 조직 전체로서 권한을 되도록 조직 하부에 위임하는 것이다. 특정 직위에서 특정 직위로의 위임처럼 개인적인 수준에서의 위임이 권한의 위임이며, 조직의 상위계층에서 하위계층으로의 위임처럼 조직의 전체적인 위임이 분권이다.

2. 분권·집권에 대한 이해

어떤 조직에서도 절대적인 분권·집권은 없다. 이처럼 분권은 전체적인 형태로 이루어지는 게 하나의 특징이다. 권한의 위임은 주로 얼마만큼의 권한이 하부에 위임되는가보다는 오히려 어떤 권한을 하위계층에 위임하는지에 중점을 두지만, 분권에서는 이와는 반대로 어떤 권한이 위임되는가보다 조직에서 얼마만큼 권한을 위임하는지에 중점을 둔다.

즉, 위임 정도가 조직이 분권적인지 집권적인지 하는 기준이 된다. 그러나 이것은 어디까지나 기준일 뿐 정도의 문제로 분권과 집권의 관계는 상대적인 것이다.

권한의 분배가 조직에서 분산되어 있는지 아니면 톱에 집중되어 있는지 정도의 차이에 따라 정해지는 것이다. 그래서 절대적인 분권 또는 집권은 있을 수 없다. 절대적인 집권조직은 권한이 전혀 위임되지 않는 조직, 즉 하위조직을 갖지 않고 톱만으로 이루어진 조직이다. 반대로 절대적인 분권조직은 상위조직이 없는 조직이다. 이와 같은 조직이 현실적으로는 존재할 수 없다는 것은 말할 나위도 없다.

분권 관리의 구체적이고 대표적인 형태는 사업부제이지만 이것만이 전부는 아니다. 드러커(P. F. Drucker)는 직능별 부문조직에 있어서 권한의 위임을 강화함으로써 분권 관리를 실현할 수 있다고 하였다.

집권과 분권은 경영자·관리자의 의사결정 참가의 정도가 그 기준이 된다. 집권 또는 분권의 차이는 정도의 문제라고 한다면 그 정도를 알려면 어떤 점을 보아야

그림 7-1 분권의 정도를 알 수 있는 기준

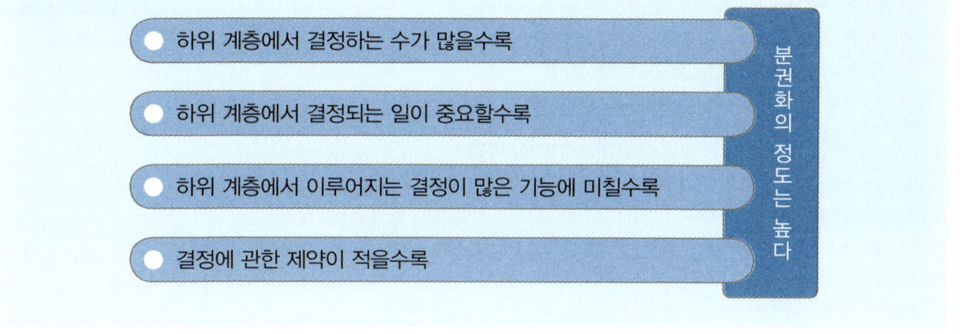

할까? 데일은 [그림 7-1]과 같은 요소들의 정도가 높으면 높을수록 분권의 정도도 높다고 보았다. 예컨대 경영자·관리자가 의사결정에 참가하는 정도를 가지고 분권화의 정도를 판단하는 것이다.

3. 상황에 따른 집권과 분권

집권과 분권이 정도의 차이인 것과 마찬가지로 장점과 단점도 상대적인 것이다. 어떤 조직에서는 톱에게 권한이 집중되어 집권적인 관리 체제가 바람직한 경우도 있다. 예를 들면 조직이 소규모이고, 톱 매니지먼트의 능력이 뛰어날 경우 오히려 집권 관리가 적합하다. 이처럼 집권이 나쁘고, 분권적인 조직이 좋다고 할 수는 없다. 그것은 조직이 놓여 있는 상황에 비추어 판단되어야 하며, 주어진 상황에 알맞게 분권, 집권의 정도가 결정되어야 한다. 여러 가지 상황으로 보아 적절하다고 판단될 때 분권화가 촉진된다.

오늘날과 같이 급변하는 환경 하에서 기업은 역동적인 경영이 필요하며, 기업 규모의 확대, 제품의 다각화는 필연적인 추세이기도 하다. 이 점에서 보면 분권화는 오늘날 기업 조직이 나아가야 할 방향이며 한 가지 큰 과제라는 것도 분명하다.

표 7-1 분권조직의 장·단점

구분	내용
장점	• 신속·정확한 의사 결정과 조치 • 관리자의 육성과 동기 부여 • 경영자의 부담 경감 • 기회손실의 감소
단점	• 결정의 통일성을 기하기 어렵다 • 스태프를 이용하기가 어렵다 • 톱의 뛰어난 능력·경험을 살리기 어렵다.

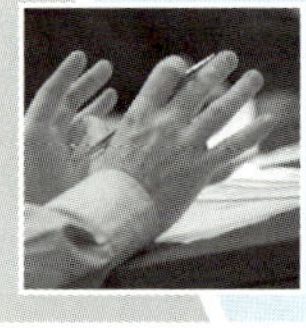

제 2 절

분권화의 결정 요인

1. 분권화 시행 시기

조직은 발생 초기 단계에서는 대개 집권조직이다. 조직이 점차 성장하게 되면 집권적인 조직의 문제점이 나타나게 되면 서서히 분권화를 검토하게 된다.

분권화는 앞에서 살펴보았듯이 상황에 비추어 적용되어야 하는 것이지만 적용 여부를 판단할 때 몇 가지 요소를 반드시 살펴보아야 한다. 데일은 분권화를 결정하는 데에 영향을 미치는 것으로서 다음과 같은 요소를 들고 있다

① 회사 규모

② 기업 성격(회사의 발전기, 지리적 분산, 다각생산, 표준화)

③ 경제 여건(기업 활동의 확장, 경쟁의 감소)

④ 정치 정세와 이념(과도 집중 회피, 소규모의 단위와 자치를 향한 잠재적 경향)

⑤ 경영이념(경영이념이 방침에 영향을 준다)

⑥ 인물(사장의 능력·경험 등)

⑦ 경영 기능의 종류(경영 기능의 성질과 중요도)

이러한 요소 가운데에서 중요한 것은 [그림 7-2]에서 정리했다. 요점은 이런 사항을 기업의 상황에 비추어 필요한 시기를 판단해야 한다.

그림 7-2 분권화를 결정하는 요소

경영규모	기업의 규모가 확대되면 조직은 커지고 관리 계층이 늘어서 상황에 적합한 조치를 취하기가 어렵다. 조직을 재분할하여 알맞은 경영 단위로 분권화를 촉진하지 않으면 기업은 동맥경화 증상을 나타내게 된다. 톱 매니지먼트에게 권한이 지나치게 집중되는 것은 규모가 얼마만큼을 넘어서면 위험하다.
업태	기업이 지역적으로 분산되어 있는 것은 절대적인 조건은 아니지만 많은 경우에 분권화를 꾀하는 것이 경영의 효율성을 높이게 된다. 이러한 경우 중앙 집권적인 조직에서는 시간·비용 등이 비능률적으로 되기 쉽다. 마찬가지로 제품이 다각화되어 있지 않은 기업에서도 제품의 특성과 관련시켜 분권화를 꾀하는 게 유리하다. 나아가 기업이 발전하여 역동적일 때에는 상황에 적합한 조치가 필요한데 이때 분권화가 적합하다.
경영이념	톱의 경영 이념에 따라 분권화가 결정되는 경우가 많다. 예로 슬론이 GM사에 사업부제를 적용한 것은 그가 인간을 중시하고, 사람이야말로 기업을 독특한 것으로 만들 수 있다는 이념을 실현하기 위함이었다.
경영자와 하위관리자	경영자의 능력·경험이 한정되고, 조직의 각 계층에서 능력 있는 관리자를 얻을 수 있는 경우에 분권화는 아주 효과적이다. 또한 분권화함으로써 관리자의 잠재 능력을 끌어낼 수 있는 이점도 있다.

2. 분권화를 적용할 때 유의할 점

분권화를 결정하는 데 몇 가지 요소가 있다. 그것으로 분권화를 결정했다고 하여도 실제로 실행하여 성공시키기 위해서는 유의해야 할 점이 많다. 그 중에서 방침의 통일, 관리자의 능력이 매우 중요하다.

(1) 기본 방침의 통일

분권화가 촉진되면 그만큼 권한이 조직 내에 분산된다. 따라서 방침이 통일되고, 명확하지 않으면 혼란이 일어나게 된다. GM사는 각 사업 부문의 활동을 전적으로 각 부문에 위임하고, 기본 방침은 모두 본사가 결정한다.

그림 7-3 분권화의 틀이 되는 기본 사항

- A 기업 목표 설정
- B 전사적 기본방침 설정
- C 종합적인 장기 경영 계획 및 이익 계획 결정
- D 예산 결정
- E 자금 계획과 조달
- F 각 조직 부문의 업적 목표 결정과 업적 평가
- G 전사적 조직 계획 결정
- H 상위계층 인사(관리직 이상) 결정
- I 전사적 보고제도 결정
- J 원가 계산·예산 통제 등 여러 제도의 제정과 변경
- K 기본 판매 방침 결정
- L 내부감사
- M 기타 회사 전체적인 조정사항(대외 계약, 소송, 등)

분권조직에 대한 기본적인 견해는 활동은 분권화, 방침 결정은 집권화이다. 분권화를 촉진하려면 그만큼 기본적인 사항에 대한 틀이 필요하며, 그것이 없으면 분권화는 하부에서의 자유재량의 여지가 많아 혼란도 커진다. 또한 각 조직 부문의 업적 기준이 명확하게 평가할 수 있어야 하며, 그렇지 않으면 분권화를 시행해도 책임이 모호해져서 분권화의 의미를 상실할 수 있다.

그런데 분권화의 틀이 되는 기본적인 사항은 대개 기업의 목표나 기본방침으로 [그림 7-3]에서 정리되어 있다.

(2) 관리자의 능력

분권화를 실시하려고 해도 위임받은 권한을 적절하게 행사할 수 있는 관리 능력을 갖춘 적절한 인재가 없으면 분권화의 이점을 얻을 수가 없고 오히려 혼란을 초래하게 된다. 혼란까지는 일어나지 않더라도 분권화가 적극적으로 촉진되지 않으며 그 정도도 매우 낮은 수준에 머물 수밖에 없다.

분권화된 조직에서는 하위 관리 계층에 있는 사람이 많은 자유 재량권을 갖게 됨으로써 그만큼 기본 방침을 적절하게 해석, 적용하여 자신이 맡은 일에 적극성·창의성을 발휘하여 일을 진행시켜 나가게 된다. 또한 자신이 맡은 직무와 권한 행사의 결과에 대해 책임을 질 수 있어야 한다.

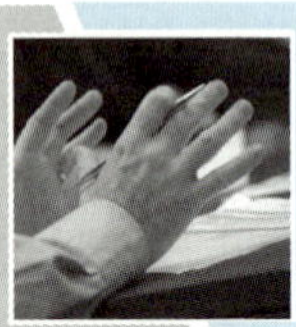

제 3 절

분권의 형태

분권은 조직의 상위 계층으로부터 하위 계층으로의 권한을 위임하는 것으로 조직의 전체적인 위임으로 파악할 수 있다. 또한 분권은 조직을 둘러싼 환경이나 상황에 따라 그 정도가 결정된다.

그런데 분권이라고 해도 그것 자체가 특정한 조직 형태를 뜻하는 것은 아니다. 어디까지나 조직 안에서의 권한의 분산 정도에 따라 분권적인지 아닌지가 판정되는 것이며, 권한의 상태의 문제라고 할 수 있다.

분권적인 조직은 구체적으로 2가지 형태를 취한다. 첫째, 조달·생산·판매 등의 경영 활동의 순환과정에 따라 분화하는 분권적인 조직 형태이다.

둘째, 일의 세분화를 꾀하지 않고 통일성을 유지한 채 일을 지역별 또는 제품별 등으로 단위적으로 분화하는 분권적인 조직 형태이다.

드러커는 이들 2가지를 「직능적 분권제(functional decentralization)」와 「연방적 분권제(federal decentralization)」라고 하였는데, 후자는 오늘날 「사업부제」로서 보급되어 있다.

1. 직능적 분권제

직능적 분권제(functional decentralization) 조직은 경영 과정의 주요 단계마다 여러 가지 직능을 통합 단위로 마련하여 최대한의 책임을 이들에게 부여하는 것이다. 즉, 제조·판매·경리·재무·인사·총무 등 경영 활동의 과정에 따라 나눈 분권제이다.

일반적으로 이러한 조직 단계는 직능 부문제 조직이라고 불린다. 형태로는 이 직능 부문제 조직과 직능적인 분권제 조직은 구별이 되지 않는다고 할 수 있다. 특징은 직능의 전문화이다. 그러나 문제는 각 직능 부문에 주어지는 권한의 정도로서 권한이 직능 부문마다 잘 분산되어 있지 않으면 분권적 조직이라고 하기가 어렵다.

직능적 분권제의 이점은 이 형태의 특징인 전문화의 촉진으로서 일이 종류에 따라 정리되므로 많은 종류의 잡다한 일에 구애받지 않고 몇 가지 한정된 일에 전념할 수 있다는 점이다. 이것은 일의 경제성을 높이는 방향으로 이어진다. 그러나 이것이 직능적 분권제 조직의 단점이기도 하다. 곧 직능적 부문 조직에서는 자기 부문의 직능을 가장 중시하여 사업 목표보다는 전문적인 기능·지식을 더 중요시하기 쉽기 때문이다.

각 직능 부문은 사업의 일부에만 관여하고 사업 전체와는 관련을 갖지 않으므로 목표설정과 업적측정이 어려워지기도 한다. 따라서 철저한 분권제를 시행하기 어렵다.

그림 7-4 직능적 분권제 조직의 예

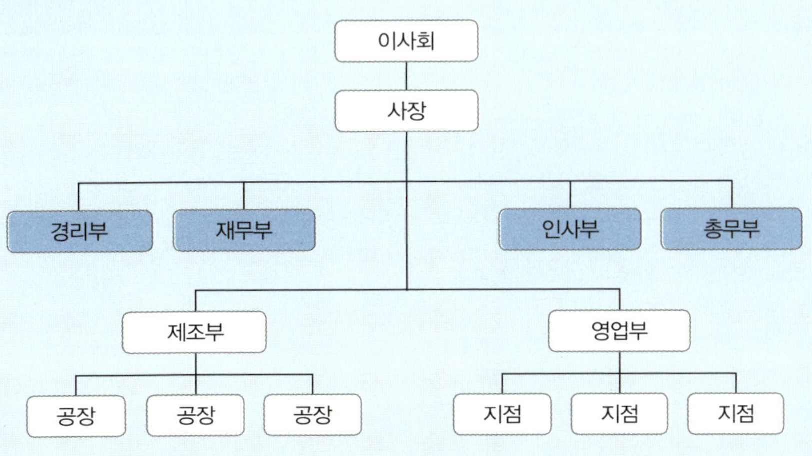

2. 사업부제

사업부제가 등장하게 된 배경을 보면 기업의 경영규모가 확대되고 기술혁신이 가속화되면서 다양한 사업으로 확장해 나감에 따라 이에 능동적으로 대처해 나가기 위해서는 한 사람의 최고경영자만으로는 모든 사업을 관리하는 것이 어렵게 되었다. 따라서 조직을 사업별로 독립적으로 운영해야 할 필요성이 대두되었다.

사업부제의 출발은 1920년대 듀퐁사와 GM과 같은 미국 대기업이 사업 및 지역 다각화를 추진하면서 기능별 조직구조의 문제점을 해결하기 위해 사업부제 조직구조를 채택하게 되었다.

사업부제에 의한 분권관리는 직능별 분권조직의 결점인 기업적 업적 책임의 불명확성을 제거하기 위해 시행된 분권관리의 형태이다.

사업부제는 기업내부에 독자적인 이익 및 제품 또는 시장을 갖는 기업적 책임단위를 설정하는데 이는 곧 분권화를 행하는 경영제도를 가리킨다.

사업부가 독자적으로 기업의 업적책임을 가짐으로써 경영자·관리자가 행하는

표 7-2 사업부제의 장·단점

장점	단점
• 경영 담당자의 시야를 넓혀 그 노력을 직접 사업 목적 달성으로 향하게 한다. • 경영 담당자가 자기기만에 빠져서 장래성 있는 것을 무시하거나, 유리한 부문을 희생시키고 불이익 부문을 유지하는 위험을 미리 막는다. • 이 제도하에서 비로소 목표의 설정에 따라 이루어지는 경영이 충분한 효과를 발휘한다. 경영자는 일을 완전히 파악할 수 있어 다른 사람의 지시를 받을 필요가 없다. • 후계자 육성이 쉽다. • 하위 계층의 관리자에게 자립적인 직무를 부여함으로써, 그 능력이나 진가를 실제로 시험해 볼 수 있다.	• 사업부마다 분파주의가 생겨나 회사 전체로서 통일이 안 되고, 또한 인사·기술면에서의 교류가 가로막혀 경직화 경향이 생긴다. • 단기적 이익을 추구하여 장기적·전체적 관점에서의 경영활동을 게을리하기 쉽다. • 관리스태프가 사업부마다 중복되어 인재부족이나 관리 비용이 늘어나게 된다.

방침·계획의 결정이나 통제의 기능에 대해서 기업적 창의성을 발휘할 수 있는 것이 사업부제의 본질이다.

미국에서는 많은 기업이 사업부제를 실시하고 있다. 특히 2차 세계대전 이후 이 제도를 적용하는 기업이 증가하였다. 일본에서도 사업부제의 실시가 상당히 높은 비율을 차지하고 있는데 조직 실태조사 결과를 보면 415개 회사 가운데에서 172개 회사가 어떤 형태로든 사업부제를 실시하고 있다. 또한 그 채용 이유가 이익관리

그림 7-5 사업부제를 채택할 때 준비사항

분권화 본사는 회사 전체의 입장에서 목적·방침의 확립, 조직 기구의 입안, 사업 부문별 종합계획과 예산의 승인, 사업부 활동의 조정, 회사 업무의 전반적인 통제를 한다. 그러나 하나하나의 사업부 내의 활동은 방침 결정까지도 사업부문의 자립성을 인정한다.

관리자 육성 사업부는 그것 자체가 작은 기업으로서 운영되므로 관리자는 경쟁 능력이 있어야 한다. 능력 있는 관리자의 준비는 조직 이행에 앞서 이루어져야 한다.

비용 사업부제 조직은 직능 부문별 조직보다 비용이 더 들지만, 도입 여부는 비용의 증가를 감수하더라도 이 제도를 시행하면 효과가 증대된다는 신념이 확실할 때 가능하다.

조정 사업부제 조직을 도입하면 각 사업부마다 경영 목적이 가장 큰 관심사가 되므로 사업부문 사이의 조정이 어렵게 된다. 따라서 회사 전체의 목적과 방침의 통일, 본사 스태프의 조정을 고려해야 한다. 다만 사업부 조직의 각 부 내의 조정은 직능 부문에 견주어 쉽다고 할 수 있다. 직능 부문에서는 문제가 직능 부문에서 톱까지 미치지 않으면 조정이 되지 않는 경우가 많다. 사업부제에서는 다른 사업부와의 경쟁의식이 오히려 단결을 촉진하기도 한다.

통제 유효 적절한 통제 제도가 확립되지 않으면 각각의 사업부를 독립된 경영 단위로 나누기 어렵다. 업적의 측정, 평가 제도의 확립이 필요하다.

소요 기간 성공하려면 사업부제 조직으로 바꾸는 데에 소요되는 기간을 충분히 잡아야 하는데, 5년에서 길게는 8~10년의 기간이 소요된다.

체제의 확립, 책임·권한의 명확화, 경영의 기동성 확보, 최고경영자의 전략지향 강화 순으로 되어 있다.

드러커는 오늘날 대기업에서 지배적인 구조 원리인 사업부제의 장·단점에 대해 〈표 7-2〉에처럼 열거하고 있다.

사업부제 조직은 다양한 특색이 있는데 사업부제를 적용할 때에는 준비·적용의 시기·방법에 많은 주의를 기울여야 한다. 알렌은 조직을 사업부제로 재편성할 때 준비 사항에 대해 [그림 7-5]와 같이 들고 있다. 또한 시기·방법은 앞에서 살펴본 분권화와 동일하다.

여러 가지 측면을 검토한 후 기업이 사업부제 조직에 적합한지를 판단하여 더

그림 7-6 지역별 사업부제 조직

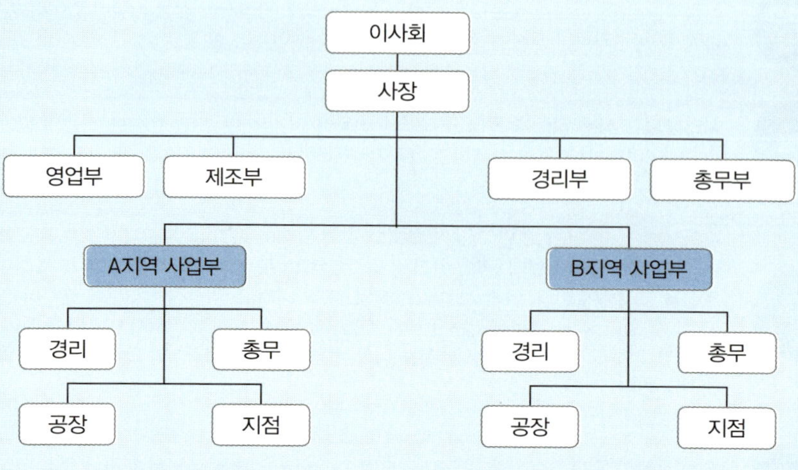

이 형태의 사업부제 조직은 기업의 주요 활동, 서비스를 지역적으로 나누어 독립적인 하나의 경영 단위를 만드는 것이다. 이 제도에서는 제품 또는 서비스를 특정 지역에 가장 효과적으로 공급할 수 있다는 이점이 있다. 따라서 시장의 성격이 지방에 따라서 두드러지게 다른 경우나 제공하는 제품의 성격 등에 따라서는 지역별 사업부제가 가장 알맞은 경우가 있다. 보험회사·석유회사·철도회사·식품회사 등에서 채택하는 경우가 많다.

욱 효과적으로 적용하려고 힘써야 한다. 사업부제 조직은 적용할 때의 준비사항은 [그림 7-5]와 같다.

사업부제 조직은 2가지 유형으로 구분할 수 있는데, 일반적으로는 지역별 또는 제품별로 나누어 볼 수 있다. 견해에 따라서는 여기에 고객 시장별 사업부제 조직을 덧붙일 경우도 있는데 이것은 앞의 2가지 사업부제의 변형으로 파악하기도 한다.

기업마다 어느 사업부제 조직이 가장 적합한지는 기업 내·외부의 상황을 검토하고, 또한 기업 목적에 비추어 이들 가운데에서 어느 사업부제를 선택할지, 경우

그림 7-7 제품별 사업부제 조직

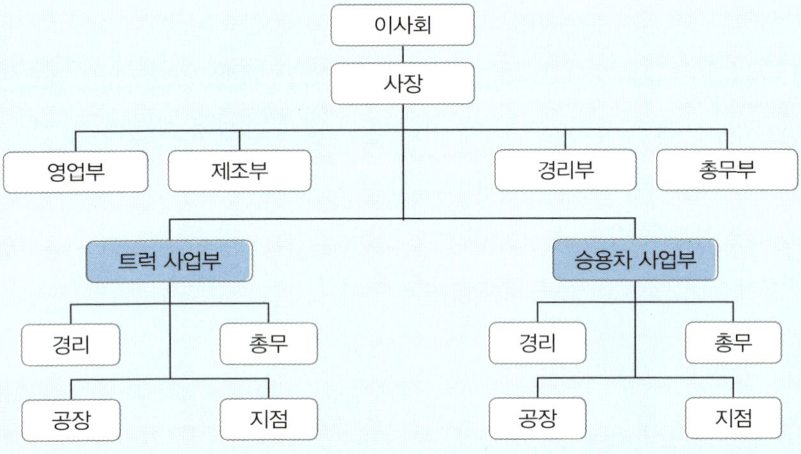

이것은 동일 제품 또는 관련 제품을 모아서 하나의 독자적인 경영 단위를 만드는 것을 말한다. 제조 판매라고 하는 주요 직능은 제품 단위별로 나뉜다. 제품별 사업부제를 채택하는 것은 제품이 다각화된 기업의 경우가 많다. 특정 제품이 중시되고 다른 제품이 경시되는 일을 막기 위해서도 동일 제품 또는 유사 제품의 하나의 경영 단위로 모아서 독자적인 경영을 하는 것이 바람직하다. 또한 제품의 종류에 따라서 판매처와 유통경로가 다른 것, 또는 생산 설비나 기술이 다른 것은 각각 그룹으로 나누어 다른 경영 단위로 만드는 것이 바람직하다. 이 제품별 사업부제 조직을 도입하는 기업은 화학·자동차·전자기기·기계 등이다.

에 다라서는 그 혼합형으로 할 것인지를 신중하게 결정해야 한다. [그림 7-6]은 지역별 사업부제 조직의 특징과 조직도를 나타내고 있고, [그림 7-7]은 제품별 사업부제 조직의 특징과 조직도를 나타내고 있다.

3. 소규모 기업에서는 직능 부문제 조직이 유리

직능적 분권제와 사업부제 중 어느 쪽을 택해야 할지는 일률적으로 말할 수가 없다. 드러커는 2가지 조직형태가 서로 경쟁하는 것이 아니라 오히려 서로 보완하는 것으로 보고 있다. 그러나 보통은 사업부제가 효과적이고 생산성도 높다고 여겨지고 있는데, 아주 소규모의 기업에서는 사업 자체를 하나의 자립적인 단위 부문으로 생각할 수 있으므로 따로 사업부제를 적용할 필요는 없다.

알렌도 기업의 규모가 작고 개인적이며 집중적인 지배구조로 운영되고 있는 경우에는 직능부문제의 장점이 단점에 비해 훨씬 많다고 말하고 있다. 또한, 직능 부문제 조직을 유지하는 것은 회사의 규모가 작고, 제품의 종류가 적고, 생산 부문이 몇몇 장소에 집중되어 있고, 관계하는 시장의 상황이 비슷하며, 주된 경쟁회사도 직능 부문제를 시행하고 있는 경우에는 적절하다.

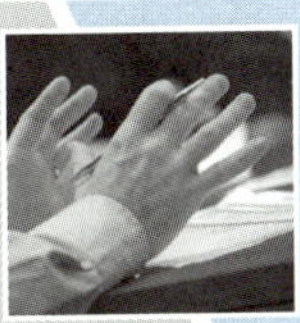

제 4 절

사업부제 조직의 사례

1. GM의 사업부제

사업부제라고 하면 제너럴 모터즈(GM)가 대표적인 사례이다. GM이 제도를 유지하며 세계 최대의 제조 회사로 명성을 얻고 있는 것도 바로 이 제도가 뛰어나기 때문이다.

GM은 1921년에 매출액 3억 달러, 자산 6억 5백만 달러, 종업원 8만 1천 명일 때 대폭적인 분권화를 수반한 사업부제를 실시했다. 그 이후 자동차 업계에서 언제나 경쟁우위를 지켜온 것은 이 사업부제 도입으로 경쟁력을 확보할 수 있었기 때문이다.

GM의 창립은 1908년이며 1916년에 지금의 이름으로 설립되었다. 운영은 창시자인 듀런트가 하고 집권적인 직능 부문제 조직을 채택하고 있었다. 듀런트는 사업에서는 수완을 발휘했지만 판매 중심주의였으므로 관리나 조직은 잘 정비되어 있지 않았다. 1921년에 약 3,300만 달러에 이르는 재고 손실에 따른 적자를 냄으로써 회사의 앞날에 그늘이 던져지고 경영은 듀퐁에게 인계되었다. 1923년에는 슬론에게 다시 양도되었다.

슬론은 뛰어난 경영이념으로 사업부제를 이용했다. 듀런트의 시대에는 중앙 통제는 이루어지지 않고, 각 부문은 거의 통합되어 있지 않았지만 슬론은 전사적인 방침의 결정과 통제는 본사에서 집권화하고 현장부문의 운영에 대해서는 대폭적으로 분권화를 단행했다. 이때 비로소 GM에서는 관리체제가 구축되었다고 할 수 있다.

2. 슬론의 경영 이념

슬론이 먼저 깨닫게 된 사실은 지금까지 경영관리는 몇몇 중역들에게 지나치게 많은 권한이 집중되어 있기 때문에 독창성·적극성이 제한되고, 업무의 지체가 생기고, 비용이 증가하고 그 결과 능률이 떨어져 발전이 없다는 것이었다.

따라서 분권화가 잘 이루어지면 이런 문제는 자연히 해결될 것으로 보고 집권화와 분권화의 상반되는 원칙의 균형을 살펴서 적용하기로 했다. 즉, 기본방침의 결정은 집권화하고, 사업 활동은 분권화를 실시했다. 당연히 이러한 생각의 이면에 내재되어 있는 것이 바로 슬론의 경영이념이다.

슬론은 기업에서 사람의 중요성을 첫째로 여기고 사람이야말로 기업조직을 독특한 것으로 할 수 있다고 생각했다. 슬론은 사업부제의 기본적인 개념을 밝히고 그 구체적인 형태로서 [그림 7-8]에서 보는 바와 같은 조직으로 만들었다.

그림 7-8 슬론의 경영 이념과 사업부제의 기본 개념

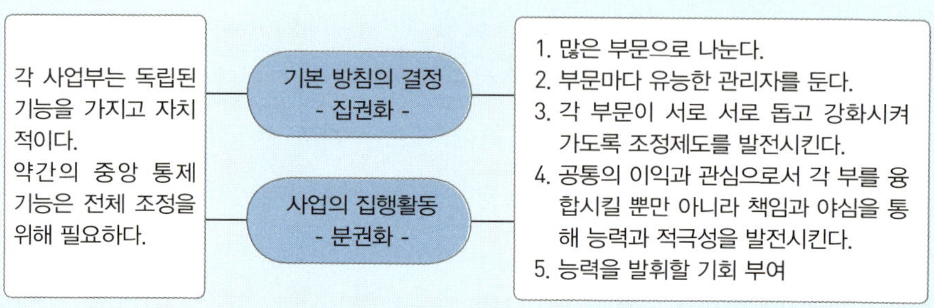

3. GM의 사업부제의 특징과 장점

GM의 사업부제 조직은 슬론이 생각했던 당시나 현재나 그 바탕은 크게 변함이 없다. 그만큼 이 조직이 뛰어나다는 것을 말해 주는 것이다.

사업부제 조직에서는 회사를 관리하는 업무 활동과 회사를 운영하는 업무 활동으로 나누고 있다. 전사적 방침의 설정은 본사에 집권화되어 있고 이사회의 하부위원회인 재무위원회와 운영위원회와 경영위원회가 책임을 지고 있다. 사업 부문은 크게 자동차 사업 부문과 다른 사업 부문으로 나뉘어 있다. 각각의 기능과 특징은 [그림 7-9]와 같다.

그림 7-9 GM의 각 부문의 특징과 기능

재무위원회	회사 전체의 재무 방침을 입안하고 사장과 직능적인 관계를 갖는다.
운영위원회	회사의 전반적인 방침을 수립, 방침 그룹의 도움을 받는다. 사장과는 직능적인 관계를 갖는다.
경영위원회	회사의 제조·판매 활동에 대하여 사장에게 조언하고 권고한다.
스태프 부문	재무·법률 스태프와 제너럴 스태프가 있다. 직접적인 권한을 갖지 않으며, 직능분야에서 방침과 계획을 더욱 잘 수립할 수 있도록 각 사업부를 돕는다.
사업 부문	자동차 및 부품 사업 부문과 다른 사업 부문으로 나뉘어 있으며, 다시 제품의 종류에 따라 몇 개의 사업부로 나뉘어 있다.
그룹 익제큐티브 (부사장)	GM의 경영자를 대표하고, 각 사업부의 제너럴 매니저에게 조언을 하고 조정을 꾀한다. 조정에서의 어려움과 의사소통 문제를 해결하기 위한 것이다.
사업부	하나의 독립 기업으로서 운영되고 구입·판매나 제조 공정의 개발 등에 대폭적인 권한이 주어져 있다. 다만 자본적인 지출, 제품 가격, 급여, 단체 협약 등에서는 권한의 제약을 받는다.
제너럴 매니저 (사업 부장)	각 사업부의 성공 또는 실패의 결과를 모두 책임진다.

한편, GM의 사업부제의 뛰어난 장점에 대해 데일은 다음과 같은 사항을 들고 있다.

- 신속한 결정 및 개선
- 경영자의 육성
- 라인, 스태프, 톱 매니지먼트 사이의 문제가 적다.
- 각 사업부의 노력 및 업적을 측정하고 비교할 수 있다.
- 이익을 추구하는 활동에 독립성이 있다.

사례

진시황의 중앙집권

진왕 정(政)은 중앙 집권을 강화하기 위하여 '왕'이라는 칭호를 버리고 전설에 나오는 삼황오제에서 황과 제를 따 '황제'라고 호칭하였다. 따라서 처음으로 황제가 되었기 때문에 그를 '시황제(始皇帝)'라고 부른다.

시황제는 중앙 집권을 행하기 위하여 봉건제를 폐지하고 군현제(郡縣制)를 채택하여 중앙에서 지방에 관리를 파견하여 직접 다스렸다. 이에 전국 시대 이래의 관료 제도를 정비하여 중앙에서 지방에 이르는 통치 기구를 확립하였다. 중앙에는 황제 아래 중앙 행정 기구의 최고 장관으로 좌우에 승상(丞相)을 두고 어사대부(御史大夫)는 부승상이 되어 감찰을 맡았다. 또, 태위(太尉)를 두어 황제의 군사권을 협조하게 하였는데, 승상·어사대부·태위를 합하여 3공이라고 불렀다. 그리고 그 아래 일반 행정을 분담한 9경(卿)을 두었다. 지방의 행정 기구 조직도 중앙과 비슷하였다. 군에는 군수(郡守)가 행정을, 군위(郡尉)가 군수를 보좌하여 군사를 맡았으며, 감어사(監御史)를 두어 군의 행정 관리를 감찰하고 사법을 맡았다. 그리고 군 아래 1만 호 이상에는 현령(縣令), 그 미만에는 현장(縣長)을 두어 행정을 맡고, 현위(縣尉)는 군사, 현승(縣丞)은 현령(장)의 일을 돕고 사법 재판을 맡았다.

통일 직후 일부 유학자들은 군현제를 반대하고 봉건제를 주장하였다. 즉, 박사 순우월(淳于越)은 고대의 제도대로 제후를 분봉하지 않으면 나라가 오래 지속되지 못할 것이라며 군현제를 반대하였다. 이로 인해 통치 사상에 혼란이 일어나게 되자, 진시황은 법가 사상으로 사상을 통일하고 이를 위하여 제자백가의 책을 모두 불태우는 분서(焚書)를 단행하였다. 또 옛것을 가지고 당시를 비판하는 사람은 멸족한다고 공포하였는데, 진시황을 위해 죽지 않는 약을 구하려 했던 방사인 노생(盧生)과 후생(侯生)이 진시황과 그의 정책을 비판하고 도망갔다. 진시황은 이들을 수색하면서 유언비어로 백성을 유혹한다며 460명의 유생을 찾아내어 산 채로 구덩이에 파묻어 죽이는 갱유를 단행하였는데 분서와 함께 이를 '분서갱유(焚書坑儒)'라고 한다.

진이 통일하기 전에 각국은 각기 다른 법률을 시행하였다. 여기에 변법을 보충하고 수정하여 전국적으로 통일시켰다. 1975년에 호북 운몽(雲夢)에서 출토된 『진율죽간(秦律竹簡)』은 상앙이 제정한 진율은 물론 그 이후에 수정된 내용을 포함하고 있어 진의 역사와 진율을 연구하는 데 중요한 자료가 되고 있다. 그리고 도량형을 통일하였다. 진은 문자와 화폐도 통일시켰다. 당시 각국에서 사용하고 있던 문자의 글씨체가 다 달랐다. 비록 서주 말에 대전(大篆)으로 통일시켰다고 하나, 동주 이후 발음과 문자의 형태가 달랐기 때문에 자체(字體)가 매우 혼란스러웠다. 따라서, 진의 이사가 번잡한 대전을 간단하게 한 소전(小篆)으로 통일시켰다. 또, 화폐도 일률적으로 진에서 사용하던 원형으로 통일하여 사용하였다.

진시황은 천하를 통일한 다음, 있을 수 있는 반진(反秦) 세력을 예방하기 위하여 민간의 병기를 몰수하여 함양으로 모았다. 그리고 이를 녹여서 여러 개의 큰 종과 12개의 금인(金人)을 만들었다. 6국의 귀족 부호 12만 호를 함양으로 이주시키고 제후가 수축한 성곽과 장애 시설을 파괴하였다. 재위 기간이 12년밖에 되지 않았지만 중요한 건설을 완공하여 통일 국가를 통치하기에 유리하도록 하였다.

첫째, 만리장성(萬里長城)의 수축이다. 전국 시대 진·조·연은 북방과 동북방의 외족을 막기 위하여 각각 장성을 쌓았다. 그 후, 진시황은 통일을 달성한 뒤 북방의 방어를 위하여 전국 시대에 쌓아 놓은 각국의 장성을 연결시켰는데, 이것이 오늘날의 만리장성이다. 장성은 서쪽의 임조(臨洮)에서 동쪽의 요동에 이르기까지 5천여 리에 달하며, 세계적으로 몇 안 되는 불가사의한 것 가운데 하나로 꼽고 있다.

둘째, 치도(馳道, 천자의 길로 국도)와 운하의 건설이다. 함양을 기점으로 삼아 동쪽으로 연·제, 남쪽으로 오·초에 이르는 국도를 건설하였는데, 그 도로 폭은 50보였다. 수로로 홍구(鴻溝)를 파서 황하를 남쪽으로 흐르게 하는 지류를 만들었다. 또, 사록(史綠)을 파견하여 영거(靈渠)를 파서 상수(湘水)와 이수(灕水)를 관통시키고, 장강(長江) 유역과 주강(珠江) 유역을 연결시켜 수륙 교통이 통달하게 되었다.

3

PART 3

조직계층에 대한 이해

03

Chapter 08

미들 매니지먼트

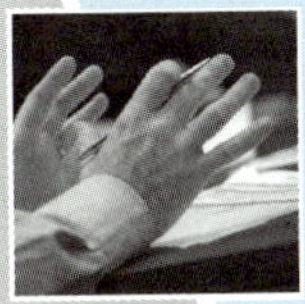

제 1 절

미들 매니지먼트에 대한 이해

1. 『중간』은 의사소통의 중심지

미들 매니지먼트가 하는 일은 톱 매니지먼트가 수립한 경영방침이나 계획을 각자의 담당 분야에서 구체화시켜서 일반 사원이나 작업원에게 일을 시키는 것이다. 또한 톱의 경영방침, 계획을 구체화시켜서 하위부서로 내려 보낼 뿐만 아니라, 하위계층 의견을 톱에 반영시키며, 소단위 조직을 조정하는 등의 의사소통의 중심지 역할을 한다.

미들 매니지먼트는 일반적으로 부장, 과장급의 관리자를 가리킨다. 미들 매니지먼트는 생산, 판매, 인사, 회계 등으로 구분되므로 직무의 내용도 다르다. 그러나 이른바 중간 관리직의 기본적인 공통된 관리 직무는 [그림 8-1]과 같다.

그림 8-1 미들 매니지먼트의 공통 직무

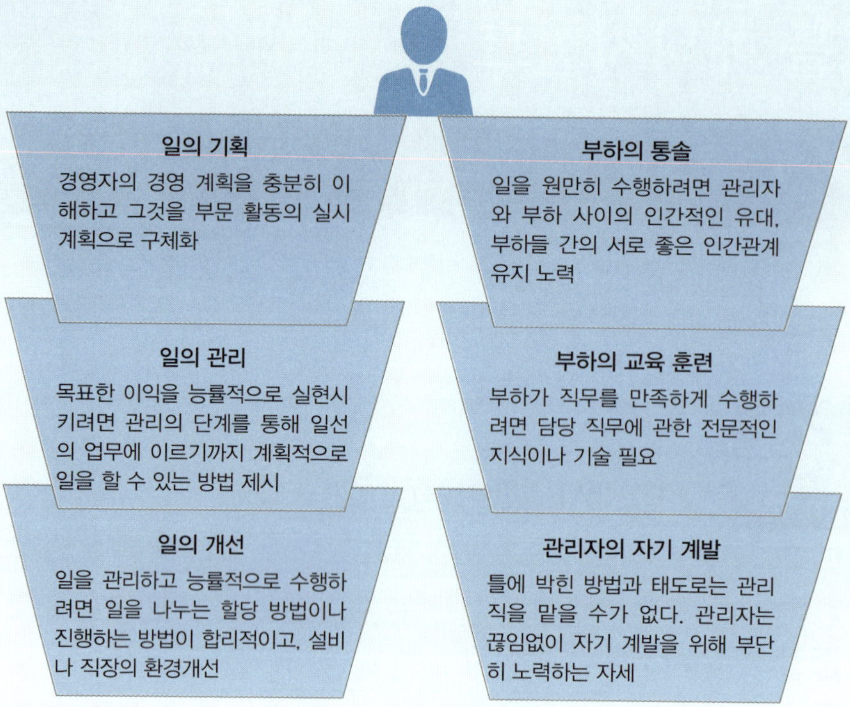

2. 미들 매니지먼트의 역할

대부분의 기업은 조직체계가 대체로 고정되어 있다. 임원들과 관리자들이 있고, 그리고 실무자들이 있다. 또한 이들을 가운데에서 연결해주는 사람들이 바로 중간 관리자들이 있다.

임원들과 관리자들은 조직의 효율성을 높이고 매출과 이익을 창출하기 위한 전략을 수립하는 데 주력하고, 실무자들은 이러한 전략을 실제로 움직이며 해결하는 사람들이다. 이들 사이에는 중간관리자가 있는데, 조직의 전략을 해석하고 임원과 관리자들의 지시를 실무자들에게 전달하며 이 내용이 제대로 실행되는지 감독하게 된다.

중간관리자들은 특히 커뮤니케이션 기술이 좋아야 하고 지시를 내리는 쪽과 지시를 받아 일하는 쪽, 모두를 이해하고 조율할 수 있어야 한다. 만약 중간관리자가 커뮤니케이션 능력이 부족하게 되면 여러 면에서 어려운 상황들이 많이 생기게 된다.

임원과 관리자들의 생각을 제대로 읽어내지 못해 실무자들에게 잘못된 내용을 전달하거나, 실무자들의 능력이나 현실을 제대로 일어내지 못해 관리자들이 제대로 된 전략을 구상하지 못하도록 방해하기도 한다.

우리나라의 기업에서 중간 미들 매니지먼트에게서 가장 부족하다고 생각되는 부분이 바로 커뮤니케이션이다. 즉, 대화의 기술이 부족하다. 여기에서 대화라는 것은 단순히 상대방과 이야기한다는 것이 아니라, 의도한 바를 정확하게 전달할 수 있어야 하고 상대방의 생각을 제대로 읽어야 하는 것을 말한다. 중간관리자가 자신의 역할을 제대로 수행하기 위해서는 이런 능력이 더 많이 요구되는 것이 커뮤니케이션 기술이다.

그런데 많은 중간관리자들이 커뮤니케이션 기술이 부족한 이유는 여러 가지가 있지만 대부분의 경우 자기가 하고 싶은 말만 하고 다른 사람의 말을 들으려 하지 않기 때문이다. 또한 자신에게 이런 능력이 부족하다는 사실을 알고 있는 중간관리자가 많지 않다는 것이다. 이제 중간관리자도 커뮤니케이션 기술을 습득하기 위한 다양한 노력을 기울여야 한다.

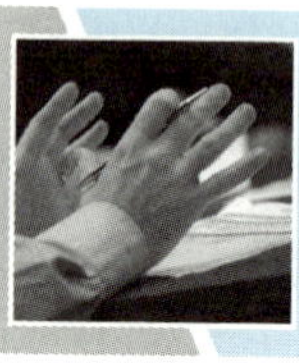

제 2 절

미들 매니지먼트의 관리능력

1. 관리능력의 변화

[그림 8-1]에서 미들 매니지먼트의 공통된 직무를 알아봤는데, 그 가운데 몇 가지라도 부족하면 "저 과장은 관리능력이 없다"는 말을 들을 정도로 공통된 직무를 수행하는데 꼭 필요한 능력이 관리능력이다.

미들 매니지먼트의 특징을 조금 더 분명히 하기 위하여 우선 관리능력 부문에 대해 살펴보기로 한다.

기업의 구성원은 아래로는 작업원에서부터 위로는 최고경영자에 이르는 수직적

그림 8-2 조직계층별 필요한 능력과 비중

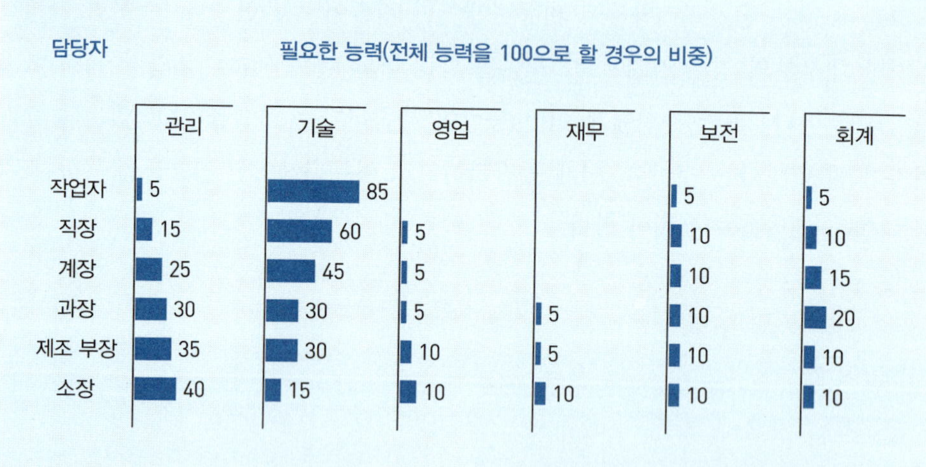

인 계층을 형성하고 있는데 이들 계층에 따라서 필요한 기술적인 능력과 관리 능력의 비중은 다르다.

이러한 필요능력의 변화를 처음으로 설명한 사람이 페이욜(H. Fayol)이다. 「페이욜의 법칙」이라고 불리게 되었다. 페이욜에 따르면 [그림 8-2]에서처럼 하급자에게 꼭 필요한 능력은 기술로부터 회계에 이르는 5가지 직능에 상응하는 집행능력이 있다.

이와는 대조적으로 상급자에게 꼭 필요한 능력은 관리능력이며, 계층이 올라감에 따라 관리 능력의 비중이 증대됨을 알 수 있다.

2. 작업의 실무와 관리업무

미들 매니지먼트는 작업의 실시와 관리 업무가 절반씩이다. 미들 매니지먼트의 관리 직능도 당연히 Plan→Do→See로 이루어져 있다. 한편, 관리직에도 톱, 미들, 로우의 기본적인 3단계가 있다.

페이욜의 법칙으로는 관리자의 계층에 따라 Plan→Do→See를 어디에 비중을 두어야 할지는 알 수가 없다. 오디언(G. S. Odiorne)은 [그림 8-3]에서 표시한 바와 같이 로우 매니지먼트는 작업을 실시하는 데에 거의 모든 시간을 보내고 있다. 그런 일을 해나가려면 기술적인 기능과 인간관계를 잘 조절하는 기능을 반반씩 발휘해야 한다는 것이다.

미들 매니지먼트는 작업 시간의 반을 작업의 실시에 사용하고 나머지 반을 계획, 지휘, 통제하는 데 사용하고 있으나 필요한 기능은 거의 모두 인간관계를 잘 조절하는 기능에 집중되어 있다.

톱 매니지먼트는 원칙적으로 계획, 지휘, 통제하는 관리의 일을 수행하지만, 이 일을 달성시키는 데 필요한 기능의 반은 인간관계를 잘 조절하는 기능이며, 나머지 반은 조직적인 목적을 달성시키는 데에 필요한 구상과 계획을 창출하는 능력이다.

그림 8-3 계층별 필요한 기능

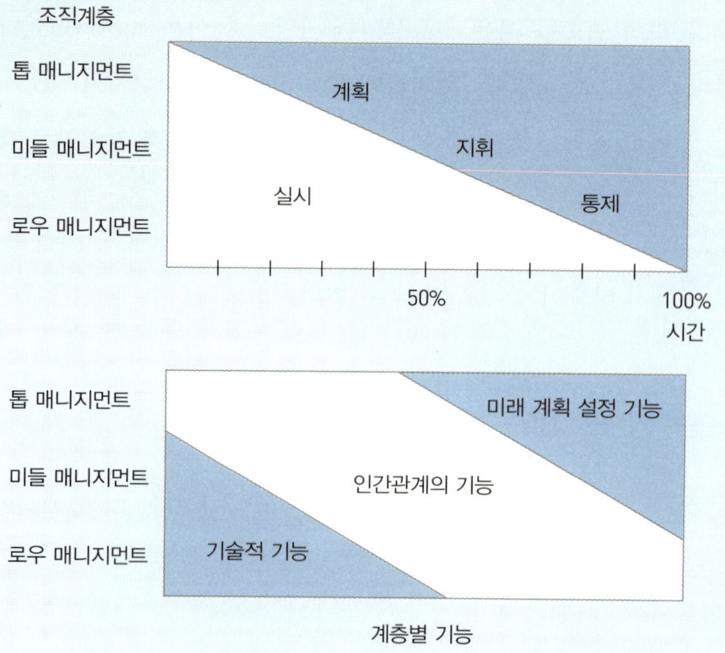

3. 관리능력의 진부화 대책

케이(E. Kay)는 "승진을 한다는 것은 경력을 넓히는 기회를 오히려 잃게 된다는 것을 의미한다"고 말한 것처럼 관리직이 되면 관리능력을 발휘하는 데에 많은 시간을 보내게 된다. 따라서 관리직이 되고 나면 여러 가지 일에 대한 경험을 쌓는 것이 불가능해진다. 중요한 것은 관리직이 될 때까지 많은 경험을 쌓을 것과 관리능력이 진부해지지 않도록 제도를 만들어 두는 것이 중요하다.

관리직이 진부해지는 것을 막기 위한 중요한 대책으로는 〈표 8-1〉과 같다.

표 8-1 관리직의 진부화를 예방하기 위한 대책

임기제	사원의 사기를 돋우고, 관리직의 어려움 인식시키는 데 기여
정년제	젊은 세대에게 승진의 기회를 크게 넓혀 주는 제도
전문직 제도	개인의 전문 능력을 충분히 발휘시키고, 조직을 활성화하는 제도로서 승진, 처우제도를 확실하게 자리잡게 하는 제도
직무순환제도	관리능력, 나아가 경영능력을 실천적으로 개발하기 위해 회사 내는 물론이고 외부로의 출장, 파견을 포함한 순환제도 고려
사내공모제	사원의 사기를 돋우고, 관리직의 어려움을 인식시키는 데 기여

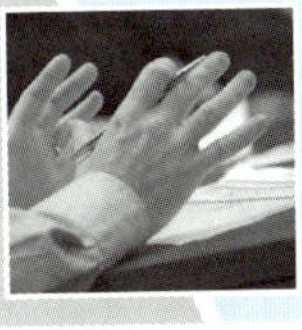

제 3 절 변화하는 사회에 필요한 기획력

1. 혁신자(innovator)로서의 관리자 요구

톱 매니지먼트에서 가장 크게 요구되는 것은 전략적·혁신적인 의사결정과 사회적인 책임, 미들 매니지먼트도 기획력과 통솔력이 중요하다.

급변하는 사회 속에서는 항상 성장제품이나 성장업무 분야를 개발하고, 사양 분야를 처분해 가지 않으면 안 된다. 더구나 크게는 기업 간의 흡수·합병, 작게는 컴퓨터를 이용한 업무처리 시스템의 변경 등 업무의 변화도 빠르게 일어난다.

이제는 기존 방식으로 일을 반복하는 것은 능률을 향상시킬 수 없고 변화에 적응할 수도 없다. [그림 8-4]와 같이 기획력은 변화를 예상하고 기획하는 힘이며, 변화에 대응하는 능력이다.

21세기는 "경험의 사회"에서 "지식의 사회"로 변화하고 있다. 앞으로는 "인공지

그림 8-4 미들 매니지먼트에 요구되는 능력

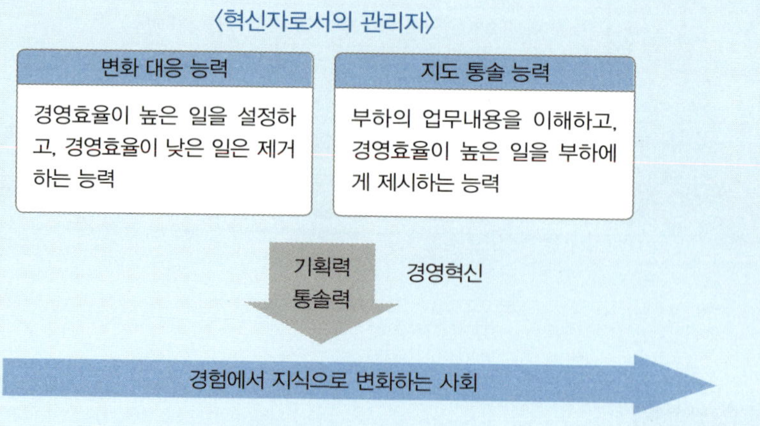

능의 사회"로 발전해 갈 것이다. 21세기는 경험만으로는 일을 처리하던 시대는 지났다.

지식과 지혜가 바탕이 될 때 비로소 올바른 통솔력이 발휘된다. 그리고 경영자는 기획력과 통솔력을 함께 갖추어야 비로소 혁신적인 관리자라고 할 수 있다.

"일의 계획"과 "일의 기획"의 차이를 보면 일의 순서를 정하는 것은 계획일 수는 있어도 기획은 아니다. 그것은 기존 방법의 연장 또는 확대, 결합의 변경 정도에 지나지 않을 뿐이고, 양은 달라져도 질은 바뀌지 않는다. 일의 내용이나 방법에 질을 변화시키는 새로운 착상이나 아이디어가 살아날 때 비로소 기획이 된다.

2. 미들 매니지먼트의 기획력 부족

현실적으로 미들 매니지먼트가 기획력을 제대로 발휘하고 있을까? 거의 모든 관리자들은 기획력이 부족한 것처럼 보인다. 그 원인은 어디에서 찾을 수 있을까? 최근까지는 조직에서 관리자들의 기획력을 중요하게 여기지 않았다.

지금까지는 작업능률 향상 방법, 새로운 기술을 잘 다루는 방법, 인화(人和)나 부하를 능숙하게 감독하고 지도하는 방법에 더 많은 중요성을 두었다. 기획은 단지 스태프의 일이라고 여기고 기획의 중요성을 인식하였더라도 그 입안자는 제너럴 스태프나 라인 관리자를 돕는 스태프이어야 한다는 생각이 지배적이었다. 따라서 라인의 관리자가 시시각각으로 변화하는 경영환경하에서 경영의 효율성이 높은 업무를 기획하는 일을 적극적으로 담당하지 않으면 안 된다는 사고방식이 부족했다.

지금까지의 관리자는 스스로 기획하고, 입안하는 의욕이 결여되게 된 이유를 보면 품의제도의 영향이 크다.

품의제도에 따라 누군가가 좋은 안을 수립할 것이라고 여기거나 담당자가 돌려보고 점검했으면 틀림없을 것이라고 생각하여, 남에게 의존하고 책임을 회피하는 것이 습관이 되어 버린 것이다. 그것이 극단적이 되면 과장은 계장에게 입안시켜서 그것을 점검하고, 부장은 과장에게 입안시키게 된다. 자신이 직접 입안하지 않으면 기획력은 높아지지 않는다는 사실을 명심해야 한다.

3. "기획"을 앞세우는 관리체제로 전환

관리는 경영 효율에 기여하여야 비로소 존재 가치가 있다고 할 수 있다. 경영과 관리가 결합되는 것은 기업의 중요 경영정책이 부문에 얼마나 원활하게 전달되느냐에 달려 있다. 또한 각 부문의 활동이 중요 경영정책으로 집약되는지 안 되는지는 각 부문의 장의 관리능력에 달려 있다.

중요한 경영정책을 각 부문에 원활하게 전달하여 그것을 구체화시켜서 실행체제를 만들어가려면 부장은 과장과 계장의 관리직에게 중요 경영정책을 기획하게 만들어야 한다. 그러나 현실적으로 관리자의 기획력이 부재한 경우가 많기 때문에 능률주의 관리에 치우쳐 있는 체제를 경영에 기여할 수 있는 체제로 전환시킬 필요가 있다. 다시 말해서 "경영" 부재의 관리, "기획" 부재의 관리에서 벗어나 "경영"에 기여하는 관리, "기획" 우선의 관리로 전환시키는 것이 중요하다. 관리자는 능률주의의 관리 전문가로 끝나서는 안 된다.

4. 이상적인 조직체계(조직 : 횡적, 직무 : 종적)

미들 매니지먼트는 자신의 기획력을 높임과 함께 기획이 넘쳐 나는 직장을 만드는 것이 중요한 직무이다. 즉 기획을 앞세우는 관리체제를 만드는 것이 중요하기 때문이다. 그러기 위해서는 직무를 한 사람에게 세로(종)로 맡겨야 한다.

[그림 8-5]와 같이 한 단위의 직무를 가로(횡)로 분류하면 사무, 판정, 기획, 통제라는 업무로 나눌 수 있다. 그것들을 각 담당자에게 배분하면 톱니바퀴 의식을 가져오는 단점이 생기게 된다. 한 단위의 직무는 될 수 있는 대로 입안으로부터 마지막 결과를 얻는 것까지 한 사람에게 맡기는 것이 좋다.

그림 8-5 기획이 넘쳐나게 하는 직무의 세로화

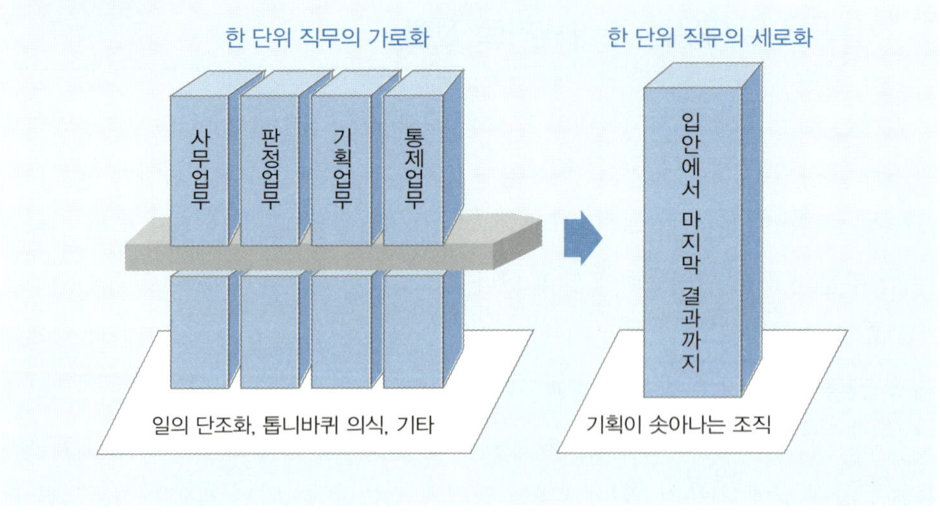

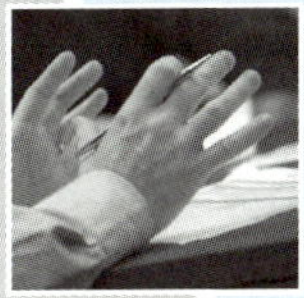

제 4 절

연공서열에서 능력주의로 전환

1. 능력주의 인사

능력도 없고 조직에 공헌하지 못하면서 회사에 계속 근무하는 사람을 가리켜 애사 정신이 있다거나 정확성이 있다고 말할 수 없다. 문제는 유능하고 공헌의욕이 있는 사람을 어떻게 회사에 대해 충성심을 갖도록 육성하느냐 하는 것이다.

오늘날 기업은 치열한 경쟁과 저성장 시대를 맞이하여 직원을 소수정예화하는 한편 유능하고 공헌의욕이 있는 사람을 계속 근무하게 하는 방책을 진지하게 찾고

그림 8-6 능력주의 인사를 실현시키는 단계

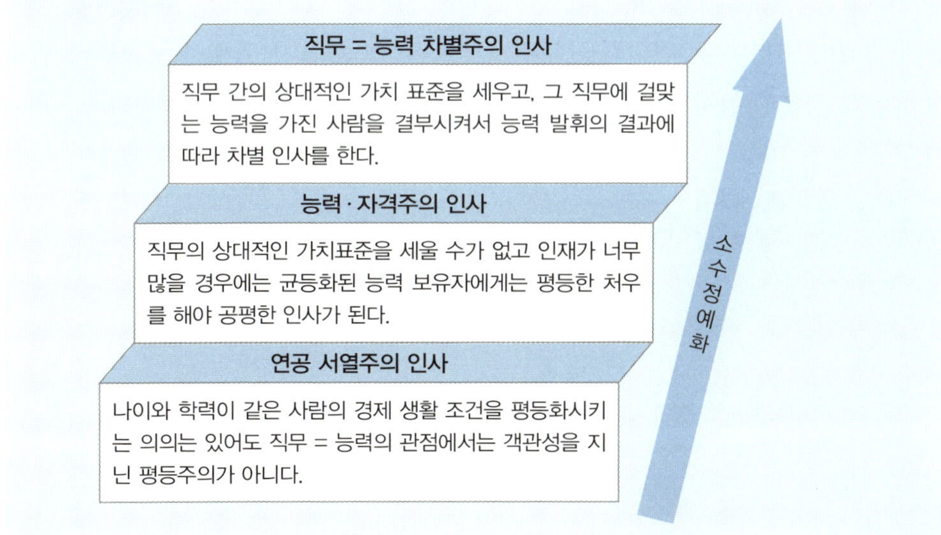

있다. 그 가운데 가장 유효한 정책이 바로 관리직에 대해서 능력주의에 따른 인사를 하는 것이다.

인사를 제대로 실현하기 위해서는 [그림 8-6]과 같이 3단계 ① 연공 서열형 인사, ② 능력·자격 인사, ③ 직무=능력 차별주의 인사로 발전시켜 나가야 한다.

2. 적성에 따른 배치

능력주의 인사가 제대로 실현되려면 많은 어려움이 따른다. 왜냐하면 학력 편중주의를 바로잡는다든지 연공서열 제도를 고친다고 해도 해결될 문제가 아니기 때문이다. 어떤 직위에서는 어떤 직무가 달성되지 않으면 안 되는지, 그 직무를 달성시키려면 어떤 능력이 필요한지, 능력을 지닌 사람을 회사 전체를 통해 폭넓게 찾고, 경우에 따라서는 다른 곳에서 영입을 하더라도 적정한 인사를 위해서는 능력주의의 인사 체제를 지향해 나가야 하기 때문이다. 따라서 능력주의 인사는 바로 적성에 따라 배치를 하는 것이다.

예를 들면 인적인 구조 배치를 제대로 하여 능력을 발휘시킬 수 있게 하는 것이 현대 기업의 사명이다. 관리직을 그런 인적 구조로 만들기 위해서는 관리직 인사의 유동화 정책과 인재 발굴의 여러 가지 방책을 적용하지 않으면 안 된다.

그림 8-7 관리직 인사의 유동화 정책과 인재 발굴의 주요 정책

정책	내용	장점
관리직 임명	반드시 이루어야 할 구체적인 일의 목표를 주고, 기한부로 임명한다.	관리직 후보에게 직무를 바꾸는 기회를 주고, 관리자의 승격과 강등에 따른 갈등을 조금이라도 줄이는 데 도움이 된다.
자기보고 제도	적성 배치는 상사나 인사 담당자의 적성 판정으로 이루어지는데, 결과가 반드시 정확하다고는 할 수 없다. 자기 스스로 판단한 특성과 희망을 나타내는 자기보고 제도를 활용하는 것이 좋다.	적성 판정이 더 정확해지고 본인의 희망 직종에 대한 의욕을 기대할 수 있다.
경력관리 제도	경력카드·인사고과·자기보고표 등을 병용하여 관리자 및 관리직 후보 한 사람 한 사람의 적성을 조사해서 배치 변경, 후보자의 목록표나 개인별 승진 경로도를 작성한다.	인간 능력의 재산 목록으로 활용할 수 있다.
후계자 육성 제도	제 직위를 넘겨주기에 적합하다고 생각되는 인물을 부하 가운데서 선정하여 상사에게 신고한다. 후계자를 선택한 책임자는 후계자 육성 기록을 작성하면서 관리직에 필요한 능력을 계획적인 육성 훈련을 통해 개발시킨다.	적재 배치나 인재의 발굴, 능력 개발이 진척되는 한편, 육성 훈련을 담당하는 현직 관리자의 일상 업무를 추진시키는 리더십도 적극적으로 발휘한다.
승격시험 제도	학력이나 성별의 차이 때문에 실력이 있으면서도 대우받지 못하는 사람들을 발탁하는 방법으로 쓰이고 있으나, 최근에는 대리나 과장의 자격은 경제지식 등의 학과시험·면접 시험을 치른 후 실력 중심의 관리직 인사를 제도화하고 있다.	관리직 후보에게 직무를 바꾸는 기회를 주고, 관리직의 승격과 강등에 따른 갈등을 조금이라도 줄이는 데 도움이 된다.
자격 제도	자격제도에는 두 가지가 있다. 하나는 조직에서 관리직의 수가 자격이 있는 사람 수보다 부족하므로 유자격자를 우대하기 위한 직능적인 것이고, 또 하나는 관리직을 정리하기가 힘든 경우에 대우의 기득권은 보장하되 조직의 직위로부터는 제외시키는 대우 자격 제도이다.	적성 판정이 더 정확해지고 본인의 희망 직종에 대한 의욕을 기대할 수 있다.
전문직 제도	관리자로는 적합하지 않으나, 전문가로는 한 몫을 할 수 있는 능력자를 처우하는 길이다.	인간 능력의 재산 목록으로 활용할 수 있다.

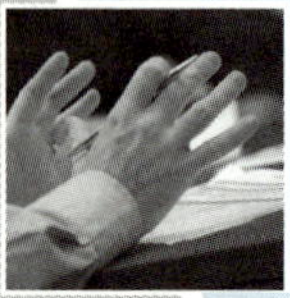

제 5 절

바람직한 관리자상

바람직한 관리자는 신입사원에게는 과업측면에 대하여 지도를 하는 데 최대의 힘을 기울여야 한다. 종업원으로부터 지지와 존경을 받는 관리자가 되려면 다음과 같은 점에 유념하여야 한다.

허쉬(P. Harsey)와 블랜차드(K. H. Branchard)는 [그림 8-8]과 같이 관리자의 리더십을 과업성과와 관계성으로 나누었다.

예를 들면 신입사원이 일 또는 조직을 잘 모르고 미숙한 경우에는 과업을 지도하는 데 최대의 노력을 기울이고, 일이나 조직을 어느 정도 익히고 성숙도가 높아지면 인간관계에 관심을 기울이면서 과업의 지도 비율을 줄여나간다. 부하가 고도로 성숙된 단계가 되면 관리자는 과업과 인간관계 어느 쪽에도 간섭하지 않는

그림 8-8 허쉬와 블랜차드의 상황적 리더십 스타일

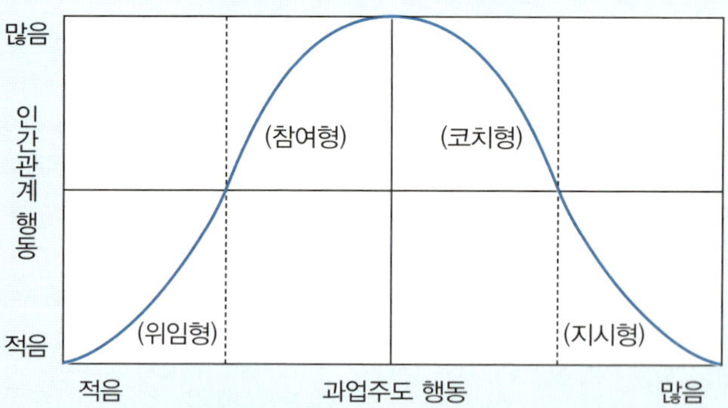

것이 바람직하다. 부하의 성숙도와 리더십과의 관계를 그래프로 나타내면 [그림 8-8]과 같다.

1. 관리자의 업무수행 시 주의사항

관리직에서 갖추어야 할 중요한 능력은 기획력과 통솔력의 능력을 보유하고 있어야 한다. 이런 2가지 능력을 보유하고 있을 때 비로소 혁신자로서의 관리자가 될 수 있다.

급변하는 사회에서 새로운 관리자상은 바로 혁신형 관리자이다. 혁신형 관리자가 관리 업무를 처리해 나갈 때 특히 주의해야 할 점은 [그림 8-9]에서 제시하고 있다.

그림 8-9 관리자의 업무수행 시 주의사항

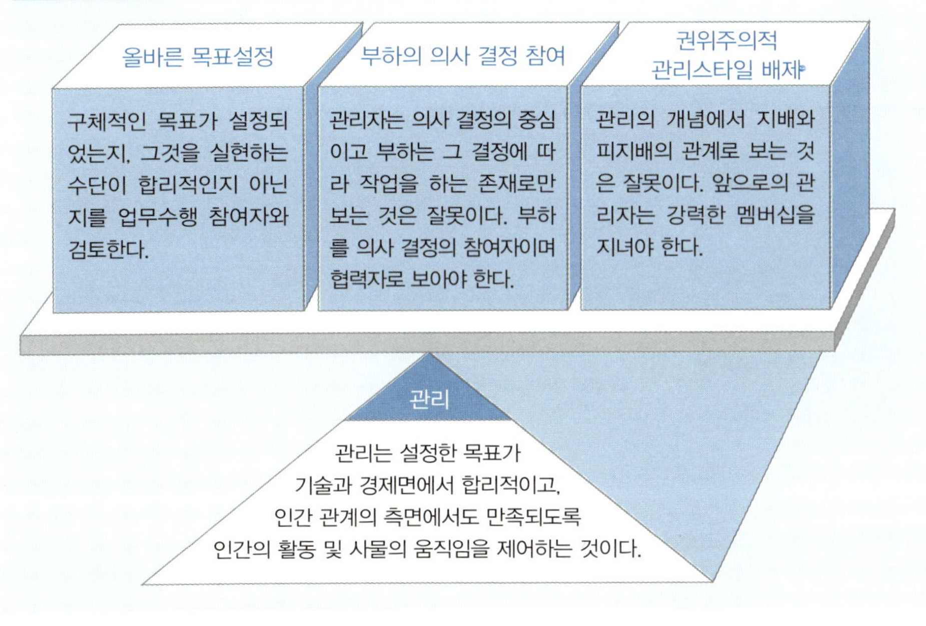

2. 부하로부터 지지받는 관리자 조건

관리자가 강력한 멤버십을 갖춘 지지받는 리더가 되려면 부하를 어떻게 관리·지도하고 또한 어떻게 행동해야 할 것인가? 부하로부터 지지받는 관리자의 조건은 [그림 8-10]과 같다.

그림 8-10 지지받는 관리자의 조건

조직의 목표와 개인의 목표를 일치시키려고 애쓰는 사람	일의 목표나 과제를 이해시키고, 부하 스스로 창의력을 바탕으로 목표를 실현하는 프로그램을 만들게 한다. 따라서 일하는 방법을 보고하게 하거나 사소한 일까지 감독하지 않는다. 스스로 제 행동을 관리하고 업무를 평가할 수 있도록 해 준다.
컴퓨터로는 다룰 수 없는 정보를 제공할 수 있는 사람	부하에게는 선행(先行)가치가 높은 일을 시키지 않으면 안 된다. 그러려면 목표를 세우거나 과제를 해결하기 위한 의사 결정의 전제가 되는 갖가지 정보 및 기업과 직장의 상황을 관리자와 부하가 될 수 있는 대로 정확하게 파악해야 한다
부하에게는 능력을 초월한 일을 시키고, 개발점도 아울러 찾아낼 수 있는 사람	관리자는 부하의 능력을 초월한 일에 도전을 시킨다. 그 결과 다양한 능력을 개발할 수 있다. 단, 그 일에 적성이 있는지 없는지 견해를 밝히게 해서 업적에 대한 자기 평가와 관리자 판정을 통하여 능력의 계발점을 발견하는 기회를 만들어 주어야 한다.
부하의 발상을 자기의 기획이나 해결책으로 삼을 수 있는 사람	부하의 창의적 아이디어의 제공을 중요하게 생각하고, 상사는 그 아이디어를 활용하여 문제 해결책을 발견할 수 있어야 한다.
권력에 기대지 않고 실력이라는 권위로 부하를 성장시킬 수 있는 사람	종래의 전통적인 조직에서는 정확성, 신속성, 협조성 등의 처리 능력을 중요하게 여겼다. 혁신성을 지향하는 조직이라면 창조성, 적응성, 모험심, 자기주장 같은 개발 능력이 더 필요하다. 관리자가 스스로 자기 변혁을 하고 시범을 보이면서 미래 조직에 필요한 인재를 육성해야 한다.

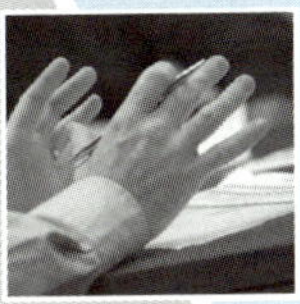

제 6 절

보람 있는 직장 만들기

1. 다양한 인간의 욕구

사람마다 사는 보람을 찾는 곳이 각각 다르다. 그것은 시대와 사회에 따라서도 역시 달라진다. 심리학자 매슬로우(A. H. Maslow)는 인간의 욕구를 5단계로 정리하였다. 인간의 욕구는 계층 구조를 이루고 있다고 보고 저차원의 욕구가 충족되어야 점차 고차원의 욕구를 기대하게 된다고 설명하였다. 이른바 「매슬로우의 욕구 5단계설」이다.

매슬로우의 이론을 기업에서 일하는 종업원에게 적용시켜 보면, 먼저 무엇보다도 급여를 받아 생활을 유지하려고 하는 기본적이고 경제적인 욕구를 채우려고 한

그림 8-11 인간욕구의 변화와 매니지먼트 시스템

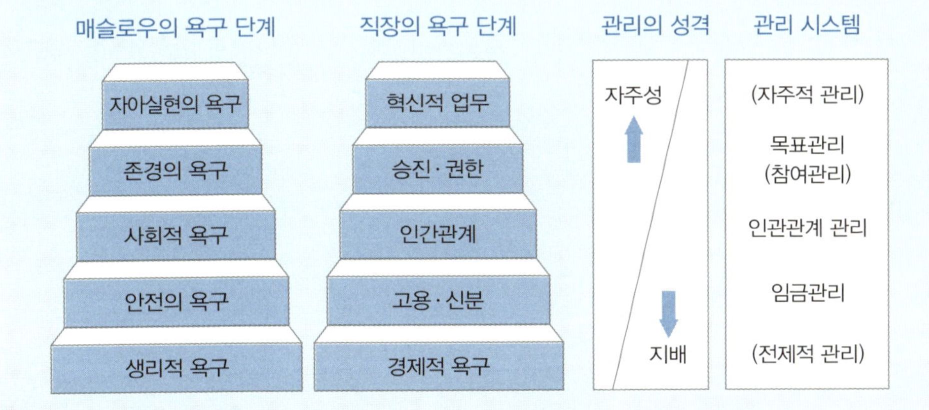

다. 이런 경제적인 욕구가 어느 정도 채워지면 다음에는 안전한 근로환경이나 근로조건을 찾거나 고용의 안정이나 지위의 보전을 찾게 된다. 노동조합의 힘으로 안전과 안정의 욕구가 채워지면 직장에 애착을 가지고 안주하고 싶은 사회적 욕구를 가지게 된다. 남으로부터 존경을 받고 싶은 존경의 욕구가 생기게 된다. 직장에서 자기의 업적이나 숙련으로 직장에 이바지하고 있다는 자아의식이 강하게 나타나게 되어 직장에는 자신의 존재를 인정받고 싶은 욕구를 가지게 된다. 이러한 자아의 욕구가 충족되면, 직장에서 자기계발 욕구를 열망하게 된다. 더욱 책임 있는 의사 결정에 참여하고 싶다든지, 창조력, 기획력을 발휘하여 혁신적인 업무를 실현시키고 싶은 욕구가 생긴다. 그와 함께 직장을 통하여 인격을 연마하고 인간적으로도 성장하고 싶다는 욕망을 가지게 된다. 일에 대한 보람과 사는 보람을 느끼는 조직은 이 수준에 해당되는 것이다.

2. 인간성 소외감

직장에서의 "사는 보람"은 어떤 성취를 가리키는 것일까? 또한 그것에 상응하는 "소외감"은 어떻게 해서 생기게 될까? 인간관계를 위해서는 이들의 내용을 파악해 둘 필요가 있다.

그림 8-12 소외감과 사는 보람

소외감이 생기는 까닭	
작업의 단순화	기술혁신이 진행됨에 따라 작업이 기계화하고 사무가 자동화되어 작업이 단순해지고 표준화되어 기술이 기계에 흡수되어 근로자의 창의력을 발휘할 기회가 줄어들고 있다. 여기에 톱니바퀴 의식이나 무력감이 생긴다.
조직의 관료화	조직이 거대화, 관료화에 따라 관리의 범위가 넓어지고, 조직도 습관적이고 기계적이 되어, 인간관계가 소원해지고 일체감을 잃게 된다.
고도의 분업화	고도의 분업화가 이루어져서 일의 책임과 권한, 문제해결, 의사결정이 일반 종업원의 손에서 감독자, 관리자, 경영자에게로 흡수되어 일에 대한 무력감이 생긴다.
생산 성과로부터의 단절	생산 관계에서의 소외를 가리킨다. 기계, 설비, 제품에 대한 소유권을 상실하고, 생산에 대한 성과(이윤)로부터도 단절되므로 조직체 자체로부터도 소외감을 맛보게 된다.

사는 보람은 무엇일까?	
흥분 상태에 있는 것	일을 성취하는 데에 자신을 몰두시키고, 일종의 흥분 상태에 자기를 둘 수 있는 것
만족감을 느끼는 것	일을 성취하는 데 있어 그 목표 달성에 접근하여 있는 상태에서 만족감을 느낄 수 있는 것
자신의 가치를 인정받을 때	달성할 목표가 타율적이고 강제적으로 제공되는 것이 아니고, 자신이 도달해야 할 목표의 가치를 인정하는 동시에 목표 달성의 성과를 다른 사람이 인정해 주는 것

3. 인간성 소외 극복방안

어떻게 하면 관리자는 변화하는 욕구를 정확히 파악하고 인간성 소외를 해소시킬 수 있을까? 구체적 방안으로 직무 충실화(job enrichment)이다. 이 방안에 따라 직무를 설계할 때에는 [그림 8-13]과 같이 일과 인간의 2가지 요소를 고려하여야 한다. 이 요소들을 살려서 직무를 충실화하려면 3가지 방식을 생각할 수 있다.

그림 8-13 직무 충실화의 기본요소와 방식

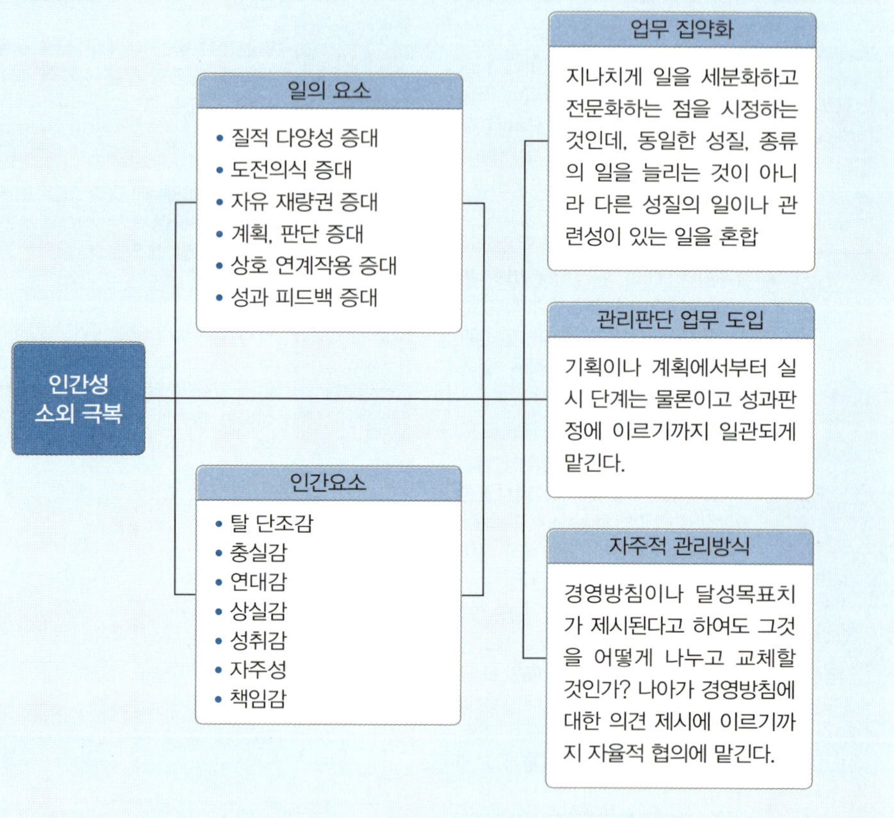

사례

중간관리자가 갖추어야 할 자질

- 계획·소통·인사·네트워킹 등 4박자 갖춰야 -

김차동 씨는 국내 유명 대학에서 기계공학을 전공하고, 15년 전 국내 대기업의 자동차 생산 공장에 입사했다. 입사 이후 자신의 분야에서 전도유망한 엔지니어로 성장해 갔다. 그는 자동차에 문제가 발생하면 정확하게 원인을 찾아내는 탁월한 능력을 보였다. 어떤 어려운 것도 시간이 오래 걸리더라도 문제를 완벽하게 해결했다.

그 결과 자신의 능력을 인정받은 김차동 씨는 공장 수선부의 책임 과장으로 승진했다. 그런데 승진 이후 자동차에 대한 애정과 완벽주의는 오히려 그에게는 결점이 되고 말았다. 그는 수선부서가 바쁘게 움직이더라도 자신이 흥미를 느끼는 일에만 매달렸다. 따라서 어떤 작업이 만족할 수 있는 정도로 완수되지 않으면 다른 일을 시키지 않았다. 또한 그 자신이 모든 일에 참여하는 탓에 자신의 자리에 앉아 업무를 챙기는 경우는 거의 없었다. 고장 원인을 찾아낸다며 작업장에 나가 직접 자동차를 분해하곤 했다. 실제로 그 일의 담당자는 옆에서 쳐다보고만 있었고, 다른 작업자들도 부서장이 자신의 업무를 할당해 주길 기다릴 뿐이었다.

그 결과 고객 서비스센터와 관계가 나빠졌다. 고객 서비스센터는 수선부가 제 시간 내에 작업을 완료하지 못하고 항상 늦게 마무리해 주기 때문에 고객들의 불만 소리를 들어야만 했다. 김차동 과장은 보통의 고객들이 완벽한 수리보다는 약속된 시간 내에 수리가 완료되는 것을 바란다는 사실을 이해할 수 없었다.

일반적으로 김차동 씨처럼 자신이 담당하는 분야에서 능력을 발휘하여 이를 인정받게 되면, 승진하여 중간관리자가 된다. 김차동 씨는 우수한 엔지니어였을지는 몰라도 관리자로서는 제 역할을 못하고 있다. 김 과장과 같은 관리자는 직원들이 자신의 능력을 최대한 발휘하도록 유도하지 못한다. 물론, 자신이 직접 일처리를 하는 것이 수월하다고 느낄 수 있다. 하지만 그렇게 하는 것은 단기적으로는 일을 쉽게 처리하는 방편일지는 모르지만 장기적으로는 오히려 역효과를 발생시킬 수 있다. 모든 구성원들이 관리자에게 기대기만 하는 결과를 초래할 수 있기 때문이다. 이런 환경에서 구성원들은 자신이 최선을 다할 필요가 없음을 깨닫게 되곤 한다. 게다가 부서 간의 조정 역할을 원활하게 수행하지 못하면 담당부서뿐만 아니라 조직 전체가 제 기능을 다하는 데도 부정적 영향을 준다. 중간관리자가 제 역할을 못하면 부하들이 위축되고, 최고경영진도 덩달아 힘들어지게 마련이다.

중간관리자가 갖추어야 할 대표적인 자질 4가지는 다음과 같다.

첫째, 업무를 체계적으로 계획하라

조직은 규모에 상관없이 자체 목적, 또는 임무를 갖고 있다. 목적 없는 조직이란 없다. 따라서 관리자의 1차적 역할은 조직의 목적을 달성하기 위해 체계적으로 계획하는 일이다. 우리 부서가 이번에 해야 할 일은 무엇이며, 여러 가지 일들 중에서 어떤 일이 더 중요하고, 그 일을 하기 위해서는 어떤 자원이 필요한지를 꼼꼼하게 계획해야 한다. 계획되지 않고 진행하는 일은 조직 목적을 달성하는 데 도움이 되지 않는다.

계획의 중요성을 언급하는 1:10:100의 법칙이란 게 있다. 계획할 때 문제를 찾아내면 1달러의 손해를 보고, 실행 중에서 문제를 찾아내면 10달러의 손해를 보고, 일이 끝난 후에 문제를 찾아내면 100달러의 손해를 본다는 말이다. 우리나라 속담에 '첫 단추를 잘 끼워야 한다', '천리 길도 한 걸음부터'라는 말이 있듯이 계획의 중요성을 말하는 속담이다.

이처럼 계획하는 일을 전적으로 책임지는 사람이 바로 관리자이다. 또한 계획된 일이 예정대로 잘 실행되도록 하기 위해서는 계획과정에서도 부서 구성원들이 참여하는 게 중요하다. 그러면 담당 구성원들은 부서의 전체 업무 중에서 자신이 담당하는 일이 어느 위치에 속해 있으며 어떤 과정으로 흘러가는지를 꿰뚫고 일하게 된다.

둘째, 지속적으로 커뮤니케이션하라

부서가 정해진 목표를 달성하는 데는 구성원 간의 원활한 상호작용이 생명이다. 대부분의 경우 부서의 업무가 제대로 이루어지지 않는 원인은 커뮤니케이션 문제로 보면 된다. 관리자는 할당한 업무에 대하여 구성원들이 제대로 실행하고 있는지, 중간에 수정·보완할 부분이 있는지, 결과가 제대로 산출되고 있는지를 검토하는 지속적인 대화가 필요하다.

셋째, 부서 내 사람관리를 중시하라

조직은 2명 이상의 사람으로 구성되어 있다. 그리고 부서의 구체적인 업무를 실행하는 사람은 구성원들이다. 그런데 구성원들은 모두 똑같지가 않다. 서로 다른 욕구와 성격을 보유하고 있다. 이러한 상황에서 관리자가 해야 할 가장 중요한 일은 직원들이 신나게 일하도록 동기를 부여하는 것이다.

동기 부여의 첫출발은 개인들의 특성을 파악하는 것이다. 구성원들 중에는 의사결정에 참여하기 싫어하는 사람, 의사결정 과정에 자신의 주장을 적극 개입시키고자 하는 사람, 변화를 쉽게 수용하는 사람, 변화에 대하여 강하게 저항하는 사람, 정치적인 사람, 사람관계를 중시하는 사람 등 다양한 유형의 사람들이 있다. 이처럼 다양한 유형의 사람들에게 동기를 부여하기 위해서는 저마다 다른 방식으로 접근해야 한다. 각자의 능력이나 스타일에 부합하는 업무를 담당하게 해야 한다. 구성원 각각에 따라 서로 다른 리더십 스타일을 보일 필요가 있다.

넷째, 조직 내·외적 네트워킹을 유지하라

단위 조직은 그 자체로서 완결성을 갖고 있는 경우가 거의 없다. 대부분 다른 부서와의 관계 속에서 기업에 가치 있는 결과를 산출하게 된다. 따라서 관리자는 다른 부서와 협조할 수 있고, 상위 조직의 목적을 달성하는 데 기여해야 한다. 담당 부서의 내부적인 관계뿐만 아니라 부서의 외부적인 업무에 적극적으로 대처할 수 있어야 한다. 이를 위해 중요한 것이 대외적인 네트워크를 구축하고 유지하는 일이다.

관리자는 먼저 상위계층의 책임자들과 지속적으로 관계를 맺으면서 회사 전체의 전략이나 업무 흐름을 파악해야 한다. 그러한 과정 속에서 새로운 업무가 발생하기도 하고, 예상치 않았던 자원이 추가적으로 필요할 경우도 생기는데, 이때 관리자는 때로는 정치적인 행동도 할 수 있어야 한다. 그리고 담당 부서의 업무가 잘 진행되기 위해서는 타 부서 책임자와도 우호적인 관계를 유지해야 한다. 또한, 상황에 따라서 외부의 전문기관이나 공공기관으로부터 협조를 얻어야 할 필요도 있다. 따라서 외부기관의 전문가나 영향력 있는 사람과 지속적인 관계를 구축하는 것도 중요하다.

Chapter 09

톱 매니지먼트

제 1 절

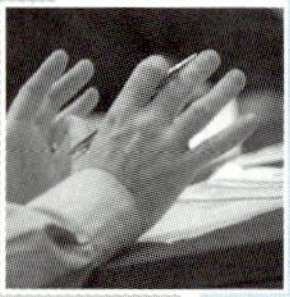

경영층의 구성

경영자 계층은 독자적이면서 전문적인 경영관리의 기능을 수행하는 집단을 의미한다. 일반적으로 ① 최고경영층(top management), ② 중간관리층(middle management), ③ 하부감독층(lower management) 등 3가지 계층으로 분류된다.

계층을 구분하는 과정에서의 매니지먼트(management)라는 용어는 최고경영층에서는 관리, 하위계층에서는 감독이라고 사용되고 있다. 그 이유는 경영활동에서 계층별로 부문관리가 수행되고, 또 부문별로 작업감독이 이루어지기 때문이다. 결국 작업감독에서부터 부문별 관리가 이루어지고, 부문별 관리가 기업경영활동으로 나타나게 되므로 경영계층은 피라미드의 형태로 조직을 형성하게 된다.

최고경영층은 기업 전반에 걸쳐 주주총회에서 위임한 범위 내에서 수탁기능과 전반경영기능, 경영전략기능, 인사기능, 조직(설립·개편·해산)기능 등을 수행하고 있는 계층을 말한다. 즉, 거시적인 경영분야에서의 혁신적이고 전략적이면서 핵심적인 의사결정을 수행하는 계층이다.

그림 9-1 경영자의 계층

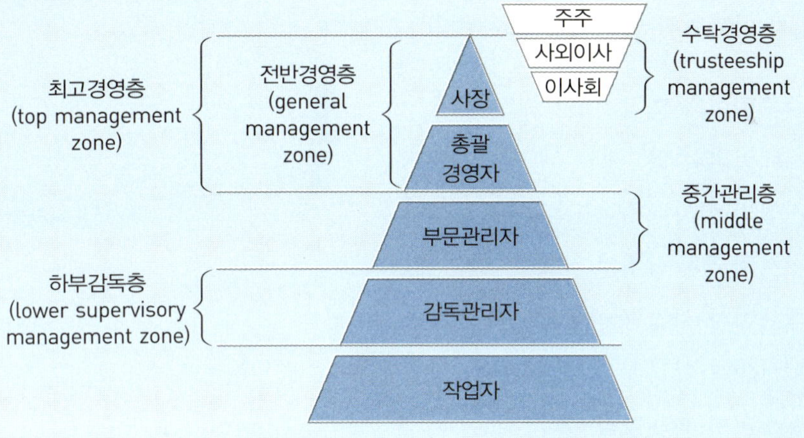

1. 수탁경영층(trusteeship management zone)

수탁경영층은 주주총회로부터 경영에 대해 일체의 권한을 위양받은 계층이다. 경영활동을 성실하게 수행하게 되며 의사결정시에 전략적 의사결정을 수립하게 된다.

수탁경영층은 주주총회로부터 경영에 대한 일체의 권한을 위양받은 수탁경영층으로서 이사회와 사외이사가 있다.

(1) 이사회(band of directors)

톱 매니지먼트 조직 중 수탁경영층의 중심 기구는 이사회이다. 최근 이사회 기능이 강화되고 있다. 회사의 업무집행에 관한 의사를 결정하기 위해 이사 전원으로 구성되며 주식회사에서는 필요 상설기관이다.

이사회는 상설기관이지만 그 활동은 정기 또는 임시회의 형식으로 개최된다. 법령 또는 정관에 의하여 주주총회의 권한으로 되어 있는 것을 제외하고는 회사의 업무집행에 관한 모든 의사결정을 할 수 있는 권한이 있다.

상법상 이사회의 결의사항으로는 다음과 같다.

① 주주총회의 소집
② 지배인의 선임, 해임
③ 지점의 설치, 이전 또는 폐지
④ 이사의 직무집행의 감독
⑤ 대표이사 선임과 공동대표의 결정
⑥ 이사의 자기거래 승인
⑦ 신주발행사항 결정
⑧ 사채의 모집 결정

등과 같은 법정 권한이 있다.

(2) 사외이사(outside directors)

주식회사의 이사회 구성원 가운데 외부 인사를 말한다. 회사의 경영을 직접 담당하는 이사 이외에 외부의 전문가들을 이사회 구성원으로 선임하는 제도로 대주주와 관련이 없는 사람들을 이사회에 참가시킴으로써 대주주의 전횡을 방지하려는 데 목적이 있다.

사외이사는 회사의 업무를 집행하는 경영진과도 직접적인 관계가 없기 때문에 객관적인 입장에서 회사의 경영 상태를 감독하고 조언하기가 용이하다.

미국과 영국에서는 예전부터 사외이사 제도를 채택하고 있다. 일본도 이와 유사한 기능을 갖고 있는 외부감사제를 도입하였다. 우리나라에도 사외이사제도가 대기업을 비롯한 공공기관 등에서 많이 실시하고 있다

과거에는 회사의 업무를 집행하는 경영진이 모두 이사회에 참여했으나 최근에

는 경영진과 이사회의 간부를 구별하는 추세에 있다. 이사회의 수장은 회장(chairman)이고, 경영진의 장은 사장(president) 또는 최고경영자(CEO)이다.

정부는 1998년부터 상장회사에 한하여 사외이사를 의무적으로 두도록 하였다. 이런 규정에 따라 상장회사에서는 다른 기업체 임직원 출신이나 교수, 공무원 등을 사외이사로 임명하고 있다.

금융감독위원회는 기업의 투명성을 높이기 위하여 사외이사들에게 정보제공 요구권을 주기 위한 제도적인 장치를 마련하기도 했다.

사외이사제도의 도입은 주식회사의 3대 기관인 주주총회, 감사, 이사회 가운데 2개 기관에 대한 임원 선임과 기능을 크게 바꾸는 결과를 가져오게 된다. 특히, 이제까지 기업의 주요 사항에 대한 내부의사를 결정하는 기관이었던 이사회가 새로운 형태의 외부감시기구로 완전한 독립하게 될 것으로 보인다.

그러나 미국기업의 경우에서 볼 수 있듯이 우리나라에도 사외이사들이 회사의 경영에 대하여 감시활동을 제대로 할 수 있을지 그 실효성에 대해서는 기대하기 어렵다는 것이 일반적인 지적이다.

사외이사에 관한 자격(제한 규정)은 상법 제382조 제3항에 의하면 각호 어느 하나에라도 해당되면 사외이사가 될 수 없다.

사외이사(社外理事)는 해당 회사의 상무(常務)에 종사하지 아니하는 이사로서 다음 각 호의 어느 하나에 해당하지 아니하는 자를 말한다. 사외이사가 다음 각 호의 어느 하나에 해당하는 경우에는 그 직을 상실한다. 〈개정 2011.4.14. 상법 제382제 제3항〉

① 회사의 상무에 종사하는 이사·집행임원 및 피용자 또는 최근 2년 이내에 회사의 상무에 종사한 이사·감사·집행임원 및 피용자

② 최대주주가 자연인인 경우 본인과 그 배우자 및 직계 존속·비속

③ 최대주주가 법인인 경우 그 법인의 이사·감사·집행임원 및 피용자

④ 이사·감사·집행임원의 배우자 및 직계 존속·비속
⑤ 회사의 모회사 또는 자회사의 이사·감사·집행임원 및 피용자
⑥ 회사와 거래관계 등 중요한 이해관계에 있는 법인의 이사·감사·집행임원 및 피용자
⑦ 회사의 이사·집행임원 및 피용자가 이사·집행임원으로 있는 다른 회사의 이사·감사·집행임원 및 피용자[전문개정 2009.1.30]

2. 전반경영층(general management zone)

홀든(P. E. Holden)은 전반경영층은 이사회가 정한 기본방침 및 아사회가 위임한 권한의 범위 내에서 기업경영 전체에 대하여 구체적으로 계획하고 명령하고 조정하고 통제한다. 전반적인 경영기능을 수행하는 계층으로서 사장, 부사장, 전무, 상무 등이 있다.

전반경영층은 이사회에서 결정한 사항 등을 위임받은 권한의 범위 안에서 경영활동의 실행 계획, 지휘, 조정 및 통제라는 경영 전체의 총괄적인 관리 집행의 최고권한을 수행하는 것이 이 계층의 직능이다. 이 직능은 수뇌경영자(사장)가 맡는 것 말고도 상무회나 위원회의 형식으로 된 복수의 수뇌경영진이 맡는 경우가 많다.

3. 부문경영층(department management zone)

부문경영층은 일반적으로 중간관리층에 해당된다. 그러나 홀든은 이 계층을 최고경영층으로 보기도 한다. 이 계층은 기업 전체보다는 주로 회사의 특정부문에 관한 업무에 종사하고 있는 경영책임자로 부장이 여기에 해당된다.

이들 부문에는 제조, 판매와 같은 라인부문과 인사, 경리 등과 같은 스태프 부문, 그리고 제품별 부문, 지역별 부문 또는 자회사 등이 포함된다.

부문 경영층에서는 전반경영층이 결정한 기업의 집행방침에 따라 각 부문에 대한 운영방침을 확립하며, 방침에 따라 집행하는 책임을 진다.

부문책임자는 전반관리자에게 적기에 보고하고, 필요한 자료를 제공해야 한다. 부문관리층에는 구매 담당이사, 영업 담당이사 등이 해당된다.

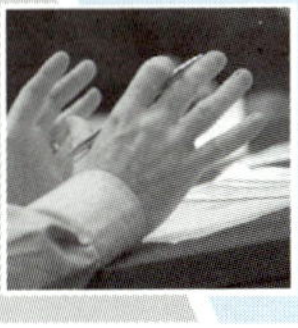

제 2 절 톱 매니지먼트의 기능

현대 경영조직에서 채택될 수 있는 조직계층의 일반적 모형을 [그림 9-1]에서 살펴보고, 각 계층담당자의 주요 기능을 개괄적으로 살펴보았다.

그러나 오늘날 대기업의 경우 전사적 관점에서 수행되는 톱 매니지먼트의 기능은 경영조직의 성패를 좌우하게 되므로 이에 대한 보다 깊은 고찰이 필요하다. 홀든(P. E. Holden)은 톱 매니지먼트의 기능을 다음과 같이 설명하고 있다.

1. 경영목표의 명확화

톱 매니지먼트는 기업의 미래목표를 구체화하고 이것을 실행해 나가는 데 필요한 가장 훌륭한 실천방안과 전략을 명확하게 마련할 수 있어야 한다.

2. 조직의 건전화

톱 매니지먼트는 경영목표를 가장 효과적으로 달성하기 위해서 건전한 조직을 구축할 수 있어야 한다. 최고경영자는 인적 요소, 물적 요소 등을 최대한 활용할 수 있는 조직시스템을 마련하여 개인별, 집단별 책임경영을 실현할 수 있도록 해야 한다.

3. 인사의 적정화

조직화가 이루어지면 다음으로 인사배치가 수반되는데 이때 최고경영자는 조직의 목적 달성에 필요한 인사를 적재적소에 기용할 수 있어야 한다.

4. 효과적인 통제

최고경영층에서 하위계층에 경영방침이 시달되면, 그 방침대로 집행되고 있는지를 항상 파악하면서 효과적인 업무 집행이 될 수 있도록 통제할 수 있어야 한다.

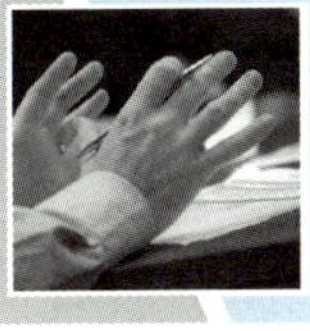

제 3 절

톱 매니지먼트의 중심 직무

1. 전략적 · 혁신적인 의사결정

오늘날 급변하는 경영환경하에서 톱 매니지먼트의 가장 중요한 직능은 무엇일까? 피터 드러커(P. D. Drucker)는 톱 매니지먼트의 직능을 "사고하는 사람", "행동하는 사람", "인간미 넘치는 사람", "회사의 얼굴이 되는 사람"이라고 말한다.

변화에 대응하는 행동을 하기 전에 그 행동을 해야 될지 말지를 생각한다. 따라서 톱 매니지먼트는 의사결정을 하지 않으면 안 된다.

그림 9-2 톱 매니지먼트의 의사결정 프로그램

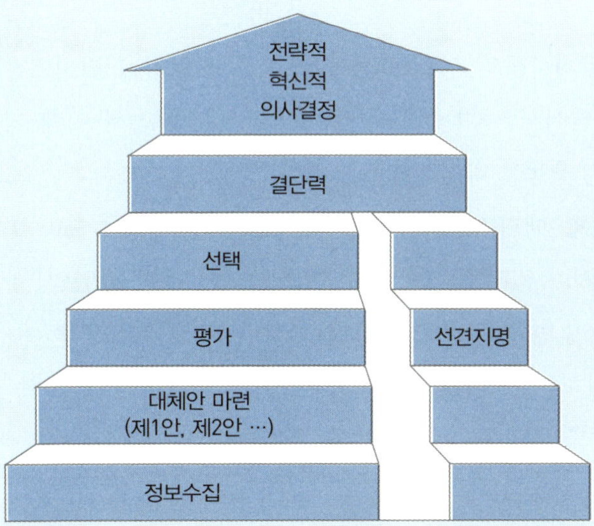

[그림 9-2]와 같이 올바른 의사결정을 하려면 목적의식을 갖고, 정보를 수집하고, 대체안을 수립하여, 평가, 선택하고 결정하는 것이 필요하다.

최근에는 최적의 의사결정을 위해 컴퓨터를 활용하기도 하지만 정보에는 한계가 있고, 장래의 변화를 예측하기는 매우 힘든 경우가 많다. 이때 의사결정시 필요한 것은 선견지명과 결단력이다. 목적을 의식함으로써 톱의 목적은 기업의 성장, 존속을 꾀하는 것이며, 단순한 의사결정이 아니라 전략적·혁신적인 의사결정이 톱 매니지먼트의 중요한 직무가 된다. 이러한 전략적·혁신적인 의사결정이 오늘날의 톱 매니지먼트의 중심적인 직능이다.

2. 사회적 책임

톱 매니지먼트의 중심 직능 중에 하나가 바로 경영자의 사회적 책임이다. 오늘날 기업은 지배주주의 개인적인 소유물이 아니라 수많은 주주들로부터 출자를 받고 있으며 많은 종업원을 거느리고 있다. 또한 수많은 고객과도 밀접한 관계를 맺고 있다.

수많은 이해관계자들의 생활에 직·간접적으로 영향을 미치는 기업의 톱에게는 기업의 범위를 넘어서 사회적인 책임이 지워진다. 따라서 이제 기업도 사회의 발전에 이바지하는 행동을 해야 한다.

[그림 9-3]은 톱 매니지먼트의 사회적 책임에 대해 보여주고 있다. 사회적 책임으로는 여러 가지가 있지만 그중에서 가장 중요한 것이 기업의 성장, 존속 기업유지의 책임이다. 반면 이윤만 추구하거나 과다경쟁, 소비자를 무시하거나 문제를 하청기업에 전가하는 것은 해서는 안되는 행동들이다.

그림 9-3 톱 매니지먼트의 사회적 책임

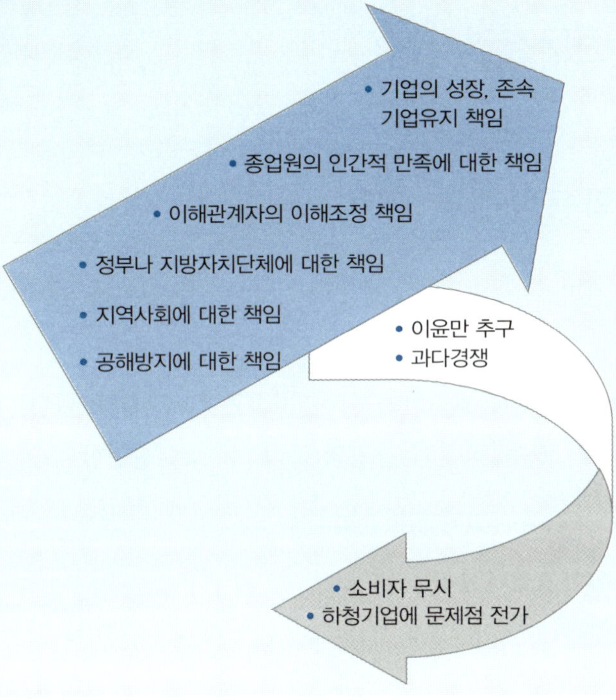

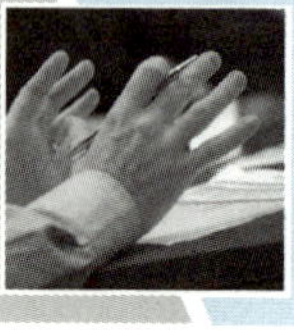

제 4 절

전문경영자

1. 전문경영자의 등장 배경

오늘날 톱 매니지먼트는 처리해야 할 일이 너무나 다양하면서도 어려운 것이 많다. 그 결과 오늘날 "고용된 경영자" 곧 전문경영인이 늘어나고 있다. 고용된 경영자란 소유경영자(owner manager)와는 다른 비소유경영자를 말한다. 이런 현상을 "소유와 경영의 분리" 또는 "자본과 경영의 분리" 등으로 설명할 수 있다.

그림 9-4 소유와 경영의 분리

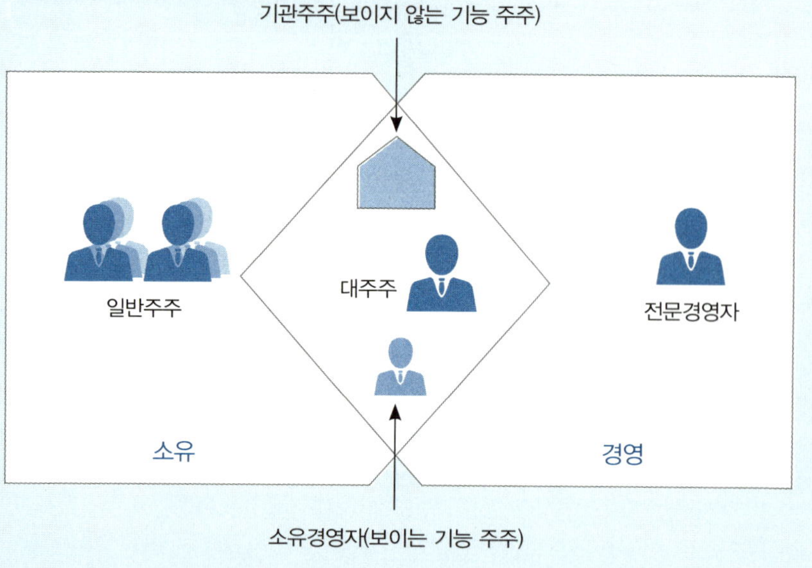

[그림 9-4]와 같이 오늘날 기업들은 기업이 팽창함에 따라 소유경영자는 점점 줄어들고 대신 일반 주주가 늘어남에 따라 주주가 아닌 고용된 경영자(전문경영인)가 기업을 맡아서 경영을 하는 경우가 증가하고 있다. 이러한 현상은 일반 주주 비율이 증가하는 대신 소유경영자 및 대주주의 주식 소유비율이 낮아지고 있는 것도 그 원인이 되고 있다.

최근 전문경영인이 증가하고 있는 원인을 보면 다음과 같다.

① 지배주주라고 해도 주식 소유 비율이 낮아 경영을 마음대로 하기 힘든 상태가 되었다.
② 기업경영 활동이 복잡해지고 과학적인 경영지식이 필요함에 따라 경험과 전문지식을 갖춘 경영전문가가 필요하게 되었다.
③ 기업 규모가 확대됨에 따라 소수의 경영자가 경영기능을 맡기가 어려워졌다.

2. 전문경영자의 특징

기업의 규모가 커지고 복잡해짐에 따라 소규모 기업일 때와 달리 기업을 합리적으로 경영해야 하며, 경영의 각 분야에서는 과학적이고 전문적인 경영지식과 능력을 지닌 경영자가 요구되고 있는데 이들을 전문경영자(professional manager, expert manager)라고 한다.

전문경영자는 조직의 혁신기능과 경영의 모든 기능을 수행한다. 이러한 전문경영자는 오늘날 소유와 경영이 분리된 대규모의 주식회사에서 흔히 찾아볼 수 있다.

전문경영자의 특징은 다음과 같다.

① 전문경영자의 소유와 경영의 분리에 따라 소유자와 종업원의 중간에 위치하는 경영자로서의 성격을 갖는다.
② 전문경영자에 의해 달성되는 경영성과는 이해자 집단(주주, 종업원, 고객 등)

과 직접적인 관련을 가지고 있기 때문에, 그 경영성과는 이해자 집단의 입장에서 평가를 받는다.

③ 전문경영자는 경영자로서 갖추어야 할 전문적인 지식, 경험, 능력에 따라 선임된다.

④ 전문경영자는 단순한 경험이나 직관력에 의존하는 것이 아니라 전문적인 지식체계를 응용함으로써 경영관리 전반에 대한 직능을 수행한다.

⑤ 전문경영자는 기업의 목표인 유지와 성장을 달성하기 위한 경영관리의 직능을 수행한다.

이러한 특징을 갖는 전문경영자는 주식회사제도의 발달에 따라 이른바 소유와 경영의 분리를 계기로 등장하게 되었다.

사례

보잉(Boeing)의 최고경영자(CEO) 데니스 뮬렌버그

뮬렌버그(Dennis A. Muilenburg) CEO는 1985년 시애틀에서 보잉 인턴 엔지니어로 입사를 했다. 아이오와 주립대학교에서 우주항공공학 학사학위, 그리고 워싱턴 대학교에서 항공학 및 우주항행학 석사학위를 취득했다. 보잉에서 근무하는 동안 고속민간수송, F-22, 공중 레이저 및 콘도르 정찰기 등 수많은 관리 및 엔지니어링 요직을 역임했다.

2015년 6월 24일 보잉 이사회는 데니스 뮬렌버그 사장을 제10대 최고경영자(CEO)로 임명했다. 뮬렌버그 CEO는 지난 10년 동안 보잉을 이끌어 온 제임스 맥너니(W. James McNerney, Jr.) 회장의 뒤를 이어 최고경영자직을 수행하게 된다.

뮬렌버그는 지난 2013년부터 보잉 사장 겸 최고운영책임자(COO)로 일해 왔으며, 2015년 7월 1일자부로 사장 겸 최고경영자(President and CEO)로 부임했다.

맥너니 회장은 신임 뮬렌버그 CEO를 "보잉, 보잉 직원, 보잉 제품과 서비스에 대해 대단한 열정을 가졌으며, 매우 유능하고, 경륜을 갖춘 존경 받는 리더, 경영 수완과 고객 중심, 비즈니스와 엔지니어링에 대한 통찰력, 할 수 있다는 정신, 그리고 이기고자 하는 의지를 조직에 불러넣을 것이다. 과거 성과에 대한 깊은 감사와 더불어 이를 가능하게 한 에너지 및 수완을 갖춘 그는 유능한 보잉 팀을 다음 세기로 이끌 적임자"라고 말했다.

2016년 52세인 뮬렌버그 CEO는 30여 년 간 보잉에 재직했으며, 레이몬드 코너(Raymond L. Conner) 보잉 상용기 사업부문 사장 겸 최고경영자와 함께 2013년부터 부회장직을 맡아 왔다.

뮬렌버그는 선임 소감에서 "상용기 부문은 물론 각 국가를 상대로 제품과 서비스를 제공하는 보잉과 그 직원을 이끌 수 있는 기회는 대단한 영광이며, 무한한 책임감을 느낀다. 보잉은 재무적으로 건실하며 시장에서 잘 자리를 잡고 있다. 계속적으로 전사적인 스킬, 역량과 경험을 통합하고 하나의 보잉으로 운영함으로써, 직원들에게 영감을 불어넣고, 고객을 성공으로 이끌 수 있는 혁신을 전파, 모든 이해관계자들에게 미래의 성장과 번영을 촉진하는 결과물을 만들 수 있는 새롭고 더 나은 방법을 찾을 것이다"라고 말했다.

뮬렌버그는 그간 보잉의 부회장직을 맡아 맥너니 회장과 함께 회사의 성장과 생산성, 고객관계, 그리고 리더십 개발 프로그램에 집중, 일상적인 사업 운용을 관리해 왔다. 부회장직을 맡기 전 뮬렌버그는 2009년부터 세인트 루이스에 위치한 보잉 디펜스, 우주, 안보 부문의 사장 및 최고경영자직을 맡아 연 매출 310억 달러와 직원 5만 3,000명의 조직을 이끌었다. 그 전에는 BDS의 글로벌 서비스 및 지원 사업부 사장을 역임했으며, 보잉의 전투체계(Combat Systems) 부문을 이끌었다.

4

PART 4

조직진단과 혁신

01

Chapter 10

조직환경

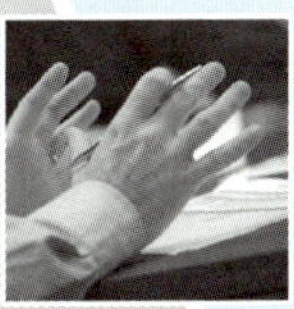

제 1 절

조직환경에 대한 이해

1. 조직환경의 개념

조직환경(organizational environment)이란 '조직을 둘러싸고 있으면서 조직에 영향을 미치는 일련의 영향력 및 조건'을 말한다. 광의의 의미에서 보면 환경은 무한하며 조직 외부의 모든 것을 포함하고 있다.

따라서 조직환경은 조직 외부의 영역을 분석함으로써 이해할 수 있다. 조직 영역(organizational domain)이란 조직이 활동하는 환경 영역을 말하는데, 조직이 관여하는 제품, 서비스 및 시장 등에 의해 조직 자체가 구획하는 영역이다.

따라서 조직은 서비스를 사용하는 고객들을 정하고 필요한 자원들을 확보하는 능력을 최대화하기 위해서 환경에서의 영향력을 관리하는 방법을 결정함으로써 조직영역을 설정하게 된다.

조직은 고객, 주주, 종업원 그리고 이해 당사자들을 위한 가치창출능력을 향상시키며 조직영역을 확대하고 조직을 보호하고 환경의 효과적인 거래를 만들기 위해 노력한다.

2. 조직환경의 중요성

조직환경은 기업 활동에 직·간접적으로 관련을 맺고 있는 내·외부의 상황을 의미하며 그중에서도 기업 활동에 영향을 미칠 수 있는 힘(force)을 지닌 상황요인을 말한다.

많은 기업은 여러 다양한 환경 속에서 생존을 모색하는 가운데 서로 상호작용하면서 성장·발전하기 때문에 환경적응이라는 문제에 직면하게 된다.

최근 글로벌 경영 환경 속에서 환경의 변화에 제대로 적응을 하지 못하는 개인이나 기업, 국가까지도 환경의 변화에 제대로 적응하느냐의 문제가 생존과 직결되고 있다.

기업을 둘러싸고 있는 환경문제는 더욱더 심각해질 것이고 매우 빠른 속도로 다가올 것이기 때문에 환경문제의 중요성이 강조되고 있다.

고전적 경영학에서는 기업의 경영 문제를 다루는 데 있어서 단순히 기업 내부 문제에만 관심을 기울였다. 즉, 환경은 불변이고 주어진 것으로 인식하여 경영합리화에만 전력하면 되는 것으로 인식하였다. 그 결과 경제나 정치 등과 같은 외부환경의 변화가 조직에 미치는 영향에 대해서는 크게 관심을 갖지 않고 등한시하였다.

대기업의 경우 기업 활동이 사회 전반에 미치는 영향력이 증대함에 따라 기업의 사회적 책임이 강조되고, 경쟁의 심화, 환경조건의 급변에 따라 환경변화의 예측과 대책수립이 점점 어렵게 되었다. 기업이 변화하는 환경에 적응하지 못하면 생존의 위협을 느끼게 됨으로 조직환경에 대한 이해와 예측이 중요하게 되었다.

3. 조직환경의 특성

오늘날 기업을 둘러싼 환경의 특성은 환경 요인들 간의 상호 관련성, 환경의 복잡성, 환경 불안정성, 불확실성을 들 수 있다.

(1) 환경의 상호 관련성

환경의 상호 관련성이란 한 요인의 변화가 다른 요인들에게 영향을 미치는 정도를 의미한다. 즉, 환경관련 변수 중에서 하나의 변화가 다른 요인들의 변화를 야기시킬 수 있다. 다양한 환경적 요인들의 상호 관련성으로 인한 효과는 기업에 있어서 더 이상 환경적 요인들을 독립적으로 간주할 수 없게 되었고, 요인들 상호간에 서로 관련되어 있으며 변화하고 있다는 것을 인식하여야 한다.

(2) 환경의 복잡성

환경의 복잡성은 2가지 의미를 지닌다. 하나는 조직이 대응해야 하는 외적 요인의 수이고, 다른 하나는 각각의 요인 안에 존재하는 다양성의 정도이다.

외적 요인의 수는 다양한 정부 규제, 빈번한 노사협상, 다양한 이해관계자 집단, 수많은 경쟁자, 빠른 기술개발 등 기업의 경영활동에 영향을 미치는 요인들이다.

다양성이란 최근 제품에는 다양한 원재료가 사용되고, 국내 기업 및 해외 기업들과 거래, 다양한 전문가들을 고용하고 있는 기업이 직면하는 문제들이다. 또한 급속하게 기술개발이 이루어지고 서로 다른 다양한 기술을 사용하는 기업은 그렇지 않은 기업보다는 다양성 면에서 복잡한 환경을 지니게 된다.

(3) 환경의 불안정성

환경의 불안정성은 조직환경의 변화율을 의미한다. 오늘날 조직환경의 가장 큰 특징은 변화가 급격하게 일어나고 있다는 것이다. 그러나 전반적인 조직환경 변화가 증가 추세에 있지만 기업 간에도 차이가 크다.

의약품산업, 화학 산업, 전자산업 등은 기계부품산업, 자동차 부품산업, 제과산업들보다 기술과 경쟁 측면에서 변화율이 더 크다.

최근 가장 급속한 변화율을 보이는 업종은 항공우주산업, 컴퓨터산업, 통신 산업과 바이오산업 분야 등이며 다국적기업이나 해외 여러 나라에서 원재료를 획득하는 기업들은 생산과정상 불안정성이 높다.

환경의 복잡성과 관련하여 볼 때 고도로 불안정한 환경에 처해 있는 기업이나 부문들은 보다 효과적인 의사결정을 위해서 다양한 정보를 획득해야 한다.

(4) 환경의 불확실성

조직환경의 불확실성은 주어진 요인에 대한 정보의 양과 정보의 신뢰성을 의미한다. 유용한 정보가 거의 없다면 정보의 정확성에 대한 신뢰성을 가질 수 없다. 이때의 환경은 매우 불확실한 것이다.

기업이 세계화될수록 정보의 정확성에 대한 신뢰성은 감소된다. 외국 전문가에 대한 의존도가 높거나 외국어로 기록된 문서들을 해석하고 분석해야 되는 경우에는 불확실성은 크게 증가한다. 환경의 불확실성이 높을수록 효과적인 의사결정은 더욱 어려워진다.

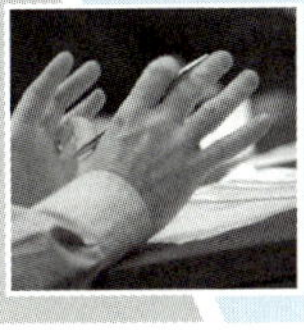

제 2 절

조직환경의 유형

조직은 개방시스템(open system)으로서 생물체처럼 환경으로부터 영향을 받으면서 끊임없이 상호작용하고 있다. 환경에 민감하게 반응하며 적응을 잘하는 조직이 있는가 하면 그렇지 못한 조직 사이에 성과의 차이는 크다. 기업이 직면하게 되는 환경은 때로는 기회(opportunity)가 되기도 하고 때로는 위협(threat) 요인이 된다.

기업이 처하게 되는 환경은 크게 일반 환경과 과업 환경으로 나눌 수 있다. 조직환경의 영역을 요약하면 [그림 10-1]과 같다.

그림 10-1 조직환경 영역

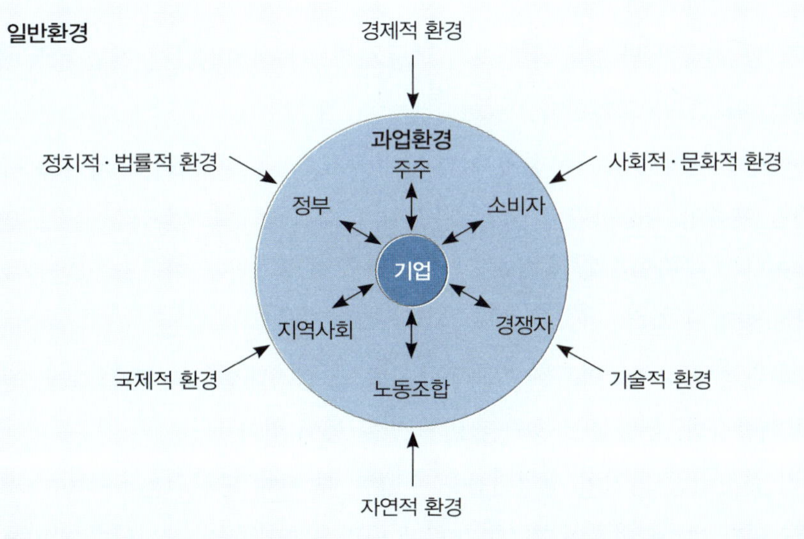

1. 일반 환경

일반 환경(general environment)은 기업이 자원을 획득하는 과정에서 특수 환경 내에 존재하면서 모든 조직에 영향을 미치고 과업환경을 구체화하는 영향력으로 구성된다.

(1) 경제적 환경

경제적 환경(economic environment)이란 기업이 속한 경제의 변화를 말한다. 시장의 이자율, 물가, 환율 변동은 기업에 중대한 영향을 준다. 즉, 이자율의 상승은 부채비율이 높은 기업의 부실화를 초래한다. 또한 환율의 상승은 수출기업의 가격 경쟁력을 높여 주지만, 수입을 주로 하는 기업에게는 불리하게 작용한다. 그리고 사회가 전반적으로 경기가 침체되거나, 호황이 될 때 기업에 미치는 영향은 다르게 영향을 미치게 된다.

(2) 정치적·법률적 환경

정치적 환경은 한 나라의 권력구조, 법률체제, 각 정치집단이 기업 활동에 대해 갖고 있는 태도 등을 포함한다.

일반적으로 선진국일수록 정치가 안정되어 있고 각 정치집단들의 태도나 가치관에 대한 예측이 가능하다. 그러나 독재가가 정권을 잡고 있거나 권력투쟁이 빈번히 일어나는 나라일수록 정치적 환경은 매우 예측하기가 힘들고 그만큼 기업에는 불리한 환경이 된다.

정치적 환경에는 대표적으로 독과점규제법, 공정거래법, 소비자보호법, 방송 광고법, 공해방지법, 부동산 소유와 관련된 법률 등이 있다.

법률적 환경이란 기업이 경영활동을 수행할 때 이에 관련되는 규칙이나 질서와 같은 요인이다. 어떤 법률이 제정되느냐에 따라 사회변화가 발생되며 기업은 다양하게 직·간접적으로 규제나 혹은 지원을 받게 된다.

기업 활동에 관련된 중요한 법률을 보면 다음과 같다.

첫째, 상법

기업 활동의 전반에 관해 규율하는 법으로서 기본목적은 기업의 유지발전과 거래의 원활한 안전을 도모하고 기업주체 간의 이익조정을 위한 것이다. 이러한 목적을 위해 기업조직과 활동에 대한 많은 규정을 두고 있다.

둘째, 노동관련법

근로자들의 생존권의 확보와 생활이익 보장이라는 사회 정책적인 입장이 고려되기 때문에 근무시간과 작업조건, 직업안정, 임금, 보건위생, 근무계약, 복지후생, 재해보상 등 기업내부에 있어서 고용관계의 측면을 전반적으로 규제하는 것이다.

셋째, 공정거래법

기업의 활동에 중요한 영향을 미치는 법으로 각 경제주체가 공정거래의 준수사항을 지키도록 함으로써 기업 활동의 공정성과 합리적인 생산·소비관행이 정착되도록 규제한다.

넷째, 세법

기업의 정책수립 방향, 자금조달의 유형, 수익의 배분, 기업이 조직되고 통제되는 방식 등 기업이 속한 산업전체의 능률과 경영의 효율성에 전반적으로 영향을 미친다.

(3) 사회·문화적 환경

사회·문화적 환경이란 사회를 구성하고 있는 개인의 행동에 영향을 미치는 집단이나 문화, 가치관, 전통 내지 관습 등과 같은 사회적 제도나 태도 등을 말한다. 이러한 사회·문화적 환경은 기업의 활동과 가치관 등에 영향을 주게 된다.

즉, 교육 중시, 노동 기피하는 가치관, 여성의 권익을 보호하려는 사회분위기, 학연과 지연 중시, 명분을 강조하는 전통, 과정보다는 결과만을 중시하는 사회풍토 등은 기업의 대외적 활동이나 종업원 관리방식에 영향을 주게 된다.

(4) 기술적 환경

기술적 환경(technological environment)이란 사회 전체의 변화를 가져오는 정보기술, 관리기술, 행정기술 등의 기술의 변화를 말한다. 즉, 기업에 영향을 미치는 한 국가 또는 산업의 기술수준이나 상태를 말한다.

기술이란 일정한 목적을 달성하기 위한 수단으로 실제 문제해결에 과학적 지식을 응용한 것으로 어떤 일을 어떻게 하는가 하는 방법에 관한 모든 응용지식, 즉 노하우(know-how)를 말한다.

최근 기업이 직면하는 기술적 변화는 점점 가속화되고 있다. 특히 정보통신분야나 컴퓨터기술, 유전공학, 생명공학 등의 분야에서 두드러지게 나타나고 있다. 기업이 이에 적절히 대응하지 못하게 되면 기업의 미래를 보장 받을 수 없다.

(5) 자연적 환경

자연적 환경(natural environment)이란 기업을 둘러싸고 있는 자연자원은 물론 대기, 일기, 기후 등과 같은 자연조건을 말한다.

최근 들어 자연에 보존되어 있는 토지나 자연자원이 어떠하냐 하는 것은 한 나라의 경제나 기업의 발전과 성장에 크게 영향을 미치고 있다. 자연적 환경을 구성하고 있는 요소인 토지나 자연자원 등은 경제발전에 중요한 생산요소 중에 하나이기 때문이다.

자연적 환경이 기업 활동에 있어서 중요하게 부각된 것은 환경오염과 자연파괴 등으로 인한 폐해가 사회문제로 대두되면서 중요성이 부각되었다. 즉, 공해문제, 자원고갈문제, 새로운 에너지의 개발문제, 그리고 식량문제 등 광범위한 영역에 걸쳐서 제기되고 있다.

따라서 공해나 환경오염과 같은 문제에 보다 많은 관심을 기울이게 되었고, 기업은 자연환경보호를 위한 정책을 채택하고 있다.

(6) 국제적 환경

국제적 환경(international environment)이란 한 기업이 국경을 넘어 다른 나라의 기업과 혹은 다른 국가와의 경영활동을 수행할 때 발생하는 영향요인을 의미한다.

국제기업의 경영활동은 국내기업의 경영활동과는 달리 경영활동 대상국의 정치적·사회적·문화적·법률적 환경의 영향에 따라 그 기업의 성장성과 수익성에 커다란 차이를 나타내게 된다.

그리고 새로운 국제교역질서로서 GATT, UR, WTO, 환경문제와 무역을 연계시킨 GR(green round), 부당한 근로조건으로 생산된 상품교역을 규제하는 BR(blue round), 기술보호문제를 다루는 TR(technical round), 공정경쟁 구축을 위한 CR(competitive round) 등과 같은 국제적 규제를 따르지 않으면 기업이 세계화시대에 적응할 수 없다.

2. 과업 환경

일반적 환경이 거의 모든 조직에 광범위하게 영향을 미친다면 과업 환경(task environment)은 특정 조직의 활동 과정에 직접적으로 상호 작용하는 이해자 집단과의 관계라고 할 수 있다.

기업의 과업 환경으로는 주주, 소비자, 정부, 노동조합, 지역사회, 경쟁자, 공급자, 금융기관 등이 포함된다.

(1) 주주

주주(stockholders)는 기업의 출자자로서 기업의 소유자이다. 현대기업, 특히 대기업은 주식이 고도로 분산되어 있어 대부분의 주주들은 경영에 참가하여 소유권 행사를 하지 않고, 다만 주식매매에 의한 시세차익이나 배당금을 수령하는 것을 주요 목적으로 하는 경우가 많다.

따라서 경영자는 회사의 이윤이 주주에 대하여 공정한 배분이 이루어지도록 해야 한다. 그 결과 주주는 회사의 좋은 지지자가 되고 선전자가 되는 것이다. 회사가 주주들과 좋은 관계가 유지되면 주주는 회사를 신뢰하고 기업이미지도 개선될 것이다.

그러나 경영자나 이사가 주주의 이익에 위배되는 행위를 하여 주주들에게 손해를 입혔다고 여겨지면 적극적으로 주주소송을 통하여 권리를 행사하는 경우도 있다.

(2) 소비자

오늘날 수요보다 공급이 많아져 공급자 간의 경쟁이 치열해져 소비자의 위상이 상대적으로 높아지게 되었다.

드러커(P. F. Drucker)는 현대기업의 경영목표는 '고객창조'(create to customer)라고 했다. 이는 소비자 지향적인 경영을 의미하는 것으로 기업경영이 공급자 위주가 아니라 수요자 중심의 경영을 강조한 것이고, 더 나아가 현대경영은 '고객만족경영', 즉 'CS(customer satisfaction) 경영'의 방향으로 흘러가고 있다.

최근에는 고객을 만족시키지 않고서는 지속적으로 수익을 창출할 수 없기 때문에 소비자의 태도나 욕구는 경영활동에 중요한 관심거리가 된다.

한편 소비자 차원에서 권리를 향상시키기 위해 조직적으로 벌이는 활동의 내용이나 소비자보호관련 법률 등도 지속적으로 고려해야 한다.

(3) 정부

기업은 정부로부터의 각종 경제정책이나 법률·규정 등을 철저하게 준수해야 할 뿐만 아니라 각종 세금제도나 환경보존에 대한 규제를 준수하지 않고서는 기업 활동을 유지할 수 없다. 따라서 정부는 기업 활동에 간접적으로 영향을 주기도 하지만 지원정책 또는 규제정책을 통해 직접적으로 개입하기도 한다.

이러한 정부의 역할을 보면 국민경제의 전체적인 관점에서 물가안정을 도모하기 위하여 가격결정에 직접적으로 개입하는 규제, 덤핑과 과당경쟁에 대한 규제, 경제력 집중의 방지, 불공정 거래행위의 제한, 임금인상률에 대한 규제, 특별소비세 신설 등은 기업 활동에 직·간접적으로 영향을 미치고 있다.

(4) 노동조합

현대의 노사관계는 과거의 종속관계 또는 대립관계를 지양하고 노사가 대등한 관계 또는 협력적 관계를 유지해야 한다. 즉, 노사관계를 노사가 이해대립하는 것이 아니라 자본과 노동의 결합이라는 파트너십(partnership)의 관계로써 동업자의 관계로 파악해야만 하는 것이다.

따라서 기업은 노조나 종업원에 대하여 임금문제나 복지후생, 더 나아가서는 승진이나 직장안정과 같은 비경제적 보상에도 신경을 써야 하며, 근로생활의 질(quality of working life : QWL)의 향상을 위해서도 노력해야 한다.

(5) 지역사회

기업은 지역사회에 존재함으로써 지역사회에 대한 협력관계를 유지하지 않을 수 없다. 따라서 기업은 지역사회의 안녕과 발전을 위하여 공헌해야만 존속·발전이 가능하게 된다.

최근 지역사회의 환경문제에 대한 관심 고조와 지방자치제 실시 등으로 지역주

민들의 자치의식 및 권리의식이 함양됨에 따라 지역사회문제는 기업의 사회적 책임과 관련하여 기업의 중요한 이해자 집단으로 등장하게 되었다.

(6) 경쟁자

동일한 고객을 확보하기 위하여 경쟁하는 조직을 경쟁자(competitor)라고 한다. 코카콜라와 펩시콜라는 청량음료시장의 경쟁자이고, 다시마와 맛나는 조미료시장의 경쟁자이다.

가격결정, 신제품개발, 마케팅전략에 대한 경쟁업체의 움직임은 기업의 생존에 큰 영향을 주는 환경요소로서 지속적 관찰과 정보수집이 필요하다.

경쟁자들은 불필요한 광고나 비방 등으로 사회적 물의를 일으키기도 하지만, 기술 축적·신제품개발·품질향상·가격인하 등을 통하여 소비자들에게 혜택을 제공한다.

(7) 공급자

공급자는 기업 외부에서 중요한 영향력을 행사하는 집단이다. 오늘날 현대기업들은 원자재, 설비, 노동, 자본 등을 제공해 주는 공급업자 또는 하도급업자와 제품의 유통이나 판매를 담당하는 수많은 거래처들이 있다. 또한 대기업과 중소기업 간에는 경영·자본·기술의 협력관계가 구축되어야 한다.

이와 같은 각종 거래관계에 있는 거래처에 대한 상호 이익증진에 노력해야 한다. 기업은 필요한 투입물을 가능하면 저렴한 가격으로 적시에 공급받기를 원한다. 필요한 인력·자금·원자재·부품을 제때에 공급받지 못하거나 높은 가격에 구입해야 한다면 최종 생산물의 품질과 가격경쟁력은 떨어질 수밖에 없으며, 결과적으로 기업의 생존이 위태로울 수도 있다.

(8) 금융기관

조직환경으로서 금융기관은 기업조직의 참가자이면서 경영전략을 위한 의사결정에 큰 영향을 미치고 있다. 즉, 기업의 대형화 및 국제화전략을 뒷받침하는 자본조달의 문제는 주주에게 의존하는 것보다 금융업자의 지원이 큰 역할을 하는 경우가 많다.

자본주의 체제하에서의 기업 활동에는 자금조달이 필수적이다. 동시에 기업의 전략결정에 항상 재무적인 고려가 큰 비중을 차지하고 있기 때문에 기업이 이해집단 중에서 금융업자의 영향력을 무시할 수 없다.

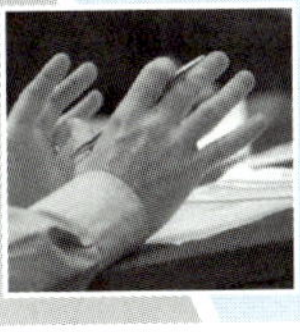

제 3 절 조직환경의 불확실성의 원천

조직은 이해당사자와 조직영역들을 쉽게 관리하기 위해서 자원의 지속적이고 풍부한 공급을 소유하기를 원한다. 그러나 모든 조직들은 경영자들이 자원의 흐름을 예측하고 통제하는 것을 불가능하게 만드는 환경 불확실성에 직면하게 된다.

환경이 복잡하고 불안정하게 됨에 따라 환경의 불확실성은 증가하게 되는 그 원천은 환경 복잡성, 환경 동태성, 환경 풍부성에 의해서 야기되게 된다.

1. 환경 복잡성

환경 복잡성(environmental complexity)은 조직이 관리해야만 하는 특수하고 일반적인 영향력의 강도, 수, 상호결합성에 대한 함수이다.

환경 복잡성은 환경 내에서 특수 환경, 일반 환경이 상호결합하고 조직에 미치는 영향이 예측되지 못할 때 급격하게 증가한다.

조직의 과업 환경이나 일반 환경의 상호결합이 존재하면 할수록 조직의 환경 불확실성은 더욱더 증가하게 된다. 조직의 환경이 더 복잡하면 복잡할수록 환경 불확실성은 더욱 커지게 된다. 그러나 동질적 환경은 이질적 환경에 비해 더 단순하다. 왜냐하면 의사결정수도 적고, 표준화된 관리방식이 적용 가능하기 때문이다.

2. 환경 동태성

환경 동태성(environmental dynamism)은 과업 환경이나 일반 환경이 얼마나 많이 그리고 얼마나 빠르게 변화하는가에 대한 함수이다. 만약 환경이 예측 가능한 방법에서 자원공급에 영향을 미친다면 환경은 안정적이게 된다.

안정적인 환경이란 동질적 환경이면서 시간이 몇 년 지나도 큰 변화가 없는 환경을 말한다. 반대로 환경변화가 심하고 조직이 그러한 변화를 예측하지 못하게 되면 환경은 그만큼 불안정하고 동태적인 것이 되는 것이다. 예를 들면 IT산업과 같이 급속하게 기술이 변화하는 환경은 매우 동태적인 환경이다. 따라서 환경의 동태성이 크면 클수록 환경 불확실성은 그만큼 증가하게 되는 것이다.

3. 환경 풍부성

환경 풍부성(environmental richness)은 조직영역을 지지할 수 있는 자원의 양에 대한 함수이다. 풍부한 환경에서는 조직들이 자원을 확보하기 위해서 경쟁하지 않기 때문에 자원들은 풍족하고 환경 불확실성은 낮다. 그러나 환경은 다음 2가지 이유에서 빈약해질 수 있다.

첫째, 조직이 저개발국가나 국가 내의 빈곤지역에 위치할 경우이다.

둘째, 높은 수준의 경쟁이 존재하며, 기업들은 사용가능한 자원을 확보하기 위해 경쟁하게 될 때 불확실성은 높게 된다.

빈약한 환경 내에서 조직은 최신기술이나 최상의 투입물을 산출하기 위해서 또는 고객들을 이끌어내기 위해서 자원을 얻는 것은 더욱 어려워진다. 빈약하고 불안정하고, 복잡한 환경에서 자원을 얻는 것은 매우 어렵게 되고 조직은 더 큰 환경의 불확실성에 직면하게 된다. 반대로 풍요롭고 안정적이며 단순한 환경하에서는 자원은 쉽게 얻어질 수 있으며 환경 불확실성은 아주 낮게 된다.

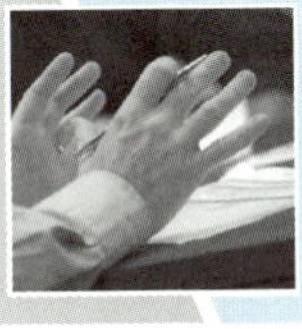

제 4 절 조직환경관련 제 이론

1. 구조적 상황이론

구조적 상황이론(structural contingency theory)은 1960년대부터 조직연구에 널리 보급되었다. 이 이론은 거시적이고 추상적인 체제이론을 구체화하고 실용화하는 방안으로 강구되었다.

구조적 상황이론은 조직 간의 차이점을 강조하며 조직구조 및 조직의 효과성에 영향을 미치는 상황요인을 규명하고자 한다. 즉 체제이론은 환경의 중요성을 인정하면서도 이를 조직의 목표달성으로 이끄는 관리과정으로는 연결시키지는 못했다. 그러나 구조적 상황이론은 조직과 환경의 상호관계, 하위체제의 상호관계, 변수의 형태 또는 조직구조 유형의 정의를 통해 구체적 상황에 적합한 조직설계와 관리방법을 제시하고자 하였다.

조직이 조직환경을 관리하는 방법에 대한 연구에 있어서의 공통된 가정은 그 환경이 상황 적합적이라는 것이다.

상황적합 이론(contingency theory)에 따르면 환경을 효과적으로 관리하기 위해서는 조직은 환경에 적합한 조직을 설계해야 한다는 것이다. 조직은 외부환경을 통제하기 위해 조직의 내부구조를 설계해야 한다는 것이다.

[그림 10-2]는 환경과 조직 사이에 적합성의 정도가 작을수록 조직 실패의 결과가 야기되며 적합성의 정도가 커질수록 성공가능성이 높아진다는 것을 보여주고 있다.

구조적 상황이론의 대표적인 학자들로는 번즈(Burns)와 스톨커(Stalker, 1961) 등

그림 10-2 환경과 조직 간의 적합 정도

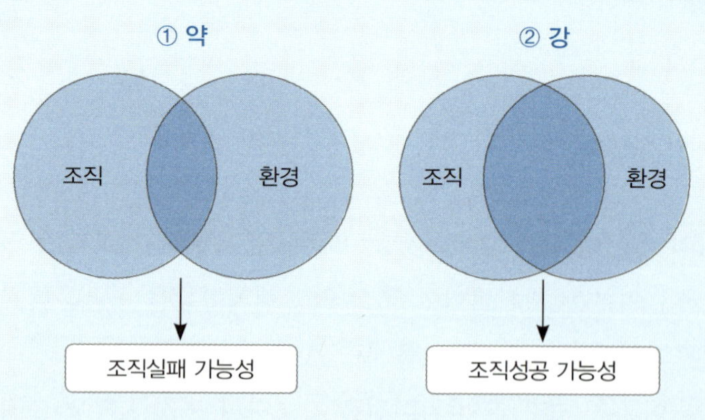

이 있다. 이들은 비교적 안정된 환경에는 기계적 조직구조가 적합하고, 변동이 심한 환경에는 유기적 조직구조가 적합하다고 주장하였다.

조직기술의 유형과 그에 적합한 조직구조의 유형을 제시한 우드워드(Woodward, 1965), 환경의 불확실성에 따라 적합한 조직구조는 다르다는 것을 제시한 로렌스(Lawrence)와 로쉬(Lorsch, 1967), 조직기술이나 조직이 처한 환경의 특성에 따라서 조직구조, 관리과정, 조직의 환경전략은 달라야 한다고 주장한 톰슨(Thompson, 1967), 정치·경제·사회·문화 등 거시적 환경에 따른 조직의 관리방식을 연구하여 비공식적 참여제도를 채택하는 국가의 조직과 공식적 참여제도를 채택하는 국가의 조직을 비교 분석한 탄넨바움(Tannenbaum) 등이 있다.

여기서는 로렌스와 로쉬의 연구와 번즈와 스톨커의 연구에 대해 구체적으로 살펴보고자 한다.

(1) 로렌스와 로쉬의 연구

로렌스와 로쉬(P. R. Lawrence & J. W. Lorsch)는 서로 다른 산업 부문들에서 기업들이 경쟁하고 있는 산업의 특성에 적합한 구조를 통합하고 차별화하는 방법을 조사했다.

조사 대상 기업으로 플라스틱산업, 식료품 산업, 컨테이너 산업에 있는 10개 기업에 대해 각각의 산업 안에서 각 기업들의 부문별 판매량, 연구개발 생산품의 차별화 단계를 측정하였다.

본 조사에서 산업간 조직의 활동을 조정하기 위한 절차와 규칙이 다르다는 데 관심을 갖게 되었다. 연구 결과 각 산업은 서로 다른 상이한 환경 불확실성을 가지고 있었다.

플라스틱산업은 경쟁업자들과 경쟁이 치열했고, 기업들이 신제품이나 새로운 공정을 빈번하게 개발하여 제품수명주기도 아주 짧았다. 이러한 점을 감안해서 보면 플라스틱산업은 환경이 매우 동태적이고 환경 불확실성이 아주 높다.

그림 10-3 산업별 불확실성 정도

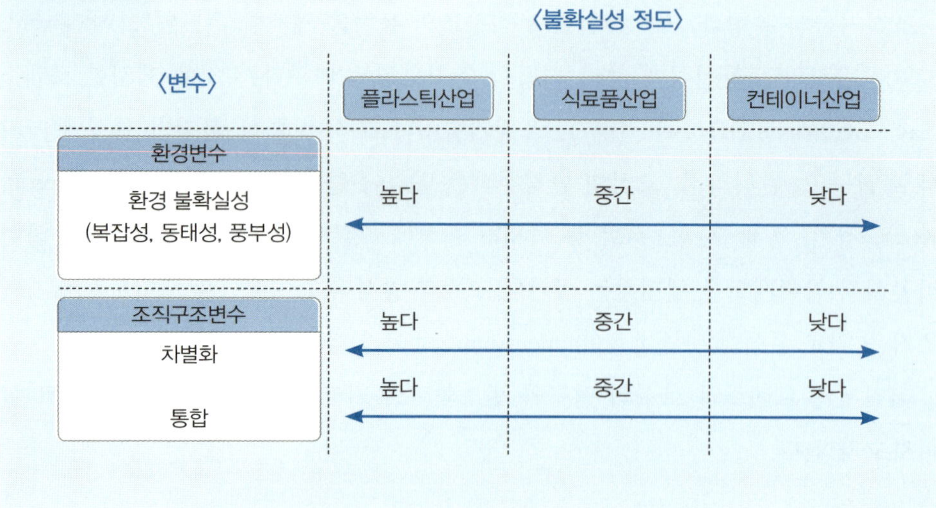

컨테이너 산업은 지난 수십 년 동안 특이할 만한 제품개발이 거의 없고, 환경 역시 매우 안정적이며 환경 불확실성이 낮은 특성을 갖고 있다.

식료품산업이 직면한 환경 불확실성 정도는 앞의 두 산업의 중간 정도에 해당된다. 식료품산업은 급격한 기술혁신이 거의 없으며 신제품 출현 및 판매고의 성장이 플라스틱산업보다는 낮고 컨테이너산업보다는 높은 특성을 가지고 있다. 각 산업별 환경변수와 조직구조 변수 사이의 불확실성의 정도를 보면 [그림 10-3]과 같다.

[그림 10-3]에서 보는 바와 같이 환경 불확실성이 가장 높은 산업은 플라스틱산업이며, 식료품산업, 컨테이너산업 순으로 나타났다.

이러한 산업들 사이에 차별화는 안정적인 환경에 있었던 기업들보다는 불확실한 환경에 직면한 기업들에게 더욱 중요하게 되었다. 이들이 제시한 차별화란 기능적으로 상이한 부서에 속한 관리자들의 기본성향에 서로 차이가 있고 부서 간의 공식구조가 다르다는 것을 의미한다. 즉 환경 불확실성이 높을수록 차별화가 절실히 요구된다.

본 연구에서 차별화와 함께 중요한 개념이 바로 통합이라는 것이다. 조직 전체의 목적을 달성하기 위해서는 부서 간의 차별화를 조정해 줄 통합이 필요하다는 것이다. 조직의 통합이란 차별화된 부서 간의 행동이 조직 전체의 목적과 일치하는 방향으로 움직여 가도록 하는 공동의 노력을 의미한다. 환경 불확실성이 높은 산업 내에 있는 조직일수록 차별화 정도가 높으며, 이를 조정하기 위한 통합의 정도도 높아지게 되어 있다.

로렌스와 로쉬의 연구의 주요 시사점은 조직을 효과적으로 운영하기 위해서는 조직이 환경에 조화를 이룰 수 있도록 조직구조를 적응시켜야 한다는 것이다.

(2) 번즈와 스톨커의 연구

번즈와 스톨커(T. Burns & G. M. Stalker)는 영국의 20개 기업을 조사한 결과 외부환경과 조직 내부구조가 서로 관련되어 있음을 발견하였다. 조직이 직면한 환경특성에 따라 그 활동을 통제하기 위해서 조직은 다양한 종류의 구조를 요구한다는 점을 발견했다.

특히, 기계적 조직을 가지는 기업들보다는 유기적 조직을 가지는 기업들이 불안정하고 변화하는 환경에서 더욱 효과적이었다는 것을 발견하게 되었다. 반면, 안정적인 환경에서는 유기적 조직의 특성이라고 할 수 있는 분권화된 팀 접근법과 같은 구조보다는 집권화, 공식화, 표준화를 특징으로 하는 기계적 조직이 더 효율적이었다.

동태적 환경에 직면한 조직은 안정적인 환경에서 활동하고 있는 조직과 현저히 구분된다. 동태적 환경에 직면한 조직들은 유기적 조직형태를 보이고 있다. 즉, 문서화된 규칙이나 절차가 거의 사라졌고, 의사결정권도 분권화되어 있고, 갈등해결을 위해서 토론이나 회의를 자주 사용하였으며, 수평적 의사소통도 빈번하게 이루

그림 10-4 조직구조별 특성

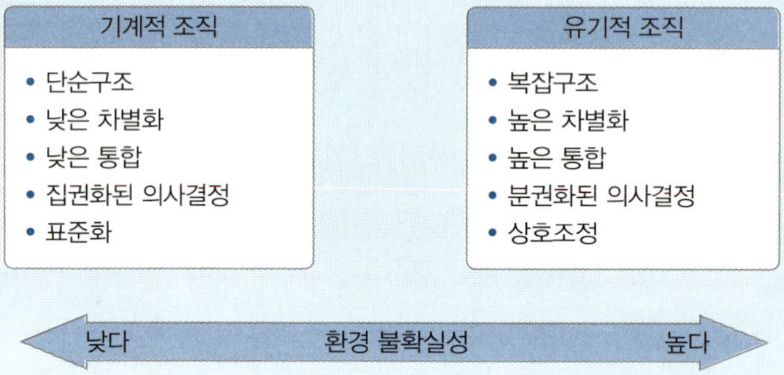

어지고 있다. 반면 안정적인 환경 속의 조직은 기계적 조직이었다. 문서에 의한 의사소통과 소수의 경영자가 의사결정권을 행사하고 있으며 정보공유도 제한적이며 종업원 간의 갈등도 상사의 중재 노력이나 상급자의 결정에 의해서 해결되고 있으며, 관료제적 특성들을 보이고 있다. 조직구조별 특성을 요약하면 [그림 10-4]와 같다.

환경이 급속하게 변화하고 현장에서 신속한 의사결정이 요구될 때 하위 수준의 종업원들도 중요한 의사결정을 위한 권한을 가지는 것이 필요하게 되었다. 즉, 어느 정도 그들에게 권한위임이 필요하다는 것이다. 게다가 복잡한 환경에서 빠른 의사소통과 정보공유는 새로운 제품을 개발하고 고객의 요구에 부응하기 위해서 필수적이다. 반대로 환경이 안정적일 때는 복잡한 의사결정 시스템은 필요하지 않게 된다.

번즈와 스톨커는 조직이 처한 환경의 불확실성과 역동성에 조화를 이루는 조직구조를 설계할 수 있어야 한다는 점을 강조했다. 그러나 반드시 기계적 조직이 나쁘고, 유기적 조직이 바람직하다는 것은 아니다. 즉 가장 효과적인 조직이란 직면한 환경의 특성에 적합한 조직이라는 것이다.

구조적 상황이론은 조직 간의 차이점을 강조하며 조직구조와 조직의 효과성에 영향을 미치는 상황요인을 규명하려 하였다. 즉 이 이론은 조직과 환경 간의 적합도가 유지되면 궁극적으로 조직의 효과성이 제고될 수 있다고 보았다. 최종 상태에 도달하는 데 여러 가지 방법이 가능하다는 원리인 동일 귀착성은 인과성의 개념이다 테일러의 '유일 최고의 방법'과는 근본적으로 차이가 있다. 또한 체제가 당면한 복잡한 환경만큼 체제 내부구조도 다양해야 한다는 필요 다양성의 원리를 상기해 보면 체제이론적 관점에서 유일 최고의 방법이라는 것은 존재하지 않는다는 것을 알 수 있다.

2. 조직경제학

조직경제학(organizational economics)은 구조적 상황이론과 함께 조직이론에 관심이 높다.

조직경제학은 대리이론(agency theory)를 기반으로 하여 발전된 거래비용 경제학(transaction cost economics)을 지칭하며, 시장 및 위계이론(markets and hierarchies theory)이라고도 한다.

거래비용경제학이 대리이론을 근간으로 발전된 이론이기 때문에 먼저 대리이론에 대해 살펴보고 거래비용경제학을 살펴보고자 한다.

(1) 대리이론

조직경제학 이론은 다음의 개념적 태도를 바탕으로 하고 있다.

첫째, 개인적 선택은 조직 혹은 집단적 행동의 기반이 된다. 흔히 집단적 행동으로 여겨지는 것은 사실 개인적 선택의 집합이다.

둘째, 개인적 선택은 상호 상충되는 개인적 선호의 표출이다. 따라서 갈등은 사회생활에서 본질적으로 내재된 것이며 조직화란 그러한 갈등을 관리하는 수단이다. 그러나 갈등을 항상 관리할 수 있는 것은 아니다.

셋째, 규칙은 갈등관계에 있는 개인의 선호를 조정하기 위해 필요하다. 이러한 규칙은 집단적인 의사결정이 필요한 경우 그러한 결정을 단순화하고 질서화하기 위해 필요하다.

넷째, 개인 및 집단적 선호의 차이뿐만 아니라 시간·정보·자원의 한계성은 의사결정자로 하여금 극대화 전략보다는 만족화 전략을 택하도록 하는 경향이 있다.

대리이론에 의하면 사회생활은 대리인(근로자, 판매자)과 본인(관리자, 자본가, 구매자) 간의 일련의 계약과 계약 위반 관계로 상정될 수 있다고 보았다.

사회적 관계는 본인과 대리인이라는 두 당사자에 의해 이루어지며, 대리인은 본인을 대신해 특정 행동을 대행해 주고 본인은 대리인에게 권한을 위임한다. 그러나 본인과 대리인 간의 상충적인 이해관계로 인해 대리손실(agency loss)이 발생하게 된다. 효율적인 본인-대리인 관계를 유지하기 위해서는 이 대리손실을 최소화해야 한다는 것이다.

대리이론은 경제학, 정치학, 조직학, 사회학 등 많은 분야에 공헌하고 있는데, 조직이론에 적용된 것이 바로 거래비용경제학 때문이다.

(2) 거래비용경제학

윌리암슨(Wlliamson)은 조직구조의 효율성이 거대조직의 출현을 설명하는 중요한 요인이며 거래비용의 최소화가 효율성의 관건이라고 주장했다.

거래비용은 통제비용, 거래관계의 유지비용, 정보비용 및 대체비용 등과 같은 경제적 교환과 연관된 모든 비용을 말한다.

전통적 의미의 효율성과는 다르게 거래비용경제학에서 효율성은 보이지 않는 손, 즉 가격 메커니즘에 의해 자동적으로 통제되는 수요와 공급의 적정균형 상태로 규정된다.

그는 조직이 시장보다 효율적인 이유와 어떤 거래가 조직을 통해 보다 효율적으로 조직화될 수 있는가에 관심을 두었다.

완전경쟁이 이루어지고 정보의 유통이 자유로운 시장에서는 가격 메커니즘이 개인의 행동을 조정하는 전반적인 기준을 제공한다. 이러한 경우 조정을 위한 자원과 계획 및 통제를 위한 관리기능이 필요 없게 되고 정보탐색 비용과 협상비용 같은 거래비용이 거의 발생하지 않게 된다.

그러나 현실적으로 제한된 합리성과 기회주의라는 인간요인과 환경의 불확실성 및 소수교환 관계(소수기업, 불완전 경쟁시장)라는 환경요인으로 인해 시장실패가 발생하게 된다.

여기서 제한된 합리성이란 계약에서 계약과 관련된 복잡한 요소들은 모두 고려하는 객관적 합리성이라는 것은 존재할 수 없고, 계약은 항상 불완전할 수밖에 없다는 것이다.

기회주의는 기만이나 사기 등의 계산된 이기주의를 의미한다. 즉 사람들은 언제나 믿을 수 있는 것은 아니라는 것이다.

이러한 인간적 요인과 환경적 요인에 의해 시장에서 실패가 되기도 하는데 이를 정리하면 [그림 10-5]와 같다.

그림 10-5 시장실패 요인 분석

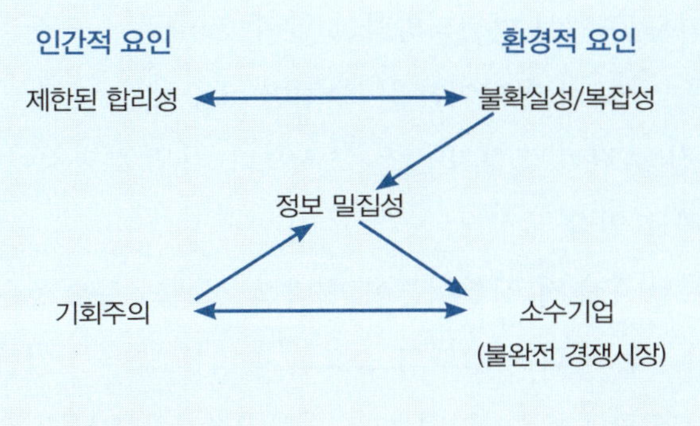

시장실패의 관점에서 시장에 비해 조직이 더욱 효율적인 이유는 다음과 같다.

① 내부조직은 적응된 연속적 의사결정을 용이하게 함으로써 인간의 제한된 합리성을 완화시키고,
② 소수교환 관계에서 기회주의를 희석시키며,
③ 구성원들의 기대가 어느 정도 수렴됨으로써 불확실성을 감소시키고,
④ 정보밀집성이 쉽게 극복되기 때문이다.

자유로운 진입과 완전경쟁이 이루어지지 않아 시장이 실패하는 경우 기회주의에 입각해서 행동하지 않을 수 없다. 따라서 안전장치가 필요한데 이러한 안전장치를 확립하는 데 드는 비용이 바로 거래비용이다.

이러한 거래비용이 관료제적 조정비용보다 많으면 거래비용을 최소화하기 위해서 거래의 내부화, 즉 통합이 효과적이 된다는 것이 바로 거래비용경제학 이론이다.

3. 전략적 선택이론

전략적 선택이론(strategic choice theory)은 차일드(Child, 1972)에 의해 제기되었다. 이 이론은 구조적 상황이론을 비판하면서 대두되었다.

구조적 상황이론은 로렌쉬와 로쉬(Lawrence & Lorsch)의 『조직과 환경(*Organization and Environment*)』에서 발전되었다고 할 수 있다.

스코트(Scott)는 구조적 상황이론은 "환경이 요구하는 것과 더욱 밀접하게 어울리는 구조를 가진 조직이 그렇지 않은 조직보다 더욱 효과적이다"라고 하는 적합성 가설을 제시하고 있다.

그러나 차일드는 구조적 상황이론이 전략적 선택의 중요성을 무시하고 있다는 점을 비판하였다. 즉, 전략적 선택의 중요한 측면은 몇몇 학자들이 제시한 구조적 상황이론에 대한 비판에서 알 수 있는데, 다음 2가지로 요약할 수 있다.

첫째, 구조적 상황이론이 전제하는 것과 같이 조직이 환경에 매우 밀접하게 연결된 것은 아니라는 것이다.

둘째, 구조적 상황이론이 중시하는 수익성과 효과성만이 조직구조를 결정하는 유일한 관심사는 아니라는 것이다. 오히려 관리자들은 조직 내에서 자신의 지배와 통제를 계속 유지하기 위해서 구조적 상황이론에서는 중시하지 않는 권력, 자율성, 안정성 등을 추구하기 때문에 조직구조도 수익성이나 효과성보다는 이러한 목적을 달성할 수 있는 방향에서 결정되는 경향이 높다고 하였다.

차일드는 경영자들이 전략적 선택을 하는데 상당한 자유 재량권을 가지고 있다는 것을 밝히기 위한 것이었는데 그의 주장을 요약하면 다음과 같다.

첫째, 의사결정자는 구조적 상황론에서 추론하는 것보다 많은 자율권을 가지고 있다. 경영자는 현재의 활동영역 속에서 다양한 대안들 중에서 선택을 할 수 있으며 새로운 활동영역으로의 진출도 선택할 수 있다. 활동영역을 선택하는 것과 동시에 경영자는 조직환경과의 상호작용의 유형을 결정한다. 그리고 경영자는 조직의 기술도 선택할 수 있다. 즉, 조직 활동, 과업이 경영자에 의해서 결정되며, 경영자가 활동영역을 선택함에 의해서 조직구조가 결정되는 것이다.

둘째, 조직의 효과성은 하나의 지점(point)이 아니라 범위(range)로 파악되어야 한다. 조직효과성은 조직이 달성해야 할 최적점이 아니라 범위이다. 이것은 경영자가 그들의 의사결정을 최적화할 수 없기 때문에 매우 중요하다. 즉 경영자들은 만족할 만한 범위 내에서 의사결정을 하게 된다.

경영자들은 높은 조직효과성을 가져다 줄 조직구조를 추구하기보다는 그저 조직효과성을 달성하는 데 최소한의 필요조건을 만족시키는 조직구조를 선택한다는 것이다. 결국 최적의 대안과 만족할 만한 대안 사이에는 차이가 생기기 마련인데 그 차이의 범위 내에서 경영자들은 재량권을 행사할 수 있게 된다.

셋째, 조직은 경우에 따라서 조직의 환경을 통제하고 조작할 수 있는 권력을 갖는다. 조직이 항상 환경에 영향을 받아 행동을 취하는 것은 아니다.

대기업의 경영자들은 그들의 제품에 대한 수요를 창조할 수도 있고 경쟁적 환경을 통제할 수도 있다. 동일한 업종의 대기업과 소기업이 비공식적 관계를 맺어 경쟁으로 인한 어려움이나 위험을 줄일 수도 있고, 합병, 수직적 통합, 정부규제에 대한 로비활동 등으로 환경을 통제하기도 한다.

넷째, 상황에 대한 지각과 평가나 환경과 조직의 행동 사이에 중요한 연결 역할을 한다. 객관적인 환경과 조직구성원에 의해서 지각되고 평가되는 환경 사이에는 차이가 있다.

사람들은 항상 환경을 있는 그대로 지각하지 못한다. 특정 대안을 선택하는 것은 그 사람이 환경을 어떻게 해석하고 있는지를 알게 해 줌으로써 생각, 가치, 태도가 표현되는 것이기도 하다. 즉, 한 개인이나 집단의 전략적 선택은 조직구조의 설계에 상당한 영향력을 행사하게 된다.

전략적 선택의 관점은 조직의 전략과 시장영역을 선택하는 데 의사결정자가 어느 정도의 재량권을 가지고 있다는 것을 확인해 주며 전략적 선택은 의사결정자의 조직구조의 선택에 관한 재량권에 대한 생각에는 개방적인 태도를 취하고 있다. 그러나 의사결정자가 조직효과성을 극대화할 수 있는 조직구조를 추구할 것인가에 대해서는 의문을 갖게 된다.

사례

장기전략 맹신은 금물, 임기응변 DNA 키워라!

'기상학자와 경제학자의 공통점과 차이점은 과연 무엇일까?'라는 풍자성 개그가 있다. 공통점은 '둘 다 미래를 예측해서 먹고 사는데 그 예측이 대부분 틀린다'는 점이다. 차이점은 '기상학자는 최소한 현재 날씨는 정확하게 이야기할 수 있지만, 경제학자는 지금이 어떤지도 잘 모른다'는 것이다.

일기예보는 예측기법 발달과 슈퍼컴퓨터 도입으로 최근에는 정확도가 매우 높아졌다. 그런데 경제학은 오히려 기존 방법론에 근거한 현상 설명력과 미래 예측력이 떨어지며 '경제학 교과서를 바꿔야 한다'는 지적이 나올 지경이다. 실제 글로벌 경기 침체에 대한 처방전을 둘러싸고 노벨경제학상 수상자 간에도 해법을 둘러싼 집단적 논쟁은 평행선을 달린다.

기업전략도 경제학과 유사하다. 고대 그리스 시대 군사작전으로 거슬러 올라가는 전략 개념은 1970년대부터 오일쇼크 등으로 경제의 불확실성이 높아지고 1980년대부터 사업영역이 글로벌 차원으로 확대되며 주목받았다. 1990년대 이후에는 바야흐로 전략의 시대가 개막됐다. 하지만 전략에 대한 기대 수준이 예전과 달라졌다. 비전을 제시하는 장기전략, 거창한 전사전략보다 구체적인 단위 사업전략과 실질적인 운영전략에 대한 관심이 높아졌다.

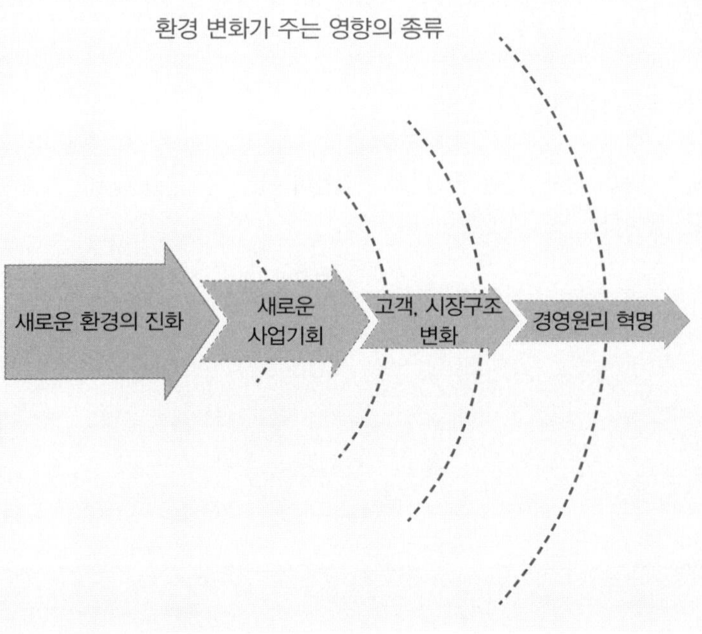

전략 추진 과정에서 발생하는 예기치 않은 변수에 대한 유연성과 적응력의 중요성이 높아지고 있다. 과거 산업시대의 기업 환경은 끊임없이 변화했다. 이때는 근본적으로 양적 확대 과정의 연속이었으나 오늘날 기업 환경은 디지털 혁명에 따른 질적 변환이 진행 중이다. 마치 물이 100도까지는 액체의 성질이 변하지 않다가 끓기 시작하면 기체로 질적 변화를 이뤄 분자의 변동성도 급격히 증가하는 것에 비유할 수 있다. 액체의 산업시대를 배경으로 태동한 근대 경제학이 기체의 정보화시대를 맞아 설명력과 유효성이 급격히 떨어진 것과 유사한 현상이 경영전략에도 나타난다.

디지털 혁명이라는 블랙홀로 모든 산업이 흡수되고 재편되는 융합의 시대에 기존 산업의 경계는 종말을 고했다. 개방성은 시야에 포함하는 관련 산업 범위가 넓어져 크라우드펀딩, 오픈소스, C&D 등 소비자·잠재고객과 상호작용하는 방식이 확장됨을 의미한다. 유연성은 기존에 설정된 전략의 전제조건이 변했을 때 이에 따라 전략을 신속히 수정하는 여지다. 이는 전략의 일관성과 상충될 수 있으나 노키아 휴대폰, 샤프 PDP처럼 전략을 너무 딱딱하게 유지하는 과도한 일관성의 위험은 기업의 사활을 결정하는 수준으로 증폭됐다.

적응성은 단기적으로 변화하는 시장 상황과 경쟁구도에 따라 조직의 전술적 반응 속도를 높이는 것이다. 이는 군대의 작전계획에 비유할 수 있다. 유능한 지휘관은 철두철미하게 작전계획을 수립하고 전투에 나서지만, 작전계획대로 진행되는 전투는 없다. 적군도 나름대로 작전계획을 구사하는 데다 실제 전장에서는 날씨, 보급, 정찰 등에서 예기치 않은 변수가 발생하게 마련이다. 승리자의 역량이란 합리적인 작전계획과 격변하는 전장에서 발휘되는 지휘관 임기응변의 결합이다.

불확실성 시대에도 전략의 개념은 유효하지만, 유효성은 기체처럼 변화하는 환경에 적합한 개념에 기반해야 한다. 현재 우리나라 기업들이 처한 어려움을 타개하기 위해서는 기존 전략 개념을 탈피하는 관점의 전환이 필요하다.

자료 : 매경이코노미 제1853호(2016. 4. 19일 기사 수정)

Chapter 11

조직문화

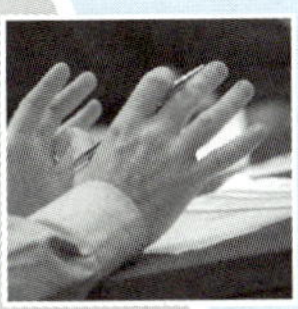

제 1 절

조직문화의 이해

1. 문화의 어원과 개념

우리가 살아가고 있는 사회는 언제나 어떤 형태로든 문화(culture)가 형성되기 마련이다. 인류학자들은 합리성을 지닌 인간이 본능적인 동물과 구별되는 것은 문화를 지니고 있기 때문이라고 했다.

문화에 대한 개념에 대해 일률적으로 정의할 수 없다. '문화'라는 단어는 경작(cultivate)을 의미하는 라틴어의 'colere'라는 동사에서 그 어원을 찾을 수 있다. 문화란 인간이 가지고 있는 사고방식으로서 사람들은 각자 자신의 사고방식을 가지고 있고 그에 따라 각자 나름대로 독특한 문화를 가지고 있다.

로스(C. I. Ross)와 반덴하그(Van Den Haag)는 문화에 대해 '인간이 만든 모든 사물과 인간행동에 있어서 학습되고, 그에 따라 사회화되는 모든 것에 대한 명칭'이라고 하였다.

사람들에게 있어서 문화란 그가 접촉하는 것들과 학습을 통해 인간이 만든 사물의 집합이라고 할 수 있다. 따라서 문화는 사회를 구성하고 있는 사람들이 공통적으로 지니고 있는 가치관과 신념, 이념, 관습, 그리고 지식과 기술 등을 총칭하는 것으로서 그 문화권에 속한 개인에게는 행동에 많은 영향을 미치게 된다.

2. 조직문화의 개념

사회에는 문화가 있고 개인에게는 개성이 있듯이, 기업체에도 각자의 독특한 문화적 특성, 즉 조직문화(organizational culture)가 있다. 이는 일반적인 문화의 개념을 조직수준에 적용한 것이다.

특히 기업체의 경우 조직문화는 기업체가 주어진 환경 여건 속에서 오랜 기간 동안에 조직목적을 달성해 나가는 과정에서 형성된다. 우리 사회의 문화가 오랜 기간에 걸쳐 형성되는 것과 마찬가지로 조직문화도 오랜 기간에 걸쳐서 형성된다.

어느 사회의 문화가 형성되면 쉽게 변화하지 않듯이 조직문화도 일단 형성되면 쉽게 변하지 않고 계속 유지되면서 기업구성원의 행동에 영향을 주고 나아가서는 기업체의 성과에 많은 영향을 주게 된다. 조직문화에 대한 여러 학자들의 정의를 살펴보면 다음과 같다.

Schnieder는 "*Climate and Culture*(1990)"에서 조직문화란 "조직과 조직의 목표에 관한 일련의 중요한 가설이며, 기업의 종업원들이 공유하고 있는 관행이다. 이는 무엇이 중요한 것인가를 판단하는 가치관과 그것이 실행에 옮겨지는 방법에 관한 신념의 공유된 시스템이다."라고 했다.

Schein은 "*Organizational Culture*(1990)"에서 조직문화란 "조직 내에서 외적인 적응과 내적인 통합의 문제를 극복하기 위해 구성원들에 의해 창조, 발전되어 그들의 행동을 이끄는 기본적인 가설, 즉 공유된 가치와 신념의 시스템이다"라고 했다.

Robbins은 "*Organizational Behavior*(1993)"에서 조직문화란 "다른 조직과 차별화되는 조직 내 구성원의 공유된 의미의 시스템이다"라고 했다.

Greenberg & Baron은 "*Behavior in Organizational*(1993)"에서 조직문화란 "조직 내 구성원에 의해 공유된 태도, 가치관, 행동규범 및 기대 등으로 구성된 '인지의 틀'이다"이라고 하였다.

Jones는 "*Organizational Theories*(1995)"에서 조직문화란 "조직 내 구성원간의 상호작용과 구성원과 공급자, 고객 기타 조직 외부집단들과 상호작용을 통제하는 일련의 공유된 가치관을 말한다"라고 했다.

이상의 여러 학자들의 조직문화에 대한 정의를 종합해 보면 "한 조직체의 구성원들이 공유하고 있는 가치관과 신념, 이념, 관습, 지식과 기술 등을 총칭하는 것으로 조직과 구성원의 행동에 영향을 미치는 중요한 요소"가 된다.

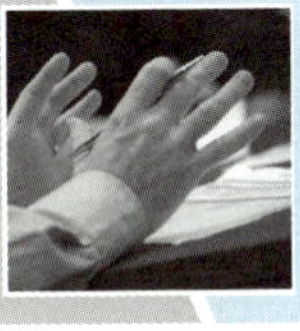

제 2 절 조직문화의 구성요소

글로벌 기업들이 공통적으로 가지고 있는 조직문화의 특징은 무엇이며, 어떻게 해서 만들어졌는지에 대한 해답은 조직문화를 이해하는 데에 중요한 접근법이 될 수 있다. 따라서 조직문화를 구체적으로 이해하기 위해서 조직문화의 구성요소에 대해 살펴볼 필요가 있다.

조직문화가 무엇으로 구성되어 있는지에 대한 여러 견해가 있지만 그중에서 가장 대표적인 연구로는 샤인(Schein)의 연구와 파스칼과 아토스(R. T. Pascal and A.

G. Athos)와 피터스와 워터만(T. J. Peters and R. H. Waterman) 등이 제시한 7S 모형이 있는데, 이를 중심으로 살펴보고자 한다.

1. 샤인의 연구

샤인(E. H. Shein)은 조직문화에 대한 구성요소를 잠재적 단계, 인식단계, 가시적 단계로 구성원의 일반적인 인식수준을 중심으로 연구가 이루어졌다.

샤인의 조직문화에 대한 연구에 보면 첫 번째 계층인 기본적 가정은 그 문화권

그림 11-1 샤인의 기업문화 구성요소

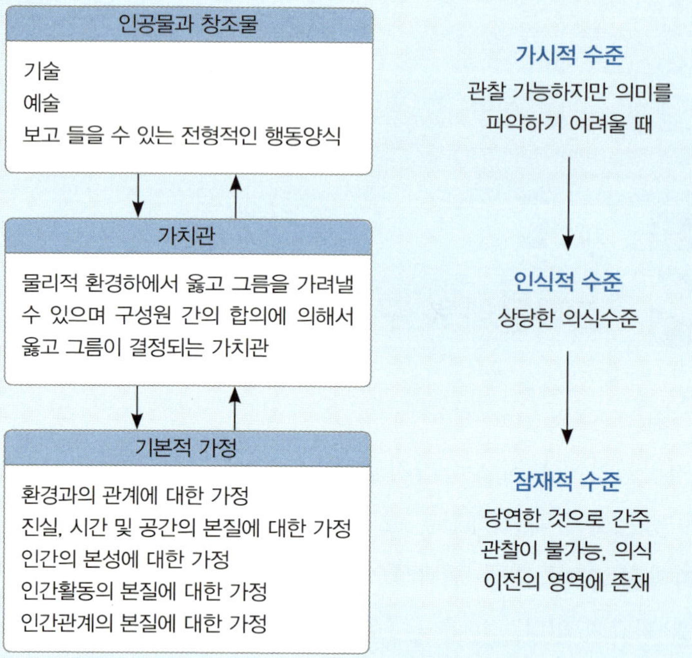

자료 : E. H. Schein., *Organizational Culture and Leadership*, San Francisco(CA: Jossey-Bass Publishers, 1992), p.14.

에 소속된 사람들이 당연하다고 믿고 있는 기본적인 믿음에 해당된다. 기본적인 가정은 모든 가시적 문화의 핵심적 부분으로 외부에서 관찰이 불가능할 뿐만 아니라 의식하지 못하는 상태에서 구성원들의 태도와 행동에 영향을 미치게 된다.

두 번째 계층인 가치관(values)은 기본적인 믿음이 표출되어 인식의 수준으로 나타난 것으로 구성원의 상황, 행동, 대상 사람들을 판단하기 위해서 사용하는 공유된 평가의 기초가 된다.

세 번째 계층인 인공물과 창조물(artifacts and creators)은 가치관이 표출되어 인간이 창출한 인공물과 기술이나 예술 또는 행동양식을 일컫는다. 이러한 가시적인 수준의 인공물들은 조직에 대한 전체적인 인상과 이미지, 기업의 문화적 특징을 형성하는 역할을 한다.

2. 파스칼과 피터스의 모형

파스칼과 피터스(R. Pascale & T. Peters)는 문화의 구성요소를 7-S모형을 통하여 기업내부의 구성요소와 이들 간의 상호관계를 개념화하여 조직문화 연구에 큰 기여를 하고 있다.

세계적 전략컨설팅 기업인 맥킨지(Mckinsey)에 의해서 개발된 7-S모형은 조직문화에 영향을 주는 기업내부요소를 7가지 요인으로 분류하고 있다.

조직문화를 구성하고 있는 7가지 요소가 모두 S자로 시작하기 때문에 조직문화의 7-S모형은 조직문화의 구성요소로서 ① 공유가치, ② 전략, ③ 조직구조, ④ 제도, ⑤ 구성원, ⑥ 관리기술, ⑦ 리더십 스타일을 들고 있다.

이처럼 7-S모형은 조직문화와 기업내부의 구성요소 간의 관계를 체계적으로 설명하며 기업시스템에 대한 통합적인 시각을 제공한다는 점에서 기업체 실무에서 널리 활용되고 있다.

그림 11-2 7-S의 조직문화 유형

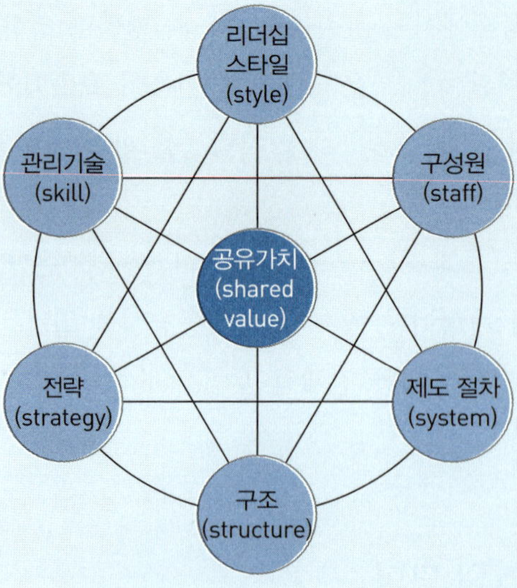

자료 : Pascale and Athos, *The Art of Japanese Management*(NY: Warmer Books Ins., 1981), p.203.

① 공유가치(shared value)

조직문화를 구성하는 가장 핵심적인 요소는 조직체의 구성원들 모두가 공동으로 가지고 있는 가치관과 이념, 조직의 목적 등으로 조직체의 공유가치이다.

따라서 공유가치는 조직문화의 다른 구성요소에 지배적인 영향을 미치며, 조직문화 형성에 가장 중요한 영향을 미치는 요소이다.

② 전략(strategy)

기업의 장기적인 계획과 이를 달성하기 위한 자원배분과정을 포함하며 기업의 장기적인 방향과 기본성격을 결정하고 다른 조직문화 형성에 영향을 미치게 된다.

③ 조직구조(structure)

기업의 전략수행에 필요한 틀로서 조직구조와 직무설계 그리고 권한관계와 방침 등 구성원들의 역할과 그들 간의 상호관계를 지배하는 공식요소들을 포함한다.

④ 제도 · 절차(system)

기업경영의 의사결정과 일상운영의 틀이 되는 보상제도와 인센티브, 경영정보와 의사결정지원시스템, 경영계획과 목표설정, 결과측정과 조정·통제 등 경영 각 분야의 관리제도와 절차를 포함한다.

⑤ 구성원(staff)

조직문화는 조직구성원들의 행동을 통하여 실제로 나타난다. 구성원은 조직을 구성하는 인적자본으로 조직의 인력구성과 구성원들의 능력과 전문성, 가치관과 신념, 욕구와 동기, 지각과 태도, 그리고 그들의 행동패턴 등을 의미한다. 조직문화는 조직구성원의 행동으로 표출된다.

따라서 조직의 구성원이 어떤 성격과 능력 그리고 유형으로 구성되어 있으며 어떠한 능력개발과 동기부여 프로그램, 선발과 교육 및 훈련 프로그램이 활용되고 있느냐 하는 것이 조직문화를 결정짓는 한 요소가 된다.

⑥ 관리기술(skill)

기업의 각종 물리적 하드웨어 기술과 이를 작동시키는 소프트웨어 기술 그리고 기업경영에 활용되는 경영기술과 기법 등을 포함한다.

⑦ 리더십 스타일(style)

구성원을 이끌어 나가는 경영 관리자들의 관리스타일로서 이는 구성원의 동기부여와 상호작용 그리고 조직분위기, 조직문화에 직접적인 영향을 미치게 된다.

위에서 제시된 구성요소가 갖추어지게 되면, 즉 조직문화가 형성되면 조직 구성원들의 활동의 지침이 되는 행위규범을 창출하는 공유된 가치나 신념의 체계가 형성된 것이다. 이러한 조직문화는 구성원들의 행위기준을 제시함으로써 그들을 결합시키는 접착제 구실을 하게 된다.

삼성전자의 '스타트업 삼성'은 조직문화의 새로운 출발점·슬로건!이다. 삼성전자는 2016년 '스타트업 삼성 컬처 혁신 선포식'을 개최했다. 스타트업 기업처럼 빠르게 실행하고 열린 소통의 문화를 통해 지속적으로 혁신하자는 의미를 담고 있다.

선포식에서 삼성전자는 임직원의 의식과 문화를 혁신하기 위해 ▲ 수평적 조직문화 구축 ▲ 업무생산성 제고 ▲ 자발적 몰입 강화 등 '3대 컬처 혁신 전략'을 발표했다.

수평적 조직문화 구축을 위해 삼성전자의 모든 임원이 권위주의 문화의 타파를 선언했다. 또 직급 체계를 단순화하고 직무와 역할 중심으로 인사제도를 개편하기로 했다. 업무 생산성 제고를 위해 비효율적인 회의와 보고문화도 개선한다.

삼성전자는 임직원들의 자발적 몰입, 즉 집중력을 강화하기 위해 장시간 근무하는 문화를 개선하고 계획형 휴가 문화를 구축하기로 했다.

습관적 또는 눈치성 평일 잔업이나 주말 특근을 줄이고 가족사랑 휴가나 자기계발 휴가 같은 다양한 휴가 제도를 도입할 예정이다.

이 같은 컬처 혁신을 뒷받침하기 위해 ▲ 직급 단순화 ▲ 수평적 호칭 ▲ 선발형 승격 ▲ 성과형 보상 등 4가지 방향을 골자로 하는 '글로벌 인사혁신 로드맵'을 수립해 발표했다.

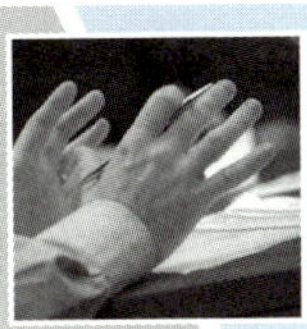

제 3 절

조직문화의 기능과 중요성

1. 조직문화의 기능

조직문화는 기업 속에 내재되어 있는 정신적 기반으로서 구성원의 사고와 행동에 방향과 힘을 주는 역할을 한다. 조직문화가 강하든 약하든 긍정적이든 부정적이든 조직 전반에 영향을 주게 되며 그 결과는 장기적으로 기업의 성과에 영향을 미치게 된다.

조직문화를 공유된 핵심적인 가치관과 신념이라고 정의할 때 조직문화가 조직을 결속시켜 주는 사회적·규범적 기능을 발휘한다고 가정하면 다음과 같은 조직문화의 기능을 찾아볼 수 있다.

첫째, 구성원에게 일체감(identity)과 정체성(sense of identity)을 부여한다.

일체감과 정체성은 외부 상황이 급변할 때 조직구성원의 결속력을 강화시켜 주고 일체화된 조직으로 뭉치게 하는 힘이 된다.

둘째, 개인보다는 조직 전체를 위해 몰입할 수 있게 한다.

조직구성원이 조직에 대해 갖게 되는 충성심과 조직의 목표를 달성하기 위해 자신의 모든 노력과 능력을 기꺼이 바치고자 하는 마음 자세를 의미한다.

조직에 소속되면 시간이 경과함에 따라 자연스럽게 동질감을 느끼게 되고 공유의식과 문화의 수용은 집단의 번영 내지는 영속적 활동을 위해 전념하도록 만들어 준다.

셋째, 기업 전체의 안정성을 높여 준다.

강한 조직문화를 보유한 기업은 조직몰입이 향상되어 결근율, 이직률이 줄어들며 구성원의 사기가 높아진다. 이와 같은 조직의 안정적인 상태는 구성원의 단결심과 일체감을 높여 준다.

넷째, 구성원에게 상징적인 의미를 부여하여 행동의 지침을 제공한다.

일반적으로 특별한 문제가 없는 경우에는 대부분의 경우 평소에 했던 방식으로 일을 처리한다. 그러나 위기가 닥쳤을 때에는 공유된 문화가 해야 할 것과 하지 말아야 할 것에 대해 해답을 제공해 준다.

자신이 근무하는 직장에 긍정적인 조직문화가 형성되어 있다면 조직생활이 즐거울 것이다. 그리고 공동의 추억거리를 많이 공유하고 있는 것도 매우 소중하다. 특히 신뢰를 바탕으로 형성된 조직문화는 매우 중요한데, 이는 조직의 경직성을 해소해주는 효과를 가져다주기 때문이다. 신뢰의 문화는 조직의 일체성을 회복하는 문화이며 모든 기업혁신을 가능하게 하는 바탕이 되는 문화이다.

2. 조직문화의 중요성

기업이 경영혁신을 수행하는 데 조직문화의 역할은 대단히 중요하다. 왜냐하면 전략경영을 수행함에 있어 기업의 내부적인 효율성이 중요한데, 그중에서도 특히 구성원의 신념·가치관·규범·관행 등 기업의 나아갈 방향과 일치해야 하기 때문이다.

공격적인 경영을 지향하는 기업은 혁신적 조직문화가 뒷받침될 때 성공적인 기업의 성과를 이룰 수가 있다. 조직문화란 전략적 기업경영의 구체적인 실천방안이 될 수 있다. 그러나 오랜 기간에 걸쳐 형성된 조직문화를 기업의 전략수행을 원활히 할 수 있도록 변화시키기란 쉽지 않다.

기업 전체 입장에서 기업전략을 수립하여야 하며 이때 조직문화를 고려하지 않고 경영층의 입장에서 무리하게 경영혁신만을 내세우다 보면 구성원들의 협조를 이끌어 낼 수 없고 결국 갈등으로 중도에서 실패할 수 있다.

기업이 추구하고 있는 경영전략이 성공적이려면 기업의 외부환경과 기업내부의 경영자원과 조직구조, 기업만이 갖고 있는 특유의 조직문화가 서로 일치하지 않으면 안 된다. 그중에서도 조직문화와 기업전략이 일치할수록 조직구성원들이 전략수행을 보다 효율적으로 할 수 있다.

이와 같은 관점에서 보면 최고경영자의 가장 중요한 임무 중의 하나는 조직문화의 중요성을 인식하여 경영전략을 기업 자체의 독특한 조직문화에 맞추어 추진하는 것이 바람직하다.

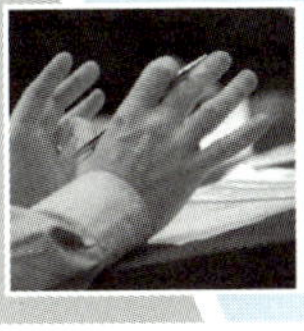

제 4 절 조직문화의 유형

조직문화는 기업체가 주어진 환경에 적응하면서 자체의 목적달성을 추구하는 과정에서 오랜 기간에 걸쳐 형성된다. 기업체의 사업 내용과 기업환경, 그리고 경영자와 핵심인물이 기업체마다 다른 만큼 조직문화도 기업체마다 각각 다르다.

조직문화를 특정 기준에 따라 분류하고 이를 유형화하는 것은 기업문화를 이해하는 데 많은 도움을 된다. 현존하는 조직문화를 이해하고 바람직한 조직문화를 개발하려면 자기기업의 총체적인 조직문화유형을 전달하여야 한다. 총체적인 조직문화는 특정 기업체가 지니고 있는 독특한 문화적 특징을 중심으로 표현할 수 있다.

일반적으로 혁신-보수문화, 개방-폐쇄문화, 인간중심-과업중심 조직문화 등으로 구분할 수 있다. 이러한 조직문화에 대한 다양한 유형에 대해 살펴보고자 한다.

1. 딜과 케네디의 조직문화유형

딜(T. E. Deal)과 케네디(A. A. Kennedy)는 위험의 정도와 피드백의 속도를 고려하여 조직문화를 거친 남성문화, 열심히 일하고 노는 문화, 사운을 거는 문화, 과정문화로 나누었다.

(1) 거친 남성문화(the tough guy, macho culture)

이 유형의 조직문화는 모험형 문화로 사업성격이 고도로 모험성을 띠고 있거나 사업의 성공 여부를 즉시 알 수 있고 성패의 차이도 크고 분명하게 나타나는 문화이다.

이런 문화에서는 조직은 모험을 하기 때문에 강력한 리더를 중심으로 조직행동이 전개되며 리더의 경영이념과 행동스타일이 조직문화에 강하게 반영되는 것이 특징이다.

(2) 일 잘하고 잘 노는 문화(work hard/play hard culture)

이 유형 조직문화는 근면·적극형으로 조직이 한 업무에다 모험을 잘 걸지 않고 대신 일상 업무를 충실히 수행하면서 조직환경에 적절히 대응해 나가는 문화유형이다.

(3) 사운을 거는 문화(bet your company culture)

이 유형의 조직문화는 업무의 성격이 고도의 모험심을 띠고 있으며, 업무의 성공 여부를 아는데 오랜 시간이 걸리는 조직문화 유형이다.

표 11-1 딜과 케네디의 조직문화유형

위험 \ 피드백	빠름	늦음
많음	거친 남성문화	사운을 거는 문화
적음	일 잘하고 잘 노는 문화	과정문화

이러한 문화에서는 중요한 의사결정은 상위계층에 집중되고, 일상적인 결정은 하위계층에 위임하게 된다. 피드백에 소요되는 시간이 장기간이 걸리기 때문에 구성원들의 업적도 장기간에 걸쳐서 평가되고 상사의 경험을 중시하는 문화유형이다.

(4) 과정문화(the process culture)

이 유형의 조직문화는 현재하고 있는 과정이나 절차에 집중하며 일의 결과에 대해서는 정확하게 아는 것이 어려운 조직문화이다.

이런 문화는 은행, 보험회사, 정부, 공기업체 등과 같은 업종이 여기에 속한다. 특히 질서와 시간을 잘 지키며, 꼼꼼하고 기억력이 좋은 사람이 영웅이 될 수 있다. 여기에 소속된 문화의 사람들은 직함이나 공식적인 것에 상당한 관심을 기울이므로 구조화된 서열이 있다.

2. 데니슨의 조직문화유형

조직문화는 조직전략과 조직구조와 밀접한 관계에 있다. 데니슨(D. R. Denison)은 조직문화 형성에 영향을 주는 요소로 작용하는 기업 환경과 이에 대한 기업의 적응적 행동을 중심으로 기업의 문화유형을 구분하였다.

기업 환경변화와 기업의 행동경향을 중심으로 조직문화를 분류하면 집단문화와 위계문화, 개발문화와 합리문화의 4가지 유형으로 구분할 수 있다.

(1) 집단문화

집단문화란 인간관계에 1차적인 관심을 가지고 있으며 유연성을 강조하고 내부 통합에 초점을 맞춘다. 성실, 신뢰관계가 핵심적인 가치관이며 동기요인들은 애사심, 집단의 응집성, 소속구성원으로서의 자격 등이 대표적인 예이다.

(2) 개발문화

개발문화란 역시 유연성과 변화를 강조하지만 이런 문화유형에서 강조하고 있는 시각은 외부환경이며 문화유형의 성향은 성장, 자원획득, 창조성, 외부환경에의 적응 등이다. 가장 주된 동기요인들은 성장, 격려, 창조성, 다양성 등이 대표적인 예이다.

(3) 합리문화

합리문화란 생산성, 성과, 목적달성 등을 강조한다. 이런 문화유형이 강조하고 있는 조직의 목적은 세련된 목표를 수행하고 달성하는 데 있다.

지시적이며 목적지향적인 리더는 끊임없이 생산성을 촉구시킨다. 따라서 유효성의 기준은 계획성, 생산성, 능률 등이 대표적인 예이다.

(4) 위계문화

위계문화는 조직내부의 능률, 통일성, 조정 그리고 평가를 강조한다. 이런 문화유형의 강조점은 내부조직의 논리에 있으며 특히 조직의 안정성을 강조한다.

리더는 보수적이고 행동이 상당히 조심스러우며 기술적으로 전문적인 의제에 대해서는 깊은 관심을 표명한다.

그림 11-3 데니슨의 조직문화유형

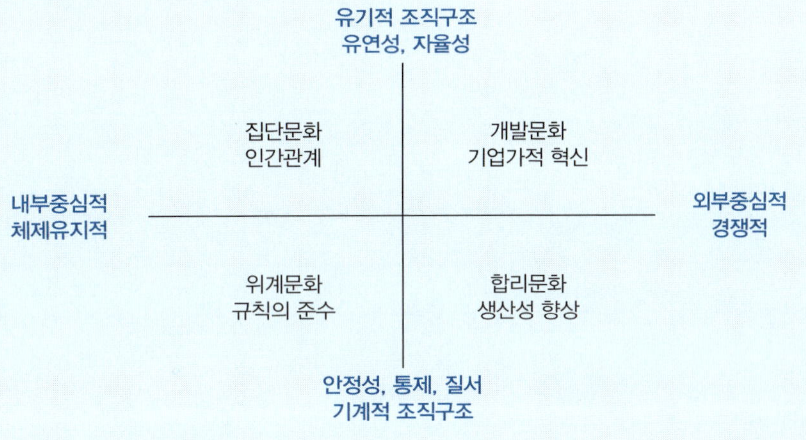

3. 퀸과 맥그레스의 연구

퀸과 맥그레스(R. E. Quinn and M. R. McGrath)는 조직유효성에서 제시된 경쟁가치 모형에 의거한 조직문화 모형을 제시하였다. 그들은 우선 인간의 정보처리 구조와 전략을 구분하였는데, 환경을 탐색하는 데 있어 인간의 지각시스템은 정보나 자료, 혹은 정보패턴을 적어도 2가지 차원의 차이로 구분하도록 구조화되어 있음을 인식하였다.

퀸과 맥그레스는 조직문화를 [그림 11-4]에서 보는 바와 같이 2차원으로 나누어진 4가지 유형으로 구분하였다.

각각의 조직문화 유형은 합리문화, 개발문화, 합의문화, 계층문화로 구분하였다. 각 문화는 조직의 유효성의 서로 다른 차원을 나타내는 분권화/분화-집권화/통합 차원과 사회 기술 시스템의 유지-전체 시스템의 경쟁적 위치확보의 차원에 따라 유형화된 것이다.

그림 11-4 퀸과 맥그레스 조직문화유형

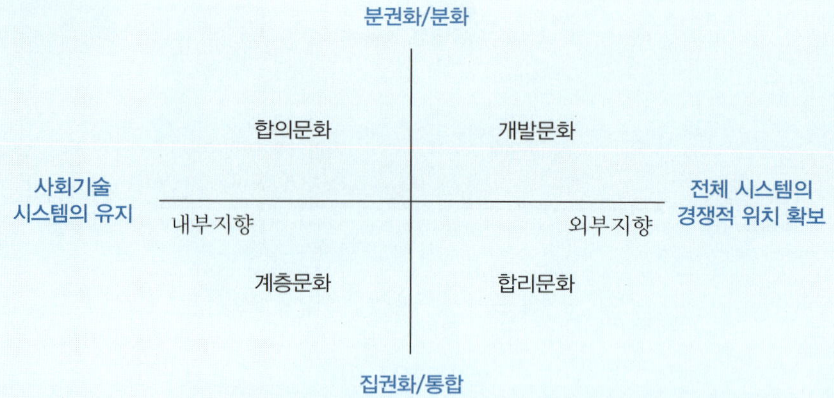

자료 : Robert E. Quinn and Michael R. McGrath "The Transformation of Organizational Cultures," in Peter J. Frost, 1985, p.328.

여기에서 분권화/분화-집권화/통합 차원은 유연-통제 차원으로 조직이 구조화에 대한 선호를 나타내고 있다. 즉, 유연성을 지향하는 시스템은 분권화와 분화를 강조하는 반면, 통제를 지향하는 시스템은 집권화와 통합을 강조한다.

두 번째 차원인 사회기술 시스템의 유지-전체 시스템의 경쟁적 위치확보의 차원은 내부-외부 초점지향 차원으로 조직의 가치시스템이 조직의 사회기술적인 시스템의 유지를 강조하는 것인지, 혹은 외부환경하에서의 경쟁적 위치의 강화를 강조하는가 하는 것이다.

이러한 가치시스템인 조직문화에 따른 조직의 특징이나 현상들이 〈표 11-2〉에 제시되어 있다.

첫째 유형, 집단(합의)문화이다.

이 문화는 친분과 관계를 우선시하는 규범과 가치에 근거한 것이다. 조직을 위한 개인의 노력과 동조가 신뢰와 전통, 그리고 구성원의 장기적인 공헌에 의하여 이루어진다. 이러한 가치시스템은 인적자원의 개발을 강조하고 구성원의 의사결정에의 참여에 가치를 둔다.

두 번째 유형, 개발문화이다.

이 문화에는 변화의 사고가 내면에 포함되어 개인은 주어진 과업의 중요성이나 이념적 매력에 의하여 동기부여된다. 성장, 외부적 합법성과 자원의 획득이 목표로서 강조된다.

세 번째 유형, 계층문화이다.

이 문화는 관료제와 관련된 가치와 규범을 반영한다. 이 문화는 안정의 가정과

표 11-2 조직문화/가치시스템의 유형과 특성

조직문화 (가치시스템)	집단	개발	계층	합리
차원				
유연성/통제	유연성	유연성	통제	통제
내부/외부	내부지향	외부지향	내부지향	외부지향
수단	응집 사기	적응성 즉시성	정보관리 의사소통	계획 목표설정
목표	인적자원 개발	성장 자원획득	안정, 통제	생산, 능률
조직특성				
동조형식	친분(관계)	이데올로기	규칙	계약
동기부여	애착	성장 탐험적	안정	능력 지시적
리더십	관심과 지원	위험감수	보수적	목표지향
기술	장인(Craft)	비일상적	일상적	공학
조직형태	클랜(Clan)	애드호크라시	계층	시장

자료 : Raymond F. Zammuto and Edward J. O'Connor, "Gaining Advanced Manufacturing Technologies Benefits: The Roles of Organization Design and Culture," *Academy of Management Review*, 1992, p.712.

관련되어 있으며, 이 문화에서 개인이 조직과 동조하는 이유는 역할들이 공식적으로 규정되어 있고 규칙과 규정에 의하여 강화되기 때문이다.

네 번째 유형, 합리문화이다.

이 문화는 성취와 관련된 가정과 관련이 있으며, 여기에서의 우선적인 목표는 계획과 생산성, 그리고 효율성이다. 개인들은 바람직한 목표 이상을 달성한 성과에 대해서는 보상이 주어질 것이라는 신념에 의하여 동기부여된다.

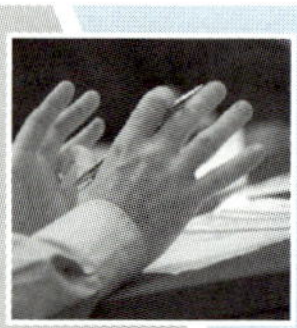

제 5 절 조직문화의 성과

조직문화는 구성원의 공유가치로서 구성원의 행동에 지배적인 영향을 주게 된다. 일반적으로 기업의 성과는 구성원의 행동에 의하여 결정되는 만큼 조직문화와 기업성과는 아주 밀접한 정(+)의 상관관계가 있다.

조직문화가 기업성과에 얼마나 많은 영향을 주는지는 문화가 가지고 있는 비계량적 속성 때문에 정확하게 판별하기는 어렵다. 그러나 조직문화와 기업성과의 밀접한 관계는 조직문화가 조직의 성과에 대한 기여하고 있음을 알 수 있다.

따라서 조직의 성과가 뛰어난 우수기업들의 공통적 특성을 추출하여 이들이 가진 강한 문화의 특성을 찾아내면 사후적으로 문화와 성과 간의 관계를 유추해 볼 수 있을 것이다.

1. 조직문화와 성과

조직문화와 성과 간의 연구는 크게 3가지 관점에서 살펴볼 수 있다.

첫째, '강한 문화가 조직의 성과를 높인다.'는 강한 문화의 관점이다.

둘째, '상황에 적합한 문화가 조직의 성과를 높인다'는 상황 적합성 관점이다.

셋째, '환경 적응력이 있는 문화가 조직의 성과를 높인다'는 환경 적응적 관점이다.

(1) 강한 문화의 관점

강한 문화의 관점은 조직을 이끄는 가치에 대해 조직구성원이 강력하게 동의하며, 조직 외부에서도 인식될 정도로 강렬하게 형성된 조직문화를 말한다. 즉, 강한 조직문화는 깊고 넓게 형성된 조직문화이다. 그러나 다른 한편에서는 변화를 기피하고, 변화에 강하게 저항하는 경향이 있다.

조직에 있어 강한 조직문화의 특징은 다음과 같다.

첫째, 구성원 간의 목표의 일치를 통하여 모든 구성원의 공동목표를 공유하게 하는 것이다.

둘째, 구성원의 동기유발을 통하여 구성원의 가치를 공유하기 때문에 높은 수준의 동기를 유발할 수 있다.

셋째, 성과달성을 위해 강압적인 통제가 없어도 필요한 구조변화나 조직의 통제가 용이하다.

그러나 강한 조직문화는 실제로 조직 내에 구성원 간의 공동체 의식이 강해 기업성과와는 반대의 방향으로 조직을 이끌 수도 있다. 만약 조직문화가 외부환경의 변화나 요구를 적절하게 반영하지 못한다면 강한 조직문화는 오히려 기업성과를 저해할 수도 있다.

따라서 강한 조직문화가 항상 조직의 성과를 높일 것이라는 가정은 경계해야 한다. 강한 문화를 가진 조직은 조직의 응집력과 구성원의 조직몰입의 제고와 같은 긍정적인 효과는 분명히 있지만 환경과의 적응과정에서 대응력을 높이지 않으면 안 된다는 점을 유념할 필요가 있다.

(2) 상황적합성 관점

상황적합성 관점은 조직문화가 외부환경이나 조직이 추구하는 전략의 방향과 적합할 때에 기업성과에 긍정적인 효과를 가져다준다는 관점이다. 이 관점은 기존의 구조적 상황이론의 개념을 조직문화의 상황에 적용시키고 있다.

최근 외부환경이 급변하는 상황에서 환경의 변화에 적합하도록 조직문화를 바꾸기란 결코 쉽지 않다. 왜냐하면 조직문화는 장기적인 변화의 결과이며, 새로운 환경변화에 대한 속도감이 떨어지기 때문이다.

따라서 상황적합성 관점은 조직문화가 성과에 미치는 단기적인 효과를 설명하는 데 효과적이지만 조직의 장기적 성과를 설명하지는 못하고 있다. 그리고 급속하게 변화하는 환경에 어떻게 효과적으로 대처하면서 새로운 조직문화를 형성할 것인가에 대해서는 많은 문제를 안고 있다.

(3) 환경 적응적 관점

환경 적응적 관점은 환경에 대한 적응력이 있는 조직문화를 갖추어야 기업성과를 향상시킬 수 있다는 관점이다.

적응력이 강한 조직문화는 환경변화에 효과적으로 대처하고 다가올 미래를 예측 가능하도록 한다. 이 같은 전향적 적응성(proactive adaptability)은 장기적인 성과 향상을 기대할 수 있다.

환경 적응력이 있는 조직문화는 강한 조직문화와 상황적합적인 조직문화 관점의 한계를 보완하면서 환경과 조직 간의 상호작용과 조직의 능동적인 대응을 강조한다는 점에 매우 설득력이 있다.

코터(John Kotter)와 헤스켓(James Heskett)은 22개 산업의 207개 기업에 대해서

문화와 성과와의 관계에 대한 연구를 통해 3가지 관점에 대한 실증적 연구를 하였다.

연구 결과를 보면 강한문화의 관점과 상황적합성 관점을 부분적으로 지지하고 있으며 환경적응적인 관점은 완전히 일치하고 있다. 특히 장기적인 성과는 적응적 문화를 가진 조직에서 가장 높은 성과를 내고 있음을 보여주고 있다.

이상에서 살펴본 조직문화와 기업성과 간의 관계에 있어 어느 한 가지 관점에 의해서 설명하기보다는 3가지 관점을 통합하는 관점에서 살펴보는 것이 설득력이 있다고 하겠다.

2. 조직문화의 역할과 기능

한 사회나 국가의 문화가 그 사회와 국가 구성원의 행동에 영향을 미치듯이 조직문화도 조직구성원의 행동과 조직체의 의사결정에 영향을 미친다.

조직구성원은 조직문화에 따라 적합한 행동을 하게 되며, 조직의 구조나 전략도 조직문화에 의하여 영향을 받게 된다. 그러므로 대부분의 성공적인 조직은 각기 독특한 조직문화를 가지고 있으며 이러한 조직문화를 유지·발전시키기 위하여 노력하고 있는 것이다.

(1) 조직문화의 역할

조직문화는 구성원의 행동과 조직체의 성과에 영향을 미치는 요인이다. 이러한 영향을 조직문화가 기본적으로 2가지의 문제를 해결할 수 있는 능력이 있기 때문이다.

첫째, 조직이 외부환경에 적응하고 생존하는 과정이다.

둘째, 적응과 생존능력을 보장하기 위한 조직 내부의 통합문제를 해결하는 데 도움을 준다.

조직이 외부환경에 적응함에 있어 조직문화는

① 생존 이유에 대한 합의
② 운영목표에 대한 합의
③ 수단에 대한 합의
④ 결과를 평가하는 기준에 대한 합의
⑤ 목표와 전략의 수정에 대한 합의

를 이끌어 내는 데 도움을 준다.

그리고 조직내부의 통합에 있어서 조직문화는 조직구성원들 사이의 대인관계의 증진과 유지에 도움을 주며, 목표에 대한 현실적인 성취가 이루어지도록 하는 데 도움을 준다. 즉, 조직문화는 조직구성원들의 공통의 언어와 개념적인 범주를 개발하고, 집단의 경계에 대한 합의를 이끌어 내며, 권력의 분배에 대한 동의를 만들어내고, 동료관계를 정립하며, 보상과 처벌의 분배기준에 대한 합의를 이루며, 조직 내의 이데올로기를 만들어냄으로써 조직의 내부통합을 보다 원활하게 이루어지도록 한다.

(2) 조직문화의 역기능

조직문화는 조직의 성과를 향상시키는 데 도움을 주지만 반면 특정 형태의 조직문화나 강한 동질성을 갖는 조직문화가 항상 조직체의 성과에 긍정적인 영향을 주는 것은 아니다.

강한 조직문화의 특징인 공유 정도가 광범위하고 전통이 강한 것이 성과의 원천이 되기도 하지만 반면에 문제의 원천이 될 수도 있다. 즉, 강한 조직문화는 때로는 조직의 성과에 역기능적으로 작용할 수도 있다.

이와 같이 강한 조직문화는 다음과 같은 역기능이 발생할 수 있다.

첫째, 환경의 변화에 대한 대응에 문제점을 야기할 수 있다.

최근 기업환경은 급속하게 변화하는 기술과 시장은 과거와는 비교될 수 없을 정도로 혁신적이고 세분화되고 있다. 이에 따라 조직은 무엇보다도 이러한 변화에 대한 유연성이 있는 적응능력이 필요하다. 그러나 강한 조직문화는 경직화의 경향이 있어 이러한 변화에 대한 신속한 적응 행동을 방해하는 요인으로 작용할 수도 있다.

둘째, 강한 조직문화는 변화에 대한 저항의 원인이 되기도 한다. 즉, 조직문화는 오랫동안 형성되어 온 것이어서 새로운 변화를 받아들이는 데에는 한계가 있다.

예를 들면, 과거 성장 위주의 조직문화가 형성되어온 조직은 성장이 아닌 안정을 위한 전략으로의 변화를 쉽게 수용할 수 없다. 그것은 실제의 행동이나 전략의 변화는 기본적으로 조직문화를 구성하고 있는 기본전제와 가치관, 사고방식의 변화를 요구하기 때문이다. 바로 이러한 과정에서 구성원들의 많은 저항을 받게 되는 것이다.

사례

21세기 조직문화의 핵심 포인트

최근 들어 다양하고 급변하는 환경에 기업들이 적극적으로 대응하기 위한 방법으로 조직문화 구축이 강조되고 있다. 조직문화는 조직구성원들이 공동의 문제를 해결해 나가는 과정에서 생성된 것으로, 조직이 나아갈 방향을 제시하며, 행동을 유발시키는 사회적 힘을 내재하고 있다.

조직문화는 유형적인 것이 아니라 실체가 없는 무형적 관념체제이며, 환경과의 적응과정을 통하여 역사적으로 형성되고 조직 구성원에게 학습된다는 특징을 지니고 있다. 모든 직원들이 열의를 갖고 행복감에 젖어 본인이 원하는 일을 하는 직장은 모두 직장인이 꿈꾸는 일터의 모습일 것이다.

많은 기업들은 활기찬 조직문화를 가진 직장을 만드는 것과 직원들을 업무에 몰입하게 하는 것이 회사를 성공으로 이끄는 견인차임을 자각하기 시작하였다. 특히 회사가 위기에 봉착하였을 때 정신적 구심력과 신뢰감의 형성에는 문화가 중요한 역할은 한다.

코닝의 CEO 재미 휴우톤은 "문화를 관리하지 못하면 장기적이며 탁월한 성과를 얻을 수 없다. 성과는 문화의 결과물일 뿐이지 문화에 우선하지 않는다"라고 문화의 중요성을 강조하였다. 21세기 조직문화 형성에 중요한 핵심 포인트 4가지를 정리해보면 다음과 같다.

첫째, 글로벌화에 따른 전 세계 구성원의 DNA 체화(體化)이다.

글로벌화 추세에 따라 기업은 글로벌 차원에서 문화가 일관성을 가지도록 조직문화를 정립하는 것이 중요하다. 기존 정립한 문화가 전 세계 구성원들에게 지속적으로 강화되고, 실천될 수 있도록 하는 것을 목적으로 조직문화의 구축이 필요하다. 특히 기존 인사제도가 지향하는 조직문화 및 가치를 훼손하는지를 판단하여 부적절한 부분을 보완해야 한다.

실제 가장 중요한 과제는 글로벌 전체 임직원을 동등하게 참여시킴으로써 조직문화와 인사제도에 대한 주인의식을 심어주어야 한다. 이를 위해 현상 진단 작업과 내부 워크숍부터 될 수 있는 한 많은 인력을 참여시켜야 한다. 조직 내에서 영향력이 높은 일부 직원들은 변화 챔피언 역할을 부여하여, 조직문화와 새로운 인사제도가 실천되고 성공해가는 사례를 직접 발굴하고 공유하는 작업에 깊게 관여시키고 그들에게 각 국가의 '핵심가치에 대한 이해도 증진 교육'에 대한 강사 및 챔피언 역할을 지속하게 해야 한다.

둘째, 지속가능경영의 기반 마련이다.

기업 간의 경쟁이 심화되면서 장기적인 성장을 추구하기 위해서는 기업의 비전 설정 및 이를 달성하기 위한 구성원의 의식 및 체질변화가 선행되어야 한다. 조직문화를 재구축하여 구성원의 의식 및 행동을 실질적으로 변화시킴으로 조직 비전의 실행력을 확보해야 지속가능경영이 가능하게 된다. 새로운 비전 달성을 위해서는 전통도 중요하지만, 적극적이고, 창의적이며, 도전적이고, 혁신적인 문화가 요구된다. 먼저 조직문화 변천사 및 현 문화에 대한 분석이 이루어졌다. 이 과정에서 중요한 포인트는 향후에도 간직하고자 하는 전통적 문화요소를 판단하는 작업이다. 전통적인 문화 중에서 조직을 성공으로 이끈 동력이라고 생각되는 요소를 먼저 파악하고 성공요소에서 더 이상 영향력을 발휘하지 않는 요인을 제거하고, 영향력이 있으나 새로운 가치와 상충되는 요소를 심도 있게 논의한 후 지속할 것인지, 버릴 것인지를 결정해야 한다. 이러한 과정을 통해서 전통문화 요인 중에서 계속 간직하여야 할 요소와 제거할 요소를 구분해야 한다. 그리고 비전 달성을 위해 새로이 요구되는 요소를 찾아내는 것이다.

셋째, 개선을 위한 베이스라인 구축이다.

경영환경 및 관리체계 변화 시 구성원들에게 정체감을 심어주고 변화의 방향을 제시할 필요가 있다. 이를 위한 첫 단계는 현 조직문화의 진단에서 시작해야 한다. 진단작업에서는 깊게 뿌리 받은 문화요소에 대한 분석도 함께 진행한다. 구성원들은 인식하고 있지 못하지만 부지불식간에 발현되는 문화가 존재한다. 이러한 문화요소는 명문화된 적도 없는데 오랜 기간 동안 서서히 생성된 것이다.

그리고 미래조직문화를 설계해야 한다. 이를 위해 앞으로 어떤 모습으로 변하고 싶은가, 현재 우리가 어떤 부분에서 변화가 필요한가, 우리가 달성하려는 비전을 위해서는 어떤 모습의 조직으로 거듭나야 하는가? 등을 주제로 임원과 직원을 나누어서 워크숍을 실시하여 의견을 청취하고 거기에서 나온 산출물의 결과를 토대로 가려고 하는 방향으로 일치시켜 나가면 된다. 이를 기초로 핵심 가치와 행동양식을 개발하였고, 가치별 현재 수준과 향후 달성하려는 수준 간의 격차를 근거로 실행과제를 추출할 수 있다.

넷째, 조직문화 통합 및 다양성을 반영하여야 한다.

조직 내 가치관과 다양한 배경을 가진 인력이 증가하면서, 이들의 잠재된 의식 및 가치체계의 조화를 추구할 필요성이 높아지고 있다. 특히 직장 내 다양한 세대, 인종, 종교, 가치관, 배경, 성, 장애 여부 등 다양성이 높아지고 있다. 이들을 어떻게 조화롭게 이끌어 가느냐는 조직운영의 중요한 부분으로 자리 잡게 되었다.

이상에서 살펴본 내용을 바탕으로 조직문화를 성공적으로 구축하기 위하여 필요한 것은 무엇일까?

첫째, 바람직한 조직문화에 대한 모습이 결정되어야 한다.

바람직한 기업문화는 회사의 전략과 경영이념이 정렬되어야 하며, 변화하는 환경에 적절히 대처해 나갈 수 있도록 유연하여야 하며, 임직원의 수용도가 높아 자발적 의지에 따라 지켜지는 강한 문화이어야 한다.

둘째, 현재 문화와 바람직한 문화 간의 격차를 진단할 수 있는 툴이 필요하다.

현재 가장 바람직한 상태를 유지할 수 있게 하는 제도, 관행, 특성은 계속 유지하고, 매우 부족한 상태이거나 기존에 존재하지 않는 관행, 제도, 행동특성들은 도입하고, 왜곡이나 오해의 소지가 있거나 심각하게 나쁜 영향을 줄 수 있는 관행, 제도, 특성은 제거하여야 한다. 기존 제도를 수정하는 것은 용이하나 그 효과가 단기적일 수 있다. 가치체계나 핵심가치를 수정하는 것은 비록 가시성이 낮고 어려운 작업이나 지속적인 효과를 기대할 수 있다. 이러한 변화는 문제에 대한 정확한 인식, 바람직한 모습으로 변화할 수 있는 조직의 역량과 실천의지가 있어야만 가능하다.

문화는 긴 세월 동안 서서히 이루어진 것이지 하루아침에 생기거나 소멸되지 않는다. 그러기에 문화를 관리하는 지표와 운영체계 수립이 필요하다. 무엇보다도 가장 중요한 성공요인은 최고경영자를 비롯한 조직 리더들이 조직문화를 구축하는 데 가장 중요한 요소가 될 것이다.

Chapter 12

조직혁신

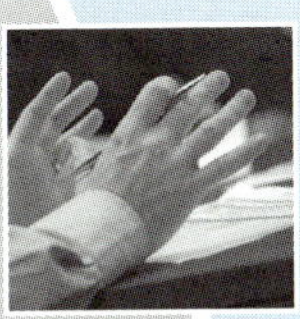

제 1 절

조직혁신의 개념

1. 조직혁신의 의의

일반적으로 변화라는 용어는 변화의 방향이 중요한데 그 방향이 바람직하냐 하지 않으냐에 관계없이 중립적인 개념으로 사용되지만 혁신이라는 용어는 바람직한 방향의 변화를 계획적·의도적으로 달성하고자 변화의 방향을 이끌어 가는 것이다.

조직혁신(Organizational Innovation)이란 조직이 바람직한 방향을 설정하고 그러한 방향으로의 계획적·의도적인 변화를 유도하기 위하여 새로운 아이디어 등을 창출하여 이를 도입·실천함으로써 조직을 보다 바람직한 상태로 전환시키는 관리작용이라고 정의할 수 있다.

최근 혁신에 대한 연구의 흐름은 크게 2가지 방향으로 이루어지고 있다.

첫째, 다른 조직보다 먼저 새로운 아이디어를 도입했다는 것보다 조직 내에서 변화가 왜 발생하였으며, 그러한 변화를 어떻게 실행하고 있는가를 파악하는 데 더 많은 관심을 가지고 있다.

둘째, 혁신이 반드시 조직 내부에서 아이디어를 창출해야 한다는 것을 요구하지는 않는다. 중요한 것은 조직이 무언가 새로운 아이디어를 채택하여 개발하는 데 있으며 아이디어 원천이 반드시 조직 내부일 필요는 없다.

21세기 조직환경하에서 조직이 보다 경쟁력이 있고 발전을 지속하기 위해서는 끊임없는 조직혁신이 요구되고 있다.

2. 조직혁신의 특징

조직혁신은 창의적인 인간으로 발전시켜, 양육하고 개발할 수 있는 능력을 갖도록 하는 것이다. 조직혁신의 특징에 대해 살펴보면 다음과 같다.

첫째, 계획적이며 목적 지향적인 성격을 가진다.

둘째, 조직의 내적 요인과 외적 요인, 즉 환경적 요인이 복합적으로 작용하는 동태적 과정이다.

셋째, 기존의 현상을 타파하고 인위적으로 변동을 유도하기 때문에 저항이 수반되는 것이 일반적이다.

넷째, 조직의 구조적·기술적·형태적 측면의 개혁과 쇄신에 중점을 두며 조직발전의 주요한 전략이 된다.

3. 조직혁신의 실패

오늘날 치열한 경쟁 환경하에서 살아남기 위해서 조직은 창의성과 혁신성을 필요로 한다. 조직이 창의성과 혁신성을 갖추었더라도 주도적 혁신을 이루지 못하면 조직혁신은 실패하기 마련이다.

조직이 혁신에 실패하는 이유를 다음과 같이 대표적인 3가지로 요약할 수 있다.

첫째, 조직에 필요한 자원부족,

둘째, 특정분야의 잠재적인 혁신에 대한 인식부족,

셋째, 조직의 변화에 대한 저항 등을 들 수 있다.

(1) 자원부족

조직혁신을 실천하는 데 많은 자본과 시간, 에너지가 필요하다. 기업이 혁신적인 프로그램을 수행하기 위해 충분한 자본을 마련되어 있지 못했거나, 혁신에 필요한 인적자원이 없다면 그 기업은 혁신에 성공할 수 없다.

고도로 혁신적인 기업도 그들의 종업원이 구상한 신제품, 서비스를 다 수용할 수 없는게 현실이다. 왜냐하면 자원, 자금, 시간, 기술, 관리적 전문가 등의 자원에는 한계가 있기 때문이다.

(2) 기회인식부족

조직은 모든 혁신을 다 수용할 수 없다. 조직혁신안들을 신중하게 평가할 수 있는 능력과 조직의 많은 잠재력 중에서 혁신적인 것을 선택할 수 있는 능력을 개발해야 한다.

경쟁적 이점을 획득하기 위해 조직이 기회를 인식하고, 평가를 통해 혁신의 기회를 모색해야 한다. 이러한 기회인식이 부족하면 혁신은 실패할 확률이 높다.

(3) 변화에 대한 저항

대부분의 조직은 기존의 방법을 버리고 변화를 하는 데 대해 대체로 저항을 하는 경향이 있다. 혁신이란 신제품 생산이나 새로운 작업방법의 도입을 위해 기존의 제품과 방법을 포기하는 것을 의미한다.

조직혁신은 관리자들이나 많은 종업원들에게 개인적으로 상당히 어려울 수도 있다. 그러므로 변화에 대한 저항은 조직혁신을 느리게 할 수도 있고 그 자체를 방해할 수 있다.

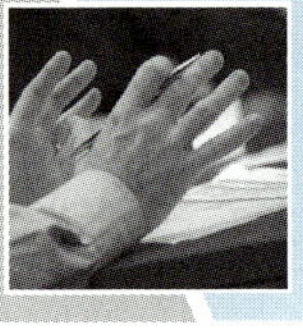

제 2 절

조직혁신의 변수와 접근방법

1. 조직혁신의 변수

조직혁신의 대상이란 조직과 관련 있는 많은 변수들 중에서 어떤 변수를 사용하여 나머지 변수들에 변화를 일으킬 것인가 하는 문제를 가리킨다.

조직혁신의 변수에는 대표적으로 과업, 인간, 기술, 구조가 있다. 이들 각 변수는 서로 계속해서 지속적으로 영향을 주고받는 상호 의존관계에 있다. 이들 각 변수간의 상호 의존관계를 보면 [그림 12-1]과 같이 나타낼 수 있다.

① 과업이란 조직의 존립목적이 되는 기본적인 활동을 가리키는 것으로서 기업의 재화와 용역을 생산하는 활동을 말한다.
② 인간이란 조직 내에 소속된 구성원들을 말한다.
③ 기술이란 업무를 수행하고 문제를 해결하기 위하여 사용되는 기술이나 기계 등을 가리킨다.
④ 구조란 의사전달, 권위와 역할, 작업흐름의 체제 등을 가리킨다.

따라서 조직혁신이란 이들 중 어느 한 대상을 변화시켜 다른 변수들의 변화를

그림 12-1 조직혁신 변수의 상호관계

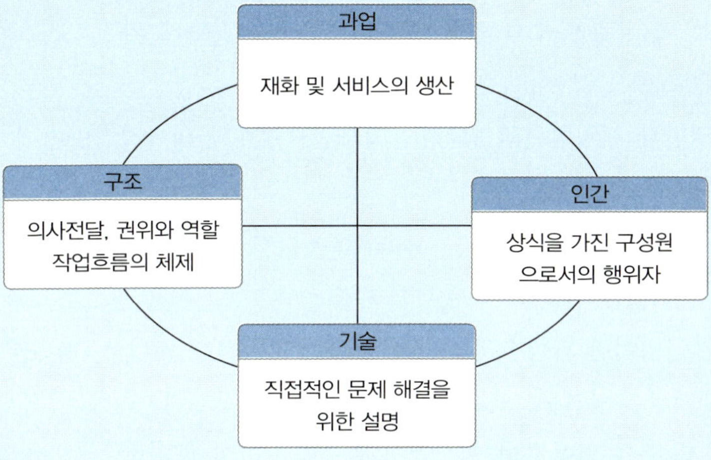

꾀하고자 하는 것이다.

예를 들면 컴퓨터라는 기술이 도입되게 되면 인간의 태도, 기능 및 활동에 영향을 주고, 구조적인 측면의 변화를 일으킬 것이며, 과업의 내용이나 수준 등에서 많은 변화가 일어나게 된다.

2. 조직혁신의 접근법

조직혁신의 접근법이란 조직혁신의 대상변수(과업, 인간, 구조, 기술) 중에서 어떤 변수를 선정하든 그것은 결국 과업의 변화를 의미하는 것이라고 볼 때 나머지 변수 중 어느 것을 중심으로 조직혁신을 이루어 나갈 것이냐 하는 방법을 가리킨다.

조직혁신의 접근법으로는 구조적 접근법, 기술적 접근법, 인간적 접근법으로 분류될 수 있다.

(1) 구조적 접근법

구조적 접근법이란 조직에서의 구조적 요인에 대한 혁신을 주요 대상으로 하는 접근법이다. 이 방법은 주로 이상적인 조직구조를 갖추게 되면 그 조직의 업무성과가 향상된다는 사고방식에 입각하고 있다.

따라서 권한과 책임범위의 명확화, 의사전달체계와 의사결정방법에 대한 검토, 분권화의 확대 등에 중점을 두게 된다.

(2) 기술적 접근법

기술적 접근법이란 과학적 관리와 관리과학 분야를 가리킨다. 따라서 과학적 관리와 산업공학, 운영연구, 정보이론, 체제분석, 인적자원관리에 있어서의 직무평가, 태도조사 등을 사용하여 의사결정과 업무처리의 합리화·효율화를 추구하는 접근법이 있다.

(3) 인간적 접근법

이 접근법은 인간의 가치관이나 행동, 태도 등을 변경시킴으로써 새로운 기법을 창조하거나 새로운 조직구조 등을 생각해 낼 수 있다는 것이다.

예를 들면, 인간관계론이나 소집단 이론 등과 같이 조직 구성원들의 참여를 증대시켜 조직의 목적을 달성하는 방법들이 이에 해당된다.

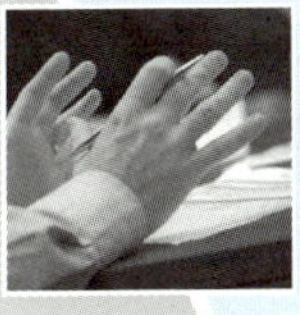

제 3 절

조직혁신 과정과 방법 및 주역

1. 조직혁신 과정

조직혁신의 과정은 학자에 따라 여러 가지 단계로 분류되고 있다. 카이든(G. E. Caiden)은 인지 · 입안 · 시행 · 평가 등으로 분류하고 있으며 로저스(E. M. Rogers)는 인지 · 관심 · 평가 · 시행 · 채택의 단계로 분류했다.

베커(W. Becker)와 휘슬러(C. Whisler)는 자극 · 착상 · 제안 · 적용의 4단계로 분류했는데 이를 구체적으로 살펴보면 다음과 같다.

1단계 : 자극단계

자극단계에서는 조직의 소수 구성원 또는 특정한 외부 인사가 조직에서 해결해야 할 문제점에 접근하여 그에 대한 해결방법, 즉 새로운 아이디어의 필요성을 인식하는 것을 말한다. 이러한 자극은 개인의 행동을 통하여 이루어진다.

2단계 : 착상단계

착상 단계에서는 혁신을 추구하는 사람이 자신의 판단에 따라 조직이 추진해야 할 행동계획에 대한 새로운 아이디어를 착상하는 것을 말한다. 착상의 단계 역시 개인적인 과정이다.

3단계 : 제안단계

제안단계에는 혁신에 관한 아이디어가 조직 내의 다른 사람들로부터 동의를 받을 수 있도록 노력하는 것을 의미한다.

4단계 : 적용단계

적용단계에서는 새로운 아이디어를 조직에 실제로 적용하는 것을 말한다. 흔히 적용단계에서 혁신 과정이 종결되는 것으로 이해되지만, 그 이후에도 조직혁신이 조직 및 조직 구성원에게 미칠 영향을 예측하고 평가하는 것도 중요한 과정의 한 부분으로 보아야 한다.

이처럼 조직혁신 과정은 필연적으로 여러 단계를 거치게 되는데, [그림 12-2]에서와 같이 4단계를 경유하는 것으로 보고자 한다. 혁신과정이 항상 이와 같은 단계에 따라 순차적으로 진행되는 것은 아니지만, 이러한 단계는 혁신과정을 이해하고 조직을 설계하는 데 있어서 유용한 틀을 제공해 준다.

(1) 아이디어 창출단계

혁신과정의 첫 단계는 [그림 12-2]에서 보는 바와 같이 시장이나 사회의 필요를 충족시켜 줄 수 있는 아이디어의 창출단계이다.

그림 12-2 조직혁신 과정

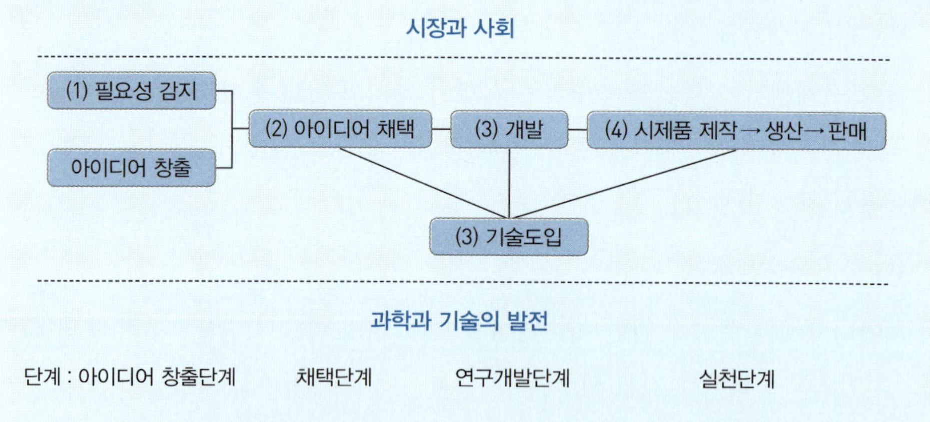

시장이나 사회에서 필요로 하는 것이 무엇인지를 감지한다고 할지라도 그것을 기술적으로 해결해 줄 수 있는 아이디어가 없다면 소용이 없다. 마찬가지로 기술적으로 좋은 아이디어가 있다 할지라도 시장과 사회의 요구를 충족할 수 없는 것이라면 혁신이 상업적으로 성공할 가능성은 희박하다.

성공적인 혁신의 경우 2가지가 적절히 조화를 이루었을 때 가능하다. 성공적인 혁신의 80%가 시장과 사회의 요구가 무엇인지를 감지한 후 이에 대한 기술적 해결 가능성을 찾아 아이디어를 형성한 경우이며, 20%만이 시장의 요구와 상관없이 기술적 가능성으로부터 좋은 아이디어를 생각한 후 그것을 응용할 수 있는 기회를 찾아 성공한 경우이다.

아무리 좋은 아이디어라 하더라도 소비자들이 필요로 하는 제품으로 연결시키지 못하면 그것은 단지 아이디어로 사장되고 만다.

(2) 아이디어 채택단계

조직에서 사회나 시장의 필요를 만족스럽게 충족시킬 수 있는 창의적 아이디어를 창출하였다 할지라도 그것이 경영층에 의하여 조직의 프로젝트로 채택되어 개발에 필요한 자원을 할당해 주지 않으면 아무런 소용이 없다.

창의적인 혁신이 성공하기 위해서는 아이디어 채택단계가 원활히 이루어지도록 하는 조직관리 시스템이 잘 갖추어져 있어야 한다.

(3) 연구개발단계(기술도입)

조직의 최고경영층이 창의적 아이디어를 프로젝트로 결정하고 이에 대한 개발을 위해 자원배분이 결정되어도, 그것이 연구개발과정을 통하여 성공적으로 개발되지 않으면 결국 실패로 돌아가게 된다.

최초 제시되어 채택된 창의적 아이디어는 아직은 완벽하지 못한 상태이기 때문에 이는 연구개발단계를 통하여 구체적으로 개발되고 시험되어져야 한다. 이러한 개발과정이 창의적이며 효과적으로 진행되도록 촉진시키는 조직분위기와 관리가 필요하다.

(4) 실천단계

창의적인 연구개발 활동을 통해 최초의 아이디어가 구체적인 제품이나 서비스로 개발되면 그것이 생산이나 제도의 실천 등으로 옮겨지는 과정이 실천단계이다.

완벽하게 개발된 제품이나 제도 같은 것도 그것이 제대로 실천되지 않으면 혁신과정의 마지막 단계에서 실패를 하게 된다.

제품의 경우를 보면 생산으로의 실천과정에서 실패하거나 마케팅에서 실패하는 경우가 많다. 제도의 경우에도 조직에서의 실천과정에서 많은 저항, 실천과정에서의 준비 미미로 실패할 수 있다.

2. 조직혁신 방법

(1) 프로그램화 정도에 따른 방법

사이먼과 마치는 조직혁신의 방법으로 프로그램화 정도에 따라 정형적 혁신방법과 비정형적 혁신방법으로 구분하였다.

① 정형적 혁신방법 : 전례 혹은 관례에 따라 주어진 과정을 재생산적으로 변화시키는 문제해결 활동을 가리킨다.

② 비정형적 혁신방법 : 전례가 전혀 없는 새로운 생산적인 문제해결 활동으로서 미래예측이 정형적 방법보다 매우 어렵고 획기적인 변화를 추구할 경우에 필요한 방법이다.

(2) 베니스의 방법

조직혁신에 대해 베니스(W. B. Bennis)는 7가지 방법을 제시했다.

① 교화적 방법 : 일반적으로 권력행사를 하면서도 목표를 상호 협의적으로 설정한다.

② 강제적 방법 : 일방적으로 권력을 행사하면서 계획적인 의도하에 목표를 설정한다.

③ 기술적 방법 : 한쪽에서는 목표를 설정하고 다른 쪽에서는 목표달성 방법이나 자료수집과 해석에만 관여하게 된다.

④ 교호적 방법 : 목표를 심각하게 탐구할 필요가 없는 상황하에 쌍방 간에 권력이 배분된 상태를 말한다.

⑤ 사회적 방법 : 권력은 일방적으로 행사되지만 목표달성은 협조적으로 하는 경우를 말한다.

⑥ 모방적 방법 : 일방적인 권력행사가 이루어지는 경우에 부하가 상관을 모방하는 것을 말한다.

⑦ 자연적 방법 : 목표의 세심한 탐색은 없고 권력은 배분된 상태하에서의 변화를 말한다.

3. 조직혁신의 주역

조직혁신의 주역, 즉 혁신자는 착상자, 창도자, 채택자를 모두 포함한다.

(1) 착상자

착상자는 조직혁신의 첫 단계에서 혁신에 대한 새로운 아이디어나 새로운 개념, 새로운 방법, 새로운 행동양식 등을 발상해 내는 창조적인 소수인을 말한다.

(2) 창도자

아무리 훌륭한 아이디어나 착상도 그것을 조직에 도입하지 않으면 아무런 소용이 없다. 따라서 착상된 새로운 아이디어나 개념을 조직에 도입할 것을 주장하고 나서는 선견지명이 있는 진취적인 사람을 말한다.

(3) 채택자

착상되고 창조된 새로운 아이디어를 남보다 먼저 조직에 채택하는 실천적인 사람을 말한다. 주로 조직의 최고경영자나 정치엘리트가 이에 해당된다.

조직 혁신자의 속성에 대해 로이(J. W. Loy)의 연구를 보면, 혁신자의 속성으로서 사교성, 지능, 지배, 동태성, 인내, 모험, 감수성, 상상력, 교활성, 실험성, 자부심 등을 들고 있다.

둘째 변수로서 사회경제적 지위, 교육 정도, 전문 직업상의 지위, 동료 간의 지위, 세계성 등을 선정하고 새로운 훈련기법을 채택하여 연구한 결과 유의도가 가장 높게 나타난 것은 모험성, 상상력, 전문 직업상 지위, 교육 정도, 지배성, 사교성, 세계성 등으로 나타났다.

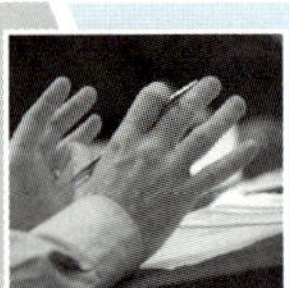

제 4 절 조직혁신의 촉진방법

조직에서 혁신을 촉진시키는 다양한 방법들에 관해 오랜 기간에 걸쳐 연구되어

왔다. 이들 관리기법의 대부분은 조직 내의 집단이나 개인이 변화나 혁신에 보다 개방적이고 탄력적으로 대응할 수 있도록 조직구성원들을 격려하는 것이 일반적인 방법이다.

바니(J. B. Barney)와 그리핀(R. W. Griffin)은 혁신을 촉진시키는 방법으로 보상시스템 활용, 기업 내 기업가제도, 조직문화 등을 들고 있다.

1. 보상시스템 활용

보상시스템이란 조직이 조직구성원의 행위에 대해 격려하거나 아니면 문책을 위해 사용되는 경제적 및 비경제적 수단을 뜻한다. 보상시스템의 주요 요소로는 임금, 보너스 그리고 주택 등과 같은 복지가 이에 포함된다.

창의력과 혁신을 촉진시키기 위해 보상시스템의 사용은 기계적일 수도 있지만 분명히 효과적인 관리기법이다. 핵심은 혁신적 아이디어를 개발한 개인이나 집단에게 경제적·비경제적 보상을 제공하는 것이다. 조직구성원들이 창의적 활동으로 보상을 받게 된다는 것을 알게 되면 더욱더 창의적으로 일하게 될 것이다.

조직이 개인의 혁신행위에 대한 보상도 중요하지만 혁신행위로 인한 결과가 좋지 못할 경우에도 그 창의성에 대해 책임을 묻지 않는 것이 중요하다.

조직은 혁신성의 실패에 대비해서 그에 상응하는 주의가 필요하다. 만약 실패가 무능력, 제도적 모순, 관리자의 부주의에 기인한다면 조직은 그에 상응하는 방안을 모색하여야 한다.

만약 혁신을 위해 열심히 노력한 종업원에게 실패에 대한 처벌을 해서는 안 된다. 그들에게 처벌을 하게 된다면 아마 그들은 장차 창의성을 발휘할 수가 없을 수도 있다.

처벌형의 보상시스템은 종업원들로 하여금 모험을 회피하게 하고, 나아가 조직이 경쟁적 이점을 획득할 수 있는 능력을 감소시킬 것이다. 실패에 대한 부당한 처벌을 피하기 위해 관리자들은 창의적인 개인의 능력과 기술 그리고 개인이 달성하려고 시도하고 있는 목표 양자를 확실하게 알아야 한다. 이를 바탕으로 해서 관리자들은 여러 가지 창의적 활동 중에서 단순하게 창의적 활동이 제 기능을 못하는 경우와 관리적 무능, 잘못된 판단으로 인한 창의적 활동이 저해되는 경우를 구별할 수 있어야 한다.

2. 기업 내 기업가제도

조직은 기업 내 기업가제도를 활용함으로써 혁신성을 고취시킬 수 있다. 기업 내 기업가란 대기업의 작업장 내에서 새로운 사업을 한다는 점을 제외한다면 기업가와 아주 유사하다.

대기업 작업장 내에서 기업 내 기업가의 역할에는 3가지가 있다. 창의성과 혁신성을 고취시키기 위해 기업 내 기업가제도를 성공적으로 활용하기 위해서 조직은 이들의 역할을 수행하기 위해 하나 혹은 그 이상의 기업 내 기업가를 발견해야 한다.

(1) 발명가

발명가는 창의적 과정으로 새로운 아이디어, 제품, 서비스를 고안하고 개발해서 시장성이 있는 제품이나 서비스로 창출하는 사람이다.

(2) 제품 챔피언(product champion)

제품 챔피언은 일반적으로 프로젝트를 알고 있는 중간관리자들이다. 그리고 이들은 제품 챔피언에 전념하게 된다. 이들은 조직의 저항을 극복하고 다른 사람들로 하여금 혁신적 활동을 하도록 확신을 갖게 한다.

제품 챔피언은 혁신의 기술적 측면에 대해 제한된 지식만 가질 수도 있다. 이들은 조직이 어떻게 활동하고 있는가? 프로젝트를 앞으로 계속 추진하기 위해서는 누구의 지원을 받아야 하는가? 성공적인 개발을 위해 필요한 자원을 어디에서 확보할 것인가를 파악함으로써 더욱 혁신적 활동분야에 전문가가 된다.

(3) 스폰서(sponsor)

스폰서는 프로젝트를 승인하고 지원하는 최고경영층이다. 이들은 아이디어 개발에 필요한 예산을 확보하고, 프로젝트에 대한 비판을 극복해야 하고, 프로젝트의 존속을 확실히 하기 위해 조직의 정치력을 발휘해야 한다.

스폰서는 조직에서의 직위에 따라 발명이나 아이디어의 성공적인 개발의 기회를 더 많이 갖게 된다.

3. 기업문화

기업문화는 조직구성원의 행동의 근원이 되는 가치관, 신념, 그리고 상징 등을 나타내는 총체적 개념이다.

강력하게 집중화된 기업문화는 수많은 조직의 목표에 기여할 수 있다. 즉, 관리자들은 기업문화를 조직차원의 전략을 실천하는 데 활용하면 큰 도움이 될 수 있다. 그리고 관리자들이 기업문화를 창의적이고 혁신적인 활동을 지원하는 데 활용할 수 있다.

잘 관리된 문화는 혁신이 가치 있고, 보상을 받을 만하다는 점을 알릴 수 있고, 기대했던 새로운 아이디어 추구에 실패할 경우 수용할 수 있다는 점을 구성원 상호 간에 의사소통을 할 수 있다.

이외에 보상시스템과 기업 내 기업가적 활동들은 이미 잘 알려진 강한 혁신 지향적 기업문화이다. 이러한 기업문화는 개인적 창의성, 위험부담 그리고 창의적 사고활동에 크게 기여할 수 있다면 가치 있는 것이다.

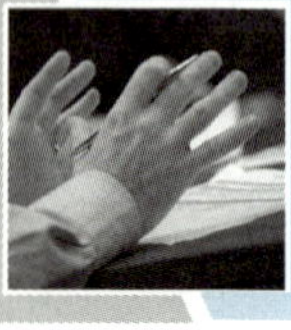

제 5 절

조직혁신에 대한 저항과 극복방안

1. 조직혁신에 대한 저항

조직혁신은 이를 집행하는 과정에서 조직구성원들과 조직 내 집단에게서 많은 저항을 받을 수 있다.

카츠(Katz)와 칸(Kahn)은 조직차원에서의 저항요인을 다음과 같이 제시하고 있다.

첫째, 구조적 타성(structural inertia)

조직구조라는 것 자체가 이미 조직의 안정성을 유지하기 위해 설계되었기 때문에 변화를 추구하는 조직혁신에 저항한다는 것은 당연하다는 것이다.

둘째, 변화를 너무 편협하게 시도

조직혁신이 실패하게 되는 이유 중의 하나는 너무 편협한 관점으로 변화를 시도한다는 것이다. 예를 들면 직무 재설계를 추진하기 위해 직무 자체만을 고려해서는 안 되고 새롭게 설계된 직무를 수행할 사람, 부서, 보상체계 등 다른 조직 요인도 함께 종합적으로 변화의 대상에 포함시켜야 한다.

셋째, 집단의 타성

어떤 조직구성원이 새로운 행동을 시도할 때, 다른 구성원들이 그러한 행동을 거부함으로써 그 구성원의 행동을 저지시킬 수 있다는 것이다.

넷째, 전문성이 위협받는다고 느낄 때

조직혁신은 조직 내 어떤 집단이 오랜 기간 동안 발전시켜온 전문성을 단시간에 위협받을 수 있기 때문에 저항하게 된다는 것이다.

다섯째, 권력이 위협받는다고 느낄 때

예를 들어 어떤 결정권을 행사하던 특정 집단이 조직혁신으로 그러한 권한이 없어진다면 혁신에 저항하게 된다는 것이다.

여섯째, 자원의 할당 면에서 불리하다고 느낄 때

기존의 자원 할당방법에 만족하고 있던 조직 내 집단들은 조직혁신이 가져올 새로운 자원 할당법이 자신들에게 불리하다고 느끼게 되면 저항을 한다는 것이다.

모어헤드(Moorhead)와 그리핀(Griffin)은 개인적 차원에서 주요 저항요인을 다음과 같이 제시하고 있다.

첫째, 습관

조직구성원들은 업무를 수행하는데 매일 같은 방식으로 하는 것이 용이하기 때문에 조직혁신으로 인해 새로운 체계를 배운다는 것을 원하지 않는다.

둘째, 안전

조직구성원들은 자신들이 현재 누리고 있는 직무나 직업에 관한 안전성이 조직혁신으로 인해 위협받는다고 생각해서 조직혁신에 저항하기 쉽다.

셋째, 경제적 요인

조직구성원들은 조직혁신이 그들의 안정된 봉급을 위협할 수도 있고, 그들의 직무를 쓸모없게 만들지도 모른다는 두려움을 갖기 때문에 저항을 하게 된다는 것이다.

넷째, 미지에 대한 두려움

즉 자신에게 익숙한 기존의 체제가 무너지게 되면 아무것도 성취할 수 없게 될지 모른다는 두려움으로 인해 조직혁신에 저항을 하게 된다는 것이다.

다섯째, 인식 부족

집중력 부족, 선택적 집중 같은 인식의 부족으로 인해 새로운 규정이나 절차가 제정되어도 이러한 변화를 인식하지 못하고, 과거의 행동을 그대로 답습하는 경우도 발생하게 된다.

여섯째, 사회적 요인

이것은 다른 사람들이 자신을 어떻게 생각할까 두려워 조직혁신에 저항을 하는 경우이다. 소속집단의 규범이 변화를 거부하는 경우 본인은 변화를 원해도 집단의 규범에 따라 조직혁신에 저항을 할 수 있다는 것이다.

2. 조직혁신에 대한 저항의 극복방안

조직혁신에 대한 저항은 조직변화에 대한 비협조적인 태도와 부정적인 반응을 보이게 된다. 또한 관리계층에 대한 불신감과 적대감이 발생할 수 있고, 구성원들간의 상호작용도 줄어들고, 구성원들의 사기저하, 성과저하, 이직률 상승과 같은 현상이 초래될 수 있다.

조직혁신에 대한 저항을 극복할 수 있는 방안에 대해 모어헤드(moorhead)와 그리핀(Griffin)은 다음과 같은 방안을 제시하고 있다.

첫째, 조직혁신의 목표를 조직구성원들의 목표와 요구에 일치

저항을 극복하는 가장 최선의 전략은 조직혁신이 그들의 진정한 요구를 대체할 수 있다는 확신을 심어주는 것이다.

둘째, 교육과 의사전달 이용

교육이나 의사전달을 통하여 조직구성원들에게 혁신의 당위성을 인정하게 하는 것도 혁신에 대한 저항을 감소시킬 수 있는 방법이다. 저항을 극복하기 위해서는 홍보활동, 강의 등 다양한 방법이 있으나 무엇보다도 가장 효과적으로 설득할 수 있는 방법은 공개적인 의사전달이다.

셋째, 조직혁신에 관한 의사결정에 직접 참여

어떤 변화라 하더라도 자신들이 참여하여 결정한 변화와 그렇지 않은 변화 사이에는 상당한 차이가 있다. 자신이 직접 참여하여 결정한 것에 대해서는 일반적으로 저항을 하지 않기 때문이다.

넷째, 조직혁신과 관련 인센티브 및 각종 지원 제공

조직구성원들이 새로운 변화에 대하여 두려움과 불확실성을 갖고 있을 때, 변화를 인정하고 적극적으로 지지하는 구성원들에게 각종 인센티브와 지원을 제공하는 방법을 통하여 혁신에 대한 저항을 완화시킬 수 있다는 것이다.

다섯째, 조직혁신에 대한 저항에 대하여 강압과 강제 이용

혁신에 대한 저항을 극복하기 위한 최후의 수단으로 강압이나 강제를 사용하는 경우 구성원들에게 본질적인 문제에 대한 설득 없이 구성원들에게 심리적으로 강한 압박과 불안감을 야기시키기 때문에 바람직한 방법이 못된다. 그러나 조직이 위기에 처한 상황이거나 변화가 빨리 이루어지지 않으면 안 될 경우 이와 같은 방법을 사용하는 것이 빠른 시간에 저항을 극복하는 데 효과적이다.

여섯째, 협상과 합의

노조의 힘이 강한 조직의 경우 조직혁신을 실행하기 전에 그 구성원들과 협상과 합의를 함으로써 조직혁신을 부드럽게 진행시킬 수 있다. 또한 나중에 문제가 발생하면 협상에서 합의된 내용을 근거로 하여 자신들의 주장을 관철시킬 수 있다.

사례

창의적인 혁신

오늘날 조직에서는 혁신을 부르짖는다. 혁신의 중요성은 느끼지만 정작 어떻게 하면 성공적인 혁신을 할 수 있는지에 대해 이해하는 경우는 많지 않다. 대다수는 혁신의 개념조차 제대로 이해하지 못하고 있다.

혁신의 정의에 대해 살펴보자. 혁신이라는 단어를 살펴보면 가죽 혁(革)에 새로울 신(新)으로 이루어져 있다. 그래서 '혁신'을 직역하면 가죽을 벗겨서 새롭게 한다는 의미이다. 가죽을 벗겨 낸다고 할 경우 생각만 해도 고통스럽고 끔찍하다. 이런 까닭에 혁신이란 고통스럽고 어려운 것이라고 인식하게 된다. 그런데 '혁신'을 제대로 이해하기 위해서는 '혁'이라는 한자를 좀 더 들여다볼 필요가 있다. 가죽을 뜻하는 한자는 '혁' 외에도 '피(皮)'도 있다. 혁과 피의 차이는 피는 짐승 가죽을 벗겨 낸 것이고, 혁은 짐승 가죽에서 털을 다듬고 없앤 것이다. 즉, 가죽을 뜻하는 '피'를 쓰지 않고, '혁'을 썼다 함은 이미 가공한 가죽을 더 새롭게 만든다는 뜻으로 해석할 수 있다.

영어로는 혁신(innovation)은 '안에서 밖으로'를 뜻하는 in과 새롭다는 뜻의 nova가 결합한 것으로 안에서부터 시작해서 새롭게 해나간다는 의미이다. 즉 새롭다는 것을 바깥으로 드러난 현상으로만 바라보는 것이 아니라 보이지 않는 속에서부터 시작해서 보이는 겉까지 달라지는 것으로 보고 있다. 그래서 혁신은 고쳐서 착해진다는 뜻을 가진 개선과는 질적으로 다르다. 둘은 다 변화를 수반하지만, 개선은 고친다고 해도 여전히 고치기 전과 다른 것으로 인식되지 않지만 혁신은 완전히 다른 것으로 인식되기 때문이다.

MP3 플레이어에 스피커라는 단순한 기능 하나를 더 추가했다면 혁신했다고 하지 않고 개선했다고 할 것이다. 반면, 아이팟은 기존 이동형 MP3에 몇십 곡이 들어가던 것이 몇 천 곡이 들어갈 수 있고 버튼 하나로 조작할 수 있으며 MP3 파일을 일일이 구해서 듣는 게 아니라 아이튠즈를 통해 원하는 곡에 접근하기가 쉽다. 아이팟은 MP3 플레이어 중의 하나가 아니라 아이팟 그 자체로 하나의 제품 카테고리로 여겨져 완전히 새로운 것이다. 단순히 동물 가죽을 벗겨 낸 상태가 아니라 털을 뽑고 다듬고 말려서 달라진 가죽처럼 완전히 다른 것으로 인식된다. MP3 플레이어라는 속성으로부터 출발했지만, 전혀 다른 새로운 것으로 인식되는 것이 바로 혁신이다.

과연 새롭다고 모두가 혁신인가? 혁신은 가치를 창출하는 것이다. 가치의 변화에서 혁신을 정의해 보자. 새롭다고 무조건 혁신이라고 이야기할 수는 없다. 새로움이 가치와 연결되어 있을 때 비로소 우리는 혁신이라는 이름을 붙일 수 있다.

피터 드러커는 혁신을 "소비자들이 이제껏 느껴온 가치와 만족에 변화를 일으키는 활동"

으로 정의하고 있다. 이러한 관점에서 보면 기존 자원이 가진 잠재력을 더 높여 더 많은 가치를 창출하는 것도 혁신이고, 없던 것, 아주 형편없던 것에서 가치를 창출하는 것도 혁신이다. 넓은 의미에서 혁신은 가치 창출의 활동인 것이다. 따라서 혁신은 기업 활동에서 필수 불가결한 요소이다. 기업은 가치를 창출할 때에만 존속할 수 있으며, 혁신은 가치를 창출하는 활동이기 때문이다. 기업이 영속하기 위해서는 성장해야 한다. 그 성장은 기존의 틀 안에서 움직이는 것이 아니라 지금까지의 일과 일하는 방식을 돌아보고 새로운 방식으로 성과를 창출하는 혁신을 통해서 가능하다. 모든 것의 경계가 무너져 내리고 그 안에서 융합되고 분화되는 급격한 변화의 시대에 혁신이 주목받고 있다.

21세기 글로벌 경쟁사회에서 이제 혁신은 한때 유행하는 트렌드가 아니라 혁신만이 진정한 처방이며, 유일한 처방이라는 점을 명심하고 혁신을 주저하거나 두려워하지 말고 당당히 추진해 나가야 한다.

5

PART 5

조직개발과 전략

05

Chapter 13

조직변화

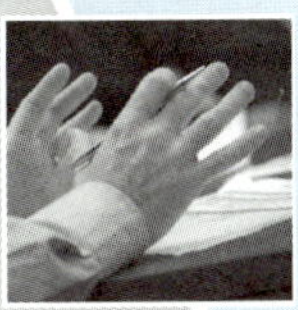

제 1 절

조직변화의 본질

1. 조직변화의 개념

조직변화(organizational change)란 조직효과성을 높여 현재 상태보다 더 나은 상태로 전환되는 과정으로서 이러한 조직변화는 크게 조직의 '비계획적 변화'와 '계획적 변화'로 구별할 수 있다.

비계획적 변화(unplanned change)란 예기치 않았던 외부환경의 변화로 인해 조직이 생존 혹은 지속적인 성장을 위해서 어쩔 수 없이 수동적으로 적응해 나가는 것이다. 이런 변화는 변화의 원인이 조직내부에 있는 것이 아니라 주로 조직외부에 있다.

이와 반대로 계획적 변화(planned change)는 어떤 목적을 달성하기 위해 의도적으로 변화를 일으키는 것이다. 이런 변화는 조직에 닥쳐올 환경변화에 능동적으로

표 13-1 비계획적 변화와 계획적 변화 비교

비계획적 변화	계획적 변화
• 수동적	• 동태적
• 우연적	• 계획적
• 과정 지향적	• 목표 지향적
• 사후적	• 사전적
• 실증적, 경험적	• 전략적
• 적응적	• 의도적

대처하기 위해서 사전에 철저한 계획에 의해서 조직을 변화시키는 것으로 변화의 주체가 바로 조직이 된다.

일반적으로 이들 2가지 변화 중에서 계획적인 변화를 조직변화로 보는 것이 대체적 견해이다. 계획된 조직변화의 목적은 조직의 가치창출활동을 증가시키거나 이해당사자의 부(富)를 증대시키기 위한 방법을 찾는 것이라 할 수 있다.

쇠퇴기에 있는 조직은 조직과 환경과의 적합 관계를 향상시키기 위해 조직을 재정비하려고 할 것이다. 예를 들면, GM사의 경우 90년대 초 제품의 수요가 감소함에 따라 제품의 수요 창출의 위해 새로운 방식을 찾고자 했다.

2. 조직변화의 방식

조직변화의 방식에는 변화하려는 압력에 대처하는 조직의 관리자 혹은 대처방식에 따라 크게 2가지 유형으로 나누어 볼 수 있다.

첫째, 변화압력에 천천히 대응해 나가는 점진적 변화(evolutionary change)방식이 이다.

둘째, 변화압력에 단번에 대응하는 급진적 변화(revolutionary change)방식이 있다.

(1) 점진적 변화

이는 조직의 전략이나 구조 등 근본적 체제는 그대로 유지한 채 환경이 변화하는 대로 적응해 가면서 점차적으로 개선해 나가는 방식이다.

사회기술적 접근과 전사적 품질경영(total quality management : TQM)방식 등은 조직이 목표한 바가 잘 진행되도록 업무 프로세스를 변화에 맞추어 가는 기법이기 때문에 점진적이라고 할 수 있다.

(2) 급진적 변화

급진적 변화란 조직의 구조와 전략을 과감하게 새롭게 하여 근본적으로 그리고 폭넓고 빠르게 변화를 시도하는 것이다. 업무프로세스를 근본적으로 바꾸는 리엔지니어링, 리스트럭처링, 조직목표나 전략 개편 등은 모두 급진적 변화에 해당된다.

90년대 혁신적 조직변화의 상징이었던 리엔지니어링은 조직성과 지표, 즉 비용, 품질, 스피드 등을 획기적으로 향상시키기 위하여 업무 진행프로세스를 근본적으로 재고하면서 재설계하는 것을 의미한다.

그림 13-1 조직변화에 대한 관점

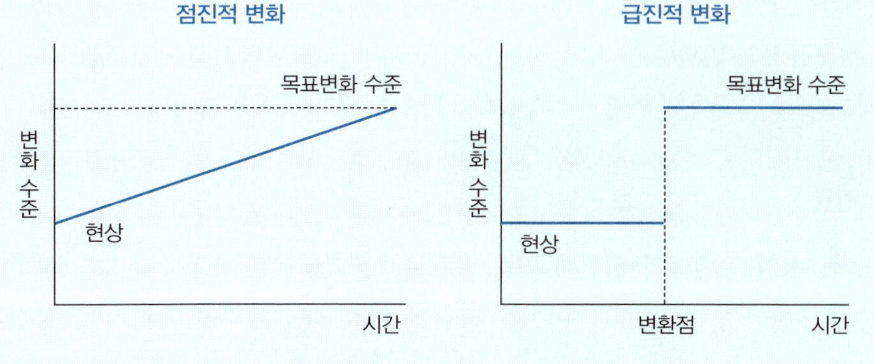

3. 조직변화의 원천

조직변화의 원천은 환경, 규모, 기술, 인력 등에서 찾아볼 수 있다. 이에 대해 구체적으로 살펴보면 다음과 같다.

(1) 환경

환경은 조직변화의 최대 원천이다. 현대 조직에 있어서 환경은 고도의 불확실성과 상호의존성을 갖고 있다. 이러한 환경의 급변은 조직에 많은 정보량을 요구하게 되고 이로 인해 구조변화를 일으키게 된다.

(2) 규모

대부분의 경우 조직의 성장은 그 규모의 증대를 꾀하려는 노력보다 오히려 조직의 기본 균형패턴에 강한 영향을 준다. 따라서 조직의 규모는 조직의 구조화 정도를 예측하는 데 중요한 의미를 가지고 있다. 즉, 규모의 증대와 함께 관료화가 심화되게 된다. 그러므로 조직변화의 중요한 요인으로 규모를 고려하지 않을 수 없다.

(3) 기술

오늘날 급성장하는 기술혁신은 당연히 조직에 영향을 미친다. 예를 들면 컴퓨터, 정보통신의 발달은 조직의 정보처리 구조를 크게 변화시킨다. 또한 외부 경쟁관계로 인한 신기술은 완전히 다른 조직구조를 필요로 하게 된다.

(4) 인력

조직구성원도 변화의 원천이 된다. 구성원의 교육수준, 소득수준, 가치관 등의 변화는 조직의 규범·풍토에 변화를 일으킨다. 따라서 조직의 관리자를 교체하게 되면 조직변화의 계기가 된다. 즉, 관리자 자신의 철학을 실현하기 위해 기존의 제도를 폐지하고, 조직구조, 업무진행 과정을 변화시킨다. 따라서 통합적 상황적합 모델에 의하면 조직구조 변화는 다음 3가지 경로에 의해서 이루어진다.

① 환경 변화 → 산출로서의 조직유효성 변화 → 구조변화
② 조직 내의 모순 해결을 위한 구조변화
③ 환경변화가 직접적으로 구조변화를 야기시키는 경우 등이다.

이 외에도 조직변화는 여러 요인들로 인해 일어날 수 있다.

4. 조직변화에 영향을 미치는 요소

조직의 내부특성인 복잡성(complexity), 집권화(centraliztion), 공식화(formalization), 생산성(production rate), 능률성(efficiency), 사기(morale) 등은 조직과 환경과의 관계에 의해서 조직변화에 영향을 미치는 요소들이다. 이들 요소들에 대해 살펴보기로 한다.

(1) 복잡성

이는 모든 조직에서나 찾아볼 수 있는 업무에서 '높은 수준의 지식을 포함하는 업무의 다양화'로 정의된다. 그러므로 업무가 다양하거나 수가 많으면 많을수록 더 복잡하게 된다.

복잡성은 계획적 변화의 정도와 직접적인 관련을 맺고 있어 복잡하면 복잡할수록 계획적 변화의 정도는 심하다. 조직구성원들이 갖고 있는 여러 가지의 지식은 '조직이 무엇을 해야 하는가'에 대해 여러 가지 견해를 갖도록 하게 된다.

(2) 집권화

집권화는 의사결정권이 조직의 최고경영층에 있는 소수의 사람에게 집중되는

것을 말한다. 집권화 정도는 계획적 변화와는 역의 관계를 갖고 있어, 집권화가 심하면 심할수록 계획적 변화의 정도는 낮게 된다. 왜냐하면 권한이 집중된 곳에서는 권한을 갖고 있는 사람들이 자신들에게 알맞게 조직을 구성하고, 매우 제한된 결정권을 가지고 있는 부하로부터 쉽게 도전을 받지 않도록 하기 때문이다.

(3) 공식화

이는 '조직의 역할 및 역할관계가 직무기술서와 규칙에 의해 기술된 정도'를 말한다. 조직의 공식화는 명세서와 규칙의 존재만큼이나 중요한데, 대개 직무기술서와 조직 정책, 의사결정 과정으로 명시된다. 공식화와 조직변화 사이에는 역의 관계가 있어 공식화가 높으면 계획적 변화 정도는 낮게 된다.

(4) 생산성

생산성이 높다는 사실은 조직변화를 지연시키는 한 요인이 된다. 즉, 생산성이 높으면 높을수록 조직변화의 정도는 낮아지게 된다. 그러나 이러한 전제에 대해서는 매우 제한적이거나 의존적이다.

예를 들어 생산량이 많은 기업은 높은 연구개발비를 책정하고 있다. 따라서 연구개발비용이 많으면 많을수록 혁신적인 아이디어 수는 많을 것이고 이에 따라서 계획적 변화의 정도는 더 심할 것이다.

(5) 능률성

계획적 변화에 대한 결과로써 제품의 상대적인 단위당 원가와 관계가 있다. 변화과정이 능률적이면 능률적일수록 단위당 원가는 낮다. 따라서 능률성은 조직변화에 반대적인 영향을 미치게 된다. 이는 조직이 능률적이면 변화계획에 예측 가능한 요소들을 포함함으로써 이들을 처리하기 위한 비용이 적게 들기 때문이다. 따라서 능률성을 강조하면 할수록 계획적 변화의 정도는 낮게 된다.

(6) 사기

사기(morale)와 조직변화와의 관계는 사기가 높을수록 조직변화의 정도는 크다. 그 이유는 변화는 다가오는 불확실성 때문에 보통 스트레스와 긴장을 가져오고, 높은 사기를 갖고 업무수행을 하면 조직의 변화를 보다 즐겁게 하므로 상쇄하는 요소가 된다.

이들 조직변화에 영향을 미치는 요소들에 의해서 조직변화에 대한 강도나 크기, 내용들이 결정되게 된다.

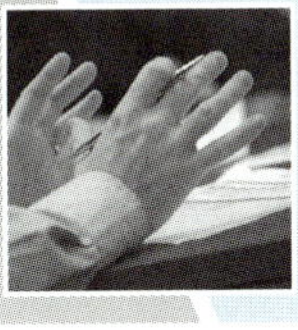

제 2 절 계획적 조직변화의 모델

조직을 변화시켜 바람직한 상태로 이끌기 위해서는 어떻게 하면 변화를 야기하고 변화를 관리하며, 바람직한 변화 결과를 정착화시킬 수 있는가를 설명할 수 있는 변화이론이 필요하다.

변화이론의 모형들 중에서 리비트(H. J. Leavitt)의 조직변화모델, 레빈(K. Lewin)의 조직변화모델, 그리너(Greiner)의 모형, 쇼트(L. E. Short)의 조직변화 통합모델에 대해 살펴보기로 한다.

1. 리비트의 조직변화 모델

(1) 조직의 상호작용변수

리비트(H. J. Leavitt)의 조직변화 모델은 조직변화전략에 있어서 가장 기본적인 틀을 제시해 주고 있다. 이 모델은 조직을 과업변수(task variables), 구조변수(structure variables), 기술변수(technological variables), 인간변수(human variables)의 4가지 변수가 상호작용하는 복합체로 보고, 조직변화는 이들 4가지 변수 중에서 어느 하나를 변경시키는 상황이 발생했을 때 나타나는 것이라고 보았다.

이들 4가지 변수는 사실상 서로 유기적인 관계를 맺고 있어서 어느 한 변수의 변화는 나머지 변수의 변화를 수반하기 마련이며, 어느 특정 변수의 변화는 나머지 변수의 변화에 대하여 때로는 목표가 되기도 하고, 때로는 수단이 되어 변화를 유발하게 된다.

첫째, 과업변수는 조직의 가장 기본적인 요소이기 때문에 대체로 나머지 세 변수의 변화에 대응하여 조직이 변화를 시도하게 된다. 즉, 나머지 세 변수가 '과업변수'의 변화를 가져오는 조직변화의 변수로 작용하게 된다. 따라서 구조적 접근법, 기술적 접근법, 인간적 접근법의 세 가지 방향에서 조직변화를 고려할 수 있다.

둘째, 구조적 접근법은 명령일원화의 원칙, 감독한계의 원칙과 같은 전통적 조직원칙에 따르는 전통적 접근법, 사업부제 도입과 같은 분권적 접근법, 인간적·사회적 요구에 따르는 사회공학적 접근법, 일상적 업무와 창의적 업무 간의 의사소통 형태를 통한 커뮤니케이션 접근법 등의 4가지가 있다.

셋째, 기술적 접근법은 과학·기술 등의 지식을 이용한 조직변화로서 테일러의 과학적 관리법, OR, MIS 등이 있다.

넷째, 인간적 접근법은 조직구성원의 행위와 변화를 통해 조직변화를 일으키는 것으로 조직개발과 같은 개념으로 이해할 수 있다.

리비트는 변수들 간의 상호의존관계가 생기는 문제에 대해 다음과 같이 설명하

그림 13-2 변수 간의 상호작용

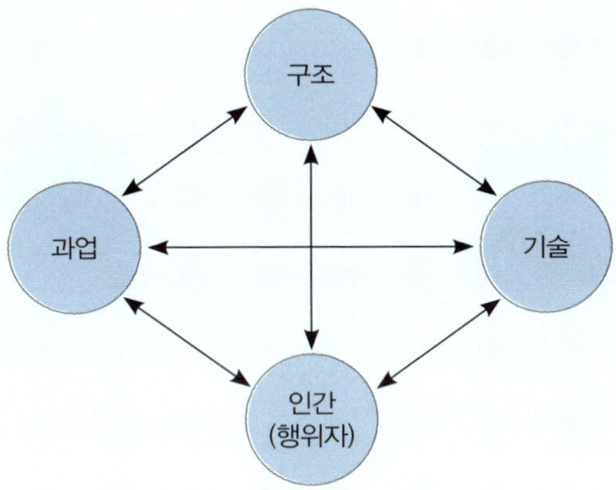

고 있다. 먼저 어떤 단위(unit)의 문제, 즉 과업을 개선하려고 할 경우, [그림 13-3]과 같이 해결하는 방법을 제시하고 있다.

예를 들면 구조적으로 어떤 단위의 문제를 해결하려고 할 때, 조직도나 권한과 책임의 위치를 변혁시킴으로써 발생하는 새로운 단위과업을 다루고, 또 그 단위과업의 문제를 해결하고, 기술에 의한 해결방법으로는 정보의 통제와 처리에 대해서 새로운 기법을 적용하고, 결정에 대해서 분석적으로 그 질을 개선함으로써 문제에 접근한다. 인간에 의한 해결은 대인관계 활동과 관계됨으로써 그 문제를 해결하려고 한다.

그러므로 리비트는 이들 3가지의 해결방법이 각각 배타적인 것이 아니므로 [그림 13-2]를 불완전하다고 지적했다. 현실적으로 조직에 있어서 조직·기술·인간은 각각 분리될 수 있는 현상은 아니다. 그리고 구조는 또 기술에도 영향을 미친다. 고도로 분권화된 조직에 적절한 회계기술은 고도로 중앙집권조직에서는 어느 정도 다르게 나타날 것인가를 생각해 볼 수 있다. 이와 같이 모든 변수가 상호의존관계에 있다고 볼 수 있다.

그림 13-3 과업의 개선방법

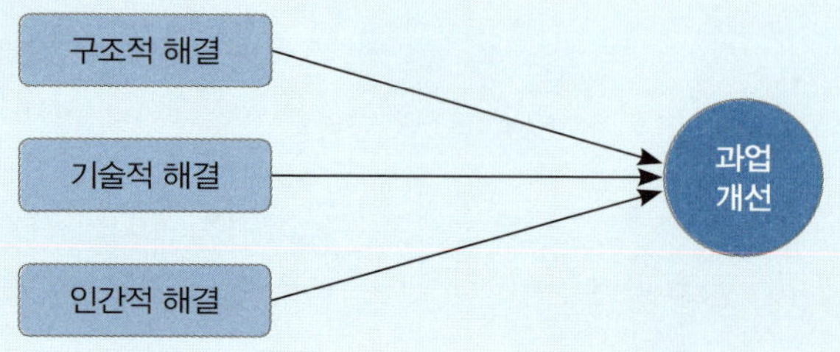

리비트에 의하면 조직을 진공상태에 존재하는 모양으로 표현하고, 폐쇄시스템 하의 조직은 불충분한 상태의 조직이라고 했다. 그러나 오늘날 조직은 과거의 조직처럼 폐쇄시스템이 아니고, 주변 환경과 상호작용이 이루어지는 개방시스템이

그림 13-4 개방시스템에서의 각 변수의 상호관계

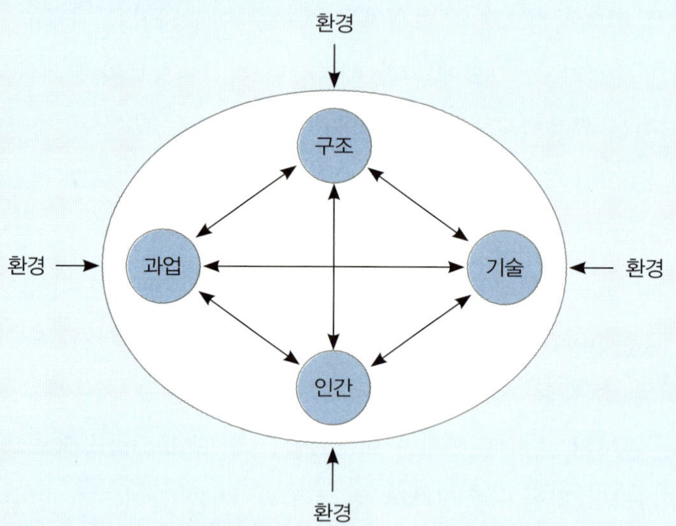

다. 이것은 조직이 한층 더 복잡화되었다고 볼 수 있다.

환경변화에 대응하여 과업을 변경시켜 개선을 시도할 경우 구조적, 기술적, 인간적 접근법이 일어난다. 그러므로 어떤 변수의 변화는 그에 상응한 다른 변수에도 큰 영향을 미친다는 사실이다. 또 환경의 변화는 조직을 변화시켜 환경에 적응하도록 하는 측면과 조직이 환경을 변화시키는 양면을 가지고 있다는 사실을 인식해야 한다. 따라서 환경문제가 더욱 복잡하게 영향을 미치게 되면 그 복잡성의 정도도 매우 심각해질 수 있다.

2. 레빈의 조직변화 모델

레빈(K. Lewin)은 실무와 이론분야에서 조직변화과정을 이해하는 데 기반이 되는 많은 연구를 수행했다. 그는 행동과학의 지식과 응용을 통하여 인간세상의 개선을 도모하였는데, 개선이란 변화를 의미하는 것이고 변화를 수행하기 위해서는 변화의 구조와 동태성에 대한 지식이 필요하다고 했다.

레빈의 조직변화모델은 조직변화의 과정을 개인의 태도변화 과정과 같은 방식으로 설명하고 있다. 이 모델은 조직의 변화가 변화에 대한 '촉진요인' 과 '억제요인'의 크기와 수 및 방향에 의해 결정된다고 보고 그 과정을 다음과 같은 3국면으로 구분하였다.

(1) 해빙(unfreezing)

해빙은 새로운 것을 받아들일 수 있도록 기존의 굳어져 있는 상태를 녹임으로써 변화의 필요성을 인식시키고 동시에 변화의 원활한 진행을 가져오게 하는 준비과정이다. 기존의 고정관념에서 벗어나지 못하면 새로운 관점과 가치관이 쉽게 받아들여지지 않고 나아가 저항심이 생기게 된다.

따라서 조직과 조직구성원의 기존관습, 규정, 전통, 습관 등을 허물고 변화된 상황을 받아들일 준비과정이 필요한 것이다.

조직변화의 해빙단계에서는 다음과 같은 공통적인 요소들이 있다.

첫째, 변화가 이루어져야 할 개인에 있어서 익숙한 일상업무, 정보원천, 사회적 관계 등을 물리적으로 제거한다.

둘째, 모든 사회적 지원을 줄이거나 없앴다.

셋째, 변화가 이루어져야 할 개인이 기조의 자아를 무가치한 것으로 보고 변화하는데 도움이 되는 굴욕적인 경험을 갖는다.

넷째, 변화하려는 의도를 갖고 있을 때에는 보상을 주고, 변화하지 않으려는 의도를 갖고 있을 때에는 벌을 주는 등의 일관성을 유지한다.

(2) 변화(changing)

변화란 변화시키려는 조직과 조직구성원의 고정관념과 의식구조가 와해된 상태에서 조직을 변화행위자가 의도한 바람직한 방향으로 변화시키는 과정이다. 조직변화는 조직의 구조, 기능, 과정 등 거시적인 변화뿐만 아니라 종업원의 의식과 태도 등 미시적인 변화까지도 포함된다.

(3) 재동결(refreezing)

재동결은 변화된 구조, 기능, 과정, 태도 등의 계속적인 사용으로 강화되고, 정착화되는 단계이다. 효과적인 재동결을 위해서는 변화과정에 있는 개인에게 요구되는 변화를 계속적으로 강화시켜 줄 수 있는 환경이 무엇보다 필요하다.

변화 프로그램의 효과가 단기일 경우 프로그램에 참여했던 사람들이 다시 원래의 환경으로 되돌아갔을 때 그 환경이 새로 획득된 행위패턴을 강화시켜 주지 않거나 심지어는 그들에 대해서 적대감을 나타내기 때문이다.

따라서 이 재동결 과정에서 중요한 것은 새로운 행위나 태도가 시간이 지남에 따라 소멸되지 않도록 효과적으로 강화시키는 것이다.

3. 그레이너의 조직변화모델

조직의 변화가 어떤 단계를 거쳐서 이루어지는가를 잘 설명하고 있는 것이 그레이너(Greiner)의 단계모델이다. 그는 먼저 조직변화의 도입에 관한 방법을 권력배분의 개념 혹은 권력행사의 제 형태에 따라 다음 3가지로 나누고 있다.

첫째는 일방적인 원칙에 의한 도입으로, 최고경영자의 일방적인 결정에 의한 조직구조의 변화이다.

둘째, 공유적 접근법으로 최고경영자와 관리자의 공동·집단적인 의사결정을 통한 조직구조의 변화이다.

셋째, 위양적 접근으로, 자료의 제시나 감수성 훈련과 같은 방법을 통한 관리자 위주의 조직구조 변화이다.

그림 13-5 조직변화의 단계모델과 변화의 도입방법

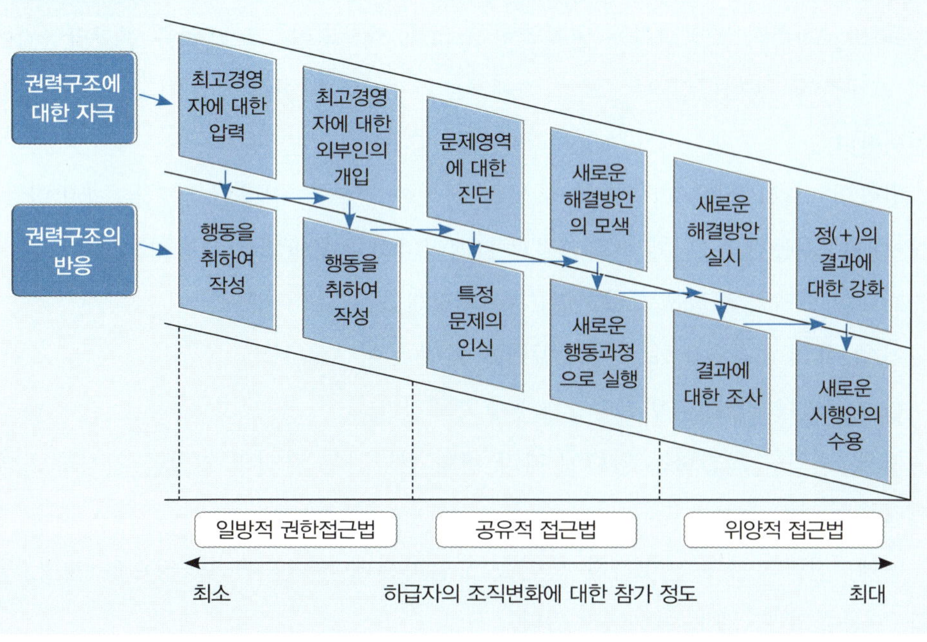

그레이너는 여러 가지 조직변화 형태를 살펴본 후 성공적인 변화는 [그림 13-5]와 같이 6단계를 거쳐 이루어진다고 하였다. 각 단계는 그 앞 단계가 완전히 실시된 후에야 비로소 성공적으로 수행될 수 있다는 점도 제시하고 있다. 그리고 변화의 도입이나 각 단계를 진행해 나가면서 일방적이거나 방임적이 아닌 공동해결이 성공의 요인이라는 것을 밝혀냈다.

4. 쇼트의 조직변화 통합모델

쇼트(L. E. Short)는 리비트·레빈·그레이너 등의 변화모델에 자신의 견해를 추가하여 조직변화에 대한 통합모델을 구축하였다. 조직변화는 변화담당자가 조직변화의 필요성을 느껴 변화전략을 선택, 개발, 실시함으로써 변화를 가져와 조직의 유효성을 높이는 것이다. 쇼트의 모델은 변화담당자를 매개로 하여 조직변화를 설명하고 있다는 점이 특이하다.

쇼트는 계획적 조직변화는 변화압력에 의해 시작되며, 그 압력을 변화담당자에게 가해진다. 변화담당자는 그 압력에 따라 자신의 역할을 인식하고 개입전략을 선택한다.

전략의 선택과정은 리비트의 모형을 이용한 것으로 전략의 실시는 레빈의 해빙·변화·재동결의 3단계 변화과정과 그레이너의 운용방법을 사용하고 있다.

쇼트의 모델의 특징을 요약하면 다음과 같다.

첫째, 계획적 조직변화는 어떤 압력에 의해서 시작된다.

둘째, 이러한 압력은 변화담당자에게 가해진다.

셋째, 변화를 유발하는 압력에 따라 변화 담당자는 자신의 역할을 인식하고 개입전략을 선택한다.

넷째, 전략의 실시는 2가지 측면을 포함하는데, 우선 변화과정으로 해빙·변화·재동결의 3단계로 이루어져 있다.

다섯째, 변화가 성공적이라면 조직의 유효성은 높게 나타난다.

여섯째, 조직의 한 부문에서의 변화는 다른 부문의 새로운 변화압력이 되는데, 이러한 변화는 불가피하며 연속적인 것이다.

쇼트의 조직변화 통합모델을 정리하면 [그림 13-6]과 같다.

그림 13-6 쇼트의 조직변화 통합모델

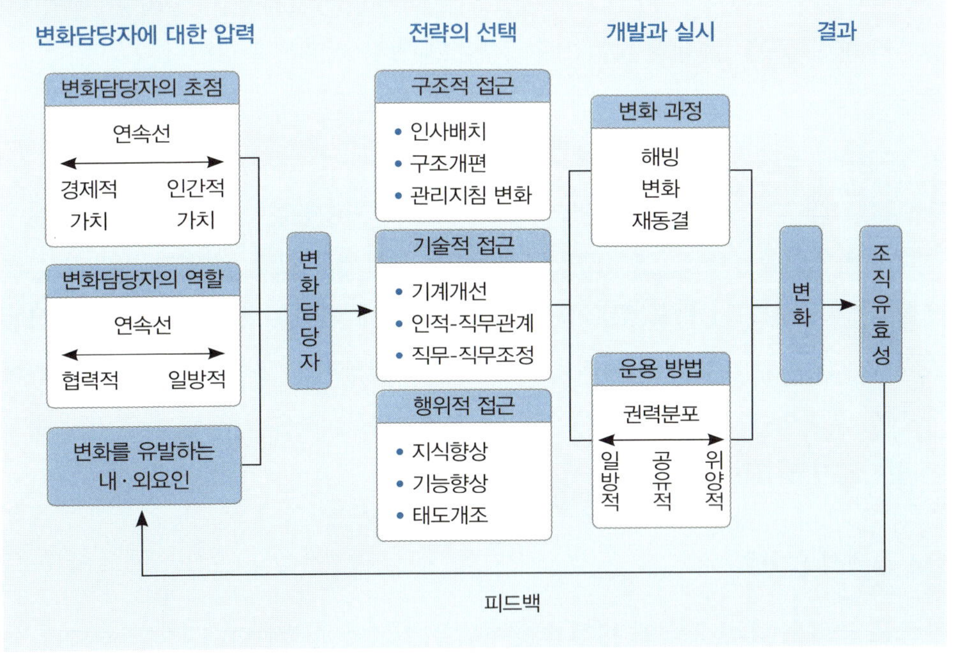

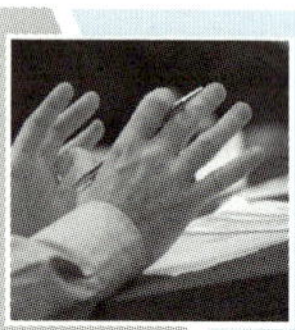

제 3 절

조직변화에 대한 힘

조직은 구성원들이 수행해야 할 활동들을 왜 변화시키려고 하는가? 그 이유는 구성원들은 생존을 위한 변화에 적응해야 하고 급변하는 변화 속에 항상 노출되어 있으며 무엇보다도 중요한 사실은 환경변화에 영향을 받기 때문이다.

1. 변화의 힘

조직에 영향을 미치는 다양한 환경적 힘이 존재하고 있다. 경영자들의 가장 중요한 과업 중 하나가 바로 환경적 영향력이 조직에 미치는 정도를 빨리 인식하는 것이다. 경영자들이 조직에 미치고 있는 환경적 영향력을 인식하지 못하거나 변화에 대한 반응이 느리다면 조직은 경쟁에서 살아남을 수 없고 결국 조직의 유효성은 떨어지게 될 것이다.

(1) 경쟁적 영향력

모든 조직은 다른 조직에 비해 경쟁우위를 얻고자 노력한다. 경쟁도 변화의 힘이다. 조직은 효율, 품질, 혁신, 고객반응 등의 경쟁우위 요소 중 하나 이상을 경쟁자보다 우위에 있어야 한다.

예를 들면, 신기술에 적응하는 것은 변화하는 과업관련성에 있어 구성원들이 신기술을 배우기 위해 끊임없이 변화하게 만드는 것이다. 경쟁자에 비해 혁신이나 기술에서 앞선다면 그 조직은 혁신과정의 관리에 있어 어떤 비법을 가지고 있는 것이다.

그림 13-7 변화의 힘과 저항

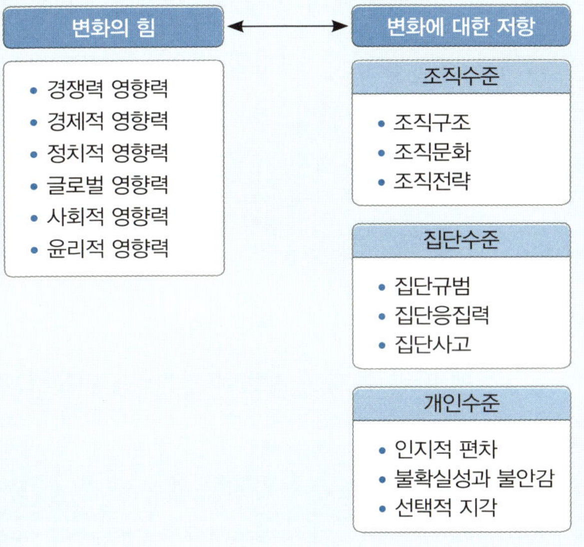

(2) 정치 · 경제적 영향력

정치 · 경제적 영향력은 조직에 힘을 행사하고 조직을 변화시키게 된다. 특히 글로벌 사회가 도래함에 따라 국외의 정치 환경, 경제적 환경은 조직에게 많은 변화를 불러일으키고 있다.

캐나다, 미국, 멕시코, 사이의 협력체인 북미자유무역협정(North American Free Trade Agreement : NAFTA, 1993)이나 유럽의 정치 · 경제통합을 실현하기 위하여 1993년 11월 1일 발효된 마스트리히트 조약에 따라 유럽 12개국이 참가하여 2000년 현재 15개 회원국에서 2004년 5월 기준으로 25개국 늘어났고 2016년 6월 현재 28개국이 되었지만 영국의 브렉시트로 인하여 27개국으로 줄어들게 된 유럽연합(European Union : EU), 아시아 · 태평양경제협력체(Asian-Pacific Economic Corporation : APEC) 등이 이러한 조직체들이다.

(3) 사회적 영향력

여성, 장애인 등 사회적 약자에 대해 경영자는 승진에 있어 차별금지, 선발 및 해고 등에 있어 마음대로 하지 못한다. 여가와 일의 균형을 이루어야 하며 종업원들의 노동생활의 질도 매우 중요시 된다. 또한 여성인력의 경우 최근에는 적극적인 사회활동 비율이 높아져 노동시장에 많은 변화가 일어나고 있다.

(4) 윤리적 영향력

오늘날 기업은 과거와 달리 윤리경영, 책임경영이 매우 중요하다. 윤리적 행동에 대한 중요성의 강조됨에 따라 이제는 기업이 영리추구만을 목적으로 기업 활동을 할 수 없게 되었다.

이제 기업에서는 과거에 소홀히 했던 종업원에 대한 권리, 직장 내 성희롱 문제, 종업원 복리후생, 근로시간 준수, 외국인 근로자 문제 등에 더 많은 관심을 가져야 하는 실정에 이르게 되었다.

2. 조직변화에 대한 저항

조직에서 변화를 시도할 경우 이를 가로막는 여러 가지 힘이 일어나게 된다. 조직의 유형을 조직수준, 집단수준, 개인수준에서 살펴볼 필요가 있다.

(1) 조직수준에서의 저항

1) 조직구조

조직구조가 조직에서 변화를 시도할 때 장애가 될 수 있다. 조직이 조직구조를 새롭게 개편했을 경우 조직은 구성원이 행동해야 할 방식에 대하여 매우 안정적인 패턴을 가지게 되어 있다. 시간이 지남에 따라 조직구조는 자기 스스로 유지되기 시작한다. 즉 사람들이 조직에 들어오고 나가고 하는데도 과업관련성은 그대로 존속된다. 그러므로 조직구조가 변화의 걸림돌이 되어버린 것이다.

조직구조를 변화시킨다는 것은 쉬운 일이 아니다. 조직의 변화는 구성원들에게 당연하게 여겨진 것들을 사라지게 만든다는 부정적인 생각을 갖게 한다. 이런 이유로 변화는 급진적·혁명적 접근이 더 좋다고 주장한다.

규칙과 절차에 의한 행동의 표준화로 특징지어진 기계적 조직과 이와는 반대로 수평적이고 분권화된 의사결정, 상호조정에 의존하는 유기적 조직이 있다고 가정해보면, 이 2가지 유형 중 변화에 대한 저항이 더 큰 조직은 어떤 것인가?

기계적 조직의 경우 사람들이 어떤 특정방식으로 프로그램화되어 있고 변화하는 조건에 대한 그들 나름대로의 행동을 발전시킬 능력이 주어지지 않았다.

유기적 조직에서는 상호조정의 사용과 분권화된 권한이 새로운 문제에 대한 해결책을 찾거나 변화하는 환경에 대한 창조적인 방식을 개발시킬 수 있다.

따라서 조직이 성장하게 되면 기계적 조직하의 대규모 조직에서는 조직구성원들이 타성에 빠질 가능성이 더 커진다고 볼 수 있다.

2) 조직문화

조직문화가 조직의 변화에 대해 저항이 될 수 있다. 특히 가치관과 규범은 종업원들의 행동을 통제하고 어떻게 행동할지 예측할 수 있게 해준다. 조직변화로 인해 당연한 것으로 받아들이던 가치관과 규범이 깨진다면 구성원들이 왜 그렇게 해야 되는지를 납득시키기 매우 어렵다. 조직구성원의 행동에 영향을 주는 조직문화가 변화의 저항원인이 되는 것이다.

3) 조직전략

조직전략이 변화의 저항이 될 수 있다. 밀러(D. Miller)는 조직이 과거 성공에 대해 너무 지나치게 집착하다 보면 지난날의 조직전략이 오히려 조직변화에 대해 방해가 될 수 있다고 주장했다.

(2) 집단수준에서의 저항

조직의 일이란 보통 집단에 의해 수행되는 것이 대부분이다. 따라서 몇몇 집단의 특성이 변화에 대해 저항할 수 있다.

1) 집단규범

조직 내 대부분의 집단은 집단 나름대로의 강력한 비공식적 규범을 가지고 있다. 그 예로 특이한 행동, 하지 말아야 할 행동, 집단구성원간의 상호작용 같은 것들이 있다.

동일집단 속에서 역할이나 과업관계를 변화시키려고 할 때 집단규범이나 비공식적 기대 등에 의해서 저항을 받을 수 있다. 집단구성원은 전체 집단규범으로부터의 지시와 명령에 따르기 때문이다.

2) 집단응집력

집단응집력은 집단성과를 좌우하게 된다. 집단응집력이 높을수록 협력이나 성과가 높게 나타나는 반면에 지나친 집단응집력은 오히려 성과를 떨어뜨리기도 한다. 변화와 적응에 대하여 집단에서 개인을 통제해 변화의 기회를 원초적으로 제거해 버리기 때문이다. 그러므로 한 집단의 응집력이 강할 경우 기업 전체를 이끄는 경영자의 변화 노력은 종종 무시될 수도 있다.

3) 집단사고

집단사고는 집단응집력이 강한 집단이 잘못된 의사결정을 내리는 것을 말한다. 개인들은 만장일치를 이룰 수 없음에도 불구하고 부정적 정보를 없애 가면서까지 동조하게 된다. 이러한 집단사고가 팽배한 집단에서는 집단행동을 변화시키려는 움직임은 아무 소용이 없을 수도 있다.

(3) 개인수준에서의 저항

개인수준에서의 저항은 다음과 같은 이유로 발생하게 된다.

1) 인지적 차이

인지적 차이는 개인적인 경영자의 상황 지각이나 상황의 원인을 해석하는 것에 영향을 준다. 개인의 인지적 차이는 환경변화에 대한 지각이 매우 다르게 해석되는 결과로 나타난다.

2) 불확실성과 불안감

대부분의 사람들은 변화에 대해 일단 저항하게 된다. 만일 변화가 발생하게 되면 그로 인한 스트레스, 불확실성, 불안감을 느끼기 때문이다.

변화로 인해 자기 자리를 잃을지도 모른다고 두려움을 느끼게 되면 저항은 심하게 나타날 것이다. 변화가 일어나게 되면 결근, 이직 등이 증가하고 구성원 간 협동심이 사라지고 대신 변화 과정을 지연시키려는 의도적 행동이 나타나게 된다.

3) 선택적 지각

사람들의 지각은 작업태도 및 행동을 결정짓는 데 매우 중요한 역할을 한다. 사람들은 조직의 관점과 일치되는 정보만을 받아들이려는 경향을 갖고 있기 때문이다. 조직 내에서 변화가 일어날 때 종업원들은 자기 부서에 영향을 주는 사안에만 개인적으로 관심을 보이거나 변화로 인해 자신들의 혜택이 줄어들게 될 때에는 더 큰 저항을 하게 된다.

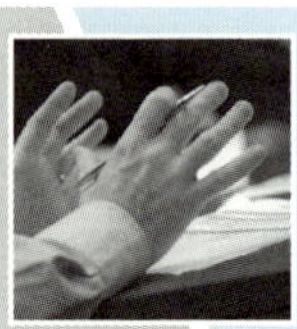

제 4 절

조직변화에 대한 저항의 극복방안

1. 변화전략의 선택

대부분의 조직구성원은 기존의 관습이나 절차를 그대로 따르려는 경향을 가지고 있다. 현재의 절차를 고착화시키는 조직구조와 조직문화는 조직변화에 대해 저항을 불러일으킨다.

조직변화의 저항을 극복하고 변화를 성공적으로 수행하기 위해서는 조직은 점진적인 변화와 급진적 변화 중에서 하나를 선택하고 그에 적합한 전략을 채택해야 한다.

만약 급진적 변화를 추구하고자 한다면 조직은 하향식 변화전략(top-down change strategy)을 채택해야 한다.

하향식 변화전략은 변화하지 않음으로써 들어가는 비용이 조직관습을 극복하는데 들어가는 비용을 초과할 때까지 기다리다가 변화에 대한 종합적인 전체 계획을 도입하여 한꺼번에 일시적으로 변화를 유도하게 된다.

급진적 변화는 불확실성이 매우 높기 때문에 하향식 변화전략을 채택할 때에는 사전에 준비를 철저히 하여야 한다.

반대로 점진적 변화를 추구하고자 한다면 상향식 변화전략(bottom-up change strategy)을 채택해야 한다.

경영자는 조직변화를 둘러싼 불확실성은 계속적으로 조직구조와 전략을 수정해 나가는 점진적인 과정을 통해서 적절하게 관리될 수 있다고 생각한다.

상향식 변화전략을 이용하는 경영자는 중간관리자와 각 계층의 조직구성원을 조직이 직면하고 있는 문제를 규명하고 변화의 필요성에 대한 토론에 참여시킴으로써 조직구성원을 변화에 준비하도록 한다. 각 계층의 관리자들은 그들이 경험하고 있는 문제를 인식하고, 그 문제를 해결할 수 있는 방법을 제안하고, 그 방법의 실행을 진행시킨다.

상향식 변화전략은 대체로 기간이 오래 걸리기 때문에 하향식 변화전략에 비해 변화와 관련된 많은 문제와 혼란이 발생할 수도 있다. 그러나 중간 관리자와 조직구성원들의 참여는 변화에 대한 저항을 감소시키고 모든 사람들이 새로운 해결방안을 찾는 데 좀 더 적극적인 태도를 갖게 한다.

2. 저항의 극복방안

조직변화에 대한 조직구성원들은 두려움과 저항감을 대부분 갖고 있다. 조직변화에 대한 저항을 극복하고 조직의 목표를 달성을 하기 위한 변화담당자가 사용할 수 있는 극복방안에 대해 살펴보면 다음과 같다.

(1) 교육과 소통

조직구성원들에게 조직변화의 과정에 대해 교육하고 그 결과에 대한 설명하고 설득함으로써 저항을 감소시킬 수 있다. 이 방법은 조직변화에 대한 저항의 원인이 잘못된 소통이나 오해에서 비롯되었을 경우 사용가능한 극복 방안이다.

따라서 조직구성원이 조직변화에 대한 완전한 정보를 제공받고 오해가 풀리면 변화에 대한 저항은 사라지게 된다.

(2) 참여

조직변화에 관한 의사결정에 직접 참여한 구성원은 변화에 대해 저항하지 않을 것이다. 참가자들은 의사결정이 내려지기 전에 변화에 대해 반대 의견을 표현할 기회가 있었기 때문이다.

참여의 방법은 참여자가 의사결정에 공헌할 수 있는 전문성을 지니고 있어야 하며, 의사결정 과정에의 참여를 통해서 저항을 줄일 수 있다. 또한 참여를 통해 구성원들의 합의를 이끌어낼 수 있으며, 변화에 관한 의사결정의 질을 높일 수도 있다.

그러나 구성원들의 의사결정 과정에 참여시킴으로써 시간이 지체되거나 오히려 의사결정의 질이 떨어질 수도 있다는 점을 간과해서는 안 된다.

(3) 협상

협상은 변화에 저항하는 조직구성원들에게 저항을 감소시킬 수 있는 가치 있는 다른 요인을 제공해 주는 것이다. 예를 들면, 변화에 저항하는 사람이 소수의 권력층일 경우 그들의 욕구에 부합되는 특별 보상계획으로 그들과 협상을 벌일 수 있다.

협상의 방법은 대체로 저항이 조직 내 권력 핵심으로부터 비롯될 때 사용 가능한 방법이다. 협상은 비용이 많이 들며 협상이 성공할 경우 다른 집단에서도 이러한 협상을 동일하게 요구할 수 있다는 위험이 있다.

(4) 지원활동

조직구성원들의 조직변화에 대한 저항을 줄이기 위해서 변화 담당자들은 다양한 지원활동을 제공하는 것이다. 즉, 상담, 신기술 훈련, 유급휴가 실시 등으로 구성원들의 두려움이나 불안감을 해소시킬 수 있다.

지원활동을 저항을 극복하는 방법의 단점은 시간이 오래 걸리고 비용이 많이 들어가는 반면에 반드시 성공한다는 보장이 없다는 점이다.

(5) 조작과 흡수

조작이란 은밀하게 영향력을 행사하는 것으로, 조직구성원들에게 좀 더 매력적으로 보이도록 변화에 관련한 사실을 왜곡하고, 바람직하지 않은 정보는 유출시키지 않고, 구성원들이 변화를 받아들이게 할 수 있는 소문을 유포하는 등이 조작의 대표적인 예이다.

흡수는 조작과 참여의 방법을 동시에 이용하는 방법이다. 저항집단의 리더에게 변화에 관련된 의사결정에 중요한 역할을 맡게 함으로써 리더를 매수하는 방법이 그 한 예이다. 리더의 의견을 듣는 것은 보다 나은 의사결정을 하기 위한 것이 아니고 그들로부터 변화의 필요성을 인정받기 위한 것이다.

조작과 흡수의 방법은 비용이 적게 들기 때문에 변화에 반대하는 사람들의 지원을 얻기 위해서 사용하기 쉬운 방법이다. 그러나 사람들이 자신이 이용당하고 있는 사실을 알게 되면 오히려 역효과가 나게 되고 변화담당자의 신뢰는 땅에 떨어지게 된다.

(6) 강압

조직변화에 대한 저항을 감소시키는 최후의 방법으로는 조직구성원들에게 직접적인 위협이나 압력을 가하는 것이다. 강압(coercion)의 방법으로는 공장폐쇄, 강등, 승진기회 박탈 등이 있다.

사례

강한 조직을 만드는 방법

위기극복을 위한 조직변화로 실행력이 강한 조직을 만들어 나가야 한다. 대외적인 위기를 극복하기 위해 자신감이 넘치는 조직으로 변화시키기 위해서는 구성원들이 실행에 옮기는 것이 중요하다.

스탠포드 대학의 제프리 페퍼(Jeffrey Pfeffer) 교수는 회의실에서 내린 결정만으로 조직이 변화될 수 없다는 사실을 리더들이 망각하고 있다고 지적했다. 회의나 구호는 단지 시작에 불과하다. 핵심은 구성원들이 문제에 동의하고 꾸준히 행동하느냐에 달려 있다. 말을 한다고 조직원들이 다 듣는 것도 아니고 다 듣는다고 해도 다 이해하지 못한다. 이해한다고 해서 모두 동의하고 행동하는 것은 별개이다. 정말 운이 좋아서 행동한다고 해도 지속적으로 행동하는 것은 다른 과제이다.

실행력이 강한 조직으로 만들기 위해서는 새로운 동기부여 방식으로 자율성을 부여하는 것이다. 지속적인 실행을 위해서는 상사의 지시만으로는 한계가 있다. 구성원 스스로 판단하고 움직여야 한다. '당근과 채찍'이라는 외적 보상에 기반을 둔 지시와 통제 방식으로는 한계가 있다.

자율성을 강조하는 대표 기업인 3M의 경영원칙을 만든 전설적인 CEO 윌리엄 맥나이트(William McKnight)는 "직원들에게 일을 맡기면 수많은 실수를 저지를 게 분명하다. 그러나 길게 보면, 경영진이 모든 것을 틀어쥐고, 이래라 저래라 강요해서 발생하는 손실에 비하면 훨씬 미미한 수준일 것이다. 직원이 실수를 저질렀을 때 경영진이 이를 심하게 비판하는 것은 직원들의 자발성을 죽이는 행위다. 기업이 계속 성장하기를 원한다면 자발적인 직원을 많이 보유하는 것이 필수적이다"라고 주장했다.

3M에서는 상사의 허락 없이 진행하는 독자적인 프로젝트를 부트레깅(bootlegging)이라 불렀다. 부트레깅은 미국에서 금주법이 실시되었던 30년대에 밀주를 장화(boot)의 목(leg)에 몰래 감추었던 것에서 유래한 용어이다.

이처럼 3M의 자율성 원칙은 오늘날에도 혁신의 원동력이 되고 있다. 3M은 기술자에게 업무시간의 15%를 자신이 선택한 프로젝트에 할애하도록 허용하고 있다. 3M의 경영원칙을 도입한 구글 역시 엔지니어에게 1주일에 하루, 즉 업무시간의 20%를 자신이 원하는 프로젝트에 할애하라고 권장하고 있다.

실행력이 강한 조직으로 만들기 위해서는 심리적 주인의식을 갖는 것이다. 세계적인 기업들은 왜 자율성을 강조할까? 근본적인 이유는 직장 업무가 단순한 기계적 업무에서 창의적 업무로 바뀌고 있기 때문이다. 기계적 업무는 정해진 지침에 따라 한 가지 방법으로 한 가지 결론에 도달하게 된다. 반면에 창의적 업무는 정해진 방법이 없기 때문에 일을 맡은 사람이 여러 가지 가능성을 실험해보고 새로운 해결책을 만들어 나가야 한다. 따라서 지시와 통제만으로 창의적 업무의 생산성을 높이는 것은 거의 불가능하다. 스스로 해결책을 찾겠다는 '심리적 주인의식(psychological ownership)'이 필요하다.

주인의식이라고 하면 소유(own)를 생각하게 되는데 예로 스톡옵션, 이익 공유 제도의 도입 등의 방법으로 주인의식을 갖게 할 수 있다고 생각하지만 이런 제도를 운영해본 결과 한계가 있다는 것을 깨달았다. 일부 소유만으로 자신이 주인이라고 느끼기 어렵다는 것이다. 대신 심리적 주인의식은 소유가 아니라 '통제(control)'를 중시한다. 직원들이 직접 결정에 참여하고 그 결정을 실행할 수 있고, 결과가 나온 후 그 결과에 책임질 수 있다면 법적인 소유권과 상관없이 주인의식을 갖게 된다. 결국 자율성이 심리적 주인의식에 결정적인 역할을 하게 된다.

실행력이 강한 조직으로 만들기 위해서는 3S 조직을 만드는 것이다. 심리적 주인의식이 충만한 직원들은 스스로 해결책을 찾고 이를 실행에 옮긴다. 그러나 조직이 이들을 뒷받침하지 못한다면 결국 직원들은 조직을 떠나거나 다시 예전의 소극적인 구성원으로 돌아가고 만다. 조직 자체가 창의적인 업무와 자율적인 직원들을 포용할 수 있도록 바뀌어야 한다. 많은 사례를 통해 'Small(소규모)', 'Simple(단순)', 'Speedy(빠른)'의 3S 조직을 구축할 때 실행력이 강해진다. 그 예로 GE, P&G, IBM 등의 선도 기업들은 대기업이면서도 규모가 작은 벤처기업처럼 빠르게 움직이는 조직을 만들기 위해 오랜 기간 동안 노력해 왔다. 특히 조직의 복잡성은 업무 효율성을 떨어뜨릴 뿐만 아니라 직원들의 자율성을 파괴한다. 조직 계층을 축소하고 업무 프로세스를 단축하는 노력은 그래서 더욱 필요하다.

최근 기업 환경이 어려워지면서 위기를 인식한 많은 기업들이 강한 실행력을 주문하고 있다. 하지만 실행력은 리더뿐만 아니라 반드시 직원들이 동참해야 효과를 발휘할 수 있다. 리더는 실행력의 단서를 자율성과 심리적 주인의식, 3S 원리에서 찾아서 강한 조직을 구축해 나가야 한다.

Chapter 14

조직개발

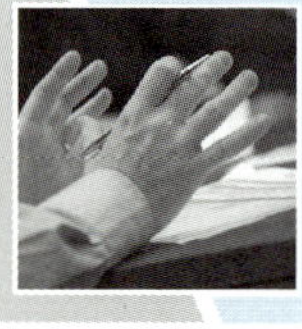

제 1 절

조직개발의 이해

1. 조직개발의 정의

조직개발(organizational development)은 조직의 직면하고 있는 문제를 해결하고, 조직의 재생능력을 증진시키기 위한 장기적인 노력을 의미하며, 특히 변화관리자나 변화주도자의 도움과 응용 행동과학의 이론 및 기술을 이용하여 보다 효율적이고 협력적인 조직문화를 형성해 나가는 것을 의미한다.

조직개발은 초기에는 집단역학 및 계획적 변화와 관련된 이론과 실천에 바탕을 두었으며 점차 조직의 인적측면과 관련된 문제들을 해결하기 위한 이론과 실천으로 발전하였다. 특히 행동변화에 지향점을 두고 조직이 기능을 더 잘 발휘할 수 있도록 전체 시스템을 계획적으로 변화시키는 데 초점을 두고 있다.

조직개발은 계획적인 변화와 관련하여 그 목표는 전체조직이나 시스템이다. 따라서 조직개발은 조직구성원들의 조직상황 개선을 위한 자기 분석 과정과 자기혁신 그리고 조직과정의 개선을 강조하고 있으며 조직전략, 구조, 문화와 조화를 이루어야 하는 개념이다.

조직개발에 대한 정의는 학자마다 다양하다. 조직개발의 정의에 대한 일치된 견해는 없지만 여러 학자들의 견해를 살펴보면 조직개발 분야가 무엇을 포함하는지, 특징이 무엇인지를 알 수 있다.

베니스(W. Bennis)는 조직개발은 변화에 대한 반응으로 새로운 기술과 시장, 외부의 도전, 급속한 변화 자체에 보다 잘 적응하기 위하여 신념과 태도, 가치관 그리고 조직구조를 변화시키려는 복잡한 교육전략으로 정의하였다.

프렌치와 벨(W. L. French and C. H. Bell)은 조직개발에 대한 여러 정의를 검토한 후 조직개발이란 컨설턴트-촉진자의 역할과 활동연구를 포함한 응용행동과학의 이론과 기법을 활용하여 조직문화에 대한 지속적이고 협력적인 관리를 통해 최고경영자의 주도와 지원하에 조직의 비전제시, 역량강화, 학습 및 문제해결과정을 개선하려는 장기적인 노력으로 정의하고 있다.

이러한 조직개발에 대한 학자들의 정의를 [표 14-1]에서 정리하였다.

표 14-1 조직개발의 정의

내용 / 학자	노력의 본질과 범위	변화활동의 특징	변화의 대상	관련 학문	아이디어/가치관
베니스	변화에 대한 대응	교육전략	신념, 태도, 가치관, 구조	-	환경에 적응
리피트	프로세스	인적자원 강화를 위한 설계	유기적 시스템 지향	행동과학	생존력, 적응 문제해결
프렌치와 벨	장기간 노력	조직문화의 협력적 관리	작업 팀의 문화	행동과학	문제해결 기술, 재생

(1) 조직개발의 목표

조직개발의 바람직한 결과는 개인과 집단 그리고 조직과정의 변화로 조직이 보다 잘 적응하고 대응하며 문제를 해결하고 새롭게 하는 것이다.

(2) 조직개발의 대상

변화는 조직의 인간적 과정과 사회적 과정을 대상으로 하고 있으며, 특히 개인의 신념과 태도, 가치관, 작업집단의 과정, 그리고 조직의 과정에 주안점을 두고 있다.

(3) 조직개발의 본질

조직개발의 본질적 특성은 다음과 같다.

첫째, 장기적이고 계획적이며, 조직 전반적인 것이어야 한다.

둘째, 변화활동을 교육적이고 자기 평가적이며 자기시도적인 행동과학을 활용한다.

조직개발에 대한 여러 학자들의 견해와 이론을 종합해 보면 조직개발은 장기적인 노력이 필요하다. 이것은 조직의 변화와 발전은 단기간에 이루어질 수 있는 것이 아니며 지속적인 개선이 이루어질 때 달성될 수 있다는 점을 의미한다.

조직개발은 최고경영진의 주도와 지원이 있을 때 가능하다. 최고경영진의 변화에 대한 주도적인 역할이 조직개발에 필수적이며 리더의 비전제시를 통하여 조직구성원의 역량을 강화시키는 학습과정이다.

조직개발의 궁극적인 목표는 조직의 효과성을 향상시키는 것이다. 따라서 조직개발은 다음과 같은 점을 유념해서 진행되어야 한다.

첫째, 조직 내에서 인간과 조직의 능력을 발휘하는 데 저해되는 여러 요인을 제거하여 구성원들이 최고의 능률을 발휘하게 만들어야 한다.

둘째, 구성원이 수행하는 직무가 보다 도전적이고 다양하도록 구성하여, 그들이 능력을 최대한 발휘할 수 있도록 기회를 제공하여야 한다.

셋째, 조직 전체를 통하여 구성원들 간의 신뢰와 협동을 증진시키는 방향으로 진행되어야 한다.

2. 조직개발의 특징

조직개발의 특징은 다음과 같다.

① 계획적 변화

조직개발은 조직에서 발생하는 자연적인 변화나 환경에의 적응과정이 아니라 의도적이며 목적지향적인 변화프로그램이다.

② 협력적 접근법

조직변화는 구성원의 참여와 협력이 필수적으로 요구되는 협력적이고 참여적인 변화프로그램이다. 일방적인 지시나 명령에 의해 이루어지는 변화가 아니라 변화의 계획과 실시의 전 과정에 변화대상자가 참여하는 것이다.

③ 성과 지향

조직개발은 업무수행 방법과 과정을 변화시켜 업무의 성과를 향상시키고자 한다.

④ 인적자원 개발과 활용

조직개발은 조직의 성과를 향상시키는 과정에서 인적자원의 잠재역량을 개발하고 활용한다.

⑤ 시스템적 접근법 활용

조직 관리의 각 요소와 요인들의 상호 관련성을 고려하고 그 관련성에 초점을 두고 시스템적 접근법을 사용한다.

⑥ 과학적 방법

조직개발을 위해 체계적이고 현장의 경험을 활용하는 실천적이고 과학적인 방법론을 사용한다.

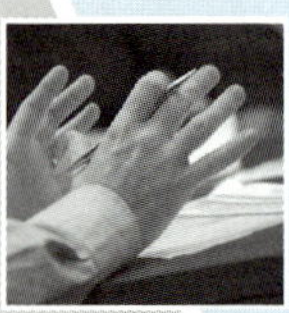

제 2 절 조직개발 컨설팅

조직개발과 여타 다른 조직변화 프로그램의 차이점은 조직개발이나 조직 변화 프로그램을 담당하는 컨설턴트의 역할, 그리고 컨설턴트와 대상 조직과의 관계에서 찾을 수 있다.

일반적인 변화 컨설턴트와 달리 조직개발 컨설턴트는 조직구성원들과 비교적 동등한 협력적 관계를 맺고 조직의 문제와 기회를 공동으로 파악하여 이에 대한 조치를 취한다.

전형적인 조직개발 컨설턴트의 역할은 조직구성원들이 자신들의 문제를 해결하고 또 보다 나은 문제해결방법을 배우도록 돕기 위한 활동을 체계화하는 데 있다. 즉, 조직개발 컨설턴트가 장기적이고 영속적으로 추구하는 목표는 조직구성원들이 자신의 문제를 해결할 수 있도록 그 방법을 가르쳐 주며, 그러한 능력을 향상시켜 주는 데 있다.

샤인(E. H. Schein)은 조직에는 3가지 컨설팅 방법을 제시했는데 다음과 같다.

1. 전문지식 구매 모형

전문지식 구매 모형(purchase of expertise model)은 리더와 팀이 조직이 제공할 수 없는 정보나 전문기술을 자체적으로 파악하고 컨설턴트를 통해 정보를 사들이는 방식이다.

예를 들면, 컨설턴트를 통해 특정 문제에 대한 고객이나 종업원들의 반응을 조사하고, 다른 조직들이 특정단위를 조직하는 방식으로 경쟁업체의 판매 전략과 같은 정보를 파악한다. 이러한 정보를 파악한 후 컨설턴트의 권고사항을 조직에 제시한다.

2. 의사-환자 모형

의사-환자 모형(doctor-patient model)은 리더나 팀이 특정단위, 또는 보다 범위를 넓혀서 전체조직의 상태 악화를 나타내는 징후들을 파악하게 되면 컨설턴트에게 조직에 무엇이 문제를 야기하고 있는지를 진단하게 한다. 그런 다음 컨설턴트가 의사와 마찬가지로 악화된 상태를 치유하기 위한 조치를 처방하게 된다.

3. 과정자문 모형

과정자문 모형(process consultation model)은 컨설턴트가 리더와 팀과 협력하여 조직의 강·약점을 진단하고 실천계획을 수립하는 과정에 참여하거나 고객이 문제 진단 및 해결의 효율성을 높일 수 있도록 도와준다. 이 방법이 조직개발을 잘 설명해 주고 있다.

앞의 두 모형은 전통적 경영컨설팅 방식이며 세 번째 모형은 조직개발 컨설팅의 일반적 특성을 보여주고 있다.

조직개발 컨설턴트의 고객인 조직은 컨설턴트로부터 조직의 문제해결을 위한 방법에 관한 지원을 받고, 컨설턴트는 해당 문제를 처리하기 위한 일반적인 과정과 절차를 제시하며, 대상조직과 구성원이 적절한 자료를 작성하도록 하고 그러한 자료를 통해 조직구성원이 학습할 수 있도록 하는 것이다.

따라서 조직개발 컨설턴트는 효과적인 문제해결과 의사결정을 구사하는 방법에 관한 전문적인 지식과 경험을 가지고 있어야 한다.

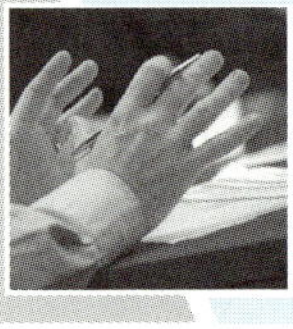

제 3 절

조직개발의 수준

1. 조직개발의 수준

조직의 리더들과 구성원들은 조직개발 컨설턴트의 지도에 따라 조직문제와 기회를 체계적으로 다루면서 조직개발활동을 수행한다. 조직개발의 방안인 개입의 수준은 크게 3가지 수준으로 나누어 볼 수 있다. 개인수준, 집단수준, 전사적 수준으로 구분할 수 있다.

(1) 개인수준

개인수준에서의 조직개발은 [그림 14-1]에서 보는 바와 같이 조직설계, 집단설계, 개별특성을 고려하여 각 개인의 직무충실화를 향상시켜 개인의 유효성을 증대시키는 데 초점을 두고 있다.

그림 14-1 개인수준에서의 조직개발

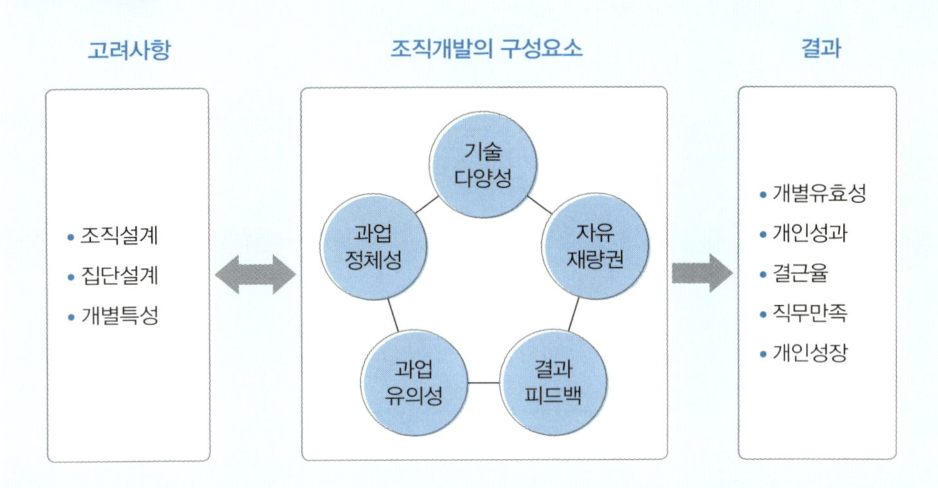

개인수준의 조직개발은 핵심직무요인인 기술다양성과 자유재량권, 결과피드백, 과업정체성과 과업유의성을 개선하며 집단목표에 따른 개인목표의 설정, 개인의 업적관리, 개인 간 갈등관리 등 개인수준의 문제점을 관리하는 과정이다.

(2) 집단수준

집단수준에서의 조직개발은 [그림 14-2]에서 보는 바와 같이 조직 설계를 통해 각 집단의 목표명확성, 과업구조, 집단의 구성, 집단규범과 팀의 기능성을 조사하고 집단유효성을 제고하기 위한 방법을 모색하는 데 초점을 둔다.

집단의 목표설정, 리더십, 갈등관리, 업무흐름기획, 두 집단이 보다 효과적으로 협동하는 관계를 수립할 수 있도록 하기 위한 집단 간 개발, 집단 간 갈등관리, 제3자 개입, 기능 간 훈련 등을 다룬다.

그림 14-2 집단수준에서의 조직개발

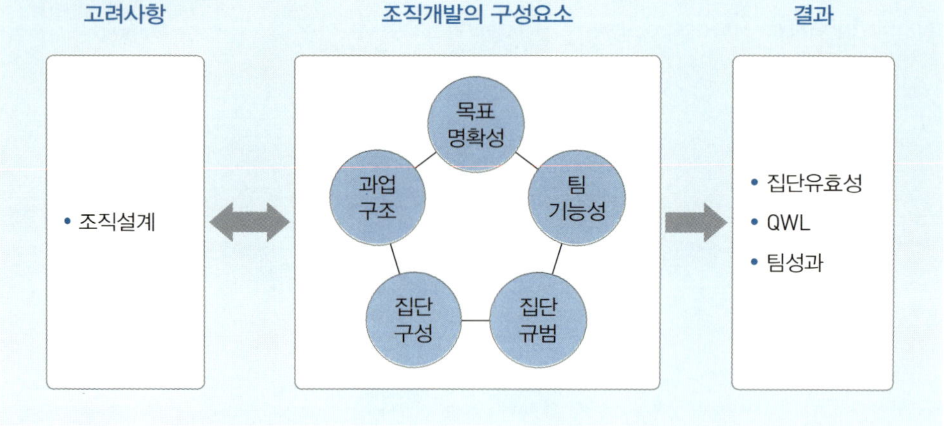

(3) 전사적 수준

전사적 수준에서의 조직개발은 [그림 14-3]에서 보는 바와 같이 조직의 환경과 산업구조를 살펴 조직구성요소, 즉 기술, 전략, 조직구조, 인적자원시스템과 고과

그림 14-3 전사적 수준에서의 조직개발

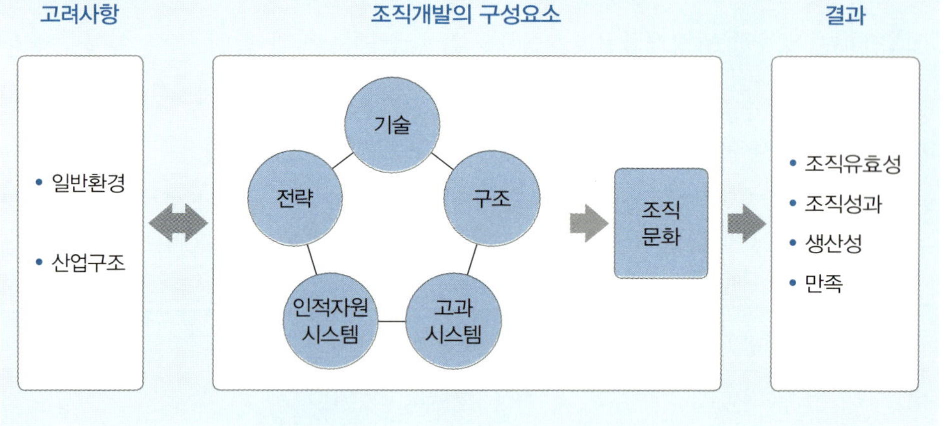

시스템 등과의 적합관계를 통해 강한 조직문화를 형성하고, 이를 통해 조직유효성을 향상시키는 데 초점을 둔다. 이를 위해 전략계획과 목표설정활동, 전략경영활동, 조직변혁활동이 이루어진다.

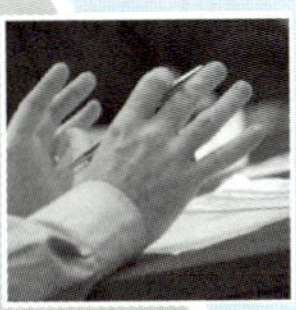

제 4 절

조직개발의 단계와 과제

1. 조직개발의 단계

조직개발에서 변화를 일으키는 단계에 대해 정리해 보면 [그림 14-4]와 같다.

레빈(K. Lewin)은 변화가 3단계의 과정을 거쳐 진행된다고 하였다. 해빙단계에서 기존의 낡은 행동을 해빙시키고 새로운 행동수준으로 변화한 다음 행동을 다시 재동결시키는 3단계를 거친다고 보았다.

활동연구모형에서의 조직개발은 기본적으로 조직개발이 갖는 참여적 성격, 협력자와 공동학습자로서의 컨설턴트 역할, 진단과 조치의 반복 과정의 결합물로 조직변화가 이루어짐을 제시하였다.

최근의 활동연구는 웨이즈보드(M. Weisbord)의 제3의 물결 컨설팅(toward third-wave managing and consulting)과 개념을 같이하고 있다. 즉, 문제해결 중심의 조직개발모형이 아닌 조직의 장점에 초점을 맞춰 구성원들에게 자신이 원하는 미래를 달성하도록 하고, 공동체의식이 존재하는 조직의 창출에 그 초점을 두고 있다.

그러나 실무차원에서는 대체로 조직의 문제를 지각하는 것에서부터 변화 담당

그림 14-4 조직개발 추진 단계 모형

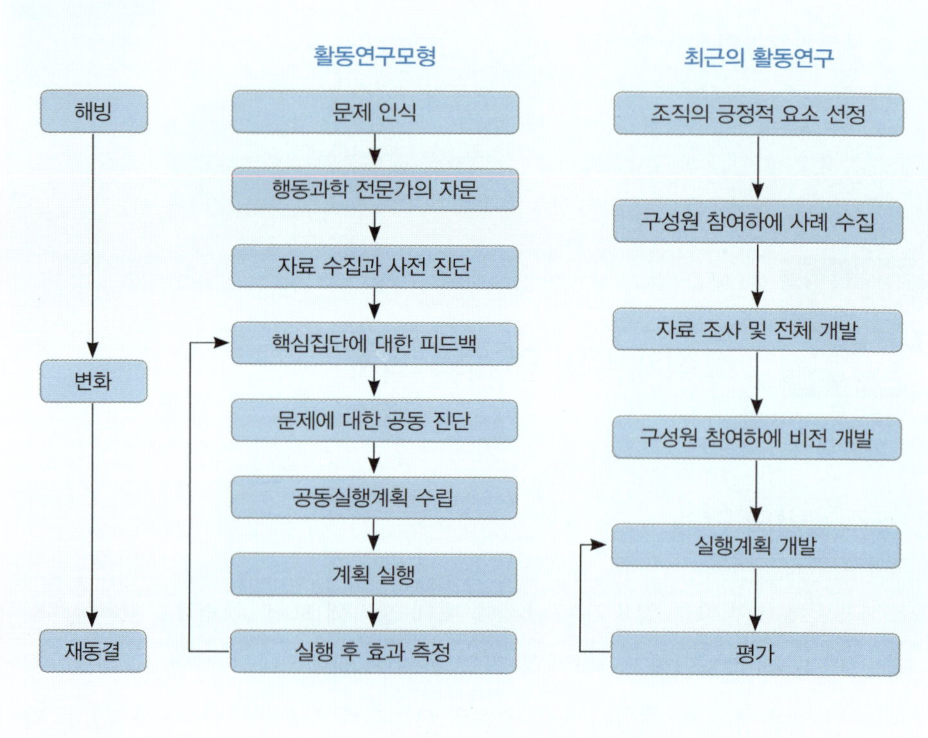

자와 구성원을 고려하여 조직 관리자의 전략적 변화를 실천해야 하는 장기적인 프로젝트로 조직개발이 진행된다. 이러한 과정은 단기간에 종료되는 경우도 있겠지만, 장기적으로 반복되기도 한다. 장기적으로 반복되는 경우는 활동연구모형이 현장에서 실천되고 있는 것으로 보아야 한다.

이들 모형에서 제시된 조직개발의 기본적인 단계에서 공통적인 요소를 발견할 수 있다. 이러한 공통요소를 중심으로 조직개발의 단계를 정리해 보면 [그림 14-5]와 같이 6단계로 설명할 수 있다.

그림 14-5 조직개발의 6단계

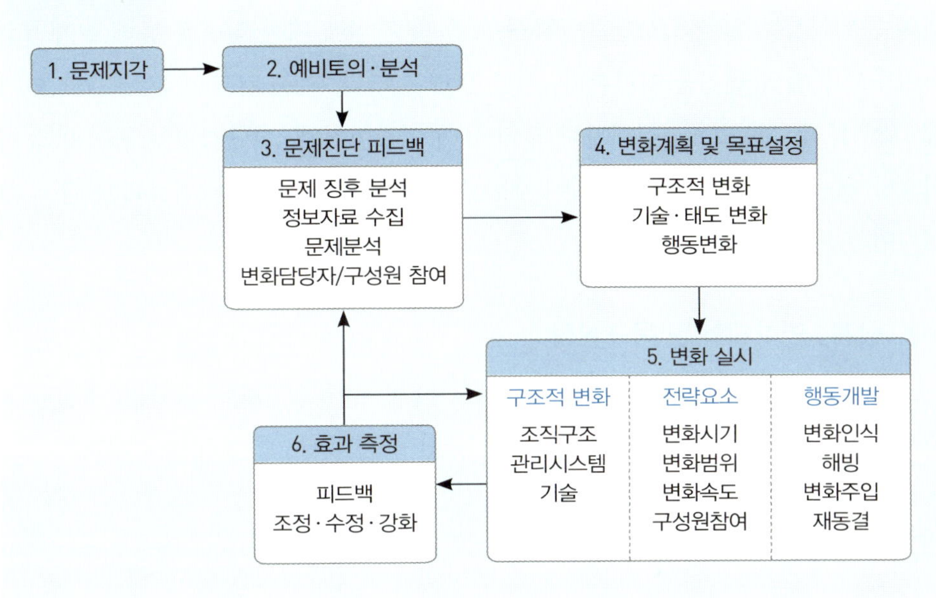

(1) 1단계 : 문제 인식

이 단계에서는 환경의 변화와 경영지표의 변화, 또는 관리자와 조직구성원의 직관을 통해서, 조직 내·외부의 이상 징후를 포착하고 문제 해결의 필요성을 인식하는 단계이다. 대개 조직 관리자의 필요성에 의해 조직개발의 문제가 제기되는 경우가 많다.

(2) 2단계 : 예비토의 및 분석

이 단계에서는 관리자, 변화담당자, 컨설턴트 등 당면한 변화의 필요성을 해결하기 위한 핵심 구성원 간에 추진방향과 전략에 대한 공감대를 형성하는 과정이다.

(3) 3단계 : 문제 진단 및 피드백

이 단계에서는 일차적으로 간단하게 조직 및 관리에 대한 진단을 통해 문제점을 찾아내고 문제의 원인을 가려본다. 이를 위해 인터뷰, 각종 자료의 분석, 조직환경에 대한 분석, 설문조사, 실적자료 분석 등이 이루어진다. 진단결과는 관리자와 변화담당자들에게 피드백되어 문제에 대한 통찰을 제공하고, 이는 해결책에 대한 아이디어의 원천이 된다.

(4) 4단계 : 변화계획 및 목표설정

이 단계에서는 최적의 해결안을 모색하는 단계이다. 해결안은 여러 가지 복합적인 계획을 여러 부문에 동시다발적으로 실시하고 전략적으로 전개해야 한다.

(5) 5단계 : 변화 실시

이 단계에서는 행동개발, 전략요소변화, 구조적 변화 등 복합적인 변화를 적절하게 실시한다.

(6) 6단계 : 효과 측정

이 단계에서는 변화에 상응하는 지표를 개발하여 효과를 측정, 피드백하는 단계이다. 만약 결과가 부족하다고 판단하는 경우에는 새로운 문제 진단 및 피드백 단계로 이동하여 변화과정을 반복하게 된다.

2. 조직개발의 과제

조직개발의 방법론을 실제 조직에 적용한다고 해서 조직개발 계획자들이 의도한 대로 구성원들이 개발노력에 동참할 것이라고는 기대할 수는 없다.

조직구성원들의 참여를 위해서는 조직개발의 출발단계에서부터 구성원들이 변화의 필요성을 명확히 인식하도록 유도해야 한다. 그리고 추구하고 있는 조직 개발의 목표를 명확히 제시해 주고 그러한 조직개발이 가능하다는 자신감을 불러일으켜야 한다. 이와 더불어 제도적으로 조직개발을 추진해 갈 때 성공적인 조직개발이 가능하고 조직에 정착될 수 있다.

일반적으로 조직구성원들은 조직개발에 대하여 부정적인 관점을 가지고 있다. 그것은 조직개발이나 변화를 안정된 직무와 직위, 업무환경을 위협하는 요소로 지각하기 때문이다. 이들이 지각하는 위협감은 크게 4가지가 있다.

① 고용안정에 대한 위협
② 지위손실에 대한 위협
③ 기존 시스템 불균형에 대한 위협
④ 무관심한 태도와 무사안일함에서 저항하게 되는 것이다.

따라서 조직개발과정에서 극복해야 할 과제는 구성원의 무관심이나 의도적 저항, 타성, 학습된 무력감, 혼란, 방관, 불신, 능력부족이나 자원부족 등의 문제이다. 그러나 이러한 문제들을 신속하게 제거하거나 감소시키기 위해 서두르기보다는 구성원 간의 상호의견교환을 통해 조직개발의 필요성에 대한 내면적 공감대를 확장해갈 수 있는 기회를 조성하는 것이 바람직하다.

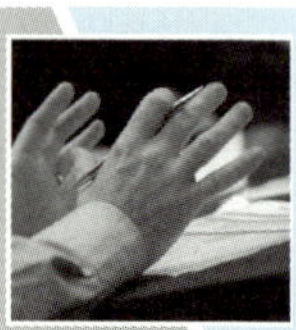

제 5 절

조직개발의 개입

1. 조직개발의 개입 의의

조직개발에서 개입(intervention)이란 개인, 집단, 또는 조직체 등 어느 변화대상에 대하여 변화가 효과적으로 이루어지도록 변화 과정에 참여하고 중재하는 행동을 의미한다. 즉, 선택된 조직단위에서 조직개선과 직·간접적으로 관련된 목표를 갖는 과제들을 수행하는 구조화된 활동들의 총체이다. 개입은 조직개발 행동의 추진력이다.

조직개발의 개입방법은 [그림 14-6]에서 보는 것과 같이 그 변화의 목표에 따라 다르다. 즉, 조직개발의 목표는 그 변화가 조직의 내면적인 측면까지 확대되는 제8

그림 14-6 개입의 유형과 목표

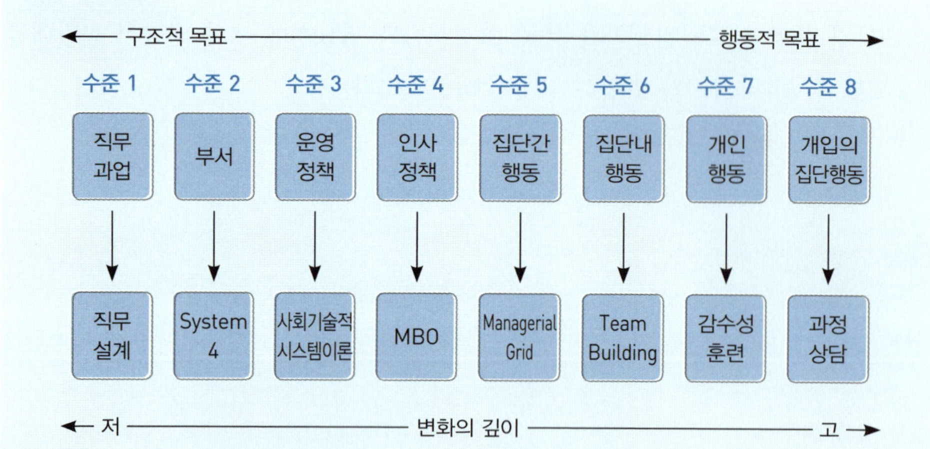

수준에서 변화의 깊이가 표면적인 것의 변화에 그치는 제1수준에 이르기까지 다양한 방법이 있다.

조직 개입방법은 그 변화가 구조적인 목표를 가지는 것에서부터 행동적인 목표를 가지는 것으로 나누어지며, 직무재설계, 시스템 4, 사회기술시스템이론, MBO, 관리격자이론, 팀 빌딩, 감수성훈련, 그리고 과정 상담에 이르기까지 다양하다.

2. 조직개발의 개입 목표

조직개발의 개입을 어떠한 부분에 초점을 두느냐에 따라 조직개발의 개입유형을 분류할 수 있다. 이에 따라 조직개입의 방법으로 인간관계과정 개입, 기술-조직구조 개입, 인적자원관리 개입, 전략적 개입으로 구분될 수 있다.

(1) 인간관계과정 개입

인간관계과정 개입(human relation interventions)은 조직의 목표를 달성하기 위한 과정과 조직 구성원에 초점을 둔 개입을 말한다. 인간관계 과정개입의 방법에는 커뮤니케이션, 문제해결, 집단의사결정과 리더십 등을 변화시키는 것들이 있다.

(2) 기술-조직구조 개입

기술-조직구조 개입(techno-structural interventions)은 조직의 업무수행방법이나 직무설계 등과 같은 기술과 조직화 및 계층구조 등의 구조에 초점을 둔 개입방법이다. 이 방법에는 구성원의 조직 몰입도, 조직설계, 집단과 직무 재설계 등이 있다.

(3) 인적자원관리 개입

인적자원관리 개입(human resource management interventions)은 조직의 구성원을 통합시키는 인적자원 활동에 초점을 두고 있다. 인적자원관리 개입을 위해 임금과

표 14-2 조직개발의 개입방법 비교

개입 방법		영향을 미치는 정도		
		개인수준	집단수준	전사적 수준
인간관계 과정 개입	T-group	○	○	
	과정자문		○	
	제3자개입	○	○	
	팀 빌딩		○	
	조사 컨퍼런스			○
	조직대면회의		○	○
	집단간 관계		○	○
	규범적 접근법		○	○
기술-조직 구조 개입	공식적 구조			○
	차별화와 통합			○
	병행학습구조			○
	협력적 노사 프로젝트	○	○	○
	품질분임조	○	○	
	고관여 공장	○	○	○
	전사적 품질관리		○	○
	작업설계	○	○	
인적자원 관리 개입	목표설정	○	○	
	업적평가	○	○	
	보상시스템	○	○	○
	경력계획 및 개발	○		
	작업다양성 관리	○		
	종업원 복리후생	○		
전략적 개입	통합적 경영전략			○
	개방적 계획화		○	○
	초월적 조직개발			○
	문화변화			○
	전략변화			○
	자기설계적 조직		○	○

보상, 선발과 배치, 업적, 인사고과, 경력개발 등의 방식을 변화시키는 방법을 활용한다.

(4) 전략적 개입

전략적 개입(strategic interventions)은 경영환경의 변화에 따라 조직을 변화시키고, 내부 환경을 적응시키는 데 초점을 둔다. 전략적 개입을 위해 사업전략과 조직구조, 조직문화 등과 변화하는 환경과의 적합도를 높이는 전략을 활용한다.

이러한 조직개발의 개입방법의 구체적인 내용과 그 방법이 개인과 집단, 그리고 조직에 미치는 영향을 비교해보면 〈표 14-2〉와 같다.

3. 수준별 개입방법

조직개발은 점진적 과정이다. 그리고 개입은 조직개발을 하는 데 사용되는 구체적인 활동이다 즉, 개입은 조직개발의 목적을 달성하기 위한 구체적인 활동이나 전술이다.

시스템관점에서 볼 때 조직체에서의 개인행동은 집단행동 및 전체 조직체 행동과 밀접한 관계를 맺고 있다. 즉, 개인행동은 집단행동의 영향을 받고, 조직체 행동은 개인과 집단행동으로 형성되어 있다.

이와 같이 조직개발에서 사용되는 변화를 위한 개입도 개인수준과 집단수준, 그리고 조직수준을 구분할 수 있는 것이다.

(1) 개인수준의 개입

조직개발에 있어 널리 인정되고 있는 사실은 조직의 변화가 지속되기 위해서는 개인이 새로운 태도와 기술, 그리고 행동을 습득하여야 한다는 사실이다.

개인수준의 개입은 조직 전체의 변화에 개인이 용이하게 적응하고 동화될 수 있도록 하는 것이다. 전통적인 훈련방법에서부터 강력한 치료적인 방법에 이르기까지 그 유형은 다양하다. 대표적 방법으로 실험실 훈련, 코칭과 카운슬링, 그리고 경력계획에 대해 살펴보고자 한다.

1) 실험실 훈련

실험실 훈련(laboratory training)은 개인의 대인관계의 효과성을 높이기 위하여 자아의식(self-awareness)을 개발하고 집단과 집단과정에 대한 감수성을 높이고 사회적인 상황을 다룰 수 있는 새로운 기술을 개발하는 것이다.

실험실 훈련의 핵심적인 기술은 T-집단(T는 훈련 의미)이다. 전형적인 T-집단은 한 번도 만난 적이 없는 이방인들과 훈련가로 구성되어 있다. 그들에게는 미리 정해진 안건도 없다. 집단에서 일어나는 것이 곧 학습 경험을 위한 자료가 된다. 이러한 학습을 통하여 얻는 것은 개인마다 다르지만 개인 간의 상호관계에 대한 학습이 일어나며, 자아에 대하여 보다 심층적으로 이해하게 되고, 타인들의 자신의 행동에 반응하는 방식을 학습하게 되며, 집단형성의 역할과 과정에 대한 통찰을 얻을 수 있는 학습의 장이 된다. 이러한 통찰은 보다 효과적인 개인 간, 집단 간 행동을 위하여 필요하다. 그러므로 T-집단은 개개인에게 조직 내에서 보다 유능한 행동을 하는데 필수적인 기본기술을 제공하게 된다.

2) 코칭과 카운슬링

코칭과 카운슬링(coaching and counseling)은 특히 조직개발과정 동안에 변화해가는 조직의 현실에 개인이 잘 적응하도록 도와주는 지속적인 조직 활동이다.

코칭과 카운슬링의 개입 목표는 상황의 현실을 이해하고 자신의 태도를 평가하고 자신의 능력으로 현실을 감당할 수 있는지를 평가하는 데 도움을 주고자 하는 것이다.

특히 카운슬링 과정 동안에 카운슬러는 먼저 상황의 현실을 잘 이해하고 어울리도록 도와준다. 다음으로 현실을 진단하고, 노력을 변경하며 직무를 변화시킬 수 있는 계획을 세울 수 있도록 도와준다.

코칭과 카운슬링을 통해 개인은 자가진단을 통하여 대안들을 알게 되고 자신과 조직이 더 조화로울 수 있기 위한 새로운 개인적 재학습프로그램을 개발할 수 있게 된다.

3) 경력계획

경력계획(career planning) 개입방법은 개인의 경력과 성장 열망을 조직변화활동에 접목시키는 것이다. 각 개인의 경력의사결정은 개인이 최초에 직무를 맡게 된 이후에 발생한다.

경력계획 개입의 목적은 시간이 지남에 따라 조직 내에서 개인이 수직적·수평적으로 직무를 이동해 가는 경력이동이 조직의 현실과 잘 어우러져 이루어질 수 있도록 도와주기 위한 것이다.

경력계획의 구체적인 활동으로는 조직에서의 직무배당이 개인의 선호에 의하여 이루어지도록 하기 위한 개방적인 직무 임명(open job posting)과 모집기간 동안의 사회화 활동, 그리고 조직을 떠나는 사람에게 대한 퇴직 계획 등의 활동이 있을 수 있다.

개인수준의 개입방법에 대해 살펴보았는데 실험실 훈련은 대인적 기술개발에 초점을 둔 구체적인 훈련 프로그램으로 조직과는 독립적으로 이루어지는 개입이다. 그리고 코칭과 카운슬링은 조직에서 일어나고 있는 현재의 변화에 대한 적응을 용이하게 하는 현재적인 활동이다. 경력계획은 조직 내 개인의 경력에 초점을 두고 있으며 미래 차원을 고려하고 있다는 특징이 있다.

이상에서 살펴본 개인적 개입방법은 그 목표나 활동, 그리고 대상기간이 각각 다르다. 이를 정리해 보면 〈표 14-3〉과 같다.

표 14-3 개인수준의 개입

차 원	개 입		
	실험실 훈련	코칭과 카운슬링	경력계획
초점	대인관계 기술 향상	직무관련 기술 향상	개인의 경력 계획
기술의 구체성	일반적	구체적 주제	조직에 있어 구체적
활동	주로 직무 외적 장소에서 이루어짐	감독자와 함께 직무 내에서 이루어짐	인적자원 전문가에 의해 이루어짐
조직과의 관계성	없음	구체적 직무에 초점	조직생활에 초점
시간차원	현재	현재	미래

(2) 집단수준의 개입

집단행동이 조직성과에 기여하려면 조직목적과 집단목적 간에 통합이 이루어져야 하고, 집단구성원들과 집단들 간에 상호이해와 협력적 관계가 형성되어야 한다.

조직개발은 이러한 작업집단을 조직의 주된 분석단위로 여기며 가장 적절한 조직변화의 매체로 여긴다.

이와 같이 집단이 추구하는 목적과 관계를 형성하기 위한 집단수준의 개입으로 대표적인 방법이 과정 상담과 팀 빌딩이 있다.

1) 과정 상담

과정 상담(process consultation)은 컨설턴트가 조직구성원이나 집단구성원들을 대상으로 개인행동이나 인간관계 등 조직 생활에서 직면하게 되는 문제에 대한 분석능력과 해결능력을 향상시켜주는 조직개발방법이다.

컨설턴트가 조직관리자와 함께 조직의 문제를 진단하고 해결책을 수립하는 과정에 참여하는 것을 의미한다. 이러한 과정 상담의 목적은 조직구성원으로 하여금 조직구성원으로서, 그리고 집단의 구성원으로서 조직이나 집단에서 일어나고 있는 조직관리상의 그리고 인간관계상의 과정과 사건들을 인식시키고 자기 자신에게 바람직한 변화를 가져올 수 있는 자신의 능력을 개발하도록 도움을 주는 것이다.

조직개발 컨설턴트는 과정 상담을 통해 회의 과정에 영향을 미치게 되고 회의의 저변에 존재하는 대인적 문제와 조직적인 이슈와 회의의 동태성을 이해시켜 집단이 회의에서 효과성을 얻을 수 있도록 도와준다.

컨설턴트는 여러 가지 방법으로 과정 상담을 할 수 있다. 즉, 회의를 관찰하고 느낌에 대해 정리해 두었다가 적당한 시간이 되면 회의를 중단하고 회의 중간으로 다시 돌아가게 하거나, 회의의 중요한 시점에서 물음을 제기하는 방법 등이 그것이다.

과정 상담은 상담자 본인을 조직생활에 밀접하게 연관되게 만들며, 이에 따라 중요한 문제점을 발견하고 해결책을 제시함으로써 조직의 중대한 변화를 유도할 수 있다. 또한 이러한 과정을 통하여 지속적으로 집단의 문제 해결 능력을 향상시킬 수 있게 된다.

2) 팀 빌딩

팀 빌딩(team building)은 조직개발에서 가장 발전되고 가장 자주 이용되는 개입 방법이다. 팀 빌딩의 목적은 작업집단의 유효성을 높이는 데 있다. 팀 빌딩을 통하여 집단구성원은 자신이 어떻게 같이 일하고 있는지를 진단하고 유효성을 증대시키기 위하여 어떤 변화를 하여야 하는지를 계획한다.

팀 빌딩의 개입은 관리자와 집단의 변화를 위한 준비를 컨설턴트가 집단의 문제를 진단하고 평가하는 과정으로부터 시작한다. 이러한 과정이 끝나고 나면 개입은 3단계로 진행된다.

① 1단계 : 컨설턴트에 의한 자료수집

이 단계에서는 컨설턴트는 회의 이전에 집단의 구성원들과 인터뷰를 한다. 인터뷰 자료에는 타인에 대한 지각, 타구성원 간의 관계, 그리고 목표, 역할, 회의, 의사결정, 그리고 계획에 관련된 집단의 문제들이 포함된다.

② 2단계 : 팀 빌딩을 위한 외부 세션(off-site team-building session)

자료의 수집에 끝나면 작업집단은 작업으로부터의 부담이나 다른 방해를 받지 않기 위하여 작업장 밖에서 회합을 가진다. 이런 회합은 보통 2~3일이 걸리며 그 동안에 컨설턴트는 수집된 자료를 집단구성원에게 피드백한다.

컨설턴트의 도움으로 집단을 통해 문제점을 인식하고 유형화한 다음 회의안건을 결정한다. 회의는 문제에 대한 체계적인 토론과 관련된 자료로 구성된다. 실행계획이 만들어지고 집단에 의하여 수행되는 것이다.

③ 3단계 : 사후검토(follow up)

이 단계에서는 개입수행의 결과를 평가되고 사후검토 회의에서 검토되는 단계이다.

이와 같은 과정을 거치는 팀 빌딩은 조직 내에서 자연적으로 일어나는 회의를 모니터하는 과정 상담과는 달리 집단적인 미팅이 직장 밖에서 이루어진다.

과정 상담의 초점은 조직 내의 조정이 필요한 모든 집단이지만, 팀 빌딩의 초점은 조직의 주된 과업집단이다. 그리고 과정 상담은 오랜 기간 동안에 걸쳐 일어나지만 팀 빌딩은 2~3일 동안의 세션으로 나누어 진행된다.

(3) 조직수준의 개입

조직체 행동은 개인과 집단의 행동으로 형성되어 있다. 조직체 행동개발에는 앞서 설명한 개인 및 집단행동 수준에서의 개입들이 많이 사용된다. 개인이나 집단 수준과는 달리 조직수준의 개입은 변화의 대상으로 조직 전체적인 특징에 초점을 두고 있는데, 이러한 개입기법으로는 조사 피드백과 직면회의, QWL 접근법 등 3가지를 들 수 있다.

1) 조사 피드백

조사 피드백(survey feedback)은 설문지를 이용하여 집단이나 조직의 문제에 대해 구성원들로부터 설문조사 결과를 중심으로 이것을 피드백 자료로 사용하여 구성원들로 하여금 자기집단이나 조직체 문제를 해결하도록 하는 개입 기법이다.

진단을 하는 동안에 컨설턴트는 현 상태의 조직과 이상적인 조직 사이의 차이를 인식하고 평가한다. 이러한 평가가 작업집단에 피드백되며 문제를 인식하고 계획을 세운 후 계획을 실행하게 된다.

2) 직면회의

직면회의(confrontation meeting)는 중요한 조직의 변화가 신속하게 이루어져야 하는 경우에 사용되는 개입방법이다. 직면회의에서는 조직의 다양한 계층으로부터 많은 사람들이 1~2일 동안 같이 모인다.

① 시작 세션

전체 집단이 만나며 관리자가 회합의 목적을 설명하고 협조적인 분위기를 조성한다.

② 하위집단의 형성

참여자들을 조직계층과 단위에 따라 몇 개의 하위집단으로 나눈다. 여기에 부하와 상사가 같은 집단에는 속하지 않게 한다. 각 하위집단은 효과적인 조직운영을 방해하는 문제점을 지적하는 과제를 부과받는다.

③ 전체집단 회합

각 하위집단 모두가 전체집단에게 문제 리스트를 제시한다. 리더는 변화에 대한 광범위한 유형을 제안하고 전체집단을 제안된 변화 방안을 그 유형에 배분한다.

하위 집단은 자신의 관리자를 만나 활동항목을 선택하고 활동계획을 수립하며 최고경영층에 우선적으로 고려하여야 할 문제가 무엇인지를 순위를 제안하며 부하 직원들에게 의사소통할 계획을 세운다.

전체 집단이 다시 만나 하위집단들이 논의한 것들을 보고하고 관리자는 실행을 위한 의사결정을 한다.

직면회의는 이러한 과정을 거쳐 종료되지만 직면회의 동안에 개발된 목표를 향한 진전을 검토하기 위해 후속회합이 있기도 한다. 이러한 직면회의는 단기간 내에 활동계획을 세워 조직을 활성화할 수 있다. 그러나 기간의 짧음으로 인하여 최적의 해결책이나 방안이 제시되기 어려운 점도 있다.

신뢰와 위험감수와 같은 분위기가 필요한 문제들은 이러한 단기간의 개입방법으로는 밝혀지지 않을 수도 있다.

3) QWL 접근법

작업생활의 질 접근법(quality of work life approach)은 최근 조직개발 개입방법으로 개발된 것으로 다음과 같은 몇 가지 요소들로 구성되어 있다.

① 참여적 문제해결

이것은 종업원이 조직의 여러 계층의 의사결정에 관여하는 것을 말한다. QC(quality circle)나 노사문제 해결집단과 같은 것이다.

② 작업설계

개인의 욕구와 기술적인 요구사항이 적합하도록 작업을 재구조화하는 것이다. 여기에는 직무확대, 자율적 작업집단의 창조 등이 포함된다.

③ 보상제도

참여를 장려하고 높은 성과를 달성하기 위한 분위기를 형성하기 위해서는 보상제도가 마련되어야 한다. 여기에는 종업원 지주제도(ESOPs ; employee stock ownership plans), 스캔론 플랜 등이 포함된다.

④ 작업환경 개선

유연작업시간제와 같은 제도나 새로운 과업설계를 용이하게 하는 장비와 기계의 재배치 등을 통하여 물리적이고 가시적인 작업환경을 개선하는 것이다.

사례

개인수준의 개발훈련— 감수성훈련(sensitivity training)

감수성 훈련은 집중적인 집단 토론과 상호작용을 통해 자신과 다른 사람에 대한 개인의 의식을 높이는 심리학 기법으로 조직개발방법으로 널리 사용되고 있다.

T-group·만남집단·인간관계·집단역학훈련이라는 여러 이름 아래 다양한 형태로 이루어지고 있다. 이 집단은 보통 체계적으로 조직되지 않은 소수 집단이며 각 집단 나름대로 목표를 정한다.

훈련을 받은 인도자가 보통 자리를 같이하여, 집단의 성원들이 마음 놓고 스스로를 표현할 수 있고 또 다른 사람을 대하는 새로운 방법들을 실험할 수 있는 심리적으로 신뢰할 수 있는 편안한 분위기를 유지하도록 돕는다.

인도자는 가능한 한 토론에 끼어들지 않는 것이 원칙이다. 토론 주제는 집단 성원이 제기하며 그들의 상호작용은 매우 폭넓은 감정을 불러일으킨다. 인도자는 각 성원이 자신의 반응과 다른 이의 반응을 점검해보도록 해준다. 서로간의 신뢰가 발전할수록 개인 간의 의사소통이 잘 되어 결국은 태도가 바뀌게 될 것이고 그것은 그 집단 밖의 관계에까지 이어지게 될 것이라고 사람들은 생각한다. 그러나 많은 경우 이 변화는 오래 가지 않는다.

감수성 훈련은 며칠 동안 계속해서 모임을 갖는 식으로 훈련시간이 집중적으로 끊이지 않고 계속될 때 가장 효과적이다. 감수성 훈련방법의 상당한 부분은 집단 정신요법에서 나왔다. 감수성 훈련방법은 조직 내에 개인과 개인, 집단과 집단 사이의 신뢰를 키우고 의사소통을 발전시키기 위한 훈련방법으로 기업체 등에서 널리 실시되고 있다.

이러한 감수성 훈련의 특성을 살펴보면 다음과 같다.

첫째, 감수성 훈련은 '실험실 학습'이다.

여기에 다음에 초점을 맞추어야 한다. 생각보다는 감정을 주고받자. 감정이란 단순히 정보 몇 개를 조합하여 만들어 낼 수 있는 것이 아니라 그 사람이 살아온 삶의 모든 경험들이 반영되어 나타는 것이다. 생각을 주고 받는 것보다는 서로의 내면 깊은 곳에 존재하는 감정을 주고받는 것이 보다 더 솔직히 자신을 개방하는 길이며, 자신의 느낌에 대한 자각이 보다 자신을 더 깊게 이해하는 길이다. 실험실에서는 자신의 감정표현에 솔직하자. 집단 내에서는 어떠한 표현도 수용하고 이야기에 대해 비밀을 보장한다. 집단에 참여할 때에 실수를 두려워하지 말고 자신의 몫을 다해야 한다.

둘째, 감수성 훈련은 '체험학습'이다.

진솔한 체험을 통해서 새로운 경험을 한다면 이전에 세워놓은 그 신념체계, 혹은 자동적 사고가 와해되어지는 경험을 할 수 있는데, 이것이 바로 해빙이다.

셋째, 감수성 훈련은 '대인 관계 능력'을 증진시킨다.

의사소통 능력이란 크게 상대방의 말을 듣는 능력, 경청의 능력과 상대에게 말을 하는 능력, 즉 자기주장을 하거나, 칭찬을 하거나 지적을 함으로써 내면 의도와 기분을 표현하는 능력이 필요하며, 필요에 따라서는 그 사람에게 영향을 미쳐서 그 사람을 변화시킬 수 있는 능력으로 인간관계를 맺는 데 아주 중요한 능력이다.

넷째, 감수성 훈련은 '시행착오 학습'이다.

많은 시행착오를 통해서 이러한 것들을 충분히 내면화시켜 주는 데 도움을 준다. 그러므로 집단 상담에서는 이러한 실수나 시행착오를 비난하거나 비판하지 않고 오히려 권장해야 한다.

Chapter 15

조직전략

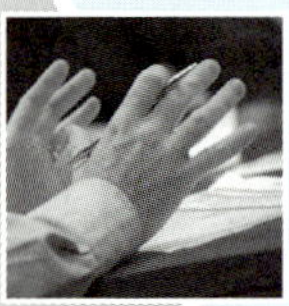

제 1 절

조직전략에 대한 이해

1. 조직전략의 개념

경영에서 전략이라는 용어는 원래 병법 또는 군사학에 그 근원을 두고 있다. 손빈의 손자병법에서 서양에서도 시저와 알렉산더대왕 등은 자신들의 병법이론을 서술하였다.

영어로 전략이라는 의미를 지니는 Strategy란 단어는 그리스어 Strategos에서 나온 말로 군사를 이끈다는 뜻으로 결국 군사적 개념이다. 전쟁과 기업 간의 경쟁을 동일시하기는 어렵지만 상당히 유사한 점이 많다. 예를 들면 기업과 군대는 모두 인력, 자본, 장비, 기술을 보유하고 경쟁에 임하고 있다. 양자 모두 외부환경의 변화에 영향을 받고 있으며 경쟁기업이나 경쟁국가의 행동에 대해 민감하게 대응하고 있다. 전략은 조직의 목적을 달성하기 위한 포괄적인 계획으로 조직이 미래의

그림 15-1 전략 수립 시 고려 요소

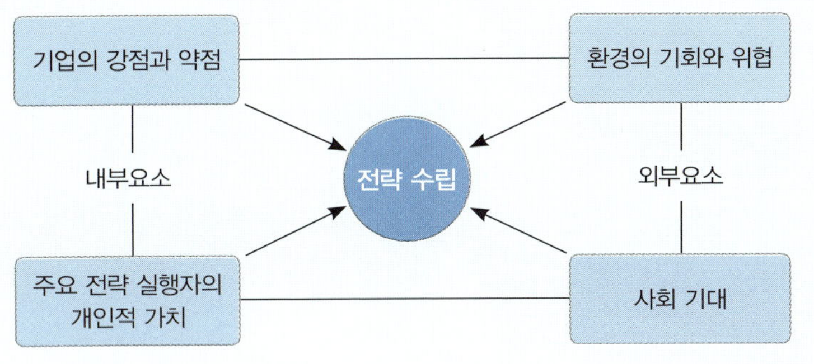

환경적 기회와 위협에 대응하기 위하여 조직의 자원을 배분하고 경쟁적 우위를 달성하기 위한 주요 방침이다.

따라서 전략은 계획을 개발하기 위한 경영활동을 의미한다. 조직의 전반경영자는 전략 수립을 위하여 다음과 같은 요소들 간의 적합관계를 창출해야 한다.

① 외부 환경으로부터 나오는 기회, ② 기업의 강점과 약점, ③ 주요 전략 실행자들의 개인적 가치, ④ 기업에 대한 보다 넓은 사회적 기대

따라서 전략적 조직 관리는 조직 관리에 대한 사고방법과 사업의 기회와 도전에 접근하는 방법을 의미한다. 즉, 전략적 관리란 조직을 둘러싼 환경과 조직의 전략적 목표와의 아주 긴밀한 협력관계를 촉진시키는 효과적인 전략을 수립하여 시행시키는 데 목표를 둔 포괄적 관리과정이다.

2. 조직전략의 의미

전략에 대한 개념에 대해서 앞서 살펴보았는데, 조직에서 전략의 의미에 대해 민츠버그(H. Mintzberg)와 퀸(R. E. Quinn)은 5가지(5Ps)로 요약하여 설명하고 있다.

(1) 계획으로서의 전략

계획(Plan)으로서의 전략은 환경에 대응하기 위한 기업의 의도적인 행동방향과 지침을 제공하는 것을 의미한다.

(2) 책략으로서의 전략

책략(Ploy)으로서의 전략은 특정 경쟁상황에서 경쟁자를 압도하기 위해 의도된 구체적인 방책을 의미한다.

(3) 행위패턴으로서의 전략

행위패턴(Pattern)으로서의 전략은 사전에 의도된 것이든 의도되지 않았든 것이든 특정 기업과 그 구성원들에게 일관되게 나타나는 모든 행동방식을 의미한다.

(4) 위치설정으로서의 전략

위치설정(Position)으로서의 전략은 기업의 내부와 환경을 결합시킴으로써 환경에서 조직의 위치를 결정하는 수단으로서의 전략을 의미한다. 예를 들면, 기업이 어떤 제품과 어떤 시장에 자원을 집중할 것인가를 결정해 나가는 것을 말한다.

(5) 관점으로서의 전략

관점(Perspective)으로서의 전략은 전략결정자가 환경을 인식하는 관점을 의미한다. 이 관점은 가장 추상적이고 개념적인 것으로, 특정집단이 공유하고 있는 문화, 가치관, 세계관 등의 개념과 유사하다.

3. 조직전략의 중요성

톰슨(A. Thompson)은 조직전략의 중요성에 대해 기업이 무엇을 해야 하며, 어떤 것을 달성해야 하는가를 명확히 제시하는 활동인 경영전략은 환경적응능력의 촉진, 경영자원의 효율적 활용, 경영활동의 통합과 같은 3가지 기능을 통해 변화하는 환경 속에서 기업이 경영성과를 극대화하며 장기적으로 생존·성장할 수 있도록 한다고 하였다.

(1) 환경적응 능력 촉진

조직전략은 변화하는 외부환경에 기업이 유연하게 대처할 수 있도록 조직의 환경적응능력을 촉진한다. 만약 외부환경의 변화속도가 완만하고 변화의 폭이 크지 않다면 경영자들은 과거의 경험을 바탕으로 미래를 계획할 수 있겠지만, 오늘날과 같이 환경이 급변하는 상황에서 단순한 과거의 경험은 더 이상 실효성이 없다.

따라서 기업은 외부환경의 변화를 미리 예측하고, 이에 대한 체계적인 대응책을 강구해야 되는데, 경영전략은 바로 이러한 기능을 담당한다.

(2) 경영자원의 효율적 활용

조직전략은 기업의 경영자원을 전사적인 관점에서 효율적으로 배분하도록 한다. 즉, 기업이 미래에 어떤 사업을 강화해야 하고, 현재 어떤 경쟁우위가 축적되어야 하는가를 밝혀줌으로써 기업 내 각 부문의 자원할당의 우선순위를 합리적으로 평가하여 전 사업 단위를 포괄하는 관점에서 경영자원을 효율적으로 배분할 수 있도록 한다.

(3) 경영활동의 통합

조직전략은 기업내부의 다양한 경영활동의 통합에 기여한다. 즉, 사업에 필요한 계획이나 경영활동에 대한 지침을 제공함으로써 기업 내부의 능력을 결집시키는 역할을 한다. 기업 활동은 여러 사람들의 협동 위에서 이루어지기 때문에 이들의 행동과 의사결정을 어떻게 통합하느냐 하는 것은 경영과 달성을 위한 핵심적인 과제가 된다.

조직전략은 기업의 존재가치와 사명을 명확히 하고, 사명달성을 위한 장기적인 전략목표와 목표달성을 위한 활동방향과 행동경로를 제시함으로써 조직 내에서 이루어지는 다양한 의사결정과 행동을 통합하는 역할을 하게 된다.

4. 조직전략의 구성요소

조직전략이 제대로 수립되려면 다음 3가지 요소가 반드시 충족되어야 한다. 즉, 독특한 관리능력, 전략의 범위, 자원배분 등이다.

(1) 독특한 관리능력

조직이 다른 경쟁기업보다 잘할 수 있다는 것은 조직 나름대로의 독특한 관리능력이 있다는 것을 의미한다.

효성그룹은 각 산업에 CRM(Customer Relationship Management : 고객관계관리)을 구축하고 특히 CRM과 함께 창원공장에 구축되는 e-Procurement솔루션은 자재, 구매, 납품과정의 정보를 연계하는 시스템으로 시장상황의 변화에 적합한 구매전략을 전개할 수 있도록 지원하고 있다. 섬유분야는 각종 모바일 솔루션들을 활용해 각 생산 공정 등을 실시간으로 관리함으로써 생산성을 극대화하고 있다. ERP 구축을 완료한 산업자재 분야는 SCM(Supply Chain Management : 공급망관리)을 구축해 '저비용, 고효율'이라는 효율적인 공급체계를 갖춰 경쟁력을 강화하고 있다.

(2) 전략의 범위

전략의 범위는 조직이 경쟁하게 될 시장의 범위를 구체화한 것을 말한다. 예를 들면 A사가 회사의 사업영역을 식품가공 분야와 관련된 활동으로 제빵분야에만 국한시키기도 하고, 이와는 반대로 IT분야나 유통분야로 사업의 범위를 넓히기도 한다. 전략의 범위에 따라서 조직전략이 크게 달라진다.

(3) 자원의 배분

조직전략에는 프로젝트별 자원배분의 개요가 포함되어야 한다. 이를 통해 조직은 경쟁하고 있는 영역에 조직의 자원을 어떤 방법으로 배분할 것인가를 전략적으로 파악할 수 있다. 회사가 전자산업을 육성하기 위해 음식료업종에서 벌어들인 이익금을 사용할 수도 있고, 타 사업단위는 그대로 두고 이익금을 음식료업종에 재투자할 수 있다.

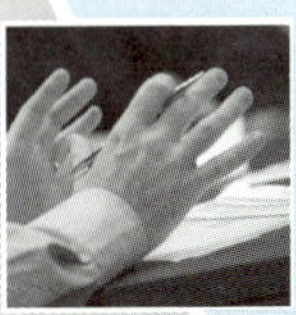

제 2 절 조직전략 수립을 위한 분석

1. SWOT 분석

오늘날 경영 전략자들은 핵심적인 변수 간의 관계를 보여 주기 위해 몇 개의 매트릭스를 활용하고 있다. 보스턴 컨설팅 그룹(Boston Consulting Group)은 사업 포트폴리오 매트릭스를 개발했다.

SWOT 분석은 사업 포트폴리오보다 적용 범위가 넓고 강조점이 다르다. 이 분석 기법은 외적 환경의 위협과 기회를 조직 내의 장점과 단점에 비추어 위협은 최소화하고, 기회는 최대로 이용하기 위한 시스템적 분석을 위한 개념적 구조이다.

기업들은 회사 내의 강점과 약점 그리고 외부환경의 기회와 위협을 인식해야 한다. 그런데 이러한 환경적 요소를 결합하는 데 특유의 전략적 선택이 필요하다는 것이 간과되는 경우가 많이 있다.

SWOT 분석은 기업의 강점(Strength)과 약점(Weakness)과 같은 기업내부의 상황을 분석하고, 외부환경의 기회(Opportunities)와 위협(Threats) 요소를 분석하는 것이다.

이 모델은 위협으로 시작하는 것이 일반적이다. 기업들은 많은 경우에 위기, 문제점 및 위협을 의식하게 되면 그제서야 전략적 계획을 수립하는 경우가 많기 때문이다.

그림 15-2 SWOT 분석

	내부강점(S) 경영관리, 운영, 재정, 마케팅, R&D 등 부문의 강점	내부약점(W) 경영관리, 운영, 재정, 마케팅, R&D 등 부문의 약점
외부기회(O) 현재와 장래의 경제적 여건, 정치 및 사회적 변화, 신제품, 서비스 기술	SO 전략(Maxi-Maxi) 조직내부 강점과 외부 기회를 이용한 가장 성공할 수 있는 전략	WO 전략(Mini-Maxi) 외부 기회의 강점을 살리고, 외부 약점을 극복하기 위한 전략
외부위협(T) 에너지, 경쟁력 및 현재와 장래의 경제적 여건, 정치 및 사회적 변화, 서비스, 기술 등 부족	SI 전략(Maxi-Mini) 위협을 피하고 처리하기 위해 내부강점 이용	WT 전략(Mini-Mini) 축소전략, 청산 또는 합작투자

[그림 15-1]은 외부환경의 위협과 기회, 내부 환경의 약점과 강점에 대한 분석을 토대로 4가지의 대체전략을 모색할 수 있다.

(1) WT전략(내부약점 · 외부위협)

이 전략은 위협과 약점을 최소화하는 전략이다. 이를 위해 합작투자를 하거나 회사를 축소하든가, 경우에 따라서는 회사의 청산까지도 신중히 고려해야 된다.

(2) WO전략(내부약점 · 외부기회)

WO전략은 기업의 약점은 최소화하고 기회를 극대화하려는 전략이다. 따라서 어떤 분야에 약점을 가진 기업은 기업내부에서 이를 보강하기 위한 개발을 할 수도 있고, 외부로부터 기술이나 숙련된 인적자원 등 필요한 것을 도입함으로써 조직으로 하여금 외부환경의 강점인 기회를 이용할 수도 있다.

(3) ST전략(내부강점 · 외부위협)

ST전략은 조직내부의 강점으로 조직외부의 위협에 대응해 나가는 전략이다. 이 전략의 주된 목적은 내부의 강점을 극대화하는 반면, 외부의 위협을 극소화하려는 데 있다.

따라서 경쟁 회사가 신제품을 내놓는 위협적인 상황이 발생하면 회사는 내부에 보유하고 있는 기술, 재무, 관리, 마케팅, R&D 등 여러 면에서 강점을 극대화함으로써 위협에 대응할 수 있다.

(4) SO전략(내부강점 · 외부기회)

SO전략은 조직이 외부의 기회를 최대한으로 활용하기 위해 조직내부의 강점을 극대화할 수 있는 경우에 가장 바람직하다. 현실적으로 매트릭스상의 다른 위치에서 이곳으로 옮기는 전략이 모든 조직들의 목표이다.

만약 조직이 내부에 약점을 지니고 있다면 그것을 극복해서 그 약점을 강점으로 전환하도록 노력해야 한다. 조직이 외부환경의 위협요소에 직면하면 기회의 강점을 살리기 위해 위협에 대처할 수 있는 전략을 모색해야 한다.

2. 조직의 강·약점 평가

조직전략을 수립하기 위해서는 조직 내의 강·약점을 먼저 평가하여 전략을 수립하도록 하여야 한다.

(1) 조직의 강점 평가

조직의 강점이란 조직이 여러 다양한 전략을 수립하고 실행할 수 있는 숙련과 능력을 의미한다. 다양한 전략은 숙련과 능력이 반드시 필수적이다. 조직의 강점에는 공통적 강점과 독특한 능력, 모방능력에 의해서 분석될 수 있다.

1) 조직의 공통적 강점

조직이 일반적으로 가지고 있는 공통적 강점은 많은 경쟁기업들이 대개 소유하고 있는 조직의 능력이다. 예를 들면 미국의 할리우드에 있는 대부분의 영화사들은 조명, 녹음시설, 무대장치, 의상, 소품, 분장에 있어서 공통적인 강점을 갖고 있다. 이러한 공통적 강점을 이용한 전략의 선택과 실행은 기업에 시장의 평균 수준 이상의 경제적 성과를 가져다주지는 않는다.

2) 조직의 독특한 능력

조직의 독특한 능력이란 일부 극소수 기업만이 가지고 있는 조직의 강점을 의미한다. 예를 들면, 한 영화사가 독특한 기법으로 영화를 제작하여 성공을 했다면 이러한 독특한 기법을 다른 영화사가 따라할 수 없기 때문에 이러한 독특한 기법이

이 영화사의 독특한 능력인 것이다. 따라서 독특한 능력을 발휘할 수 있는 조직들은 이를 갖지 못한 다른 조직들이 할 수 없는 가치 있는 전략들을 수행할 수 있다는 점에서 경쟁적 강점을 얻을 수 있다.

3) 독특한 모방 능력

독특한 모방 능력을 갖고 이를 전략에 활용하는 조직은 경제적 이점과 높은 경제적 성과를 기대할 수 있다. 전략적 모방이란 다른 기업의 독특한 능력을 그대로 활용하여 가치 있는 전략을 실행하는 것으로 오늘날 벤치마킹이 유행하고 있다. 독특한 모방 능력은 거의 모든 것을 모방할 수 있지만 그러나 전혀 모방이 불가능한 것도 있다. 즉, 독특한 능력이 모방이 될 수 없을 때, 이 독특한 능력을 활용한 전략들은 확실히 경제적 강점을 가져오게 된다. 이러한 독특한 능력에 대한 모방이 불가능한 이유는 다음과 같다.

첫째, 독특한 능력의 확보와 개발은 다른 조직이 모방할 수 없는 조직의 독특한 역사적 환경에 의존한다.

둘째, 한 조직의 독특한 능력의 본질과 특성이 다른 경쟁기업에 알려질 수 없거나 이해될 수 없다.

셋째, 독특한 능력이 팀워크 혹은 문화와 같은 복잡한 사회현상에 기초한 것이라면 모방하기가 어렵게 된다.

4) VRIO 프레임 워크

조직의 능력과 숙련의 가치, 희소성, 모방성에 초점을 맞추면 이들의 능력이 조직을 위해 창출할 수 있는 경쟁적 강점과 경제적 성과로 측정할 수 있다. 즉, 조직이 갖고 있는 숙련과 능력의 활용정도에 따라 조직의 성과에 영향을 미치게 된다.

조직의 숙련과 자원에 대한 가치(Value,) 희소성(Rareness), 모방성(Imitability), 조직화(Organization) 등의 네 가지 질문은 〈표 15-1〉과 같이 VRIO 틀 안에 결합될

표 15-1 VRIO 프레임 워크

숙련과 능력의 가치 (Value)	숙련과 능력의 희소성 (Rareness)	숙련과 능력에 대한 모방의 곤란성 (Imitability)	숙련과 능력의 이용전략을 수행하도록 기업 자체가 조직화하는가 (Organization)	경쟁적 결과	경쟁적 성과
아니오	아니오	아니오	아니오	경쟁적 약점	정상보다 낮은 성과
예	아니오	아니오	↑	경쟁적 유사성	평균 정도 성과
예	예	아니오	↓	경쟁적 강점	평균 이상 성과
예	예	예	예	경쟁적 강점 지속	평균 이상 성과

수 있다.

첫째, 숙련이나 능력은 조직환경에서 기회의 이점을 취하거나 아니면 위협을 제거시켰을 때 가치가 있다. 기업에서 가치가 없는 숙련이나 능력은 평균 수준 이하의 경제적 성과를 창출하게 된다.

둘째, 숙련 혹은 능력의 가치는 있지만 희소성이 없다면 이러한 숙련이나 능력은 평범한 강점이 되어 유사한 경쟁과 평균 수준의 성과를 가져오게 된다.

셋째, 숙련과 능력이 가치와 희소성이 있지만 모방이 가능하다면 이것은 경쟁적 강점과 평균 수준 이상의 경제적 성과를 창출할 수 있는 원천이 된다. 그러나 이러한 경쟁적 강점은 궁극적으로는 경쟁력이 사라지게 될 것이다.

넷째, 결국 한 조직의 숙련과 능력의 가치, 희소성이 있고, 모방하기가 어렵다면 이들 숙련과 능력은 확실한 경쟁적 강점이 될 것이고, 또 평균 이상의 경제적 성과도 가져올 수 있는 원천이 된다. 이 모든 것은 결국 조직의 전략을 수행하기 위해 조직이 성공적으로 '자기조직화'하는 데 달려 있다. 평균 이상의 경제적 성과를 올릴 수 있는 잠재력을 가지고 있는 조직이 성공적인 전략을 실행하기 위한 자기조직화에 실패함으로써 그 성과를 실제로 상실할지도 모른다.

(2) 조직의 약점 평가

조직의 약점 평가도 조직의 강점 평가와 유사하다. 조직의 약점이란 조직의 목적을 지원할 전략의 선택과 실행을 할 수 없는 조직의 숙련과 능력을 의미한다.

조직은 조직의 약점을 보완하는 데 2가지 방법이 있다.

첫째, 조직의 목적을 지원하는 전략을 실행하기 위해 요구되는 강점을 획득하기 위한 투자가 필요하다.

둘째, 조직이 기존에 보유하고 있는 숙련과 능력으로 조직의 목적을 달성할 수 있도록 수정할 필요가 있다.

전자의 예를 보면, 일본의 소니사는 가정용 전자제품회사로 통합하기 위해서 비디오 전자제품에서 회사의 목표를 달성하기 위해 콜롬비아 픽처스(Comlumbia Pictures) 영화사를 인수함으로써 회사 내에 요구되는 고품질의 영화와 제작능력을 보완하게 되었다.

후자의 예를 보면, 소아마비 환자 구호단체의 경우 새로운 강점을 모색하기보다는 사업의 목적을 변경했다. 원래 소아마비 장애자 치료를 위한 기금모금을 위해 설립되어 이제는 기금을 모으는 데 상당히 숙련되어 있었다. 이 조직은 기금모금 능력을 바탕으로 계속 기금을 모으기 위해 새로운 목적을 수립했다. 즉, 출산시 기형의 원인과 치료방법을 개발하기 위해 필요한 기금모금을 증대시켜 나가고 있다. 소아마비 환자 구호모금 운동은 그 목적을 변경함으로써 조직의 강점을 새롭고 가치 있는 방법으로 전개해 나가고 있다.

실제로 조직구성원들은 자신들이 갖추어야 할 숙련과 능력이 부족하다는 것을 인정하기 싫어하기 때문에 조직의 약점에 초점을 맞추기가 어려울 때가 많다. 약점의 평가는 우선 조직의 목표를 설정하고, 그 목표를 달성하기 위해 필요한 숙련과 능력을 투자하는 데 실패했거나, 아니면 이를 극복하는 데 실패한 조직은 경쟁적 불이익으로 많은 어려움을 겪게 된다.

따라서 조직은 경쟁조직에 의해 실행되는 바람직한 전략을 실행하지 못할 때에 그 조직은 경쟁에서의 불이익을 당하게 된다. 경쟁적 불이익을 당하고 있는 조직은 평균 수준 이하의 경제적 성과를 기대할 수밖에 없다.

3. 기회와 위협에 관한 평가

조직의 약점과 강점에 관한 평가는 조직 내 문제에 관한 사항에 초점을 둔 것이라면 기회와 위협에 관한 평가는 조직환경의 분석이 필요하다.

조직의 기회란 기회를 잘 활용하면 평균 수준 이상의 성과를 얻을 수 있는 조직환경에서 찾아볼 수 있는 현상을 말한다. 반대로 조직의 위협이란 평균 이상의 경제적 성과를 달성하거나 창출하기가 어려운 조직환경에서 찾아볼 수 있는 현상을 말한다. 특히 경쟁적 환경에 대한 포터(M. Porter)의 경쟁모델은 조직환경에 있어서의 기회와 위협의 정도를 평가하는 데 이용될 수 있다.

그림 15-3 포터의 산업경쟁도 구성요인

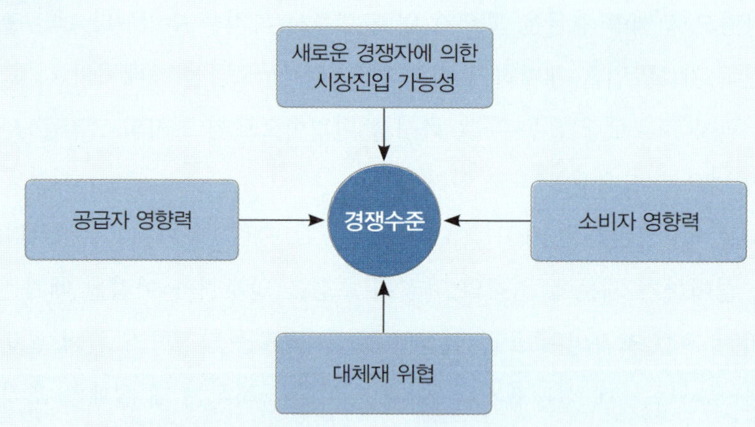

1) 새로운 경쟁자에 의한 시장진입가능성

특정 산업이 아무리 유망한 사업이라고 하여도 초기투자가 많다든가, 특허가 필요하다든가 등의 특수성으로 인하여 경쟁업체가 쉽게 참여할 수 없다면 해당기업들은 그만큼 유리하다. 그러나 그 반대로 산업의 진입장벽이 낮아서 모든 업체가 신규로 시장에 참여할 수 있다면 불리할 수밖에 없다.

2) 대체재의 위협

산업 내에서 대체재가 많거나 출현할 가능성이 많으면 제품의 저가격에 따른 수익률의 하락과 함께 경쟁업체의 시장진입의 위협이 커지게 된다. 경쟁이란 반드시 동일한 종류의 제품 사이에서만 발생되는 것은 아니기 때문이다.

3) 소비자의 영향력

소비자들은 제품에 대한 구매 선택권을 가지고 있다는 점에서 기업의 수익률에 영향을 준다. 즉, 소비자의 영향력이 클수록 소비자들의 지속적인 구매력은 낮아지기 때문에 수익률은 저하된다. 이러한 소비자의 영향역과 관련된 사항은 구매량의 크기, 구매 장소, 교체비용 등이 있다.

4) 공급자의 영향력

기업이 소비자들에 의해서 영향을 받는 것과 마찬가지로 기업도 공급자에 대해서 가격인하를 요구함으로써 수익률을 향상시킬 수 있다. 그러나 해당 업종의 원자재가 소수의 공급자에 의해서 지배된다면 기업에 대한 공급자의 영향력은 그만큼 커지게 되며, 그 결과 수익률은 낮아지게 된다. 이러한 공급자 영향력의 요인들은 공급자의 집중도, 공급물량, 대체제의 유무, 공급자 판매제품의 중요도 등을 들 수 있다.

5) 경쟁수준

특정산업의 전체 수익률을 결정하는 가장 중요한 요인은 산업 내의 기존 업체들 간의 경쟁관계라고 할 수 있다. 즉, 산업에 참여한 기업이 적을수록 산업의 경쟁 정도는 약하며, 그 결과 산업의 전반적인 수익률은 상대적으로 높게 된다. 반면에 산업이 경쟁적일수록 산업의 수익률은 낮아질 수밖에 없다.

[그림 15-3]과 같이 포터의 5가지의 영향력은 경쟁수준, 공급자의 영향력, 소비자의 영향력, 대체재의 위협, 새로운 경쟁자에 의한 시장진입가능성 등이다.

〈표 15-2〉는 산업 내 기회와 위협수준을 결정하는 영향력 모델을 나타내고 있다.

일반적으로 경쟁수준, 공급자 및 소비자의 영향력, 대체제의 위협, 새로운 경쟁자에 의한 시장진입가능성 등 모든 것이 높을 때, 산업은 상대적으로 기회가 거의 없고 많은 위협에 직면하게 된다. 이러한 유형의 기업들은 정상적인 경제적 성과만을 기대할 수 있는 잠재력을 갖게 된다.

반면, 경쟁수준, 공급자 및 소비자의 영향력, 대체제의 위협, 새로운 경쟁자에 의한 시장진입가능성 등 모든 것이 낮을 때, 산업은 많은 기회가 있고, 상대적으로 위협은 적다. 이러한 산업들은 평균 이상의 경제적 성과를 가져올 수 있는 잠재력을 가지고 있다.

표 15-2 산업 내 기회와 위협수준을 결정하는 영향력 모델

	높은 기회 - 낮은 위협	낮은 기회 - 높은 위협
경쟁 수준	낮다	높다
공급자의 영향력	낮다	높다
소비자의 영향력	낮다	높다
대체재의 위협	낮다	높다
새로운 경쟁자의 진입 위협	낮다	높다
잠재적인 성과	평균 이상의 성과	평균 정도의 성과

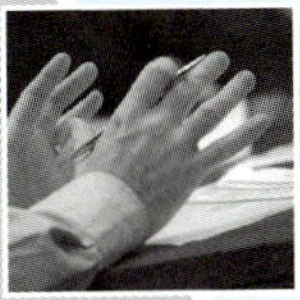

제 3 절

조직전략의 수준

조직에서 여러 가지의 위계수준들은 기업전략을 정의하는 데 주요한 역할을 할 뿐만 아니라 각기 수준에 맞는 경영책임을 가진다. 경영자가 당면하는 의사결정 수준과 범위에 따라 전략은 기업전략(corporate strategy), 사업전략(business strategy), 기능별 전략(functional strategy)으로 나누어진다. 조직의 전략수준에 대해 [그림 15-4]와 같이 나타낼 수 있다.

그림 15-4 전략의 수준

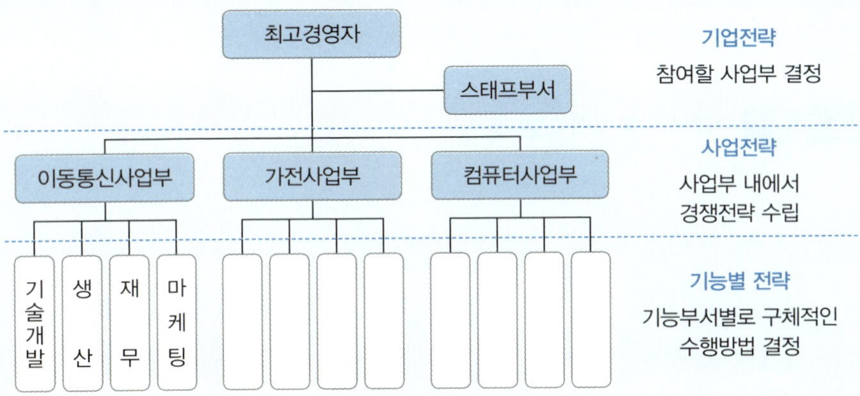

1. 기업전략

기업전략은 기업 전체 수준에서는 주로 기업의 사명을 정의하고, 사업수준과 기능수준에서 나오는 제안들을 검토하며, 관련된 사업 단위들 사이의 연계성을 발견하고 전략적 우선순위에 의한 자원할당과 관련된 이슈들을 다룬다. 기업전략분석의 기본 틀을 보면 [그림 15-4]와 같다.

기업전략의 정확한 이해를 위해서 먼저 기업이 수행하는 여러 활동들을 이해해야 한다. [그림 15-5]는 기업이 수행하는 여러 활동을 3차원 공간에 표시한 것이다.

첫 번째 차원은 기업이 얼마나 다른 산업으로 수평적으로 다각화할 것인가의 문제이다. 이는 유나이티드 항공사의 사례에서처럼 항공 운수산업과 렌트카 사업, 호텔업을 하나의 회사가 운영함으로써 각각 따로 운영될 때보다 더 큰 가치를 창출할 수 있는가에 관한 것이다.

두 번째 차원은 개별 사업단위의 가치사슬 중 얼마만큼 스스로 담당해야 하는가의 수직적 통합전략이다. 유나이티드 항공사는 협력업체를 통해 물자를 조달할 수

그림 15-5 기업전략분석의 기본 틀

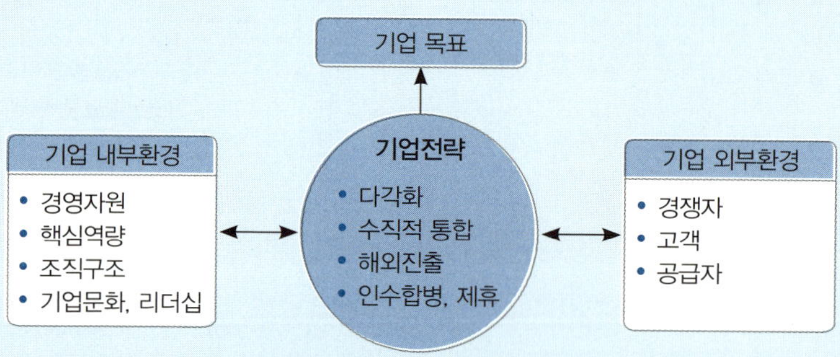

그림 15-6 기업전략의 유형

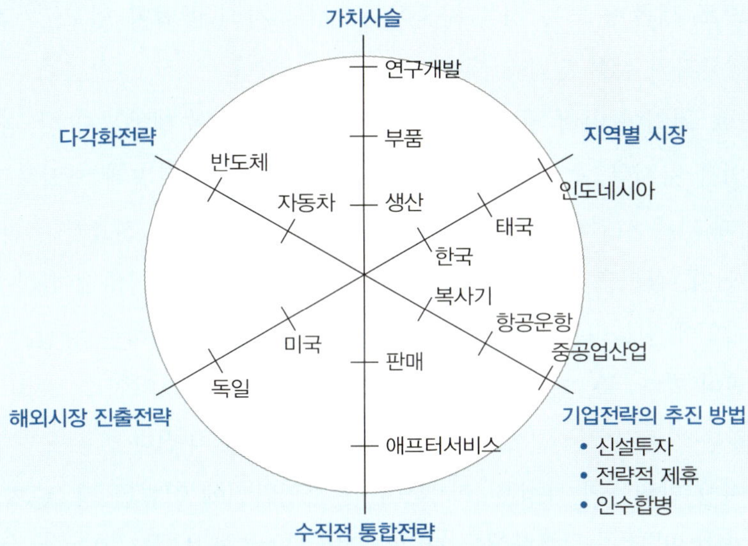

도 있다. 예를 들어 기내 식사를 직접 종업원을 고용하여 승객에게 제공할 수도 있지만 음식물 서비스 전문 업체에게 용역을 주어 조달할 수도 있다. 비행기 정비업무 역시 자체적으로 정비사가 직접 할 수도 있지만, 정비 전문업체와 계약을 통해 수행할 수 있다.

세 번째 차원은 세계 각국의 시장에 대한 참여결정이다. 유나이티드 항공사는 미국 국적의 항공사이지만 유럽과 아시아의 주요 국가에 취항하고 있다. 이와 같은 해외시장을 공략함에 있어서 특정 지역시장인 한국, 태국, 인도네시아에 취항할 것인가를 결정해야 한다. 취항을 하더라도 자체 비행기를 투입할 것인지 아니면 해당 국가의 항공사와 전략적 제휴를 통해 공동운항을 할 것인가를 검토해야 한다. 이와 같은 해외시장 진출전략 역시 기업차원의 중요한 전략적 의사결정이다.

네 번째 차원은 각각의 기업전략의 수행, 즉 다각화, 수직적 통합, 해외진출을 구체적으로 어떠한 방법으로 진출할 것인가의 문제이다. 신규시장 진출에는 자신이 독자적으로 새롭게 모든 것을 구축하는 신설투자의 방법이 있고, 기존기업의 인수와 합작투자와 같은 전략적 제휴도 모색할 수 있다.

일반적으로 기업이 여러 사업에 참여하여 경영활동을 수행하고자 할 경우 기업 전체에 수익을 가져다 줄 수 있는 사업을 선택해야 한다. 이렇게 사업포트폴리오를 구성할 때 기존 사업과의 관련성을 고려하여, 신규 사업에 진출하는 관련 다각화를 할 것인지, 관련도가 낮은 비관련 다각화를 할 것인지 결정하게 된다.

새로운 사업에 진출하는 방법에 있어서도 기존 기업을 인수하는 방법과 직접 신설하는 방법이 있다. 즉, 기업전략은 다각화, 수직적 통합, 기업인수 합병, 해외 사업진출과 같은 기존사업 부문에서의 철수와 같은 결정을 내린다.

다양한 사업 단위들의 특성을 고려하여 각 사업단위에 적합한 장·단기 목표를 부여하고, 부여된 목표를 수행하는 데 필요한 자원을 배분하는 것 또한 기업전략의 주요 과제이다.

사업단위 간의 매력도에 따라 투자 우선순위를 결정하며 기업의 한정된 자원을 최적으로 배분하는 것이 변화하는 경영환경에 적응하는 일이며 기업 전체로 볼 때 장기적 경쟁지위를 유지시킬 뿐만 아니라 수익성의 향상을 가져오기 때문이다.

기업전략은 사업 단위들을 독립기업으로 운영하는 것보다는 다각화된 사업들을 통합하여 운영하면 사업 단위들 간에 시너지 효과를 얻을 수 있다는 것을 전제로 한다. 일반적으로 기술, 유통, 고객, 운영방식 등에서 유사한 관련 사업으로 다각화 하는 것이 비관련사업으로 다각화하는 것에 비해 시너지 효과가 발생할 가능성이 높아진다. 관련 사업으로 진출할 경우 기존사업이 보유하고 있는 관련기술이나 경험을 신규 사업에 이전하거나 시설이나 기자재를 공유함으로써 비용을 절감할 수 있기 때문이다.

2. 사업전략

사업전략이란 조직이 특정 산업 혹은 특정 시장에서 사업을 수행함으로써 선택되는 일련의 전략적 대안을 의미한다. 기업이 사업전략을 선택할 때 고려할 수 있는 주요 전략유형은 학자에 따라 그 분류를 달리하고 있다. 대개 사업전략 분류 유형으로는 포터의 포괄적 경쟁전략, 제품수명주기에 의한 전략유형, 마일즈와 스노우의 전략유형으로 설명하고 있다.

(1) 포터의 포괄적 경쟁전략

산업의 경쟁구조 분석이 완료되면 각 기업들은 해당 사업에서 경쟁업체에 대하여 상대적인 경쟁우위를 확보하기 위한 경쟁전략을 선정해야 한다. 이러한 전략에는 크게 원가우위전략(cost leadership strategy), 차별화전략(differentiation strategy), 집중화전략(focus strategy)의 3가지가 있다.

1) 원가우위전략

원가우위전략은 해당 산업에서 경쟁기업들에 대한 우위를 달성하기 위한 전략으로 원가절감을 통한 가격인하에 초점을 두는 전략이다. 물론 가격 외에 품질이나 서비스들에도 관심을 가지게 되나 우선적으로 1차적 관심을 원가에 둔다. 기업들은 이러한 원가상의 우위를 확보함으로써 시장의 다른 경쟁적 요인들에 따라 다소간 수익이 감소하더라도 산업평균 이상의 수익률을 올리는 것이 가능해진다.

원가우위전략이 성공을 거두기 위해서는 효율적인 경영, 규모의 이점을 얻을 수 있는 생산체제, 기술혁신, 저렴한 노동력 및 생산원료의 확보 등의 여건이 조성되어야 한다.

1970년대 우리나라의 섬유 및 신발업체가 미국시장에서 주로 사용했던 전략으로 일단 자사제품보다 낮은 원가로 생산할 수 있는 경쟁업체가 출현하면 더 이상 성공할 수 없다.

이 전략은 원가에만 지나치게 집착함으로써 마케팅상의 변화에 부응하지 못하는 위험이 있다. 1920년대 검정색 자동차만을 고집하여 경쟁력을 잃게 된 포드 자동차가 그 좋은 예라고 할 수 있다.

2) 차별화전략

차별화전략은 소비자가 중요시하는 속성을 선택하여 이들의 요구에 따라서 기업이 판매하는 제품이나 서비스를 경쟁기업과 차별화시키는 전략이다. 즉 자사제품을 산업 전체의 다른 제품이나 서비스와 차이가 있는 독특한 것으로 인식시키는 전략이다.

이러한 차별화를 위해서 기업들은 광범위한 연구개발 및 제품디자인, 양질의 원자재 사용, 고객의 선호를 유발하기 위해 광고 및 판촉활동 등을 강화하기 때문에 많은 비용을 사용한다.

따라서 차별화전략의 성패는 과연 고객들이 더 비싼 가격에도 그 제품을 구매할 만한 가치가 있다고 인식함으로써 차별화에 투하된 이러한 비용상의 부담을 극복할 수 있느냐 하는 것이다. 차별화에 따른 비용의 지출이 많으면 제품가격이 지나치게 비싸지게 되어 차별화의 장점을 사라지게 된다. 차별화를 추구하는 기업은 차별화에 영향이 없는 영역들의 원가를 절감하여 경쟁자와 원가를 같게 하거나 비슷하게 할 필요가 있다.

일단 차별화에 성공하면 해당기업은 산업의 평균보다 높은 수익을 올릴 수 있다. 왜냐하면 차별화는 제품의 가격이 다소 비싸도 기꺼이 구매할 것이기 때문에 가격측면에서 경쟁기업에 비해 유리한 위치를 점할 수 있기 때문이다. 동시에 신규 참여 기업들에게는 진입장벽의 기능을 함으로써 이들의 위협을 감소시킬 수 있다. 차별화의 성공은 대체 불가능하다고 인식된 독특한 제품특성으로 인하여 대체재와의 경쟁관계에서도 우위를 확보할 수 있다.

3) 집중화전략

집중화전략은 원가우위전략이나 차별화전략의 대상이 그 산업 전체를 목표로 하는 데 반해 전략의 대상을 특정 구매자 집단, 제품라인의 일부분 및 지역적으로 한정된 특정 시장을 집중적인 목표로 삼는 전략이다. 즉 광범위한 영역에서 경쟁을 벌이는 다른 기업들과는 달리 특정한 영역을 배타적으로 또는 집중적으로 공략하여 상대적으로 경쟁우위를 확보하고자 하는 전략이다.

따라서 집중화전략을 독특한 욕구를 갖는 구매자나 다른 제품이 가지지 않는 고유의 특성을 지닌 제품이나 유통망을 지닌 세분화된 시장이 존재할 때 가능하다.

일반적으로 집중화 전력은 세분화된 시장에서 특정 대상의 요구에 따른 차별화를 시도하려는 차별적 집중화전략과 세분된 시장에서 제품 및 서비스의 공급원가의 우위를 통해 해당시장에서 효율적 경쟁을 시도하는 원가 집중화전략의 형태가 있다.

이러한 집중화전략은 시장전체에서는 비용우위나 차별화를 이룩할 만한 능력이 없는 기업들이 한정된 세분시장에서 상대적으로 원가우위나 차별화를 통해서 그 산업의 평균수익 이상을 올릴 수 있도록 해준다. 왜냐하면 원가 집중화전략이나 차별적 집중화전략 모두가 원가우위전략과 차별화전략에서 제시된 이점들을 모두 가지고 있기 때문이다.

포터는 기업은 이들 3가지 전략 중에서 하나를 확실하게 선택해야 한다고 한다. 이것도 아니고 저것도 아닌 어중간한 전략으로는 경쟁기업에 결코 이길 수 없기 때문이다. 즉, 원가우위를 추구하는 대규모 기업들과 집중화나 차별화를 추구하는 소규모 기업들은 모두가 상대적으로 높은 수익성을 얻을 수 있지만 어중간한 상태에 있는 중간규모의 기업들은 낮은 수익성을 나타낸다.

원가우위를 시도한 GM은 수익성이 개선된 반면, 어중간한 입장을 취한 크라이슬러, 피아트는 수익성이 오히려 낮아지게 된 것에서 잘 알 수 있다. 따라서 사업을 성공적으로 수행하기 위해서는 경쟁전략을 명확히 선택하여야 한다.

(2) 제품수명주기에 의한 전략

제품수명주기란 제품의 매출액이 제품의 수명에 따라 어떻게 변동하는가에 초점을 맞춘 모델이다. 제품수명주기에 나타난 4단계를 이해하면 관리자가 시간이 경과함에 따라 발전시켜 나가야 할 필요성이 있는 전략을 인식하는 데에 도움이 된다.

[그림 15-7]에서와 같이 제품의 수명주기의 첫 단계는 조직이 신제품이나 기술을 우선 제품화하여 팔기 위해 시장에 출하하는 도입에서 시작되어, 성장, 성숙, 쇠퇴 단계를 거치게 된다. 이들 각 단계의 특징은 다음과 같다.

1) 도입기

도입기에서는 수요가 많을 경우 수요가 조직의 공급능력을 초과할 수도 있다. 이 단계에서 관리자들은 제품을 회사 밖에서의 제품생산에도 노력을 해야 한다. 종업원의 신규채용에 의한 성장관리, 재고와 현금흐름관리 등이 수명주기의 도입단계에서 중요한 관심의 대상이 된다.

그림 15-7 제품수명주기 단계

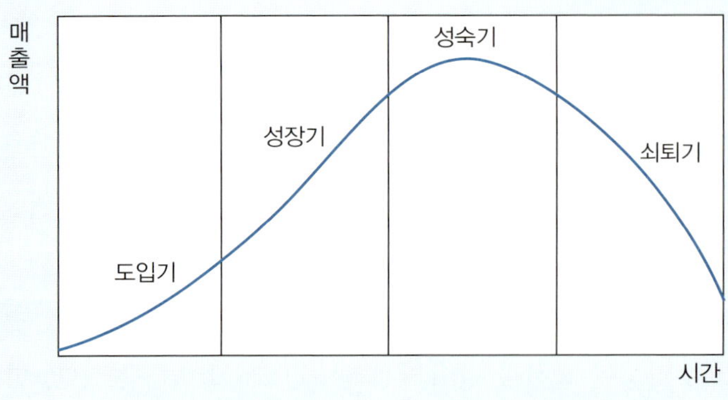

2) 성장기

이 단계에서는 수많은 기업들이 제품을 생산하기 시작하여 성장을 위해 끊임없이 제품을 판매한다. 이 단계의 관리상 주요 이슈는 품질과 유통문제이고, 한편 경쟁회사 제품과의 제품 차별화를 도모할 필요성이 있다. 이 단계에서 다른 회사의 진입은 조직의 경쟁적 강점을 위협할 수도 있다. 즉, 경쟁자의 진입을 느리게 하는 전략이 중요하다.

3) 성숙기

성장기를 지나게 되면 제품은 성숙단계로 접어들게 된다. 성숙기에서는 제품에 대한 전반적인 성장욕구가 하향국면에 접어든다. 많은 새로운 기업들의 생산제품들이 쇠퇴하기 시작하게 된다. 제품을 생산하고 있는 많은 기업들도 역시 쇠퇴하기 시작한다. 성숙기의 전략적 핵심은 조직이 장기간 동안 계속 생존하는 것이므로 이 단계에서 제품차별화 전략이 주요 관심사가 된다. 그러나 제품의 원가를 줄이고, 신제품에 대한 연구개발이 중요한 전략이 된다.

4) 쇠퇴기

이 단계에서는 제품이나 기술의 수요가 줄어들고, 제품을 생산하는 조직 수가 줄어들며 전체 판매액도 감소해 간다. 수요의 감소원인은 특정제품의 구매욕구가 이미 충족되었기 때문이다. 제품수명주기의 초기단계에서 쇠퇴단계를 미리 예측하지 못한 조직은 그 업종에서 사라진다. 이때의 전략으로는 제품의 원가를 낮추고 새로 개발된 신제품을 시장에 출하하는 것이다.

(3) 마일즈와 스노우의 전략유형

마일즈(R. Miles)와 스노우(C. Snow)에 의해 개발된 사업수준의 전략은 크게 4개의 범주, 즉 투기자(prospector), 방어자(defender), 분석자(analyzer), 대응자(reactor)로서의 전략이다.

1) 투기적 전략

이 전략을 따르는 조직은 끊임없이 새로운 시장과 기회를 모색하고, 성장 지향적이고, 위험을 감수하는 고도의 혁신적 기업이다.

2) 방어적 전략

조직이 새로운 성장기회와 혁신을 추구하는 대신에 방어적 전략을 수행하는 조직은 현재 시장의 보호, 안정적 성장 유지 그리고 현재 고객의 유지관리 등에 초점을 맞춘다.

3) 분석적 전략

이 전략을 수행하는 조직은 일반적으로 투기적 전략을 사용하는 조직만큼 혁신적이지는 못하지만 시장점유율 유지, 혁신성 모색, 이 양자를 추구하는 전략이다. 대부분의 대규모 기업들은 주로 분석적 전략을 이용한다. 그 이유는 회사 운영의 기반 보호, 새로운 시장창출 기회 등을 얻기 위해서다.

4) 대응적 전략

마일즈와 스노우에 의하면 대응적 전략을 이용하는 조직은 일관성 있는 전략적 어프로치가 없다고 한다. 이 전략은 환경적 요인에 의해 영향을 받는다. 즉, 환경의 변화를 예측하여 대응하지만 전략이 실패하거나 아니면 그 전략은 영향을 받게 되고, 그로 인해 전략을 수정하게 된다. 이들 조직은 공격적·방어적·분석적 전략을 수행하는 조직과 같이 전략을 수행하는 조직은 아니다. 대부분의 조직들은 대응적 조직전략을 사용한다는 사실을 부정하는 경우가 많다.

마일즈와 스노우의 전략유형을 요약하면 〈표 15-3〉과 같다.

표 15-3 마일즈와 스노우의 전략유형

전략 유형	정의
투기적 전략	혁신과 성장 지향, 새로운 시장 개척이나 새로운 성장기회 탐색, 위험의 감수 등에 관한 전략
방어적 전략	현행 시장 보호, 안정적 성장 유지, 현행 고객에게 봉사 등에 관한 전략
분석적 전략	혁신에 대한 적절한 강조로 현행 시장 및 현행 고객 만족을 유지하는 전략
대응적 전략	분명한 전략이 없이 환경변화에 대응하는 전략

3. 기능별 전략

기능수준에서는 경쟁우위를 유지하는 데 필요한 재무, 인적자원, 기술 조달, 제조, 유통, 마케팅, 판매, 서비스 등에 있어서 필요한 기능적 능력들을 개발하는 핵심적인 작업을 다루게 된다.

기능별 전략은 사업전략을 실행하기 쉽도록 각 기능조직 단위로 실행할 전략을 규정하고 구체화하는 것이다. 개별 사업부 내에 있는 인사, R&D, 재무관리, 생산, 마케팅 등의 기능별 조직에서 제품기획, 영업활동, 자금조달 등 세부적인 수행방법을 결정한다.

이처럼 조직의 위계수준에 따른 차이점을 인식하고 이들을 조화롭게 통합하는 것이 전략의 핵심차원이 된다. 그러나 전략적 과업들을 반드시 이러한 전통적인 위계들에 따라 세분화할 필요는 없다. 전략의 3가지 수준이라는 것은 3가지의 서로 다른 전략적 관심들이 존재한다는 것을 의미하는 것이다.

사례

비전과 경영전략

조직의 리더는 비전에 대해 끊임없이 고민해야 한다. 특별히 거대한 변화의 시기에 비전은 더욱 그 빛을 발하는 존재로 사람들의 마음에 파도를 일으키는 바람과도 같고 나침반과 같은 역할을 한다.

리더가 비전을 창출해야 하는 일이 리더의 책임과 의무이다. 따라서 리더는 비전창출을 위해 많은 노력과 시간을 투자해야 하다. 비전이 없는 기업은 조직의 목표가 불명확하고 조직 구성원들이 각각 개별적인 행동을 취함으로써 조직의 힘이 분산되고 조직의 성과가 낮아진다. 반면, 비전이 명확한 기업은 조직 구성원들이 확고한 목표의식과 공유가치에 입각하여 일사분란하게 행동함으로써 조직의 역량이 집결되고 조직성과가 높아진다.

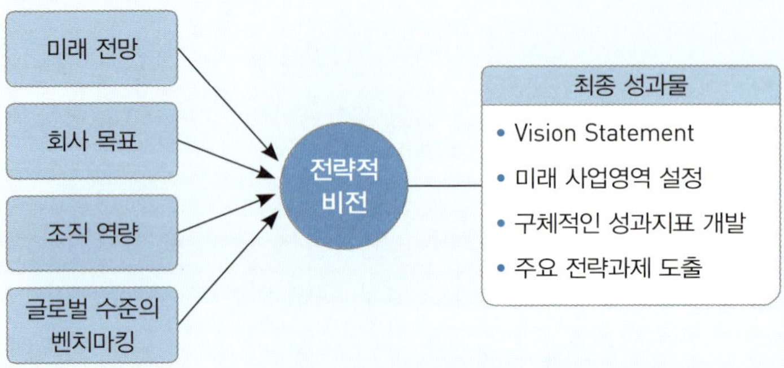

세계 초우량기업은 명확한 비전과 목표를 갖고, 이를 장기간 동안 꾸준히 실천함으로써 높은 경영성과를 이룩할 수 있었다. 그리고 조직 구성원들이 공감할 수 있는 명확한 비전을 제시함으로써 기업이 무슨 목적으로, 왜 존재하는지를 분명히 깨닫게 하고, 조직에 대한 강한 정서적 몰입을 유발할 수 있는 환경을 조성한다.

전략적 비전은 외부 환경과 내부 역량에 대한 객관적인 분석에 기초하여 기업의 전략방향을 결정하고 전략적 의사결정의 기준을 제공한다. 전략적 비전을 수립하기 위해서는 미래 사업 환경에 대한 분석과 기업의 전략적 의도 및 핵심 역량에 대한 깊은 이해가 선행되어야 한다. 그리고 비전 수립 작업으로부터 다음과 같은 구체적인 성과를 도출할 수 있다.

비전 수립을 위해서는 조직 구성원은 물론 이해관계자, 즉 고객, 정부, 지역사회, 경쟁사 등 조직 외부의 다양한 의견을 수렴하는 과정을 거쳐야 하고 이것을 다시 조직 내부에서 실무 전담팀으로 하여금 분석, 검토하는 과정을 거쳐야 한다.

조직 비전 설정을 위해서는 다음과 같은 밑그림을 그려야 한다. 방향 설정을 하는 경영진과 함께 비전 설정 전담 팀을 구성하고 이해관계자 모두를 참여시켜 해당 의견을 골고루 비전에 반영해야 한다. CEO에서부터 조직 구성원 전체가 참여할 수 있게 공감대를 형성한다.

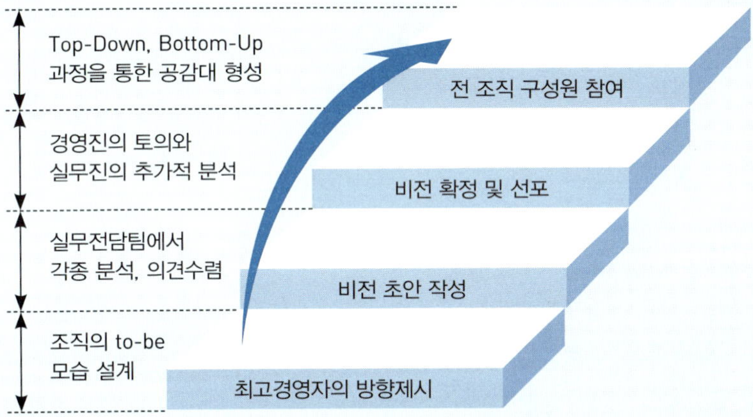

참고문헌

강정대, 현대경영조직론, 1998.

권인호 · 김복만 · 이영민, 경영조직론, 학문사, 1999.

김병섭 · 박광국 · 조경호, 조직의 이해와 관리, 대영문화사, 2000.

김석회, 경영조직론, 무역경영사, 1998.

김인수, 거시조직이론, 무역경영사, 2007.

김정원, 경영조직론, 경문사, 2013.

김종득 · 정형일, 조직개발론, 무역경영사, 2010.

박계홍 · 박하진, 경영조직론, 2015.

박원규, 산업조직론, 아카데미프레스, 2011.

박재린, 신경영조직론, 무역경영사, 2001.

박종복, 경영조직론, 피데스, 2015.

서병인 · 정동섭, 조직행동, 삼영사, 2000.

서상원, 경영조직론, 이담북스, 2009.

송석훈, 경영조직개론, 홍익출판사, 2000.

안영진, 변화와 혁신, 박영사, 2016.

양창삼, e조직이론, 박영사, 2001.

양창삼, 최신조직이론, 법경사, 1999.

오종석 · 조영복, 현대경영학, 삼영사, 2001.

유영옥, 경영조직론, 학문사, 1998.

유종해 · 이덕로 , 현대조직관리, 박영사, 2015.

윤대혁 · 최찬기, 경영조직론, 탑북스, 2015.

이영균, 조직관리론, 박영사, 2015.

이해선, 경영조직론, 법학사, 2016.

임창희, 조직론의 이해, 학현사, 2015.

임창희 · 홍용기, 조직론, 비앤엠북스, 2013.

장세진, 경영전략, 박영사, 2015.

정대훈, 경영조직론, 예응, 2010.

정동섭, 경영조직론, 탑북스, 2012.

천명섭, 경영조직론, 무역경영사, 2011.

천명섭·최병우, 경영조직론, 무역경영사, 2011.

추헌, 경영조직론, 박영사, 1997.

홍용기, 조직론, 형설출판사, 2010.

Alfred D. Chandler, *Strategy and Structure*(Cambridge : MIT Press, 1962). : A.D. Chandler, *The Visible Hand: The Management Revolution in American Business*(Cambrige : Harvard University Press and Belknap Press, 1977).

Allen, L. A., *Management and Organization*(McGraw-Hill, 1958).

Andrews, K., *The Concept of Corporate Strategy*, rev. ed.(Homewood : Dow Jones Irwin, 1980).

Barnard, C. I., *The functions of the Executive*, Cambridge(Mass. : Harvard University, 1938).

Chandler, A. D., *Strategy and Structure*(Cambridge Mass : MIT Press, 1972).

Cleland, D. I., and W. R. King, *System Analysis and Project Management*(new York : McGraw Hill, 1975).

Drucker, P. F., *The Practice of Management*(New York : McGraw Hill, 1975).

Duncan, R. B., "What is the Right Organization Structure?" *Organizational Dynamics*(Winter, 1979).

Etzioni, A., and E. Etzioni, *Haleoy Social Change*, 2nd ed.(New York : Basic Book, 1973).

Luthans, F., *Organizational Behavior*, 3rd ed.(New York : McGraw-Hill Book Company, 1981).

Fayol, H., "General Principles of Management", in Shafritz, J. M., & Whitbeck, P. H. *Classics of Organization Theory*(Oak Park, IL.: Moore, 1978).

Fiedler, F. E., *A Theory of Leadership Effectiveness*(New York : McGraw-Hill, 1967).

Fleishman, E., *Leadership and Supervision in Industry*(Columbus : Bureau of Educational Research, Ohio State University, 1955).

French, W., *The Personnel Management Process*, 3rd ed.(Houghton Mifflin Co., 1974).

Greiner, L. E. "Patterns of Organization Change", *Harvard Business Review*(1970).

Koont, H., and H. Weihrich, *Management*, 9th ed.(New York : McGraw-Hill, 1988).

Leavitt, H. J., "Aplied Organizational Change in Industry : Structual, Technological and Humanistic Approaches", in J. G. March, ed., *Handbook of Organizations*(Rand McNally & Company, 1965).

Leavitt, H. J., "On the Design Part of Organization Design", *The Management of Organization Design*, vol. 1, edited by B. H. Kilmann, L. R. Pondy and D. P. Slevin(New York : Elsevier North-Holland, 1976).

Lewin, K., *Field Theory in Social Science*(New York : Harper & Row, 1951).

Lubin, J. S., "Underground Papers in Corporations Tell It Like It Isn't", *The Wall Street Journal*(November, 1987).

Miles, R. E., and C. C. Snow, *Organization Strategy, Structure, and Process*(New York : McGraw-Hill, 1978).

Mintzberg, H., *Structures in Fives : Designing Effective Organizations*(Englewood Cliffs, NJ : Prentice-HALL, 1983).

Port, M. E., *Competitive Advantage : Creating and Sustainig Superior Performances*(New York : The Free Press, 1985).

Port, M. E., *Competitive Strategy*(New York : The Free Press, 1980).

Port, M. E., "Not on the Electronic Component Distribution Industry", *Cases in Competitive Strategy*(New York : Free Press, 1979).

Scott, W. G., "Technology and Organization Government", *Academy of Management Journal*, vol. 11, no. 3(September, 1968).

Shein, E., "Management Development as a Process of Influence", in David R. Hampton, *Behavioral Concepts in Management*(Belmont, Calif. : Dickinson Publishing Co., 1968).

Short, L. E., "Planned Organizational Changes : MSU Business Topics", Autumn 1973.

Simon, H., *Administrative Behavior*(New York : MacMillan Co., 1947).

Steers, R. M., *Organizational Effectiveness : A Behavioral View*(Santa Monica, Cal. : Goodyear, 1977).

Steiner, I. *Group process and Productivity*(New York : Academic Press, 1972)

Tannenbaum, R., I. R. Weschler, and F. Massarik, *Leadership and Organization : A Behavioral Science Approach*(New York : McGraw-Hill, 1961).

Taylor, F. W., "Taylor's Testimony Before the Special House Committee", *Scientific Management*(New York : Harper & Brothers, 1947).

Thompson, A., and A. J., *Strickland, Strategic Management : Concept and Cases*, 4th ed.(Plano, Tex. : Business Publication, 1987).

Thompson, Victor A., *Modern Organization*(New York) : Alfred A. Knop, "A Note on the Boston Consulting Group Concept of Competitive Analysis and Corporate Strategy", ICCH, Harvard Business School, 1961.

찾아보기

ㄱ

ㅊ

ㅋ

ㅌ

【저자약력】

변상우

부산대학교 경영학박사(인사 · 조직전공)
부산가톨릭대학교 경영학과 조교수 역임
신라대학교 경영학과 겸임교수 역임
현) 부산대학교 교육인증원 리더십개발과 훈련 교과목 담당 책임교수

[저서 및 논문]

현대경영조직론(형설출판사, 2005)
글로벌 시대의 인적자원관리(무역경영사, 2012)
조직행위론(도서출판 대진, 2006)
글로벌시대의 노사관계론(피앤씨미디어, 2015)
글로벌 리더십(도서출판 청람, 2014)
관광지 선택 동기가 관광지 이미지, 재방문의도에 미치는 영향에 관한 연구, 대한경영정보학회, 2015
비전이 학교생활에 미치는 영향에 관한 연구, 대한경영정보학회, 2014
글로벌 공학리더를 양성하기 위한 리더십 역량 연구, 한국공학교육학회, 2012
셀프리더십이 목표몰입에 미치는 영향에 관한 연구, 대한경영정보학회, 2012 외 다수

허갑수

부산대학교 경영학석사
동아대학교 경영학박사
(미) Va Commonwealth University에서 병원경영학 및 인사조직 연구
(미) St. Mary' Medical Center 객원연구원
부산 메리놀병원 기획실장 역임
부산가톨릭대학교 경영대학 학장 역임
부산가톨릭대학교 사회과학대학 학장 역임
부산가톨릭대학교 대학원장 역임
현) 부산가톨릭대학교 경영학과 교수

[저서 및 논문]

최신 경영학원론(학현사, 2000)
현대경영조직론(형설출판사, 2005)
현대경영학의 이해(형설출판사, 2010)
노사관계론(대명출판사, 2012)
글로벌 시대의 인적자원관리(무역경영사, 2012)
병원조직의 문화적 특성과 직무성과간의 관계에 관한 연구
직무특성과 자발적 조직 행동 간의 관계
조직문화의 효과적 관리에 관한 연구
현대기업의 사회적 책임과 찬반론에 관한 연구
산업사회의 노동관과 QWL에 관한 연구
조직문화와 커뮤니케이션의 관한 연구 외 다수